SWEET'S
Anglo-Saxon Reader
in Prose and Verse

REVISED THROUGHOUT BY

DOROTHY WHITELOCK

Sometime Elrington and Bosworth Professor
of Anglo-Saxon in the
University of Cambridge

OXFORD
AT THE CLARENDON PRESS

Oxford University Press, Walton Street, Oxford OX2 6DP

Oxford New York Toronto
Delhi Bombay Calcutta Madras Karachi
Petaling Jaya Singapore Hong Kong Tokyo
Nairobi Dar es Salaam Cape Town
Melbourne Auckland

and associated companies in
Beirut Berlin Ibadan Nicosia

Oxford is a trade mark of Oxford University Press

ISBN 0–19–811169 X

© Oxford University Press 1967

First Edition 1876
Revised Edition 1967
Reprinted 1970 (with corrections),
1975, 1978, 1979, 1983, 1984, 1986

Printed in Hong Kong

PREFACE

THE popularity of Sweet's *Anglo-Saxon Reader* through fourteen editions is evidence that in its general conception it has won approval, and hence the present revision makes few alterations in the choice of texts. Since its first edition in 1876, when in the words of the preface, it was 'intended to provide the student with a series of texts in the classical West-Saxon dialect of Old English, with such helps in the way of Grammar, Glossary, and Notes, as shall enable him to acquire a sound elementary knowledge of the language, without, at the same time, neglecting the literature', it has undergone several modifications. Some desirable additions or replacements of literary texts have been made, some by Sweet himself, some by Dr. Onions in his revisions. Of other alterations the chief are the following: in the seventh edition some dialect texts were added; in the tenth edition, revised by Dr. Onions, the grammatical introduction, made less necessary by the availability of Sweet's *Anglo-Saxon Primer* and other elementary grammars, was omitted, and so were the diacritical signs, except the macron, in the texts; the same edition improved the section on dialect texts by adding some new matter and by supplying the Latin to the Vespasian gloss.

In the present edition the following changes have been made in the selection of texts: the last extract from the Old English *Boethius* (III F) has been replaced by a passage in which King Alfred expresses his views on the duties of kingship; for one charter (XII B), there has been substituted one of greater general interest in its subject-matter, and in its survival at the very place where it was first written; a writ of undoubted authenticity and special historical interest has been given

(XII D) instead of the suspect Westminster writ; and Ælfric's homily on *The Assumption of St. John the Apostle* (XIII) has been omitted to make room for a text which supplies an example of his exegetical style, his narrative style being well represented by numbers XIV and XV. The example chosen, *The Homily on the Parable of the Vineyard*, comes from the second volume of Ælfric's *Catholic Homilies*, and it would have been logical to place it after the homily on *The Nativity of the Innocents*; but it seemed desirable to alter the familiar numbering as little as possible, and hence to give it the number (XIII) of the text which it replaces. In the section on non-West-Saxon texts, a further example of early Kentish (XXXIII C) has been added to show some features of this dialect which are inadequately represented in the other texts from this area; and the passage (XXXI D) from the Lindisfarne Gospels has been omitted, since it seemed desirable to add a new number (XXXVIII) in which a different passage from this work may be compared with the Mercian gloss to the Rushworth Gospels, printed on facing pages. The printing of *The Dream of the Rood* (XXV) in full requires no defence. Wulfstan's *Address to the English* (XVI) is given without omissions. Annal 755 of the Anglo-Saxon Chronicle (I) is completed, to show the relationship of the account of the death of Cynewulf to the original form of the annal. A slightly different selection from the Laws of Ine (XI) has been made, mainly to include the important evidence they afford for the independent position of the Anglo-Saxon *ceorl*.

All the texts have been compared either with the manuscripts or with facsimiles. *The Account of the Poet Cædmon* from the Old English translation of Bede is now based on the Tanner manuscript, instead of the Corpus Christi College, Oxford, MS., because the former manuscript retains many original readings and represents a different branch from the

Cambridge University Library MS. from which *The Account of the Coming of the Angles, Saxons and Jutes* (IX) had to be taken. Wulfstan's *Address to the English* is based on Nero A i, as this is the manuscript of the longer version which is nearer to the author than the only other manuscript, Hatton 113, to contain this version. The C manuscript (Tiberius B i) of the Anglo-Saxon Chronicle is the one used for *The Martyrdom of Ælfheah* (XVII), while the E version (Laud Misc. 636) has been reproduced for *Eustace at Dover* (XVIII) as it stands, without normalization. Instead, a paragraph is supplied in the Notes on the features which are likely to be the result of later copying.

When a reading in the chosen manuscript is clearly an error, the text has been emended. The manuscript readings given in the textual notes are without siglum if they occur only in this manuscript. When another manuscript has what is undoubtedly a more original reading, this is adopted in the text, and the readings of the other manuscripts recorded in the textual notes.

The textual apparatus is fuller than in previous editions and it goes beyond the requirements of elementary students. These can ignore it; but as the Reader is used nowadays by students at various stages of their work, more advanced students may welcome an opportunity to study the transmission of a text.

The Glossary has been re-done, though many of the conventions familiar from previous editions have been retained. It is assumed that users of the Reader will have access to an Anglo-Saxon grammar, and hence the Glossary does not enter separately the forms of the declension of nouns and adjectives and of the conjugation of weak verbs unless they differ appreciably from the keyword. Such divergent forms, and the various forms of strong or anomalous verbs which occur in

the texts, are placed within brackets after the keyword, to
let the student judge for himself whether he is correctly
assigning the form. Cross-referencing is used where there
might be difficulty. Some entries in the Glossary are unneces-
sary for English users, but the needs of those whose native
language is not English have been borne in mind. It seemed
preferable to err on a generous side.

A major difference from previous editions is that in the
Glossary words are no longer given in a normalized early West
Saxon form, but as they occur in the text (except, of course,
that verbs are entered under the infinitive and nouns and
adjectives under the nominative singular). If a word occurs
in more than one spelling, cross-referencing is made to the
main entry, unless this is close enough for no difficulty to be
experienced. The retention of the forms of the texts, un-
normalized, has the disadvantage of sometimes separating
words of allied origin, but various teachers have confirmed my
own experience that the previous necessity to convert the forms
in the texts into early West Saxon before the relevant entry
could be found in the Glossary was an unnecessary burden to
many students who were not primarily linguists. Moreover,
to normalize all words into early West Saxon can give an
impression that words are recorded in that dialect when this is
not true. The diacritical signs which were omitted from the
texts in the tenth edition have now been dropped from the
Glossary also, as causing an unnecessary complication. Several
teachers have informed me that they found them of little, if
any, use. It is hoped that the present Glossary will be easier
for literary students to use.

In one major respect, the present edition departs from an
express principle of Sweet's. In the preface to his seventh
edition he wrote: 'The principles which have guided me in
selecting the texts have also made me refrain as much as

possible from antiquarian and historical comment. There can be no question that the first object of all who occupy themselves with Old English literature, whether with a view to the literature itself, to historical investigations, or to a better understanding of the development of the English language generally, must be to acquire a sound elementary knowledge of the language.' Yet it surely does not lessen the value of the Reader for this main purpose if information is supplied for the many students who are sufficiently interested in the content of the works they read to wish to know something of the persons mentioned and the events described, and of the material which exists elsewhere and helps to elucidate or to add significance to various passages. Some departure from Sweet's principle on this matter was made in the revisions by Dr. Onions. In the present edition the Notes have been considerably expanded, and not only with 'antiquarian and historical comment'; the assessment of an author may often be altered by knowledge of the sources he has used. It seems likely that Sweet himself would have abandoned his position in present-day conditions of study.

It remains for me to express my gratitude to those who have helped me. I am most heavily indebted to Miss Celia Sisam and Dr. Peter Clemoes for advice at all stages of the work. In addition, Miss Sisam checked manuscript readings for me in the Bodleian Library and Dr. Clemoes gave me invaluable help on the relationship of the manuscripts of Ælfric's works. He also let me see in manuscript or proof his forthcoming work on the Royal manuscript of the first series of the *Catholic Homilies* and his chapter in *Continuations and Beginnings* (see p. 249); through his good offices I saw in proof the introduction by Professor David H. Wright and Professor Alistair Campbell to the forthcoming facsimile edition of the *Vespasian Psalter*. My colleague Dr. R. I. Page gave me the benefit of his own studies on the runes of the Ruthwell Cross. Dr. O. von

Feilitzen of the National Library of Stockholm kindly checked for me the entry (XXXV) in the Golden Gospels of Stockholm. To Miss Katharine Garvin I am indebted for the recovery of the reading *Æðelwald* in line 20 of XXXIII B by her examination of the manuscript under ultra-violet ray.

Finally, I wish to thank the compositors and readers of The Clarendon Press for their care in the production of this book. The readers caught out many errors and inconsistencies; for those which no doubt remain, I am myself responsible.

DOROTHY WHITELOCK

Cambridge

NOTE TO THE CORRECTED IMPRESSION

I HAVE taken this opportunity to make some small corrections, and wish to thank those persons who have drawn my attention to errors or inconsistencies. I owe a special debt to Professor Norman Davis.

D. W.

24 November, 1969

NOTE TO THE SECOND CORRECTED IMPRESSION

IN addition to a small number of minor corrections I have added a select bibliography of those works most helpful to students which have appeared since I revised this Reader in 1966.

4 April 1974   D. W.

CONTENTS

I. PROSE

II. POETRY

III. EXAMPLES OF NON-WEST-SAXON DIALECTS

I. PROSE

I

CYNEWULF AND CYNEHEARD

[From the earliest surviving manuscript of the Anglo-Saxon Chronicle, Corpus Christi College, Cambridge, MS. 173, known by the name of its donor as the 'Parker Chronicle' and cited as A]

THE following tragic narrative stands out conspicuously among the brief notices which make up the Chronicle up to the mid-ninth century; we do not meet with so vivid and circumstantial a piece of historical writing till more than a century later. Since the words 'And in the same year' on l. 46 refer to events of the year of Cynewulf's accession, and not to that of his death which has just been recounted, it is clear that this detailed account has been interpolated into an annal which once existed without it. His death is briefly recorded in annal 784 (true date 786). This long account in annal 755 is from some non-annalistic source, possibly oral tradition. The style is unsophisticated, the forms and orthography those of Alfred's time. In contrast to the tale of the loyalty of Cynewulf's and Cyneheard's followers, the annal continues with the slaying of Æthelbald of Mercia, which, according to Symeon of Durham, was the act of his own men.

Though A is our oldest manuscript, it is not the author's original, and better readings are occasionally preserved by other versions. These are: the Cotton manuscripts, Tiberius A. vi (B), Tiberius B. i (C), Tiberius B. iv (D), Domitian A. viii (F), Otho B. xi (G; mainly known from a sixteenth-century transcript by Nowell, Additional MS. 43703), and the Bodleian MS. Laud Misc. 636 (E). G is a copy of A; B and C are closely connected, as are D and E; and F is a shortened version, using both A and a predecessor of E.

Variant readings are given in the textual notes when of special interest, or when they could represent the original text, altered by A.

755.¹ Hēr Cynewulf benam Sigebryht his rīces ond Westseaxna wiotan for unryhtum dǣdum, būton Hamtūnscīre; ond hē

¹ *for 757.*

hæfde þā oþ hē ofslōg þone aldormon þe him lengest wunode. Ond hiene þā Cynewulf on Andred ādrǣfde; ond hē þǣr
5 wunade oþ þæt hiene ān swān ofstang æt Pryfetes flōdan—ond hē wræc þone aldormon Cumbran. Ond se Cynewulf oft miclum gefeohtum feaht uuiþ Bretwālum; ond ymb XXXI wintra[1] þæs þe hē rīce hæfde, hē wolde ādrǣfan ānne æþeling sē was Cyneheard hāten—ond se Cyneheard wæs þæs Sigebryhtes
10 brōþur. Ond þā geāscode hē þone cyning lȳtle werode on wīfcȳþþe on Merantūne, ond hine þǣr berād, ond þone būr ūtan beēode[2], ǣr hine þā men onfunden þe mid þām kyninge wǣrun.

Ond þā ongeat se cyning þæt, ond hē on þā duru ēode, ond
15 þā unhēanlīce hine werede oþ hē on þone æþeling lōcude, ond þā ūt rǣsde on hine ond hine miclum gewundode; ond hīe alle on þone cyning wǣrun feohtende[3] oþ þæt hīe hine ofslægenne hæfdon. Ond þā on þæs wīfes gebǣrum onfundon þæs cyninges þegnas þā unstilnesse, ond þā þider urnon swā hwelc swā þonne
20 gearo wearþ, ond radost[4]. Ond hiera se æþeling gehwelcum feoh ond feorh gebēad, ond hiera nǣnig hit[5] geþicgean nolde; ac hīe simle feohtende wǣran oþ hīe alle lǣgon būtan ānum Bryttiscum gīsle, ond sē swīþe gewundad wæs.

þā on morgenne gehīerdun þæt þæs cyninges þegnas, þe him
25 beæftan wǣrun, þæt se cyning ofslægen wæs. þā ridon hīe þider, ond his aldormon Ōsrīc, ond Wīferþ his þegn, ond þā men þe hē beæftan him[6] lǣfde ǣr, ond þone æþeling on þǣre byrig mētton þǣr se cyning ofslægen læg—ond[7] þā gatu him tō belocen hæfdon—ond þā þǣrtō ēodon. Ond þā gebēad hē
30 him hiera āgenne dōm fēos ond londes, gif hīe him þæs rīces ūþon; ond him cȳþdon[8] þæt hiera mǣgas him mid wǣron, þā

---

[1] wint   [2] beeodon B, C, D, E   [3] feohtende wæron B, C, D, E   [4] D, E omit ond, B, C omit ond radost   [5] omitted B, C, D, E   [6] him precedes beæftan B, C, D, E   [7] B adds hie, C, D hi, E heo   [8] sic A, C; cyþde B, D, cydde E

þe him from noldon. Ond þā cuǣdon hīe þæt him nǣnig mǣg lēofra nǣre þonne hiera hlāford, ond hīe nǣfre his banan folgian noldon. Ond þā budon hīe hiera mǣgum þæt hīe[1] gesunde from ēodon; ond hīe cuǣdon þæt tæt ilce hiera gefērum geboden wǣre þe ǣr mid þām cyninge wǣrun. þā cuǣdon hīe þæt hīe hīe[2] þæs ne onmunden 'þon mā þe ēowre gefēran þe mid þām cyninge ofslǣgene wǣrun'. Ond hīe þā ymb þā gatu feohtende wǣron oþ þæt hīe þǣrinne fulgon ond þone æþeling ofslōgon ond þā men þe him mid wǣrun, alle būtan ānum, sē wæs þæs aldormonnes godsunu; ond hē his feorh generede, ond þēah hē wæs oft gewundad. Ond se Cynewulf rīcsode xxxi wintra[3] and his līc līþ æt[4] Wintanceastre, ond þæs æþelinges æt Ascanmynster; ond hiera ryhtfæderencyn[5] gǣþ to Cerdice.

Ond þȳ ilcan gēare mon ofslōg Æþelbald Miercna cyning on Seccandūne, ond his līc līþ on Hreopadūne[6]; ond Beornrǣd fēng tō rīce, ond lȳtle hwīle hēold ond ungefēalīce. Ond þȳ ilcan gēare Offa[7] fēng tō rīce, ond hēold xxxviiii wintra[3], ond his sunu Ecgferþ[8] hēold xli daga ond c daga.[9]

35

40

45

50

---

[1] B, C, D *add* him, E heom   [2] *second* hie *interlined* A, *omitted* B, C, D, E   [3] wint   [4] on B, C, D, E   [5] en *in* fæderen *added above the line*   [6] D, E *add* 7 he ricsode xli wintra   [7] D *adds* geflemde Beonred 7; E geflymde Beornred 7   [8] þ *added above the line*   [9] *The annal concludes with Offa's genealogy, back to Woden*

II

ON THE STATE OF LEARNING IN
ENGLAND

[*Mainly from Hatton MS. 20 in the Bodleian Library*]

THIS is a letter by King Alfred, prefixed to his version of the *Cura Pastoralis* of Gregory the Great, and is one of the most important documents in the history of English literature, since it sets out the king's plans for the education of his people and for the supply of translations into English. MS. Hatton 20 (H) is the copy the king sent to Worcester, and another contemporary manuscript, Cotton Tiberius B. xi (C), of which only fragments survive, was probably kept at headquarters. A transcript of it by Junius, made before it was burnt, is Bodleian MS. Junius 53. These versions are of great value for establishing the linguistic practices of Alfred's reign. Cotton MS. Otho B. ii (cited as C II), a tenth-century copy of a version sent to Heahstan, bishop of London, is badly damaged, and its preface is known only from Junius's collations in Junius 53. Cambridge University Library MS. Ii. 2. 4 (U), a mid-eleventh-century derivative of a version sent to Wulfsige, bishop of Sherborne, and Corpus Christi College, Cambridge, MS. 12 (D), written about 1000, which omits the name of the recipient, complete the number, since Trinity College, Cambridge, MS. 717 has lost the preface. D may be a copy of C, whereas U and C II are closer to H. The text here is from H, except when other manuscripts give a more original reading; substantial variants are given in the textual notes.

Ælfred kyning hāteð grētan Wærferð biscep his wordum luflīce
ond frēondlīce; ond ðē cyðan hāte ðæt mē cōm swīðe oft on
gemynd, hwelce wiotan iū **wæron** giond Angelcynn, ǣgðer ge
godcundra hāda ge woruldcundra; ond hū gesǣliglica tīda ðā
5 wǣron giond Angelcynn; ond hū ðā kyningas ðe ðone onwald
hæfdon ðæs folces[1] Gode ond his ǣrendwrecum hīersumedon[2];

---

[1] *An eleventh-century hand adds* on ðam dagum *above the line in H*
[2] ie(?) *replaced by* y *in later hand in H*

ond hū¹ hīe ǣgðer ge hiora sibbe ge hiora siodu ge hiora
onweald innanbordes gehīoldon, ond ēac ūt hiora ēðel² rȳm-
don³; ond hū him ðā spēow ǣgðer ge mid wīge ge mid wīs-
dōme; ond ēac ðā godcundan hādas hū giorne hīe wǣron 10
ǣgðer ge ymb lāre ge ymb liornunga, ge ymb ealle ðā ðīowot-
dōmas ðe hīe Gode dōn⁴ scoldon; ond hū man ūtanbordes
wīsdōm ond lāre hieder on lond sōhte, ond hū wē hīe nū
sceoldon ūte begietan, gif wē hīe habban sceoldon. Swǣ clǣne
hīo wæs oðfeallenu on Angelcynne ðæt swīðe fēawa wǣron 15
behionan Humbre ðe hiora ðēninga cūðen understondan on
Englisc oððe furðum ān ǣrendgewrit of Lædene on Englisc
areccean; ond ic wēne ðætte⁵ nōht monige begiondan Humbre
nǣren. Swǣ fēawa hiora wǣron ðæt ic furðum ānne ānlēpne
ne mæg geðencean be sūðan Temese ðā ðā ic tō rīce fēng. Gode 20
ælmihtegum sīe ðonc ðætte wē nū ǣnigne onstal habbað
lārēowa. For ðon⁶ ic ðē bebīode ðæt ðū dō swǣ ic gelīefe ðæt
ðū wille, ðæt ðū ðē ðissa woruldðinga tō ðǣm geǣmetige, swǣ
ðū oftost mæge, ðæt ðū ðone wīsdōm ðe ðē God sealde ðǣr
ðǣr ðū hiene befæstan mæge, befæste. Geðenc hwelc wītu ūs 25
ðā becōmon for ðisse worulde, ðā ðā wē hit nōhwæðer ne selfe
ne lufedon, ne ēac ōðrum monnum ne lēfdon⁷; ðone naman
ǣnne wē hæfdon⁸ ðætte wē Crīstne wǣron⁹, ond swīðe fēawa
ðā ðēawas.

Ðā ic ðā ðis eall gemunde, ðā gemunde ic ēac hū ic geseah, 30
ǣr ðǣm ðe hit eall forhergod wǣre ond forbærned, hū ðā
ciricean giond eall Angelcynn stōdon māðma ond bōca gefyldæ¹⁰,
ond ēac micel mengeo¹¹ Godes ðīowa; ond ðā swīðe lȳtle fiorme
ðāra bōca wiston, for ðǣm ðe hīe hiora nānwuht ongiotan ne

---

¹ *omitted* H   ² oeðel C   ³ *sic all MSS. except* H; gerymdon H
⁴ *omitted* H, U   ⁵ C, D: *last two letters erased* H   ⁶ H *adds*
7 *before* for ðon   ⁷ lifdon C, D, lyfdon U, lærdon C II   ⁸ *sic*
C, D; lufodon H, lufedon C II, lufdon U   ⁹ wæren H   ¹⁰ gefylda
C, D, gefylled U, afylleda C II   ¹¹ *corrected to* menigeo *in late
hand*

35　meahton, for ðæm ðe hīe næron on hiora āgen[1] geðīode
āwritene. Swelce hīe cwæden: 'Ūre ieldran, ðā ðe ðās stōwa ǣr
hīoldon, hīe lufodon wīsdōm, ond ðurh ðone hīe begēaton
welan ond ūs lǣfdon. Hēr mon mæg gīet gesīon hiora swæð,
ac wē him ne cunnon æfter spyrigean. For ðǣm[2] wē habbað
40　nū ǣgðer forlǣten ge ðone welan ge ðone wīsdōm, for ðǣm
ðe wē noldon tō ðǣm spore mid ūre mōde onlūtan.'
　　Ðā ic ðā ðis eall gemunde, ðā wundrade ic swīðe swīðe ðāra
gōdena wiotena ðe giū wǣron giond Angelcynn, ond ðā bēc be
fullan eallæ[3] geliornod hæfdon, ðæt hīe hiora ðā nænne dǣl
45　noldon on hiora āgen[1] geðīode wendan. Ac ic ðā sōna eft mē
selfum andwyrde, ond cwæð: 'Hīe ne wēndon ðætte ǣfre menn
sceolden swǣ reccelēase weorðan ond sīo lār swǣ oðfeallan: for
ðǣre wilnunga hīe hit forlēton, ond woldon ðæt hēr ðȳ māra
wīsdōm on londe wǣre ðȳ wē mā geðēoda cūðon.'
50　Ðā gemunde ic hū sīo ǣ wæs ǣrest on Ebriscgeðīode[4]
funden, ond eft, ðā ðā[5] hīe Crēacas geliornodon, ðā wendon
hīe hīe on heora āgen[1] geðīode ealle, ond ēac ealle ōðre bēc.
Ond eft Lǣdenware swǣ same, siððan hīe hīe geliornodon, hīe
hīe wendon ealla[6] ðurh wīse wealhstodas on hiora āgen geðīode.
55　Ond ēac ealla ōðræ Crīstnæ[7] ðīoda sumne dǣl hiora on hiora
āgen geðīode wendon. For ðȳ mē ðyncð betre, gif īow swǣ
ðyncð, ðæt wē ēac sumæ[8] bēc, ðā ðe nīedbeðearfosta[9] sīen eallum
monnum tō wiotonne, ðæt wē ðā on ðæt geðīode wenden ðe
wē ealle gecnāwan mægen, ond gedōn, swǣ wē swīðe ēaðe
60　magon mid Godes fultume, gif wē ðā stilnesse habbað, ðætte
eall sīo gioguð ðe nū is on Angelcynne frīora monna, ðāra ðe
ðā spēda hæbben ðæt hīe ðǣm befēolan mægen, sīen tō lior-

---

[1] ægen _C_　　[2] _H adds_ 7 _before_ For ðæm　　[3] _This is the order
in all MSS. except H;_ eallæ be fullan _H_　　[4] ebrisc- _corrected in
late hand to_ ebreisc- _H;_ ebrisc- _D,_ ebreisc- _C, U_　　[5] _Second_ ðа
omitted H　　[6] _last letter erased H_　　[7] oðra Cristena(e) _C, D,
U_　　[8] suma _C,_ sume _D, U_　　[9] nidbeðyrfesta _C,_ niedbeðyrfesta
_D,_ niedbeðyrfysta _U_

nunga oðfæste, ðā hwīle ðe hīe tō nānre ōðerre note ne mægen,
oð ðone first ðe hīe wel cunnen Englisc gewrit ārǣdan. Lǣre
mon siððan furður on Lædengeðīode ðā ðe mon furðor lǣran 65
wille ond tō hīerran¹ hāde dōn wille. Đā ic ðā gemunde hū sīo
lār Lædengeðīodes ǣr ðissum āfeallen² wæs giond Angelcynn,
ond ðēah monige cūðon Englisc gewrit ārǣdan, ðā ongan ic
ongemang ōðrum mislicum ond manigfealdum bisgum ðisses
kynerīces ðā bōc wendan on Englisc ðe is genemned on Læden 70
Pastoralis, ond on Englisc 'Hierdebōc', hwīlum word be worde,
hwīlum andgit of andgiete, swǣ swǣ ic hīe geliornode æt Pleg-
munde mīnum ærcebiscepe, ond æt Assere³ mīnum biscepe,
ond æt Grimbolde mīnum mæsseprīoste, ond æt Iōhanne mī-
num mæssepreoste. Siððan ic hīc ðā geliornod hæfde, swǣ 75
swǣ ic hīe forstōd, ond swǣ ic hīe andgitfullīcost āreccean
meahte, ic hīe on Englisc āwende; ond tō ǣlcum biscepstōle
on mīnum rīce wille āne onsendan; ond on ǣlcre bið ān æstel, sē
bið on fīftegum mancessa. Ond ic bebīode on Godes naman
ðæt nān mon ðone æstel from ðǣre bēc ne dō⁴, ne ðā bōc from 80
ðǣm mynstre—uncūð hū longe ðǣr swǣ gelǣrede biscepas sīen,
swǣ swǣ nū, Gode ðonc, welhwǣr siendon. For ðȳ ic wolde
ðætte hīe ealneg æt ōðre stōwe wǣren, būton se biscep hīe mid
him habban wille, oððe hīo hwǣr tō lǣne sīe, oððe hwā ōðre
bī wrīte. 85

¹ *C, D;* hieran *H,* herran *U*   ² oðfeallen *C, D*   ³ Asserie *C*
⁴ doe *C*

III

FROM KING ALFRED'S TRANSLATION
OF BOETHIUS

[*From Bodleian MS. 180, ff. 1, 3ᵛ, 19ᵛ, 72, 23ᵛ, and Cotton
MS. Otho A. vi, f. 84ᵛ*]

ALFRED's authorship of the translation of Boethius's *De Consolatione
Philosophiae* is claimed by the preface, by the tenth-century chronicler
Æthelweard and by William of Malmesbury, who says that Asser
explained the work to the king in simpler terms. The translation is
free, and there are many additions, including the part of extract B
which explains how Boethius came to write the book, and extract F,
the king's comments on the needs of a ruler. Throughout the work,
passages are added in explanation of classical references and of early
views on the universe, several of them coming from a Latin commen-
tary similar to one which survives in later manuscripts and is ascribed
to Remigius of Auxerre. This shares with the English version many
Christian references which used to be regarded as Alfred's own.

The oldest manuscript, Otho A. vi (C) of the mid-tenth century, was
badly damaged in the fire of 1731. It consisted of a prose rendering of
the prose parts and a verse rendering of most of the metres (but
Metres I. 6, II. 2, and IV. 7 remain in prose). Bodleian MS. Junius 12 (J)
is a transcript of the verse parts and a partial collation of the prose,
made when the manuscript was complete. Bodleian MS. 180 (B), of
the first half of the twelfth century, has the metres as well as the prose
all rendered in prose. Of the extracts here chosen, B, C, and D occur
only in MS. B; E is in both manuscripts, and the text here is based on
MS. C; but F is based on MS. B, for little can now be read in MS. C;
A has not survived in MS. C, but some of the readings of that manu-
script are preserved by the Junius collation, and this has been used
also for E and F. A single leaf of an early-tenth-century manuscript,
once the end-leaf of Bodleian MS. Junius 86, now missing, was pub-
lished by Napier in *Zeitschrift für deutsches Altertum*, xxxi, 1887; it has
none of the passages given here.

A. PROEM

Ælfred kuning wæs wealhstod ðisse bēc ond hīe of Bōclǣdene
on Englisc wende, swā hīo nū is gedōn. Hwīlum hē sette word

be worde, hwīlum andgit of andgite, swā swā hē hit þā sweoto-
lost ond andgitfullīcast gereccan mihte for þām mistlicum[1] ond
manigfealdum weoruldbisgum[2] þe hine oft ǣgðer ge on mōde 5
ge on līchoman bisgodan. Ðā bisgu ūs sint swīþe earfoþrīme[3]
þe on his dagum on þā rīcu becōman þe hē underfangen hæfde,
ond þēah, ðā [hē] þās bōc hæf[d]e gelcornode ond of Lǣdene
tō Engliscum spelle gewende, þā[4] geworhtē hē[5] hī eft[6] tō lēoðe,
swā swā hēo nū gedōn is; ond nū bit ond for Godes naman hē 10
halsað[7] ǣlcne þāra þe þās bōc rǣdan lyste, þæt hē for hine
gebidde, ond him ne wīte gif hē hit rihtlīcor ongite þonne hē
mihte[8], for þām þe ǣlc mon sceal be his andgites mǣðe ond be
his ǣmettan sprecan þæt hē spreeð ond dōn þæt þæt hē dēþ.

B. BOETHIUS AND THEODORIC

On ðǣre tīde ðe Gotan of Sciððiu mǣgðe wið Rōmāna rīce
gewin up āhōfon ond mid heora cyningum, Rǣdgota ond
Eallerīca wǣron hātne, Rōmāna burg[9] ābrǣcon ond eall Italia
rīce þæt is betwux þām muntum ond Sicilia þām ēalonde in
anwald gerehton, þā[10] æfter þām foresprecenan cyningum 5
þēodrīc fēng tō þām ilcan rīce. Se Ðēodrīc wæs Amulinga; hē
was crīsten, þēah hē on þām Arriāniscan gedwolan þurhwunode.
Hē gehēt Rōmānum his frēondscipe, swā þæt hī mōstan heora
ealdrihta wyrðe bēon. Ac hē þā gehāt swīðe yfele gelǣste[11], ond
swīðe wrāðe geendode mid manegum māne. Þæt wæs tōēacan 10
ōðrum unārīmedum yflum þæt hē Iōhannes þone pāpan hēt
ofslēan. þā wæs sum consul, þæt wē heretoha hātað, Boētius
wæs gehāten, sē wæs in bōccræftum ond on woruldþēawum se
rihtwīsesta. Sē þā ongeat þā manigfealdan yfel þe se cyning
Ðēodrīc wið þām crīstendōme[12] ond wið þām Rōmāniscum 15
witum dyde. Hē þā gemunde þāra ēðnessa ond þāra ealdrihta

---

[1] mislicum *J*   [2] *J;* wordum 7 bisgum *B*   [3] earfoðrimu *J*
[4] *J;* 7 *B*   [5] *J; omitted B*   [6] efter *J*   [7] healsað *J*
[8] meahte *J*   [9] Romane burig   [10] 7 þa   [11] gelæst
[12] cristenandome

þe hī under þām cāserum hæfdon, heora ealdhlāfordum. þā
ongan hē smēagan ond leornigan on him selfum hū hē þæt rīce
þām unrihtwīsan cyninge āferran mihte, ond on ryhtgelēaffulra
20 ond on rihtwīsra anwealde[1] gebringan. Sende þā dīgellīce
ǣrendgewritu tō þām kāsere tō Constentinopolim, þǣr is Crēca
hēahburg ond heora cynestōl, for þām se kāsere wæs heora
ealdhlāfordcynnes; bǣdon hine þæt hē him tō heora crīsten-
dōme ond tō heora ealdrihtum gefultumede. þā þæt ongeat se
25 wælhrēowa cyning Ðēodrīc, þā hēt hē hine gebringan on
carcerne ond þǣrinne belūcan. þā hit ðā gelomp þæt se ārwyrða
wer[2] on swā micelre nearanesse becōm, þā wæs hē swā micle
swīðor on his mōde gedrēfed swā his mōd ǣr swīðor tō þām
woruldsǣlþum gewunod was; ond hē þā nānre frōfre beinnan
30 þām carcerne ne gemunde; ac hē gefēoll niwol ofdūne on þā
flōr ond hine āstrehte swīðe unrōt ond ormōd hine selfne ongan
wēpan ond þus singend cwæð: 'Ðā līoð þe ic wrecca gēo lust-
bǣrlīce song ic sceal nū hēofiende singan, ond mid swīþe
ungerādum[3] wordum gesettan, þēah ic gēo hwīlum gecōplīce
35 funde; ac ic nū wēpende ond gisciende ofgerādra worda misfō.
Mē āblendan þās ungetrēowan woruldsǣlþa, ond mē þā forlētan
swā blindne on þis dimme hol ond mē[4] þā berēafodon ǣlcere
lustbǣrnesse þā ðā ic him ǣfre betst truwode; þā wendon hī
mē heora bæc tō, ond mē mid ealle from gewitan. Tō hwon
40 sceoldan lā mīne frīend secgan[5] þæt ic gesǣlig mon wǣre? Hū
mæg sē bēon gesǣlig sē þe on þām gesǣlþum þurhwunian[6] ne
mōt?'

C. A GOLDEN AGE (Book II, Metre 5)

Ēalā, hū gesǣlig sēo forme eld was þises middangeardes[7], ðā
ǣlcum men þūhte genōg on þǣre eorþan wæstmum. Nǣron

---

[1] last e added in a later hand   [2] wæs   [3] mid swiunge ra-
dum   [4] ond me added in later hand   [5] seggan   [6] þuh-
wunian   [7] midangeardes

þā welige hāmas, ne mistlice swōtmettas, ne drincas, ne dīor-
wyrðra hrægla hī ne girndan, for þām hī þā gīt næran ne hīe
nānwuht ne gesāwon ne ne gehērdon. Ne gēmdon hīe nānes 5
fyrenlustes, būton swīðe gemetlīce þā gecynd beēodan; ealne
weg hī æton æne on dæg, ond þæt was tō æfennes. Trēowa wæst-
mas hī æton ond wyrta, nallcs scīr wīn hī ne druncan, ne nānne
wætan hī ne cūþon wið hunige mengan; ne seolocenra hrægla
mid mistlicum blēowum hī ne gīmdon. Ealne weg hī slēpon 10
ūte on trīowa sceadum; hlūterra wella wæter hī druncon. Ne
geseah nān cēpa čaland ne weroð, ne gehērde nōn mon þā gēt
nānne sciphere, ne furþon ymbe nān gefeoht sprecan. Ne [wæs]
sēo eorðe þā gēt bcsmiten mid ofslægenes monnes blōde, ne
mon furðum gewundod; ne monn ne geseah þā gīt yfelwillende 15
men; nænne weorðscipe næfdon, ne hī nōn mon ne lufude.
Ēalā þæt ūre tīda nū ne mihtan weorþan swilce! Ac nū manna
gītsung is swā byrnende swā þæt fȳr on þære helle sēo is on
þām munte þe Ætne hātte, on þām īeglande þe Sīcilia hātte;
se munt bið simlc swefle birnende, ond ealla þā nēahstōwa 20
þ æˉrymbūtan forbærnð. Ēalā hwæt se forma gītsere wære, þe
ærest þā eorþan ongan delfan æfter golde, ond æfter gimmum,
ond þā frēcnan dēorwyrðnesse[1] funde þe æˉr behȳd wæs ond
behelod mid ðære eorþan?

D. ULYSSES AND CIRCE (Book IV, Metre 3)

Hit gebyrede giō on Trōiāna gewinne þæt þær wæs ān cyning,
þæs nama [wæs] Aulixes, sē hæfde twā þīoda under þām kāsere.
þā ðīoda wæron hātene Iþacige ond Rētie, ond þæs kāseres
nama wæs Agamenon. Ðā se Aulixes mid þām kāsere tō þām
gefiohte fōr, þā hæfde hē sume hundred scipa; þā wæron hī 5
sume tēn gēar on þām gewinne. þā se cyning eft hām cerde
from þām kāsere, ond hī þæt land hæfdon gewunnen, þā næfde
hē nā[2] mā scipa þonne ān; þæt wæs þēah þrerēðre. Ðā gestōd

---

[1] deorwyðnessa   [2] he na *added above line*

hine hēah weder ond stormsǣ[1]. Wearð þā fordrifen on ān
10 īglond ūt on ðǣre Wendelsǣ. þā wæs þǣr Apollines dohtor,
Iobes suna: se Iob was hiora cyning, ond līcette þæt hē sceolde
bīon se hēhsta god; ond þæt dysige folc him gelȳfde, for þām
ðe hē was cynecynnes; ond hī nyston nǣnne ōðerne god on
þǣne tīman, būton hiora cyningas hī weorþodon for godas. þā
15 sceolde þæs Iobes fæder bīon ēac god, þæs nama wæs Saturnus;
ond his suna swā ilce ǣlcne[2] hī hæfdon for god. þā was hiora ān
se Apollinus[3] þe wē ǣr ymb sprǣcon. þæs Apollines dohtor[4]
sceolde bīon gydene, þǣre nama wæs Kirke. Sīo hī sǣdon
sceolde bīon swīðe drȳcræftigu, ond sīo wunode on þām īglande
20 þe se cyning on fordrifen wearð, þe wē ǣr ymbe sprǣcon. Hīo
hæfde þǣr swīðe micle werode hire ðegna, ond ēac ōðerra
mǣdena. Sōna swā hīo geseah þone fordrifenan cyning ðe wē
ǣr ymb sprǣcon, þæs nama wæs Aulixes, þā ongan hīo hine
lufian ond hiora ǣgþer ōðerne swīðe ungemetlīce, swā þætte
25 hē for hire lufan forlēt his rīce eall ond his cynren, ond wunode
mid hire oð ðone first þæt his ðegnas him ne mihton leng mid
gewunian, ac for hiora eardes lufan ond for þǣre wræce tihodon
hine tō forlǣtenne. Ðā ongunnon lēase men wyrcan spell ond
sǣdon þæt hīo sceolde mid hire drȳcræfte[5] þā men forbrēdan
30 ond[6] weorpan hī an wildedēora līc, ond siððan slēan on þā
racentan ond on cospas. Sume hī sǣdon þæt hīo sceolde for-
sceoppan tō lēon, ond þonne hī sceoldan[7] sprecan, þonne rȳdon
hī[8]. Sume sceoldan bīon eforas, ond þonne hī sceoldan hiora
sār siofian, þonne grymetodan hī. Sume wurdon tō wulfan; þā
35 ðuton þonne hī sprecan sceoldon. Sume wurdon tō þām dēor-
cynne þe mon hāt tigris. Swā wearð[9] eall se gefērscipe forhwer-
fed tō mistlicum dēorcynnum, ǣlc tō sumum dīore, būton þām
cyninge ānum. Ǣlcne mete hī onscunedon þe men etað ond

---

[1] m *in* storm *altered to* n   [2] ælcine   [3] pollin'   [4] dohdor
[5] e *has been erased*   [6] ð, *error for* 7   [7] seo sceolde   [8] ryde
hio   [9] weorcð

wilnodon þāra þe dēor etaþ. Næfdon hī nāne anlīcnesse manna
ne on līchoman ne on stemne, ond ǣlc wisste þēah his gewit 40
swā swā hē ǣr wisste. þæt gewit was swīðe sorgiende for þām
ermðum ðe hī drugon[1]. Hwæt, þā menn þe ðisum lēasungum
gelēfdon þēah wisston þæt hīo mid þām drȳcræfte ne mihte
þāra monna mōd onwendan, þēah hīo þā līchoman onwende.
Ēalā þæt hit is micel cræft[2] þæs mōdes for þone līchoman. Be 45
swilcum ond be swylcum þū miht ongitan þæt se cræft þæs
līchoman bið on þām mōde, ond þætte ǣlcum men mā deriað
his mōdes unþēawas. Ðæs mōdes [unþēawas] tīoð eallne þone
līchoman tō him, ond þæs līchoman mettrumnes[3] ne mæg þæt
mōd callunga tō him getīon. 50

E. ORPHEUS AND EURYDICE (Book III, Metre 12)

Hit gelamp giō ðætte ān hearpere wæs on ðǣre ðīode ðe
Ðrācia[4] hātte, sīo wæs on Crēca rīce; se hearpere wæs swīðe
ungefrǣglīce good, ðæs nama wæs Orfeus; hē hæfde ān swīðe
ǣnlic wīf, sīo wæs hāten Eurudice[5]. Ðā ongon mon secgan be
ðām hearpere þæt hē meahte hearpian þæt se wudu wagode, 5
ond þā stānas hī styredon[6] for ðȳ swēge, ond wildu dīor ðǣr
woldon tō irnan ond stondan, swilce hī tamu wǣren, swā stille,
ðēah him[7] men oððe hundas wið ēoden, ðæt hī hī[8] nā ne onscu-
nedon. Ðā sǣdon hī þæt ðæs hearperes wīf[9] sceolde ācwelan
ond hire sāule mon sceolde lǣdan tō helle. Ðā sceolde se hear- 10
pere weorðan swā sārig þæt hē ne meahte ongemong ōðrum
mannum bīon, ac tēah tō wuda, ond sæt on ðǣm muntum
ǣgðer ge dæges ge nihtes, wēop ond hearpode, ðæt ðā wudas
bifedon, ond ðā ēa stōdon,[10] ond nān heort ne onscunode nānne
lēon, ne nān hara nǣnne hund, ne nān nēat nyste nǣnne andan 15

---

[1] drogan [2] cræf [3] y *has been written above* u [4] racia
B [5] *sic in both MSS.* [6] hirgedon B, *for* hi styredon
[7] hi B [8] *second* hi *omitted* B [9] *from* B, *omitted* C
[10] *From here parts of C are now illegible and must be supplied from B*

ne nǣnne ege tō ōðrum, for ðǣre mergðe ðæs sōnes. Ðā ðǣm
hearpere ðā ðūhte ðæt hine[1] nānes ðinges ne lyste on ðisse
worulde, ðā ðōhte hē ðæt hē wolde gesēcan helle godu[2], ond
onginnan him ōleccan mid his hearpan, ond biddan þæt hī him
20 āgēafan[3] eft his wīf. þā hē ðā ðider cōm, ðā sceolde cuman
ðǣre helle hund ongēan hine, þæs nama wæs Ceruerus[4], sē[5]
sceolde habban þrīo hēafdu, ond onfægnian[6] mid his steorte
ond plegian wið hine for his hearpunga. Ðā wæs ðǣr ēac swīðe
egeslic geatweard, ðæs nama sceolde bīon Caron, sē hæfde ēac
25 þrīo hēafdu, ond[7] wæs swīðe oreald. Ðā ongon se hearpere hine
biddan þæt hē hine gemundbyrde ðā hwīle þe hē ðǣr wǣre,
ond hine gesundne eft ðonan brōhte. Ðā gehēt hē him ðæt, for
ðǣm hē wæs oflyst ðæs seldcūðan sōnes. Ðā eode hē furður oð
hē mētte[8] ðā graman metena[9] ðe folcisce men hātað *Parcas*,
30 ðā hī secgað ðæt on nānum men nyton nāne āre, ac ǣlcum men
wrecen be his gewyrhtum; þā hī secgað ðæt walden ǣlces
mannes wyrde. Ðā ongon hē biddan heora miltse[10]: ðā ongun-
non hī wēpan mid him. Ðā ēode hē furður, ond him urnon
ealle hellwaran ongēan ond lǣddon hine tō hiora cininge ond
35 ongunnon ealle sprecan mid him ond biddan þæs ðe[11] hē bæd.
Ond þæt unstille hwēol ðe Ixīon wæs[12] tō gebunden, Lauita[13]
cyning, for his scylde, ðæt oðstōd for his hearpunga, ond Tan-
tulus se cyning, ðe on ðisse worulde ungemetlīce gīfre wæs,
ond him ðǣr ðæt ilce yfel fylgde[14] ðǣre[15] gīfernesse, hē gestilde.
40 Ond se ultor sceolde forlǣtan ðæt hē ne slāt[16] ðā lifre Tyties[17]
ðæs cyninges, ðe hine ǣr mid ðȳ wītnode; ond eall hellwara
wītu gestildon, ðā hwīle þe hē beforan ðām cyninge hearpode.
Ðā hē ðā longe ond longe hearpode, ðā cleopode se hellwara[18]

---

[1] *B adds* þa   [2] gatu *B*   [3] *B;* agefan *C*   [4] cerueruerus
C, aruerus *B*   [5] *omitted B*   [6] ongan fægenian *B*   [7] *B
adds* se   [8] gemette *B*   [9] gydena *B*   [10] *B;* blisse *C*
[11] *omitted B*   [12] *omitted B*   [13] *B;* leuita *C*   [14] filigde *B*
[15] ðæs *both MSS.*   [16] forlætan þær he slat (*with* þær he *interlined*) *B*
[17] ticcies (*with* y *above first* i) *B,* sticces *C*   [18] hellwarena *B*

cyning, ond cwæð: 'Wuton āgifan ðǣm esne his wīf, for ðǣm
hē hī hæfð geearnad mid his hearpunga.' Bebēad him ðā ðæt 45
hē geare wisse, ðæt hē[1] hine nǣfre under bæc ne besāwe, siððan[2]
hē ðonanweard wǣre, ond sǣde, gif hē hine under bæc besāwe,
ðæt hē sceolde forlǣtan ðæt wīf. Ac ðā lufe mon mæg swīðe
unēaðe oððe nā[3] forbēodan: wei lā wei! hwæt, Orpheus ðā
lǣdde his wīf mid him, oð[4] hē cōm on ðæt gemǣre lēohtes ond 50
ðīostro; ðā ēode þæt wīf æfter him. Ðā hē furðum[5] on ðæt
lēoht cōm, ðā beseah hē hine under bæc wið ðæs wīfes; ðā
losade hīo him sōna. Ðās lēasan spell[6] lǣrað gehwylcne mon
ðāra ðe wilnað helle ðīostro tō flīonne, ond tō ðæs sōðan Godes
līohte tō cumanne, ðæt hē hine ne besīo tō[7] his ealdan yflum, 55
swā ðæt hē hī eft swā fullīce fullfremme swā hē hī ǣr dyde: for
ðǣm swā hwā swā mid fulle willan his mōd went tō ðǣm yflum
ðe hē ǣr forlēt, ond hī ðonne fullfremeð, ond hī him ðonne
fullīce līciað, ond hē hī nǣfre forlǣtan ne ðenceð, ðonne
forlȳst hē eall his ǣrran good, būton hē hit eft gebēte. 60

F. THE MEANS OF GOVERNMENT

Ēalā, Gesceādwīsnes, hwæt, þū wāst þæt mē nǣfre sēo
gītsung ond sēo gemægð þisses eorðlican anwealdes forwel ne
līcode, ne ic ealles forswīðe ne girnde þisses eorðlican rīces,
būton tōla[8] ic wilnode þēah ond andweorces tō þām weorce
þe mē beboden was tō wyrcanne; þæt was þæt ic unfracodlīce[9] 5
ond gerisenlīce mihte stēoran ond reccan þone anweald þe mē
befæst wæs. Hwæt, þū wāst þæt nān mon ne mæg nǣnne
cræft cȳþan, ne nǣnne anweald reccan ne stīoran būton[10] tōlum
ond andweorce. þæt bið ǣlces cræftes andweorc þæt mon
þone cræft būton wyrcan ne[11] mæg. þæt bið þonne cyninges 10

---

[1] *only* e *of* ðæt he *remains* C; B *omits* he   [2] *from* J; ..ððan C,
forþam B   [3] B *omits* oððe na   [4] B *adds* ðe   [5] forð B
[6] *omitted* C   [7] *omitted* B   [8] J; buton la B   [9] unfracoðlīce J
[10] J; butum B   [11] B *adds a second* ne

andweorc[1] ond his tōl mid tō rīcsianne, þæt hē hæbbe his land
fulmannod. Hē sceal habban gebedmen ond fyrdmen[2] ond
weorcmen. Hwæt, þū wāst þætte būtan þisum tōlum nān
cyning his cræft ne mæg cȳðan. þæt is ēac his andweorc, þæt
15 hē habban sceal tō þām tōlum þām þrim gefērscipum bīwiste.
þæt is þonne heora bīwist: land tō būgianne, ond gifta[3] ond
wǣpnu ond mete ond ealo ond clāþas ond gehwæt þæs ðe þā
þrē gefērscipas behōfiað[4]. Ne mæg hē būtan þisum þās tōl
gehealdan, ne būton þisum tōlum nān þāra þinga wyrcan þe
20 him beboden is tō wyrcenne. For þȳ ic wilnode andweorces
mid tō reccenne, þæt mīne cræftas ond anweald ne wurden
forgitene ond forholene[5]. For þām ǣlc cræft ond ǣlc anweald
bið sōna forealdod ond forswugod[6] gif hē bið būton wīsdōme;
for þām ne mæg nōn mon nǣnne cræft forðbringan[7] būton
25 wīsdōme; for þām þe swā hwæt swā þurh dysig[8] gedōn biþ, ne
mæg hit mon nǣfre tō cræfte gerecan[9]. þæt is nū hraþost tō
secganne, þæt ic wilnode weorðfullīce tō libbanne þā hwīle þe
ic lifede[10], ond æfter mīnum līfe þām monnum tō lǣfanne þe[11]
æfter mē wǣren mīn[11] gemynd[12] on gōdum weorcum[13].

---

[1] ʒ; weorc 7 weorc B   [2] ferdmen ʒ   [3] gifu ʒ   [4] be-
hofigan ʒ   [5] ʒ; ne wurde forgifen 7 forholen B   [6] forsugod
ʒ   [7] bringan ʒ   [8] dysige B   [9] gereccan ʒ   [10] lifde ʒ
[11] ʒ; omitted B   [12] gemyndig ʒ (dig visible in C)   [13] weorc-
cum B

IV

THE VOYAGES OF OHTHERE AND
WULFSTAN

[*From Additional MS. 47967 (also known as Lauderdale or
Tollemache MS.), pp. 13 f., and Cotton MS. Tiberius B. i,
ff. 12ʳ ff., both in the British Museum*]

THE account of these voyages was added in the Old English transla-
tion of Orosius, *Historia adversum Paganos*, which William of Malmes-
bury attributes to King Alfred. The account, which follows a descrip-
tion of northern Europe which also is an addition by the translator,
is of great interest both for its content and as a specimen of natural
prose of Alfred's time. The Lauderdale MS. (L), of the first half of
the tenth century, has lost a gathering which included most of this
text. L has been followed as far as it goes (l. 37), and the rest is taken
from Tiberius B. i (C), an eleventh-century manuscript. Fragments of
two other manuscripts do not contain this part of the work.

Ōhthere sǣde his hlāforde, Ælfrede cyninge, þæt hē ealra
Norðmonna norþmest būde. Hē cwæð þæt hē būde on þǣm
lande norþweardum wiþ þā Westsǣ. Hē sǣde þēah þæt þæt[1]
land sīe swīþe lang norþ þonan; ac hit is eal wēste, būton on
fēawum stōwum styccemǣlum wīciað Finnas, on huntoðe on   5
wintra, ond on sumera on fiscaþe[2] be þǣre sǣ. Hē sǣde þæt hē
æt sumum cirre wolde fandian hū longe þæt land norþryhte
lǣge, oþþe hwæðer ǣnig mon be norðan þǣm wēstenne būde.
þā fōr hē norþryhte be þǣm lande : lēt him ealne weg þæt wēste
land on ðæt stēorbord, ond þā wīdsǣ on ðæt bæcbord þrīe   10
dagas. þā wæs hē swā feor norþ swā þā hwælhuntan firrest
faraþ. þā fōr hē þā gīet norþryhte swā feor swā hē meahte on
þǣm ōþrum þrim dagum gesiglan. þā bēag þæt land þǣr
ēastryhte, oþþe sēo sǣ in on ðæt lond, hē nysse hwæðer, būton

---

[1] *one* þæt *omitted* L   [2] fiscnoðe *C, with* n *added above in later
hand*

15 hē wisse þæt hē ðǣr bād westan windes ond[1] hwōn norþan, ond
siglde ðā[2] ēast be lande swā swā hē meahte on fēower dagum
gesiglan. þā sceolde hē ðǣr bīdan ryhtnorþanwindes, for ðǣm
þæt land bēag þǣr sūþryhte, oþþe sēo sǣ in on ðæt land, hē nysse
hwæþer. þā siglde hē þonan sūðryhte be lande swā swā hē
20 mehte on fīf dagum gesiglan. Ðā læg þǣr ān micel ēa up in on
þæt land. þā cirdon hīe up in on ðā ēa, for þǣm hīe ne dorston
forþ bī þǣre ēa siglan for unfriþe; for þǣm ðæt land wæs eall
gebūn on ōþre healfe þǣre ēas[3]. Ne mētte hē ǣr nān gebūn
land, siþþan hē from his āgnum hām fōr; ac him wæs ealne
25 weg wēste land on þæt stēorbord, būtan fiscerum ond fugelerum
ond huntum, ond þæt wǣron eall[4] Finnas; ond him wæs ā
wīdsǣ on ðæt bæcbord. þā Beormas hæfdon swīþe wel gebūd[5]
hira land: ac hīe ne dorston þǣron cuman. Ac þāra Terfinna
land wæs eal wēste, būton ðǣr huntan gewīcodon, oþþe fisceras,
30 oþþe fugeleras.

Fela spella him sǣdon þā Beormas ǣgþer ge of hiera āgnum
lande ge of þǣm landum þe ymb hīe ūtan wǣron; ac hē nyste
hwæt þæs sōþes wæs, for þǣm hē hit self ne geseah. þā Finnas,
him þūhte, ond þā Beormas sprǣcon nēah ān geþēode. Swīþost
35 hē fōr ðider, tōēacan þæs landes scēawunge, for þǣm horshwæ-
lum[6], for ðǣm hīe habbað swīþe æþele bān on hiora tōþum
(þā tēð hīe brōhton sume þǣm cyninge); ond hiora hȳd[7] ‖ bið
swīðe gōd tō scīprāpum. Se hwæl bið micle lǣssa þonne ōðre
hwalas: ne bið hē lengra ðonne syfan elna lang; ac on his
40 āgnum lande is se betsta hwælhuntað; þā bēoð eahta and
fēowertiges elna lange, and þā mǣstan fīftiges elna lange; þāra
hē sǣde þæt hē syxa sum ofslōge syxtig on twām dagum.

Hē wæs swȳðe spēdig man on þǣm ǣhtum þe heora spēda
on bēoð, þæt is, on wildrum[8]. Hē hæfde þā gȳt, ðā hē þone

---

[1] oððe C   [2] þanon C   [3] ea C   [4] ealle C   [5] gebun C
[6] horschwælum L   [7] here begins the lacuna in L   [8] altered
to wildeorum in a later hand

cyningc sōhte, tamra dēora unbebohtra syx hund. þā dēor 45
hī hātað 'hrānas'; þāra wǣron syx stælhrānas; ðā bēoð swȳðe
dȳre mid Finnum, for ðǣm hȳ fōð þā wildan hrānas mid. Hē
wæs mid þǣm fyrstum mannum on þǣm lande: næfde hē þēah
mā ðonne twentig hrȳðera, and twentig scēapa, and twentig
swȳna; and þæt lȳtle þæt hē erede, hē erede mid horsan. Ac 50
hyra ār is mǣst on þǣm gafole þe ðā Finnas him gyldað. Þæt
gafol bið on dēora fellum, and on fugela feðerum, and hwales
bāne, and on þǣm sciprāpum, þe bēoð of hwæles hȳde geworht,
and of sēolcs. Ǣghwilc gylt be hys gebyrdum. Se byrdesta
sceall gyldan fīftȳne mearðes fell, and fīf hrānes, and ān beran 55
fel, and tȳn ambra feðra, and berenne kyrtel oððe yterenne, and
twēgen sciprāpas; ǣgþer sȳ syxtig elna lang, ōþer sȳ of hwæles
hȳde geworht, ōþer of sīoles.

He sǣde ðæt Norðmanna land wǣre swȳþe lang and swȳðe
smæl. Eal þæt his man āþer oððe ettan oððe erian mæg, þæt 60
lið wið ðā sǣ; and þæt is þēah on sumum stōwum swȳðe clūdig;
and licgað wilde mōras wið ēastan and wið uppon emnlange
þǣm bȳnum lande. On þǣm mōrum eardiað Finnas. And þæt
bȳne land is ēasteweard brādost, and symle swā norðor swā
smælre. Ēastewerd hit mæg bīon syxtig mīla brād, oþþe hwēne 65
brādre[1], and middeweard þrītig oððe brādre; and norðeweard
hē cwæð, þǣr hit smalost wǣre, þæt hit mihte bēon þrēora mīla
brād tō þǣm mōre; and se mōr syðþan, on sumum stōwum,
swā brād swā man mæg in twām wucum oferfēran; and on
sumum stōwum swā brād swā man mæg on syx dagum ofer- 70
fēran.

Ðonne is tōemnes þǣm lande sūðeweardum, on ōðre healfe
þæs mōres, Swēoland, oþ þæt land norðeweard; and tōemnes
þǣm lande norðeweardum, Cwēna land. Þā Cwēnas hergiað
hwīlum on ðā Norðmen ofer ðone mōr, hwīlum þā Norðmen 75
on hȳ. And þǣr sint swīðe micle meras fersce geond þā mōras;

[1] brædre

and berað þā Cwēnas hyra scypu ofer land on ðā meras, and
þanon hergiað on þā Norðmen; hȳ habbað swȳðe lȳtle scypa
and swȳðe lēohte.

80   Ōhthere sǣde þæt sīo scīr hātte Hālgoland þe hē on būde.
Hē cwæð þæt nān man ne būde be norðan him. þonne is ān
port on sūðeweardum þǣm lande, þone¹ man hǣt Scīringes
hēal. þyder hē cwæð þæt man ne² mihte geseglian on ānum
mōnðe, gyf man on niht wīcode, and ǣlce dæge hæfde ambyrne
85   wind; and ealle ðā hwīle hē sceal seglian be lande. And on þæt
stēorbord him bið ǣrest Īraland, and þonne ðā īgland þe synd
betux Īralande and þissum lande. þonne is þis land oð hē
cymð tō Scīrincges hēale, and ealne weg on þæt bæcbord
Norðweg. Wið³ sūðan þone Scīringes hēal fylð swȳðe mycel
90   sǣ up in on ðæt land; sēo is brādre þonne ǣnig man ofer sēon
mæge.   And is Gōtland on ōðre healfe ongēan, and siððan⁴
Sillende. Sēo sǣ līð mænig hund mīla up in on þæt land.

And of Scīringes hēale hē cwæð ðæt hē seglode on fīf dagan
tō þǣm porte þe mon hǣt æt Hǣþum; sē stent betuh Winedum,
95   and Seaxum, and Angle, and hȳrð in on Dene. Ðā hē þider-
weard seglode fram Scīringes hēale, þā wæs him on þæt bæc-
bord Denamearc and on þæt stēorbord wīdsǣ þrȳ dagas; and
þā, twēgen dagas ǣr hē tō Hǣþum cōme, him wæs on þæt
stēorbord Gōtland, and Sillende, and īglanda fela. On þǣm
100   landum eardodon Engle, ǣr hī hider on land cōman. And hym
wæs ðā twēgen dagas on ðæt bæcbord þā īgland þe in [on]⁵
Denemearce hȳrað.

————————

Wulfstān sǣde þæt hē gefōre of Hǣðum, þæt hē wǣre on
Trūsō on syfan dagum and nihtum, þæt þæt scip wæs ealne
105   weg yrnende under segle. Weonoðland him wæs on stēorbord,

¹ þonne   ² m *first written, then altered to* ne   ³ bi *written
above* wið *in a later hand*   ⁴ siðða   ⁵ *omitted; a later hand
adds* to *above the line*

and on bæcbord him wæs Langaland, and Læland, and Falster, and Scōnēg; and þās land eall hȳrað tō Denemearcan. And þonne Burgenda land wæs ūs on bæcbord, and þā habbað him sylfe[1] cyning. þonne æfter Burgenda lande wæron ūs þās land, þā synd hātene ærest Blēcinga ēg, and Mēore, and Ēowland, and Gotland on bæcbord; and þās land hȳrað tō Swēom[2]. And Weonodland wæs ūs ealne weg on stēorbord oð Wīslemūðan. Sēo Wīsle is swȳðe mycel ēa, and hīo tōlīð Wītland and Weonodland; and þæt Wītland belimpeð tō Estum; and sēo Wīsle līð ūt of Weonodlande, and līð in Estmere; and se Estmere is hūru fiftēne mīla brād. þonne cymeð Ilfing ēastan in Estmere of ðǣm mere, ðe Trūsō standeð in staðe; and cumað ūt samod in Estmere, Ilfing ēastan of Estlande[3], and Wīsle sūðan of Winodlande. And þonne benimð Wīsle Ilfing hire naman, and ligeð of þǣm mere west and norð on sǣ; for ðȳ hit man hǣt Wīslemūða.

þæt Estland[4] is swȳðe mycel, and þǣr bið swȳðe manig burh, and on ǣlcere byrig bið cyningc. And þǣr bið swȳðe mycel hunig, and fiscað[5], and se cyning and þā rīcostan men drincað mȳran meolc, and þā unspēdigan and þā þēowan drincað medo. þǣr bið swȳðe mycel gewinn betwēonan him. And ne bið ðǣr nǣnig ealo gebrowen mid Estum, ac þǣr bið medo genōh. And þǣr is mid Estum ðēaw, þonne þǣr bið man dēad, þæt hē līð inne unforbǣrned mid his māgum and frēondum mōnað, ge hwīlum twēgen; and þā kyningas, and þā ōðre hēahðungene men, swā micle lencg swā hī māran spēda habbað, hwīlum healf gēar, þæt hī bēoð unforbǣrned and licgað bufan eorðan on hyra hūsum. And ealle þā hwīle þe þæt līc bið inne, þǣr sceal bēon gedrync and plega, oð ðone dæg þe hī hine forbærnað. þonne þȳ ylcan dæge[6] [þe] hī hine tō þǣm āde beran wyllað, þonne tōdǣlað hī his feoh, þæt þǣr tō lāfe bið æfter þǣm

[1] sylf   [2] Sweon   [3] Eastlande   [4] Eastland   [5] *altered* *to* fiscnað *in a later hand*   [6] *the final* e *is added in a later hand*

811120   B

gedrynce and þǣm plegan, on fīf oððe syx, hwȳlum on mā,
swā swā þæs fēos andefn bið. Ālecgað hit ðonne forhwæga on
ānre mīle þone mǣstan dǣl fram þǣm tūne, þonne ōðerne,
140 ðonne þæne þriddan, oþ þe hyt eall ālēd bið on þǣre ānre mīle;
and sceall bēon se lǣsta dǣl nȳhst þǣm tūne ðe se dēada man
on lið. Ðonne sceolon bēon gesamnode ealle ðā menn ðe
swyftoste hors habbað on þǣm lande, forhwæga on fīf mīlum
oððe on syx mīlum fram þǣm fēo. þonne ærnað hȳ ealle
145 tōweard þǣm fēo: ðonne cymeð se man sē þæt swiftoste[1] hors
hafað tō þǣm ǣrestan dǣle and tō þǣm mǣstan, and swā ǣlc
æfter ōðrum, oþ hit bið eall genumen; and sē nimð þone lǣstan
dǣl sē nȳhst þǣm tūne þæt feoh geærneð. And þonne rīdeð
ǣlc hys weges mid ðan fēo, and hyt mōtan habban eall; and for
150 ðȳ þǣr bēoð þā swiftan hors ungefōge[2] dȳre. And þonne hys
gestrēon bēoð þus eall āspended, þonne byrð man hine ūt, and
forbærneð mid his wǣpnum and hrægle; and swīðost ealle hys
spēda hȳ forspendað mid þan langan legere þæs dēadan mannes
inne, and þæs þe hȳ be þǣm wegum ālecgað, þe ðā fremdan tō
155 ærnað, and nimað. And þæt is mid Estum þēaw þæt þǣr sceal
ǣlces geðēodes man bēon forbærned; and gyf þār man ān bān
findeð unforbærned, hī hit sceolan miclum gebētan. And þǣr
is mid Estum[3] ān mǣgð þæt hī magon cyle gewyrcan; and þȳ
þǣr licgað þā dēadan men swā lange, and ne fūliað, þæt hȳ
160 wyrcað þone cyle him[4] on. And þēah man āsette twēgen fǣtels
full ealað oððe wæteres, hȳ gedōð þæt ōþer bið oferfroren, sam
hit sȳ sumor sam winter.

---

[1] swifte   [2] h *written above second* g   [3] Eastum   [4] hine

V

THE TRANSLATION OF OROSIUS

[From the Lauderdale MS. (see p. 17, above), pp. 31 ff., 47 ff.]

THE fifth-century writer, Paulus Orosius, wrote his history in order
to show that the sack of Rome by the Goths in 410 was not a result of
the desertion of the old gods in favour of Christianity. He does this by
recounting the calamities of ancient history, and hence his work served
the Middle Ages as an historical textbook. The translator, who may
have been King Alfred, treats the work freely, omitting much,
especially the polemical matter, but also often expanding with infor-
mation from elsewhere. He often gives a more lively and circumstantial
account of an incident than his source does. The two extracts here
given are good examples of his handling of the original work.

A. THE AMAZONS (I. x; in the Latin I. xiv–xvi)

Ær þæm þe Rōmeburg getimbred wære IIII hunde[1] wintrum
ond hundeahtatigum, Uesoges, Ēgypta cyning, wæs winnende
of sūðdæle Asiam, oð him se mæsta dæl wearð underþīeded.
Ond hē Uesoges, Ēgypta cyning, wæs siþþan mid firde farende
on Sciþþie on ðā norðdælas, ond his ærendracan beforan 5
āsende tō þære ðēode, ond him untwēogendlīce secgan hēt þæt
hīe ōðer[2] sceolden, oþþe ðæt lond æt him ālēsan, oþþe hē hīe
wolde mid gefeohte fordōn ond forherigan. Hīe him þā gesceād-
wīslīce ondwyrdon, ond cwædon þæt hit gemālic[3] wære ond
unryhtlic þæt swā oferwlenced cyning sceolde winnan on swā 10
earm folc swā hīe wæron. Hēton him þēh þæt ondwyrde secgan
þæt him lēofre wære wið hiene tō feohtanne þonne gafol tō
gieldanne. Hīe þæt gelæstan swā, ond sōna þone cyning
geflīemdon mid his folce, ond him æfter folgiende wæron,
ond ealle Ægypte āwēstan būton þæm fenlondum ānum. Ond 15

---

[1] hund C   [2] *has been erased in L, and only the ð and r are visible*
[3] gemahlic C

þā hīe hāmweard wendon be westan þǣre īe Eufrāte, ealle
Asiam hīe genīeddon þæt hīe him gafol guldon, ond þǣr
wǣron fīftēne gēar ðæt lond herigende ond wēstende, oð
heora wīf him sendon ǣrendracan æfter, ond him sǣdon þæt
20 hīe ōðer dyden, oðþe hām cōmen oððe hīe him woldon
ōðerra wera cēosan. Hī þā þæt lond forlēton, ond him hām-
weard fērdon.

On þǣre ilcan tīde wurdon twēgen æþelingas āflīemde of
Sciþþian, Plenius ond Scolopetius wǣron hātene, ond gefōran
25 þæt lond ond gebūdon betuh Capadotiam ond Pontum nēah
þǣre lǣssan Asiam[1], ond þǣr winnende wǣron oð[2] hīe him
þǣr eard genāmon. Ond hīe ðǣr æfter hrǣdlicre[3] tīde from
þǣm londlēodum þurh searwa[4] ofslægene wurdon. þā wurdon
hiora wīf swā sārige on hiora mōde ond swā swīðlīce gedrēfed—
30 ǣgþær ge þāra æþelinga wīf ge þāra ōþerra monna þe mid him
ofslægene wǣron—þætte hīe wǣpna nāman, tō þon ðæt hīe
heora weras wrecan þōhton. Ond hī þā hrǣdlīce æfter þǣm
ofslōgan ealle þā wǣpnedmen þe him on nēaweste wǣron. For
þon hīe dydon swā þe hīe woldon þætte þā ōþere wīf wǣren
35 emsārige him, þæt hīe siþþan on him fultum hæfden, ðæt hīe
mā mehten heora weras wrecan. Hī þā þā wīf ealle tōgædere
gecirdon, ond on ðæt folc winnende wǣron ond þā wǣpnedmen
slēande, oð hīe þæs londes hæfdon micel on hiora onwalde.
þā under þǣm gewinne hīe genāmon friþ wið þā wǣpnedmen.
40 Siþþan wæs hiera þēaw þæt hīe ǣlce gēare ymbe twelf mōnað
tōsomne fērdon, ond þǣr þonne bearna strīendon. Eft þonne
þā wīf heora bearn cendon, þonne fēddon hīe þā mǣdencild,
ond slōgon þā hysecild, ond þǣm mǣdencildum hīe fortendun
þæt swīðre brēost foran, þæt hit weaxan ne sceolde, þæt hīe
45 hæfden þȳ strengran scyte; for þon hī mon hǣt on Crēcisc
Amazanas[5], þæt is on Englisc 'fortende'.

---

[1] *C;* Asian *L*   [2] *C adds* þe   [3] hrædlice *both MSS.*
[4] seara *both MSS.*   [5] *C;* Amazasanas *L*

Heora twā wǣron heora cwēna, Marsepia ond Lampida wǣron hātene. Hīe heora here on tū tōdǣldon—ōþer æt hām bēon heora lond tō healdanne, ōðer ūt faran tō winnanne. Hīe siþþan geēodon Eurōpe[1] ond Asiam þone mǣstan dǣl, ond 50 getimbredon Effesum þā burg, ond monege ōðere on ðǣre lǣssan Asiam; ond siþþan hiera heres þone mǣstan dǣl hām sendon mid hiora herehȳþe, ond þone ōþerne dǣl þǣr lēton þæt lond tō healdonne. þǣr wearð Marsepia sīo cwēn ofslagen ond micel þæs heres þe mid hiere beæftan wæs. Ðǣr wearð hire 55 dohter cwēn, Sinōpē. Sēo ilce cwēn Sinōpē, tōēacan hiere hwæt-scipe ond hiere monigfealdum duguþum, hiere līf geendade on mægðhāde.

On þǣm dagum wæs swā micel ege from ðǣm wīfmonnum, þætte Eurōpe ne Asiam[2] ne ealle þā nēahþēoda ne mehton 60 āþencean ne ācræftan hū hī him wiðstondan mehten, ǣr þon hīe gecuron Ercol þone ent þæt hē hīe sceolde mid eallum Crēca cræftum beswīcan. Ond þēah ne dorste hē genēðan þæt hē hīe mid firde gefōre, ǣr hē ongan mid Crēca scipun þe mon 'dul-munus' hǣtt, þe mon sægð þæt on ān[3] scip mæge ān þūsend 65 manna; ond þā nihtes on ungearwe hī on bestæl, ond hīe swīþe forslōg ond fordyde; ond[4] hwæðere ne mehte hīe þæs londes benǣman. On ðǣm dagum þǣr wǣron twā cwēna, þæt[5] wǣron gesweoster, Anthiopa ond Ōrīthīa; ond þǣr wearð Ōrīthīa gefangen. Æfter hiere fēng tō ðǣm rīce Pentesilīa, sīo on þǣm 70 Trōiāniscan gefeohte swīþe mǣre gewearð.

Hit is scondlic, cwæð Orosius, ymb swelc tō sprecanne, hwelc hit þā wæs, þā swā earme[6] wīf ond swā elðēodge hæfdon gegān þone cræftgestan dǣl ond þā hwatestan men ealles þises middangeardes, þæt wæs Asiam ond Eurōpe, þā hīe fornēah 75 mid ealle āwēston, ond ealda ceastra ond ealde byrig tōwurpon.

[1] Europam C   [2] Asia C   [3] altered to ane in a later hand C
[4] þeah interlined in a later hand C   [5] þa C   [6] from here to wīfmen in l. 81 omitted by accident C

Ond æfter ðǣm hīe dydon ǣgþer, ge cyninga rīcu settan ge
nīwa[1] ceastra timbredon, ond ealle þā worold on hiora āgen
gewill onwendende wǣron folnēah c wintra. Ond swā gemune
80 men wǣron ǣlces broces þætte hīe hit folnēah tō nānum fācne
ne tō nānum lāðe næfdon þætte þā earman wīfmen hīe swā
tintredon.

Ond nū, þā ðā Gotan cōman of þǣm hwatestan monnum
Germānia, þe ǣgðer ge Pirrus se rēða Crēca cyning, ge Alexan-
85 der, ge Iūlius se cræftega cāsere, hīe alle from him ondrēdon
þæt hī hīe mid gefeohte sōhten[2], hū ungemetlīce gē Rōmware
bemurciað ond besprecað þæt ēow nū wyrs[3] sīe on þiosan
crīstendōme þonne þǣm þēodum þā wǣre, for þon þā Gotan
ēow hwōn oferhergedon ond īowre burg ābrǣcon ond īower
90 fēawe ofslōgon; ond for hiora cræftum ond for hiora hwætscipe
īowra selfra anwald[4] ēoweres unþonces habban mehton, þe
nū lustlīce sibbsumes friðes ond sumne dǣl landes[5] æt ēow
biddende sindon, tō þon þæt hīe ēow on fultume bēon mōten;
ond hit ǣr þiosan genōg ǣmettig læg, ond genōg wēste, ond gē
95 his nāne note ne hæfdon. Hū blindlīce monege þēoda sprecað
ymb þone crīstendōm, þæt hit nū wyrse sīe þonne hit ǣr wǣre,
þæt hīe nellað geþencean oþþe ne cunnon hwǣr hit gewurde,
ǣr þǣm crīstendōme, þæt ǣnegu þēod ōþre hiere willum friþes
bǣde, būton hiere þearf wǣre, oþþe hwǣr ǣnegu þēod æt
100 ōþerre mehte frið begietan oððe mid golde oððe mid seolfre
oþþe mid ǣnige fēo, būton hē him underþīedd wǣre. Ac siþþan
Crīst geboren wæs, þe ealles middangeardes is sibb ond frið,
nales þæt ān þæt men hīe mehten ālīesan mid fēo of þēowdōme,
ac ēac þēoda him betwēonum būton þēowdōme gesibbsume
105 wǣron. Hū wēne gē hwelce sibbe þā weras hæfden ǣr þǣm
crīstendōme, þonne heora wīf swā monigfeald yfel dōnde
wǣron on þiosan middangearde?

---

[1] niwu   [2] mid gefeohten L, mid gefeohte sohte C   [3] C;
wyr (end of line) L   [4] anwaldes both MSS.   [5] from C; omitted L

B. CYRUS (ii. iv; in the Latin ii. vi, vii)

Cīrus, Persa cyning, þe wē ǣr beforan sǣgdon, þā hwīle ðe
Sabīnī ond Rōmāne wunnon on þǣm westdǣle, þā hwīle wonn
hē ǣgþer ge on Sciþþie ge on Indie, oþ hē hæfde mǣst ealne
þone ēastdǣl āwēst; ond æfter ðǣm fird gelǣdde tō Babylōnia,
þe þā welegre wæs þonne ǣnigu ōþeru burg. Ac hiene Gandes 5
sēo ēa¹ þæs oferfæreldes longe gelette², for þǣm þe þēr scipa
nǣron: þæt is ealra ferscra wætera mǣst, būton Eufrāte. þā
gebēotode ān his ðegna þæt hē mid sunde þā ēa oferfaran
wolde mid twām tyncenum; ac hiene se strēam fordrāf. Ðā
gebēotode Cīrus ðæt hē his ðegn on hire swā gewrecan wolde— 10
þā hē swā grom wearð on his mōde wiþ þā ēa gebolgen—þæt
hīe mehte wīfmon be hiere cnēowe³ oferwadan, þǣr hēo ǣr wæs
nigon mīla brād þonne hēo flēdu wæs. Hē þæt mid dǣdum
gelǣste, ond hīe upp forlēt an fēower hund ēa ond on LX⁴ ond
siþþan mid his firde þǣr ofer fōr. Ond æfter þǣm Eufrāte þā ēa, 15
sēo is mǣst eallra ferscra wætera ond is irnende þurh midde-
wearde Babylōnia⁵ burg, hē hīe ēac mid gedelfe on monige ēa
upp forlēt; ond siþþan mid eallum his folce on ðǣre ēa gong on
þā burg færende wæs ond hīe gerāhte.

Swā ungelīefedlic is ǣnigum menn þæt tō gesecgenne⁶, hū 20
ǣnig mon mehte swelce burg gewyrcan swelce sīo wæs, oððe
eft ābrecan. Membrað se ent angan ǣrest timbran Babylōnia,
ond Ninus se cyning æfter him; ond Sameramis his cwēn hīe
geendade æfter him on middeweardum hiere rīce. Sēo burg
wæs getimbred an fildum lande ond on swīþe emnum, ond hēo 25
wæs swīþe fæger an tō lōcianne; ond hēo is swīþe ryhte fēower-
scȳte; ond þæs wealles micelness ond fæstness is ungelīefedlic
tō secganne: þæt is, þæt hē is L elna brād, ond II hund elna
hēah, ond his ymbgong is hundseofontig mīla ond seofeða dæl

---

¹ *from C; omitted L*   ² lange gelette þæs oferfæreldes *C*
³ mihton wifmenn be heora cneowe *C*   ⁴ on syxtig ea *C*
⁵ babiloniam *C*   ⁶ secgenne *C*

30 ānre mīle, ond hē is geworht of tigelan ond of eorðtyrewan;
ond ymbūtan þone weall is se mǣsta dīc, on þǣm is iernende
se ungefōglecesta strēam; ond wiðūtan þǣm dīce is geworht
twēgea elna hēah weall, ond bufan ðǣm māran wealle ofer ealne
þone ymbgong hē is mid stǣnenum wīghūsum beworht. Sēo
35 ilce burg Babylōnia, sēo ðe mǣst wæs ond ǣrest ealra burga,
sēo is nū lǣst ond wēstast. Nū sēo burg swelc is, þe ǣr wæs
ealra weorca fæstast ond wunderlecast ond mǣrast, gelīce ond
hēo wǣre tō bisene āsteald eallum middangearde, ond ēac
swelce hēo self sprecende sīe tō eallum moncynne ond cweþe:
40 'Nū ic þuss gehroren eam ond āweggewiten, hwæt! gē magan
on mē ongietan ond oncnāwan þæt gē nānuht mid ēow nabbað
fæstes ne stronges þætte þurhwunigean mæge.'

On ðǣm dagum þe Cīrus Persa cyning Babylōnia ābrǣc, ðā
wæs Croesus se līþa cyning mid firde gefaren Babylōnium tō
45 fultume; ac þā hē wiste þæt hē[1] him on nānum fultome bēon
ne mæhte, ond þæt sēo burg ābrocen wæs, hē him hāmweard
fērde tō his āgnum rīce. Ond him Cīrus wæs æfterfylgende oþ
hē hiene gefēng ond ofslōg. Ond nū ūre Crīstne Rōma[2] bespricð
þæt hiere weallas[3] for ealdunge brosnien, nales nā for þǣm þe
50 hīo mid forheriunge swā gebismrad wǣre swā Babylōnia wæs;
ac hēo for hiere crīstendōme nū gīet is gescild, ðæt ǣgþer ge
hīo self ge hiere anweald is mā hrēosende for ealddōme þonne
of ǣniges cyninges nīede.

Æfter þǣm Cīrus gelǣdde fird on Sciþþie, ond him ðǣr ān
55 giong cyning mid firde ongēan fōr, ond his mōder mid him,
Damaris. þā Cīrus fōr ofer þæt londgemǣre, ofer þā ēa þe hātte
Araxis, him þǣr se gionga cyning þæs oferfæreldes forwiernan
mehte; ac hē for þǣm nolde þȳ hē mid his folce getruwade ðæt
hē hiene beswīcan mehte, siþþan hē binnan ðǣm gemǣre wǣre,
60 ond wīcstōwa nāme. Ac þā Cīrus geāhsade þæt hiene se gionga
cyning þǣr sēcean wolde, ond ēac þæt þǣm folce seldsīene ond

---

    [1] hie *both MSS.*   [2] romana *C*   [3] *C;* wealles *L*

uncūðe wǣron wīnes dryncas; hē for þǣm of ðǣre wīcstōwe
āfōr on āne dīgle stōwe, ond þǣr beæftan forlēt eall þæt þǣr
līðes wæs ond swētes; þæt þā se gionga cyning swīðor micle
wēnende wæs þæt hīe þonon flēonde wǣren þonne hīe ǣnigne 65
swicdōm cȳþan dorsten. þā hīe hit þǣr swā ǣmenne mētton,
hīe ðǣr þā mid micelre blīðnesse būton gemetgunge þæt wīn
drincende wǣron, oð hī heora selfra lȳtel geweald hæfdon. Hē
þā Cīrus hīe þǣr besyrede ond mid ealle ofslōg; ond siþþan
wæs farende þǣr ðæs cyninges mōder mid þǣm twǣm dǣlum 70
þæs folces wuniende wæs, þā hē þone ðriddan dǣl mid ðǣm
cyninge beswicen hæfde. Hīo þā sēo cwēn Dameris[1] mid micclre
gnornunge ymb þæs cyninges slege hiere suna þencende wæs,
hū hēo hit gewrecan mehte; ond þæt ēac mid dǣdum gelǣste,
ond hiere[2] folc on tū tōdǣlde, ǣgþer ge wīfmen ge wǣpned- 75
men, for þon þe þǣr wīfmenn feohtað swā same swā wǣpned-
men. Hīo mid þǣm healfan dǣle beforan þǣm cyninge farende
wæs, swelce hēo flēonde wǣre, oð hīo hiene gelǣdde on
ān micel slǣd, ond se healfa dǣl wæs Cīruse æfterfylgende.
þǣr wearþ Cīrus ofslægen ond twā þūsend monna mid him. 80
Sēo cwēn hēt þā ðǣm cyninge þæt hēafod of āceorfan, ond
beweorpan on ānne cylle, sē wæs āfylled monnes blōdes, ond
þus cwæð: 'þū þe þyrstende wǣre monnes blōdes xxx wintra,
drync nū þīne fylle.'

---

[1] demeris *with a written later over the first* e C   [2] hier L,
hyre C

VI

THE BATTLE OF ASHDOWN

*[From the Parker MS. of the Anglo-Saxon Chronicle, collated
with the other manuscripts; see p. 1, above]*

THIS and the following extract afford examples of the fuller recording
of events which begins in annal 823 (true date 825). The great Danish
army which arrived in the autumn of 865 has by 871 defeated the
Northumbrians and East Angles and forced the Mercians to make
peace. It now turns on Wessex. In this year of battles Alfred came to
the throne, and in the Parker MS. the importance of this is emphasized
by a cross in the margin; there is one also against the reference to
Ashdown.

871. Hēr cuōm se here tō Rēadingum on Westseaxe, ond þæs
ymb III niht ridon II eorlas up. þā gemētte hīe Æþelwulf
aldorman on Englafelda, ond him þǣr wiþ gefeaht, ond sige
nam.¹ þæs ymb IIII niht Æþered cyning ond Ælfred his
5 brōþur þǣr micle fierd tō Rēadingum gelǣddon, ond wiþ þone
here gefuhton; ond þǣr wæs micel wæl geslægen on gehwæþre
hond, ond Æþelwulf aldormon wearþ ofslægen; ond þā Deni-
scan āhton wælstōwe gewald.

Ond þæs ymb IIII niht gefeaht Æþered cyning ond Ælfred
10 his brōþur wiþ alne þone here on Æscesdūne. Ond hīe wǣrun
on twǣm gefylcum: on ōþrum wæs Bāchsecg ond Halfdene, þā
hǣþnan cyningas, ond on ōþrum wǣron þā eorlas. Ond þā
gefeaht se cyning Æþered wiþ þāra cyninga getruman, ond
þǣr wearþ se cyning Bāgsecg ofslægen; ond Ælfred his brōþur
15 wiþ þāra eorla getruman, ond þǣr wearþ Sidroc eorl ofslægen
se alda, ond Sidroc eorl se gioncga, ond Ōsbearn eorl, ond

---

¹ B adds: 7 heora þǣr wearð oþer ofslegen þæs nama wæs Sidroc
and this is, with minor variants, also in C, D, and E

Frǣna eorl, ond Hareld eorl; ond þā hergas bēgen geflīemde, ond fela þūsenda ofslægenra, ond on feohtende wǣron oþ niht.

Ond þæs ymb XIIII niht gefeaht Æþered cyning ond Ælfred his brōður wiþ þone here æt Basengum, ond þǣr þā Deniscan sige nāmon. 20

Ond þæs ymb II mōnaþ gefeaht Æþered cyning ond Ælfred his brōþur wiþ þone here æt Meretūne, ond hīe wǣrun on tuǣm gefylcium, ond hīe būtū geflīemdon, ond longe on dæg sige āhton; ond þǣr wearþ micel wælsliht on gehwæþere hond; 25 ond þā Deniscan āhton wælstōwe gewald; ond þǣr wearþ Hēahmund bisccop[1] ofslægen, ond fela gōdra monna. Ond æfter þissum gefeohte cuōm micel sumorlida[2].

Ond þæs ofer Ēastron gefōr Æþered cyning; ond hē rīcsode v gēar; ond his līc līþ æt Winburnan[3]. 30

þā fēng Ælfred Æþelwulfing his brōþur to Wesseaxna rīce. Ond þæs ymb ānne mōnaþ gefeaht Ælfred cyning wiþ alne þone herc lȳtlc werede æt Wiltūne, ond hine longe on dæg geflīemde, ond þā Deniscan āhton wælstōwe gewald.

Ond þæs gēares wurdon VIIII folcgefeoht gefohten wiþ þone here on þȳ cynerīce be sūþan Temese, ond būtan þām þe him Ælfred þæs cyninges brōþur ond ānlīpig aldormon[4] ond cyninges þegnas oft rāde on ridon þe mon nā ne rīmde; ond þæs gēares wǣrun ofslægene VIIII eorlas ond ān cyning. Ond þȳ gēare nāmon Westseaxe friþ wiþ þone here. 40

---

[1] bisċ.   [2] *B, C, D, E add* to Readingum   [3] *B, D, E add* mynster, *C* menster   [4] *B, C, D, E omit* anlipig *and read* (e)al-dormen(n)

VII

ALFRED AND GODRUM

[From the Parker MS. of the Anglo-Saxon Chronicle, collated with the other manuscripts; see p. 1, above]

THIS is a contemporary account of events of supreme historical importance, when Alfred's tenacity under affliction and his subsequent victory prevented England from becoming a Scandinavian country. By the beginning of 878 the position had much worsened: Burgred of Mercia had been driven out, and one half of his kingdom settled by the Danes, and the other given by them to a thegn called Ceolwulf; Northumbria had been settled, and a Danish army under Godrum had made its centre in Cambridge. This army, after an unsuccessful campaign against Wessex in 876–7, returned to take Alfred by surprise in midwinter.

878. Hēr hiene bestæl se here on midne winter[1] ofer tuelftan[2] niht tō Cippanhamme, ond geridon Wesseaxna lond ond gesǣton, ond[3] micel þæs folces ofer sǣ ādrǣfdon, ond þæs ōþres þone mǣstan dǣl hīe geridon ond him tō gecirdon būton
5 þām cyninge Ælfrede: ond hē lȳtle werede unīeþelīce æfter wudum fōr ond on mōrfæstenum.

Ond þæs ilcan wintra wæs Inwæres brōþur ond Healfdenes on Westseaxum on Defenascīre mid XXIII scipum; ond hiene mon þǣr ofslōg, ond DCCC monna mid him, ond XL monna his
10 heres.[4]

Ond þæs on Ēastron worhte Ælfred cyning lȳtle werede geweorc æt Æþelinga-ēigge; ond of þām geweorce was winnende wiþ þone here, ond Sumursǣtna se dǣl sē þǣr nīehst wæs.

---

[1] wint   [2] tueltan   [3] *misplaced before* ofer   [4] *B, C, D, E add (with small variants in spelling):* 7 þær wæs se guðfana genumen þe hic hræfn heton

þā on þǣre seofoðan wiecan ofer Ēastron hē gerād tō 15
Ecgbryhtes stāne be ēastan Sealwyda. Ond him tō cōm[on]¹
þǣr ongēn Sumorsǣte alle, ond Wilsǣtan, ond Hamtūnscīr (se
dǣl sē hiere behinon sǣ was), ond his gefǣgene wǣrun. Ond
hē fōr ymb āne niht of þām wīcum tō Īglēa, ond þǣs ymb āne
tō Ēþandūne; ond þǣr gefeaht wiþ alne þone here ond hiene 20
geflīemde, ond him æfter rād oþ þæt geweorc, ond þǣr sæt
XIIII niht. Ond þā salde se here him foregīslas ond micle āþas
þæt hīe of his rīce uuoldon; ond him ēac gehēton þæt hiera
kyning fulwihte onfōn wolde: ond hīe þæt gelǣston swā. Ond
þæs ymb III wiecan cōm se cyning tō him Godrum, þrītiga 25
sum þāra monna þe in þām here weorþuste wǣron æt Alre, ond
þæt is wiþ Æþelingga-ēige; ond his se cyning þǣr onfēng æt
fulwihte, ond his crismlīsing was æt Weþmōr. Ond hē was XII
niht mid þām cyninge; ond hē hine miclum ond his gefēran
mid fēo weorðude. 30

¹ com *corrected to* coman *in a later hand*

VIII

ALFRED'S LAST WARS WITH THE DANES

*[From the Parker MS. of the Anglo-Saxon Chronicle, collated
with other manuscripts, see p. 1, above]*

THE hand of annals 892–923 (original dating) closely resembles that
of the Lauderdale *Orosius* (see p. 17, above), as does the language,
which is that of the late ninth or early tenth century. The style of
annals 892–6 differs from that of the earlier part of the Chronicle,
having more subordination and a greater variety of sentence con-
nexions; yet it is far from achieving the polish and balance of the prose
of Ælfric or of Wulfstan.

The dates given are those of the original scribe in A, not of the
corrector; for different reasons MSS. B, C, and D are also a year
wrong. E does not contain annals 893–6.

892. Hēr on þysum gēare fōr se micla here, þe wē gefyrn ymbe
sprǣcon, eft of þǣm ēastrīce westweard tō Bunnan, ond þǣr
wurdon gescipode, swā þæt hīe āsettan him on ānne sīþ ofer
mid horsum mid ealle; ond þā cōmon up on Limene-mūþan
5 mid CCL hunde¹ scipa. Se mūþa is on ēasteweardre Cent, æt
þæs miclan² wuda ēastende þe wē Andred hātað. Se wudu is
ēastlang ond westlang hundtwelftiges mīla lang, oþþe lengra,
ond þrītiges mīla brād. Sēo ēa þe wē ǣr ymbe sprǣcon liðut of
þǣm wealda. On þā ēa hī tugon up hiora scipu oþ þone weald,
10 IIII mīla fram þǣm mūþan ūteweardum, ond þǣr ābrǣcon ān
geweorc inne on þǣm fenne³; sǣton fēawa cirlisce men on,
ond wæs sāmworht.

þā sōna æfter þǣm cōm Hǣstēn mid LXXX scipa up on

---

¹ CCL hund *G*, twam hund *B*, CC *C*, CC hund *D*, þridde healf hund
E, *F*   ² miclam *A*, mycclan *E*, mucelan *F*; ilcan *B*, *C*, *D*
³ *sic A*, *F*, fænne *E*; fæstenne *B*, *C*, *D*

Temese-mūðan, ond worhte him geweorc æt Middeltūne, ond
se ōþer here æt Apuldre.   15

893. On þȳs gēare, þæt wæs ymb twelf mōnað þæs þe hīe on
þǣm ēastrīce geweorc geworht hæfdon, Norþhymbre ond
Ēastengle hæfdon Ælfrede cyninge āþas geseald, ond Ēastengle
foregīsla VI : ond þēh ofer þā trēowa, swā oft swā þā ōþre hergas
mid ealle herige ūt fōron, þonne fōron hīe, oþþe mid oþþe on   20
heora healfe. Ond¹ þā gegaderade Ælfred cyning his fierd, ond
fōr þæt hē gewīcode betwuh þǣm twām hergum, þǣr þǣr hē
nīehst rȳmct hæfde for wudufæstenne ond for wæterfæstenne,
swā þæt hē mehte ǣgþerne gerǣcan, gif hīe ǣnigne feld sēcan
wolden. þā fōron hīe siþþan æfter þǣm wealda hlōþum ond   25
flocrādum, bī swā hwaþerre efes swā hit þonne fierdlēas wæs.
Ond hī² mon ēac mid ōþrum floccum sōhte mǣstra daga ælce,³
oþþe on niht, ge of þǣre fierde ge ēac of þǣm burgum. Hæfde
se cyning his fierd on tū tōnumen, swā þæt hīe wǣron simle
healfe æt hām, healfe ūte, būtan þǣm monnum þe þā burga⁴   30
healdan scolden. Ne cōm se here oftor eall ūte of þǣm setum
þonne tuwwa : ōþre sīþe þā hīe ǣrest tō londe cōmon, ǣr sīo
fierd gesamnod wǣre; ōþre sīþe þā hīe of þǣm setum faran
woldon. þā hīe gefēngon micle herehȳð, ond þā woldon ferian
norþweardes ofer Temese in on Ēastseaxe ongēan þā scipu. þā   35
forrād sīo fierd hīe foran, ond him wið gefeaht æt Fearnhamme,
ond þone here geflīemde, ond þā herehȳþa āhreddon; ond hīe
flugon ofer Temese būton ǣlcum forda; þā up be Colne on
ānne iggað. þā besæt sīo fierd hīe þǣrūtan þā hwīle þe hīe þǣr
lengest mete hæfdon; ac hī hæfdon þā heora stemn⁵ gesetenne   40
ond hiora mete genotudne; ond wæs se cyng þā þiderweardes
on fære, mid þǣre scīre þe mid him⁶ fierdedon.

þā hē þā wæs þiderweardes, ond sīo ōþeru fierd wæs

¹ on *or* an *followed by stop* A, on B, 7 C, D   ² him   ³ C, D
add oþþe on dæg   ⁴ burg *with* a *added above* A, burga B, C,
burhga D   ⁵ stemninge B, C, steminge D   ⁶ B, D *add*
sylfum, C selfum

hāmweardes, ond ðā Deniscan sǣton þǣr behindan (for þǣm
45　hiora cyning wæs gewundod on þǣm gefeohte þæt hī hine ne
mehton ferian), þā gegaderedon þā þe in Norþhymbrum būgeað
ond on Ēastenglum sum hund scipa, ond fōron sūð ymbūtan, ond
sum fēowertig scipa norþ ymbūtan[1], ond ymbsǣton ān ge-
weorc on Defnascīre be þǣre Norþsǣ; ond þā þe sūð[2] ymbūtan
50　fōron ymbsǣton Exancester. þā se cyng þæt hīerde, þā wende
hē hine west wið Exanceastres mid ealre þǣre fierde, būton
swīþe gewaldenum dǣle ēasteweardes þæs folces.

　　þā fōron forð oþ þe hīe cōmon tō Lundenbyrg, ond þā mid
þǣm burgwarum ond þǣm fultume þe him westan cōm fōron
55　ēast tō Bēamflēote. Wæs Hǣstēn þā þǣr cumen mid his herge,
þe ǣr æt Middeltūne sæt; ond ēac se micla here wæs þā þǣrtō
cumen, þe ǣr on Limene-mūþan sæt æt Apuldre. Hæfde
Hǣstēn ǣr geworht þæt geweorc æt Bēamflēote, ond wæs þā
ūt āfaren on hergaþ, ond wæs se micla here æt hām. þā fōron
60　hīe tō, ond geflīemdon þone here, ond þæt geweorc ābrǣcon,
ond genāmon eal þæt þǣr binnan wæs, ge on fēo ge on wīfum
ge ēac on bearnum, ond brōhton eall intō Lundenbyrig; ond
þā scipu eall oðþe tōbrǣcon oþþe forbærndon oþþe tō Lunden-
byrig brōhton, oþþe tō Hrōfesceastre; ond Hǣstēnes wīf ond
65　his suna twēgen mon brōhte tō þǣm cyninge, ond hē hī him
eft āgeaf, for þǣm þe hiora wæs ōþer his godsunu, ōþer Æðe-
redes ealdormonnes. Hæfdon hī hiora onfangen ǣr Hǣstēn tō
Bēamflēote cōme, ond hē him hæfde geseald gīslas ond āðas;
ond se cyng him ēac wel feoh sealde, ond ēac swā þā hē þone
70　cniht āgef ond þæt wīf. Ac sōna swā hīe tō Bēamflēote[3] cōmon,
ond þæt geweorc geworct wæs[4], swā hergode hē his rīce, þone
ilcan ende þe Æþered his cumpæder healdan sceolde; ond eft
ōþre sīþe hē wæs on hergað gelend on þæt ilce rīce, þā þā mon
his geweorc ābræc.

---

[1] *This clause is only in A*　　[2] suþan *B, C, D*　　[3] Bleamfleote
[4] t *of* geworct *above the line in* A; geworht hæfdan (-on) *B, C, D*

þā se cyning hine þā west wende mid þǣre fierde wið Exan- 75
cestres, swā ic ǣr sǣde, ond se here þā burg beseten hæfde, þā
hē þǣrtō gefaren wæs, þā ēodon hīe tō hiora scipum.

þā hē þā wið þone here þǣr wæst ābisgod wæs, ond þā hergas
wǣron þā gegaderode bēgen tō Sceōbyrig on Ēastseaxum, ond
þǣr geweorc worhtun, fōron[1] bēgen ætgædere up be Temese; 80
ond him cōm micel ēaca tō[2] ǣgþer ge of Ēastenglum ge of
Norþhymbrum. Fōron þā up be Temese oþ þæt hīe gedydon
æt Sæferne; þā up be Sæferne.[3] þā gegaderode Æþered ealdor-
mon ond Æþelm ealdorman ond Æþelnōþ ealdorman ond þā
cinges þegnas, þe þā æt hām æt þǣm geweorcum wǣron, of ǣlcre 85
byrig be ēastan Pedredan, ge be westan Sealwuda ge be ēastan,
ge ēac be norþan Temese, ond be westan Sæfern, ge ēac sum
dǣl þæs Norðwēalcynnes. þā hīe þā ealle gegaderode wǣron,
þā offōron hīe þone here hindan æt Buttingtūne, on Sæferne
staþe, ond hine þǣr ūtan besǣton on ǣlce healfe, on ānum 90
fæstenne. þā hīe ðā fela wucena sǣton on twā healfe þǣre[4] ē,
ond se cyng wæs west[5] on Defnum wiþ þone sciphere, þā
wǣron hīe mid metelīeste gewǣgde, ond hæfdon micelne dǣl
þāra horsa freten, ond þā ōþre wǣron hungre ācwolen. þā
ēodon hīe ūt tō ðǣm monnum þe on ēasthealfe þǣre ē wīcodon, 95
ond him wiþ gefuhton; ond þā Crīstnan hæfdon sige. Ond þǣr
wearð Ordhēh cyninges þegn ofslægen, ond ēac monige ōþre
cyninges þegnas[6] ofslægen [ond þāra Deniscra þǣr wearð
swīðe mycel gesiegen][7], ond se dǣl þe þǣr āweg cōm wurdon
on flēame generede.   100

þā hīe on Ēastseaxe cōmon tō hiora geweorce ond tō hiora
scipum, þā gegaderade sīo lāf eft of Ēastenglum ond of Norð-
hymbrum micelne here onforan winter, ond befæston hira wīf

---

[1] B, C, D add þa   [2] com to mycel eaca B, C, D   [3] B, C
omit this sentence; D has only foron þa up be Temese 7 be Sæferne
[4] þær   [5] wæst altered to wæs west by wes above the line
[6] þegn with as above the line   [7] from B; C, D have it with slight
spelling variants, but D adds wæl after mycel

ond hira scipu ond hira feoh on Ēastenglum, ond fōron
105 ānstreces dæges ond nihtes, þæt hīe gedydon on ānre wēstre
ceastre on Wīrhēalum, sēo is Lēgaceaster gehāten. þā ne mehte
sēo fird hīe nā hindan offaran, ǣr hīe wǣron inne on þǣm
geweorce; besǣton þēah þæt geweorc ūtan sume twēgen dagas,
ond genāmon cēapes eall þæt þǣr būton wæs, ond þā men
110 ofslōgon þe hīe foran forrīdan mehton būtan geweorce, ond
þæt corn eall forbærndon, ond mid hira horsum fretton on
ǣlcre efenēhðe. Ond þæt wæs ymb twelf mōnað þæs þe hīe ǣr
hider ofer sǣ cōmon.

894. Ond þā sōna æfter þǣm, on ðȳs gēre, fōr se here of
115 Wīrhēale in on Norðwēalas, for þǣm hīe ðǣr sittan ne mehton:
þæt wæs for ðȳ þe hīe wǣron benumene ǣgðer ge þæs cēapes ge
þæs cornes ðe hīe gehergod hæfdon. þā hīe ðā[1] eft ūt of Norð-
wēalum wendon mid þǣre herehȳðe þe hīe ðǣr genumen hæf-
don, þā fōron hīe ofer Norðhymbra lond ond Ēastengla, swā
120 swā sēo fird hīe gerǣcan ne mehte, oþ þæt hīe cōmon on
Ēastseaxna lond ēasteweard on ān īgland þæt is ūte on þǣre sǣ,
þæt is Meresīg hāten.

Ond þā se here eft hāmweard wende þe Exanceaster beseten
hæfde, þā hergodon hīe up on Sūðseaxum nēah Cisseceastre,
125 ond þā burgware hīe geflīemdon, ond hira monig hund ofslō-
gon, ond hira scipu sumu genāmon.

Ðā þȳ ilcan gēre onforan[2] winter þā Deniscan þe on Meresīge
sǣton tugon hira scipu up on Temese, ond þā up on Lȳgan.
þæt wæs ymb twā gēr þæs þe hīe hider ofer sǣ cōmon.

130 895. Ond[3] þȳ ilcan gēre worhte se foresprecena here geweorc
be Lȳgan, xx mīla bufan Lundenbyrig. þā þæs on sumera
fōron micel dǣl þāra burgwara, ond ēac swā ōþres folces, þæt
hīe gedydon æt þāra Deniscana geweorce, ond þǣr wurdon
geflīemde, ond sume fēower cyninges þegnas ofslægene. þā

---

[1] omitted B, C; D omits the whole clause up to hæfdon (l. 119)
[2] on forewe(a)rdne B, C, on foreweard D   [3] on A, B, ond C, D

þæs on hærfeste þā[1] wīcode se cyng on nēaweste þǣre byrig, 135
þā hwīle þe hīe hira corn gerypon, þæt þā Deniscan him ne
mehton þæs rīpes forwiernan. Þā sume dæge rād se cyng up
bī þǣre ēæ, ond gehāwade hwǣr mon mehte þā ēa forwyrcan,
þæt hīe ne mehton þā scipu ūt brengan. Ond hīe ðā swā dydon:
worhton ðā[1] tū geweorc on twā healfe þǣre ēas[2]. Þā hīe ðā þæt 140
geweorc furþum ongunnen hæfdon, ond þǣrtō gewīcod hæfdon,
þā onget se here þæt hīe ne mehton þā scipu ūt brengan. Þā
forlēton hīe hīe[3], ond ēodon ofer land þæt hīe gcdydon æt
Cwatbrycge be Sæfern, ond þǣr[4] geweorc[5] worhton. Þā rād sēo
fird west[1] æfter þǣm herige, ond þā men of Lundcnbyrig 145
gefetodon þā scipu, ond þā ealle þe hīe ālǣdan ne mehton[6]
tōbrǣcon, ond þā þe þǣr stælwyrðe wǣron binnan Lunden-
byrig gebrōhton. Ond þā Deniscan hæfdon hira wīf befæst
innan Ēastengle, ǣr hīe ūt of þǣm geweorce fōron. Þā sǣton hīe
þone winter[7] æt Cwatbrycge[8]. Þæt wæs ymb þrēo gēr þæs þe 150
hīe on Limene-mūðan cōmon hider ofer sǣ.

896. Ðā[9] þæs on sumera on ðysum gēre tōfōr se here, sum
on Ēastengle, sum on Norðhymbre. Ond þā þe feohlēase
wǣron him þǣr scipu begēton, ond sūð ofer sǣ fōron tō Sigene.

Næfde se here, Godes þonces, Angelcyn ealles forswīðe[10] 155
gebrocod, ac hīe wǣron micle swīþor gebrocede on þǣm þrim
gēarum mid cēapes cwilde ond monna; ealles[11] swīþost mid
þǣm þæt manige þāra sēlestena cynges þēna þe þǣr on londe
wǣron forðfērdon on þǣm þrim gēarum. Þāra wæs sum Swīðulf
biscop on Hrōfesceastre, ond Cēolmund ealdormon on Cent, 160
ond Beorhtulf ealdormon on Ēastseaxum, ond Wulfred ealdor-
mon on Hamtūnscīre[12], ond Ealhheard biscop æt Dorceceastre,

---

[1] *omitted B, C, D*   [2] *ea B, C, D*   [3] *ða scipu B,* þa scypu
C; clause omitted D   [4] *þæt B, C, D*   [5] *gewerc*   [6] *B, C,*
D add hi   [7] *winꞇ*   [8] *Bricge B, C,* Brygcge *D (which has* Brycge
for Cwatbrycge *at l. 144 also)*   [9] *Ond B, C, D*   [10] *ful(l)- B, C,*
D   [11] *ealra B, C, D*   [12] *ond* Wulfred . . . Hamtunscire
omitted B, C, D

ond Ēadulf cynges þegn on Sūðseaxum, ond Beornulf wīcgerēfa[1]
on Winteceastre, ond Ecgulf cynges horsþegn, ond manige ēac
165 him, þēh ic ðā geðungnestan nemde.

þȳ ilcan gēare drehton þā hergas on Ēastenglum ond on
Norðhymbrum Westseaxna lond swīðe be þǣm sūðstæðe mid
stælhergum, ealra swīþust mid ðǣm æscum þe hīe fela gēara
ǣr timbredon. þā hēt Ælfred cyng timbran lang scipu ongēn
170 þā æscas; þā wǣron fulnēah tū swā lange[2] swā þā ōðru; sume
hæfdon LX āra, sume mā; þā wǣron ǣgðer ge swiftran ge un-
wealtran ge ēac hīerran[3] þonne þā ōðru; nǣron[4] nāwðer ne on
Frēsisc gescæpene ne on Denisc, būton[5] swā him selfum ðūhte
þæt hīe nytwyrðoste bēon meahten. þā æt sumum cirre þæs
175 ilcan gēares cōmon þǣr sex scipu tō Wiht, ond þǣr micel yfel
gedydon, ǣgðer ge on Defenum ge welhwǣr be ðǣm sǣriman.
þā hēt se cyng faran mid nigonum tō þāra nīwena scipa; ond
forfōron him þone mūðan foran on ūtermere. þā fōron hīe
mid þrim scipum ūt ongēn hīe, ond þrēo stōdon æt ufeweardum
180 þǣm mūðan on drȳgum; wǣron þā men uppe on londe of
āgāne. þā gefēngon hīe þāra þrēora scipa tū æt ðǣm mūðan
ūteweardum, ond þā men ofslōgon, ond þæt ān oðwand; on
þǣm wǣron ēac þā men ofslægene būton fīfum; þā cōmon for
ðȳ on weg ðe ðāra ōþerra scipu āsǣton. þā wurdon ēac swīðe
185 unēðelīce āseten: þrēo āsǣton on ðā healfe þæs dēopes ðe ðā
Deniscan scipu āseten wǣron, ond þā ōðru[6] eall on ōþre healfe,
þæt hira ne mehte nān tō ōðrum. Ac ðā þæt wæter wæs āhebbad
fela furlanga from þǣm scipum, þā ēodan ðā Deniscan from
þǣm[7] þrim scipum tō þǣm ōðrum þrim þe on hira healfe
190 beebbade wǣron, ond hīe[8] þā þǣr gefuhton. þǣr wearð ofslægen
Lucumon, cynges gerēfa, ond Wulfheard Frīesa, ond Æbbe

---

[1] B, C, D; wicgefera A   [2] e *added above the line*   [3] hieran
A, hearran B, C, hearra D   [4] B adds hie, C, D hi   [5] B,
C, D (-an); bute A   [6] *omitted* B, C, D   [7] B, C, D add
oðrum   [8] *above the line in a later hand*

Frīesa, ond Æðelhere Frīesa, ond Æðelferð cynges genēat, ond
ealra monna, Frēsiscra ond Engliscra LXII, ond þāra Deniscena
CXX. þā cōm þǣm Deniscum scipum þēh ǣr flōd tō, ǣr þā
Crīstnan mehten hira ūt āscūfan¹, ond hīe for ðȳ ūt oðrēowon. 195
þā wǣron hīe tō þǣm gesārgode þæt hīe ne mehton Sūðseaxna
lond ūtan berōwan, ac hira þǣr tū sǣ on lond wearp; ond þā
men mon lǣdde tō Winteceastre tō þǣm cynge, ond hē hīe
ðǣr āhōn hēt; ond þā men cōmon on Ēastengle þe on þǣm
ānum scipe wǣron swīðe forwundode. þȳ ilcan sumera for- 200
wearð nō lǣs þonne XX scipa mid monnum mid ealle be þǣm
sūðriman.

¹ *from* áscuton

IX

BEDE'S ACCOUNT OF THE COMING
OF THE ANGLES, SAXONS, AND JUTES

[From Cambridge University Library MS. Kk. 3. 18, f. 14]

HENRY SWEET, in the first edition of this Reader in 1876, seems to have been the first scholar to express disbelief in King Alfred's authorship of the Old English translation of Bede's *Historia Ecclesiastica Gentis Anglorum*, and ample confirmation of his doubts has since appeared. The language betrays an Anglian translator, though it is likely that the work was produced as part of Alfred's scheme for providing translations of important Latin works. There are five manuscripts, which fall into two groups: one consisting of Tanner MS. 10 in the Bodleian Library (T) of the first half of the tenth century, and Corpus Christi College, Cambridge, MS. 41 (B), of the first half of the eleventh century; the other made up of British Museum Cotton MS. Otho B. xi (C), a mid-tenth-century manuscript mainly burnt in 1731, but known from Nowell's transcript, British Museum Additional MS. 43703 (N), Corpus Christi College, Oxford, MS. 279, Part II (O), of the early eleventh century, and Cambridge University Library MS. Kk. 3. 18 (Ca), of the second half of that century. The present extract, which is from a very famous chapter in Bede, Book I, c. 15, is printed from Ca, for it is missing from O and (except for a few lines) from T, both being defective at the beginning, while B is a careless copy. But when agreement between B and N gives a more original reading, this is placed in the text.

Đā wæs ymb fēower hund wintra and nigon and fēowertig
fram ūres Drihtnes menniscnysse þæt Martiānus cāsere rīce
onfēng and VII gēar hæfde. Sē wæs syxta ēac fēowertigum fram
Agustō þām cāsere. Đā Angelþēod and Seaxna wæs gelaðod
5 fram þām foresprecenan cyninge, and on Breotone cōm on
þrim myclum scypum, and on ēastdǣle þyses ēalondes ear-
dungstōwe onfēng þurh ðæs ylcan cyninges bebod, þe hī hider
gelaðode, þæt[1] hī sceoldan for heora ēðle compian and feohtan.

---

[1] *B and N; altered from* 7 *Ca*

And hī sōna compedon wiðð heora gewinnan, þe hī oft ǣr
norðan onhergedon; and Seaxan þā sige geslōgan. þā sendan 10
hī hām ǣrenddracan and hēton secgan þysses landes wæstm-
bǣrnysse[1] and Brytta yrgþo. And hī þā sōna hider sendon
māran sciphere strengran[2] wigena[3]; and wæs unoferswiðendlic
weorud, þā hī tōgædere geþēodde wǣron. And him Bryttas
sealdan and gēafan eardungstōwe betwih him, þæt hī[4] for sibbe 15
and for hǣlo heora ēðles campodon and wunnon wiðð heora
fēondum, and hī him andlyfne and āre forgēafen for heora
gewinne.

Cōmon hī of þrim folcum ðām strangestan Germānie, þæt
[is][5] of Seaxum and of Angle and of Gēatum. Of Gēata fruman 20
syndon Cantware and Wihtsǣtan; þæt is sēo ðēod þe Wiht þæt
ēalond oneardað[6]. Of Seaxum, þæt is, of ðām lande þe mon
hāteð Ealdseaxan, cōman Ēastseaxan and Sūðseaxan and West-
seaxan. Of[7] Engle cōman Ēastengle and Middelengle and Myrce
and eall Norðhembra cynn; is þæt land ðe Angulus is nemncd, 25
betwyh Gēatum and Seaxum; and[8] is sǣd of ðǣre tide þe hī
ðanon gewiton oð tōdæge þæt hit wēste wunige. Wǣron[9]
ǣrest heora lāttēowas and heretogan twēgen gebrōðra, Hengest
and Horsa. Hī wǣron Wihtgylses suna, þæs fæder wæs Witta
hāten[10], þæs fæder wæs Wihta hāten, þæs fæder[11] wæs Woden 30
nemned, of ðæs strynde monigra mǣgða cyningcynn fruman
lǣdde. Ne wæs ðā ylding tō þon þæt hī hēapmǣlum cōman
māran weorod of þām þēodum þe wǣ ǣr gemynegodon. And
þæt folc ðe hider cōm ongan weaxan and myclian tō þan swiðe
þæt hī wǣron on myclum ege þām sylfan landbīgengan ðe hī 35
ǣr hider laðedon and cȳgdon.

---

[1] wæstmberennesse B, wæstmbeorennesse N   [2] strangra B,
strongran N   [3] wihgena   [4] B, N; he Ca   [5] is *missing
from all MSS.;*   7 *for* þ B   [6] eardað N; B reads þe wihtland
eardað   [7] Ca adds And before Of   [8] *from B, N; omitted Ca*
[9] Ca adds ða   [10] *from B, N; Ca omits this clause*   [11] 7 þæs
Wihta fæder Ca

Æfter þissum hī ðā geweredon tō sumre tīde wið Pehtum,
þā hī ǣr ðurh gefeoht feor ādrifan. And þā wǣron Seaxan
sēcende intingan and tōwyrde heora gedāles wið Bryttas.
40 Cȳðdon him openlīce and sǣdon, nemne[1] hī him māran and-
lyfne sealdon, þæt hī woldan him sylfe niman and hergian,
þǣr hī hit findan mihton. And sōna ðā bēotunge dǣdum lǣston[2];
bǣrndon and hergedon and slōgan fram ēastsǣ oð westsǣ, and
him nǣnig wiðstōd. Ne wæs ungelīc wrǣcc[3] þām ðe iū Chal-
45 dēas bǣrndon Hierusalēme weallas and ðā cynelican getimbro
mid fȳre fornāman for ðæs Godes folces synnum. Swā þonne
hēr fram þǣre ārlēasan ðēode, hwæðere rihte Godes dōme, nēh
ceastra gehwylce and land forheregeode wǣron[4]. Hruran and
fēollon[5] cynelico getimbro somod[6] and ānlīpie, and gehwǣr
50 sācerdas and mæsseprēostas betwih wībedum[7] wǣron slægene
and cwylmde; biscopas mid folcum būton ǣnigre āre scēawunge
ætgædere mid īserne and līge fornumene wǣron. And ne wæs
sē[8] bebyrignysse sealde þām ðe swā hrēowlīce ācwealde wǣron.
And monige ðǣre earman lāfe on wēstenum fanggene wǣron
55 and hēapmǣlum sticode.[9] Sume for hungre heora fēondum on
hand ēodon and ēcne þēowdōm gehēton wið ðon þe him mon
andlyfne forgēafe[10]; sume ofer sǣ sorgiende[11] gewiton; sume
forhtiende on ēðle gebidan, and þearfende līf[12] in wuda and in
wēstenum[13] and on hēan cleofum[14] sorgiende mōde symle
60 dydon.[15]

[1] N, Ca (with butan written above in Ca); butan B   [2] N;
gelǣston (with ge above the line) B, gefyldon Ca   [3] wrǣc N,
wracu B   [4] from B; wæs forheregende N, wæs forheriende Ca
[5] from B; hruron ond feallan N, hrusan afeollan Ca   [6] B, N,
omitted Ca   [7] weofodum B, N   [8] B, N; ne wæs ænig se
ðe Ca   [9] MS. T begins at this point   [10] B, N; forgefe T, for-
geaf Ca   [11] Ca, N; sorhgende B; sarigende T   [12] T, B, N;
þearfendum life Ca   [13] T, B (with on for in), N; on wuda
westene Ca   [14] T; clifum B, N, Ca   [15] T, N; gebidon B,
wunodon Ca

X

BEDE'S ACCOUNT OF THE POET
CÆDMON

[*From Tanner MS. 10 in the Bodleian Library, ff. 99 r ff.*]

ON the Old English Bede, from which this extract is taken, see p. 42,
above. Bede's account, in Book IV, c. 24, of his Ecclesiastical History,
of how Cædmon found himself able to compose poetry in a vision, and
thus became, in Bede's opinion, the first to apply the metre and tech-
nique of native poetry to the service of the Christian religion, is of
great importance in the history of our literature. The translator alters
little, and there is no reason to assume that he had any other source
than the manuscript of Bede which he was using. In parts of the
chapter he writes natural English, but in others he is stilted and over-
literal.

The text is from the Tanner MS., which has several superior read-
ings; but in a few places where it is in error, readings of other manu-
scripts are substituted. The textual notes give significant variants from
other manuscripts.

In ðeosse abbudissan mynstre wæs sum brōðor syndriglīce mid
godcundre gife gemǣred ond geweorðad. For þon hē gewunade
gerisenlice lēoð wyrcan, þā ðe tō ǣfæstnisse ond tō ārfæstnisse
belumpen, swā ðætte, swā hwæt swā hē of godcundum stafum
þurh bōceras geleornode, þæt hē æfter medmiclum fæce in 5
scopgereorde mid þā mǣstan swētnisse ond inbryrdnisse ge-
glængde ond in Engliscgereorde wel geworht[1] forþbrōhte. Ond
for his lēoþsongum monigra monna mōd oft tō worulde for-
hogdnisse ond tō geþēodnisse þæs heofonlican līfes onbærnde
wǣron. Ond ēac swelce monige ōðre æfter him in Ongelþēode 10
ongunnon ǣfæste lēoð wyrcan; ac nǣnig hwæðre him þæt
gelīce dōn meahte. For þon hē nales from monnum ne þurh
mon gelǣred wæs, þæt hē þone lēoðcræft leornade, ac hē wæs

[1] *T, B;* wel gehwar *N,* wel gehwær *O, Ca*

godcundlīce gefultumed ond þurh Godes gife þone songcræft
15 onfēng. Ond hē for ðon nǣfre nōht lēasunge, ne īdles lēoþes
wyrcan meahte, ac efne þā ān þā ðe tō ǣfæstnesse belumpon,
ond his þā[1] ǣfestan tungan gedafenade[2] singan.

  Wæs hē se mon in weoruldhāde geseted oð þā tīde þe hē wæs
gelȳfdre ylde, ond hē[3] nǣfre nǣnig lēoð geleornade. Ond hē
20 for þon oft in gebēorscipe, þonne þǣr wæs blisse intinga gedē-
med, þæt hēo ealle sceoldon[4] þurh endebyrdnesse be hearpan
singan, þonne hē geseah þā hearpan him nēalēcan, þonne ārās
hē for[5] scome from þǣm symble ond hām ēode tō his hūse.
þā hē þæt þā sumre tīde dyde, þæt hē forlēt þæt[6] hūs þæs
25 gebēorscipes, ond ūt wæs gongende tō nēata scipene, þāra
heord him wæs þǣre neahte beboden, þā hē ðā þǣr in gelimp-
līce tīde his leomu on reste gesette ond onslēpte, þā stōd him
sum mon æt þurh swefn ond hine hālette ond grētte ond hine
be his noman nemnde: 'Cedmon[7], sing mē hwæthwugu[8].' þā
30 ondswarede hē ond cwæð: 'Ne con ic nōht singan; ond ic for
þon of þeossum gebēorscipe ūt ēode, ond hider gewāt, for þon
ic nāht singan ne cūðe[9].' Eft hē cwæð, sē ðe wið[10] hine spre-
cende wæs: 'Hwæðre þū mē āht[11] singan.' þā[12] cwæð hē: 'Hwæt
sceal ic singan?' Cwæð hē: 'Sing mē frumsceaft.' þā hē ðā
35 þās andsware onfēng, þā ongon hē sōna singan in herenesse
Godes Scyppendes þā fers ond þā word þe hē nǣfre gehȳrde,
þǣre endebyrdnesse þis is:

  Nū[13] sculon herigean   heofonrīces Weard,
    Meotodes meahte   ond his mōdgeþanc,

[1] sic all MSS.   [2] B, N; gedafenode O, Ca, gedeofanade T
[3] omitted T   [4] sealde T   [5] for for T   [6] T, B; þa N,
O, Ca   [7] T, O, Ca; Cedman N, Ceadman B   [8] hwæthweg,
B, N; æthwegu O, Ca   [9] ic singan ne cuðe B, ic naht cuðe N, ic
noht cuðe O, Ca   [10] mid B, N, O, Ca   [11] meaht T; me miht
B; meaht me N, O, Ca   [12] omitted N, O, Ca   [13] we is inter-
lined O, added B, Ca; its absence from T and N agrees with the Northum-
brian version (see p. 181)

weorc[1] Wuldorfæder,   swā hē wundra gehwæs,   40
ēce Drihten,   ōr[2] onstealde.
Hē ǣrest sceōp[3]   eorðan bearnum
heofon tō hrōfe,   hālig Scyppend.
þā middangeard   monncynnes Weard,
ēce Drihtcn,   æfter tēode   45
fīrum foldan,   Frēa ælmihtig.

þā ārās hē from þǣm slǣpe, ond eal þā þe hē slǣpende song fæste in gemynde hæfde, ond þǣm wordum sōna monig word in þæt ilce gemet Gode wyrðes[4] songes tō geþēodde. þā cōm hē on morgenne tō þǣm tūngerēfan, þe his ealdormon wæs; sægde him hwylce gife hē onfēng. Ond hē hine sōna tō þǣre abbudissan gelǣdde ond hire þā cȳðde ond sægde. þā heht hēo gesomnian ealle þā gelǣredestan men ond þā leorneras, ond him ondweardum hēt secgan þæt swefn ond þæt lēoð singan, þæt ealra heora dōme gecoren wǣre, hwæt oððe hwonon þæt cuman wǣre. þā wæs him eallum gesegen[5], swā swā hit wæs, þæt him[6] wǣre from Drihtne sylfum heofonlic gifu forgifen. þā rehton hēo him ond sægdon sum hālig spell ond godcundre lāre word; bebudon him þā, gif hē meahte, þæt hē in swinsunge lēoþsonges[7] þæt gehwyrfde. þā hē ðā hæfde þā wīsan onfongne, þā ēode hē hām tō his hūse, and cwōm eft on morgenne, ond þȳ betstan lēoðe geglenged him āsong ond āgeaf þæt him beboden wæs.

Ðā ongan sēo abbudisse clyppan ond lufigean þā Godes gife in þǣm men; ond hēo hine þā monade ond lǣrde þæt hē woruldhād ānforlēte[8] ond munuchād onfēnge; ond hē þæt wel   65

---

[1] *T, B;* wera *O, Ca,* weroda *N*   [2] ór *T, N;* óórd (*with* d *above the line*) *O,* ord *B, Ca*   [3] *T, B;* scop *N,* gesceop *O,* gescop *Ca*   [4] godes wordes *T*   [5] *T, B, O;* gesewen *Ca,* gesed *N*   [6] hit *T*   [7] *T, B;* he in sum sunge leoðsonges *N;* he him sum sunge 7 leoðsonges *O* (*with* him *on erasure and* 7 *interlined*); he him sum asunge 7 leoðsanges *Ca*   [8] forlete, *B, N, O,* forlæte *Ca*

þafode. Ond hēo hine in þæt mynster onfēng mid his gōdum,
ond hine geþēodde tō gesomnunge þāra Godes þēowa, ond
heht hine lǣran þæt getæl þæs hālgan stǣres ond spelles. Ond
70 hē eal þā hē in gehȳrnesse geleornian meahte mid hine gemynd-
gade, ond swā swā clǣne nēten eodorcende in þæt swēteste
lēoð gehwerfde. Ond his song ond his lēoð wǣron swā wyn-
sumu tō gehȳranne þætte seolfan þā his lārēowas¹ æt his mūðe
wreoton ond leornodon. Song hē ǣrest be middangeardes
75 gesceape ond bī fruman moncynnes ond eal þæt stǣr Genesis
(þæt is sēo ǣreste Moyses booc); ond eft bī ūtgonge Israhēla
folces of Ægypta londe ond bī ingonge þæs gehātlandes ond
bī ōðrum monegum spellum þæs hālgan gewrites canōnes
bōca, ond bī Crīstes menniscnesse ond bī his þrōwunge ond
80 bī his ūpāstignesse in heofonas, ond bī þæs Hālgan Gāstes
cyme ond þāra apostola lāre; ond eft bī þǣm ege² þæs tōwear-
dan dōmes ond bī fyrhtu þæs tintreglican wiites ond bī swēt-
nesse þæs heofonlecan rīces hē monig lēoð geworhte. Ond
swelce ēac ōðer monig be þǣm godcundan fremsumnessum
85 ond dōmum hē geworhte. In eallum þǣm hē geornlīce gēmde
þæt hē men ātuge from synna lufan ond māndǣda, ond tō lufan
ond tō geornfulnesse āwehte gōdra dǣda; for þon hē wæs se
mon swīþe ǣfæst ond regollecum þēodscipum ēaðmōdlīce
underþēoded. Ond wið þǣm þā ðe in ōðre wīsan dōn woldon,
90 hē wæs mid welme micelre ellenwōdnisse onbærned; ond hē
for ðon fægre ænde his līf betȳnde ond geendade.

   For þon þā ðǣre tīde nēalǣcte his gewitenesse ond forðfōre,
þā wæs hē fēowertȳnum dagum ǣr, þæt hē wæs līchomlicre
untrymnesse þrycced ond hefgad, hwæðre tō þon gemetlīce
95 þæt hē ealle þā tīd meahte ge sprecan ge gongan. Wæs þǣr in
nēaweste untrumra monna hūs, in þǣm heora þēaw wæs þæt
hēo þā untrumran ond þā ðe æt forðfōre wǣron inlǣdan sceol-

---

¹ þætte þa sylfan lareowas *B;* þætte þa seolfan his larɛowas *N;* ðæt
þa sylfan his lareowas *O, Ca*   ² dæge *T*

don, ond him þǣr ætsomne þegnian. þā bæd hē his þegn on
ǣfenne þǣre neahte þe hē of worulde gongende wæs, þæt hē in
þǣm hūse him stōwe gegearwode, þæt hē gerestan meahte. 100
þā wundrode se þegn, for hwon hē ðæs bǣde, for þon him
þūhte þæt his forðfōr swā nēah ne[1] wǣre; dyde hwæðre swā
swā hē cwæð ond bibēad. Ond mid þȳ hē ðā þǣr on reste ēode,
ond hē gefēonde mōde sumu þing mid him sprecende ætgædere
ond glēowiende wæs, þe þǣr ǣr inne wǣron, þā wæs ofer 105
middeneaht þæt hē frǣgn hwæðer hēo ǣnig hūsl inne hæfdon.
þā ondswarodon hēo ond cwǣdon: 'Hwylc þearf is ðē hūsles?
Ne þīnre forþfōre swā nēah is, nū þū þus rōtlīce ond þus
glædlīce tō ūs sprecende eart.' Cwæð hē eft: 'Berað mē[2] hūsl
tō.' þā hē hit þā on honda hæfde, þā frǣgn hē hwæþer hēo ealle 110
smolt mōd ond būton eallum incan blīðe tō him hæfdon. þā
ondswaredon hȳ ealle ond cwǣdon þæt hēo nǣnigne incan tō
him wiston, ac hēo ealle him swīðe blīðemōde wǣron; ond hēo
wrixendlīce hine bǣdon þæt hē him eallum blīðe wǣre. þā
ondswarade hē ond cwæð: 'Mīne brōðor, mīne[3] þā lēofan, ic 115
eom swīðe blīðemōd tō ēow ond tō eallum Godes monnum.'
Ond swā wæs hine getrymmende mid þȳ heofonlecan wegneste
ond him ōðres līfes ingong gegearwode. þā gȳt hē frǣgn, hū
nēah þǣre tīde wǣre þætte þā brōðor ārīsan scolden ond Godes
lof rǣran[4] ond heora ūhtsong singan. þā ondswaredon hēo: 'Nis 120
hit feor tō þon.' Cwæð hē: 'Teala: wuton wē wel þǣre tīde
bīdan.' Ond þā him gebæd ond hine gesegnode mid Crīstes
rōdetācne, ond his hēafod onhylde[5] tō þām bolstre, ond med-
micel fæc onslēpte; ond swā mid stilnesse his līf geendade. Ond
swā wæs geworden þætte swā swā hē[6] hlūttre mōde ond bil- 125
witre ond smyltre wilsumnesse Drihtne þēode[7], þæt hē ēac

---

[1] B, O, Ca; omitted T; N has nære   [2] N, O, Ca add hwæþere;
B adds hwæþere þæt   [3] omitted B, N, O, Ca   [4] T, B; folc
lǣran N, O, Ca   [5] ohylde   [6] omitted T   [7] T, N; þeowode B,
þeowde O, Ca

swylce swā smylte dēaðe middangeard wæs forlǣtende, ond tō his gesihðe becwōm. Ond sēo tunge, þe swā monig hālwende word in þæs Scyppendes lof gesette, hē ðā swelce ēac þā ȳtmæstan word in his herenisse, hine seolfne segniende ond his gāst in his honda bebēodende, betȳnde. Ēac swelce þæt is gesegen[1] þæt hē wǣre gewis his seolfes forðfōre, of þǣm wē nū secgan hȳrdon.

130

---

[1] gesewen B, N, gesægd O (on erasure), Ca

XI

FROM INE'S LAWS

[From Corpus Christi College, Cambridge, MS. 173, ff. 47 ff.]

INE'S code, issued 688–94, is the earliest piece of West Saxon prose which has survived, though only in later manuscripts. We owe its preservation to King Alfred, who used it when drawing up his own code, to which it is attached as an appendix. Its clauses are numbered consecutively with those of Alfred's laws: hence the proem is numbered XLIIII, and XLV is what we cite as Ine 1. The text is that of the oldest manuscript, where the laws of Alfred and Ine follow the 'Parker' Chronicle (see p. 1) in a mid-tenth-century hand. Some additions found in the twelfth-century manuscripts *Textus Roffensis* (H) and Corpus Christi College, Cambridge, MS. 383 (B) are given in the textual notes. The rubrics are from the list of chapter-headings in the Parker manuscript.

Be Ines dōmum

XLIIII. Ic Ine, mid Godes gife Wesseaxna kyning, mid geðeahte ond mid lāre Cēnredes mīnes fæder ond Heddes mīnes biscepes ond Eorcenwoldes mīnes biscepes, mid eallum mīnum ealdor- monnum ond þǣm ieldstan witum mīnre ðēode ond ēac micelre 5 gesomnunge Godes ðēowa, wæs smēagende be ðǣre hǣlo ūrra sāwla, ond be ðām staþole ūres rīces, þætte ryht ǣw ond ryhte cynedōmas ðurh ūre folc gefæstnode ond getrymede wǣron, þætte nǣnig ealdormonna ne ūs undergeðēodedra æfter þām wǣre āwendende ðās ūre dōmas. 10

Be Godes ðēowa regole

XLV. Ǣrest wē bebēodað þætte Godes ðēowas hiora ryhtregol on ryht healdan. Ǣfter þām wē bebēodað þætte ealles folces ǣw ond dōmas ðus sīen gehealdene:

15   **Be cildum**

XLVI. Cild binnan ðrītegum nihta sīe gefulwad. Gif hit swā
ne sīe, XXX scillinga gebēte. Gif hit ðonne sīe dēad būtan
fulwihte, gebēte hē hit mid eallum ðām ðe hē āge.

                Be Sunnandæges weorcum

20   XLVII. Gif ðēowmon wyrce on Sunnandæg be his hlāfordes
hǣse, sīe hē frīoh, ond se hlāford geselle XXX scillinga tō wīte.
    Gif þonne se ðēowa būtan his gewitnesse wyrce, þolie his
hȳde[1].
    Gif ðonne se frīgea ðȳ dæge wyrce būtan his hlāfordes hǣse,
25 ðolie his frēotes[2].

                     Be gefeohtum

L. Gif hwā gefeohte on cyninges hūse, sīe hē scyldig ealles
his ierfes ond sīe on cyninges dōme, hwæðer hē līf āge þe nāge.
    Gif hwā on mynster gefeohte, CXX scillinga gebēte.
30   Gif hwā on ealdormonnes hūse gefeohte oððe on ōðres
geðungenes witan, LX scillinga gebēte hē, ond ōþer LX geselle
tō wīte.
    Gif ðonne on gafolgeldan hūse oððe on gebūres gefeohte,
CXX scillinga tō wīte geselle, ond þām gebūre VI scillinga.
35   Ond þēah hit sīe on middum felda gefohten, CXX scillinga tō
wīte sīe āgifen.
    Gif ðonne on gebēorscipe hīe gecīden ond ōðer hiora mid
geðylde hit forbere, geselle se ōðer XXX scillinga tō wīte.

                        Be stale

40   LI. Gif hwā stalie swā his wīf nyte ond his bearn, geselle LX
scillinga tō wīte.
    Gif hē ðonne stalie on gewitnesse ealles his hīredes, gongen
hīe ealle on ðēowot. xwintre cniht mæg bīon ðīefðe gewita.

───────────

[1] *H and B add* oððe hydgyldes   [2] *H and B add* oððe LX scłł;
7 preost twyscildig

Be ðām monnum þe hiora ġelondan bebyċġgað

LV. Ġif hwā his āgenne ġelēod bebyċgge, ðēowne oððe 45
frīġne, ðēah hē scyldiġ sīe, ofer sǣ, forġielde hine his were[1].

Be ġefonġenum ðēofum

LVI. Ġif ðēof sīe ġefongen, swelte hē dēaðe, oððe his līf be
his were man ālīese.

Be feorrancumenum men būtan weġe ġemētton 50

LXIV. Ġif feorcund mon oððe fremde būtan weġe ġeond
wudu gonge, ond ne hrīeme ne horn blāwe, for ðēof hē bið tō
prōfianne oððe tō slēanne oððe tō ālīesanne.

Be ðon þe mon wīf byċġge, ond þonne sīo ġift
tōstande 55

LXXV. Ġif mon wīf ġebyċgge, ond sīo gyft forð ne cume, āgife
þæt feoh, ond forġielde, ond ġebēte þām byrġean, swā his
borgbryce sīe.

Be Wīlisces monnes londhæfene

LXXVI. Ġif Wīlisc mon hæbbe hīde londes, his wer bið CXX 60
scillinga; ġif hē þonne healfe[2] hæbbe, LXXX scillinga; ġif hē
nǣniġ hæbbe, LX scillinga.

Be ceorles gærstūne

LXXXVI. Ġif ceorlas gærstūn hæbben ġemǣnne oððe ōþer
ġedālland tō tȳnanne, ond hæbben sume ġetȳned hiora dǣl, 65
sume næbben, ond etten hiora ġemǣnan æceras oððe gærs,
gān þā þonne, þe ðæt ġeat āgan, ond ġebēte þām ōðrum, þe
hiora dǣl ġetȳnedne hæbben, þone ǣwerdlan þe ðǣr ġedōn
sīe; ābiddan him æt þam cēape swylc ryht swylce hit kyn sīe.

---

[1] B adds 7 wið Godd deoplice bete   [2] B; healfes Parker MS.
and H

70 ## Be wuda bærnette

LXXXVII. Ðonne mon bēam on wuda forbærne, ond weorðe yppe on þone ðe dyde, gielde hē fulwīte: geselle LX scillinga; for þām þe fȳr bið þēof.

Gif mon āfelle on wuda wel monega trēowa, ond wyrð eft 75 undierne, forgielde III trēowu, ǣlc mid XXX scillinga. Ne ðearf hē hiora mā geldan, wǣre hiora swā fela swā hiora wǣre, for þon sīo æsc bið melda, nalles ðēof.

Be ðon ðe ðēowwealh frīone mon ofslēa

CXVIII. Gif ðēowwealh Engliscne monnan ofslihð, þonne 80 sceal sē ðe hine āh weorpan hine tō honda hlāforde ond mǣgum, oððe LX scillinga gesellan wið his fēore.

Gif hē þonne þone cēap nelle foregesellan, þonne mōt hine se hlāford gefrēogean. Gielden siððan his mǣgas þone wer, gif hē mǣgburg hæbbe frēo. Gif hē nǣbbe, hēden his þā gefān.

XII

CHARTERS

THE following charters are from contemporary texts. They afford examples of English untrammelled by the need to render a Latin original; in B we have recorded the actual words spoken by one party in a lawsuit. A was certainly and C probably drawn up in Canterbury, while B has always remained in the place where it was first written, in a gospel-book in Hereford Cathedral; D is a product of the royal secretariat. All are in the West-Saxon literary language.

A. EADGIFU
c. 961
[*British Museum, Stowe Charter 28*]

✠ Ēadgifu cȳþ þām arcebisceope and Crīstes cyrcean hȳrede, hū hire land cōm æt Cūlingon. Þæt is þæt hire lǣfde hire fæder land and bōc, swā hē mid rihte beget, and him his yldran lǣfdon. Hit gelamp þæt hire fæder āborgude xxx punda æt Godan, and betǣhte him þæt land þæs fēos tō anwedde; and   5
hē hit hæfde VII winter. Þā gelamp emb þā tīd þæt man bēonn ealle Cantware tō wigge, tō Holme. Þā nolde Sigelm hire fæder tō wigge faron mid nānes mannes scette unāgifnum, and āgef þā Godan xxx punda, and becwæþ Ēadgife his dehter land, and bōc sealde. Þā hē on wigge āfeallen wæs, þā ætsōc Goda þæs fēos   10
ǣgiftes, and þæs landes wyrnde, oð þæs on syxtan gēare. Þā sprǣc hit fæstlīce Byrhsige Dȳrincg swā lange oð þā witan þe þā wǣron gerehton Ēadgife þæt hēo sceolde hire fæder hand geclǣnsian be swā myclan fēo. And hēo þæs āþ lǣdde on ealre þēode gewitnesse tō Ǣglesforda, and þǣr geclǣnsude hire   15
fæder þæs ǣgiftes be xxx punda āþe. Þā gȳt hēo ne mōste landes brūcan, ǣr hire frȳnd fundon æt Ēadwearde cyncge þæt hē him þæt land forbēad, swā hē ǣniges brūcan wolde; and hē hit swā

ālēt. þā gelamp on fyrste þæt se cynincg Godan oncūþe swā
20 swȳþe swā him man ætrehte bēc and land, ealle þā þe hē āhte.
And se cynincg hine þā and ealle his āre mid bōcum and landum
forgeaf Ēadgife tō ātēonne swā swā hēo wolde. þā cwæð hēo
þæt hēo ne dorste for Gode him swā lēanian swā hē hire tō
geearnud hæfde, and āgef him ealle his land, būton twām
25 sulungum æt Osterlande; and nolde þā bēc āgifan ǣr hēo wyste
hū getrīwlīce hē hī æt landum healdan wolde.

þā gewāt Ēadweard cyncg, and fēncg Æþelstān tō rīce. þā
Godan sǣl þūhte, þā gesōhte hē þone kynincg Æþelstān, and
bæd þæt hē him geþingude wiþ Ēadgife his bōca edgift. And se
30 cyncg þā swā dyde. And hēo him ealle āgef būton Osterlandes
bēc. And hē þā bōc unnendre handa hire tō lēt, and þāra
ōþerra mid ēaðmēttum geþancude; and ufenan þæt, twelfa sum
hire āþ sealde, for geborenne and ungeborenne, þæt þis ǣfre
gesett spǣc wǣre. And þis wæs gedōn on Æþelstānes kynincges
35 gewitnesse and his wytena æt Hamme wiþ Lǣwe. Qnd Ēadgifu
hæfde land mid bōcum þāra twēgea cyninga dagas hire suna.
Ðā Ēadrẹd geendude, and man Ēadgife berȳpte ǣlcere āre, þā
nāmon Godan twēgen suna, Lēofstān and Lēofrīc, on Ēadgife
þās twā forespecenan land æt Cūlingon and æt Osterlande, and
40 sǣdon þām cilde Ēadwīge, þe þā gecoren wæs, þæt hȳ rihtur
hiora wǣren þonne hire.

þæt þā swā wæs oþ Ēadgār āstīþude. And hē and his wytan
gerehton þæt hȳ mānfull rēaflāc gedōn hæfden; and hī hire hire
āre gerehton and āgēfon. þā nam Ēadgifu, be þæs cynincges
45 lēafe and gewitnesse and ealra his bisceopa, þā bēc, and land
betǣhte intō Crīstes cyrcean: mid hire āgenum handum up
on þone altare lēde, þan hȳrede on ēcnesse tō āre, and hire
sāwle tō reste; and cwæþ þæt Crīst sylf mid eallum heofonli-
cum mægne þane āwyrgde on ēcnesse þe þās gife ǣfre āwende
50 oþþe gewanude. þus cōm þēos ār intō Crīstes cyrcean hȳrede.

B. A FAMILY DISPUTE IN HEREFORDSHIRE

1016–1035

[From Hereford Cathedral MS. P. i. 2, f. 134]

Hēr swutelað on ðissum gewrite þæt ān scīrgemōt sæt æt Ægelnōðesstāne be Cnūtes dæge cinges: Đǣr sǣton Æðelstān bisceop and Rānig ealdorman and Ēdwine þæs ealdormannes [sunu]¹ and Lēofwine Wulsiges sunu and þurcill Hwīta; and Tōfig Prūda cōm þǣr on ðæs cinges ǣrende; and þǣr wæs 5 Brȳning scīrgerēfa and Ægelgeard æt Frōme and Lēofwine æt Frōme and Godrīc æt Stoce and ealle þā þegnas on Herefordscīre. þā cōm þǣr farende tō þām gemōte Ēdwine Enneawnes sunu and spæc þǣr on his āgene mōdor æfter sumon dǣle landes, þæt wæs Weolintūn and Cyrdeslǣh. þā acsode se bisceop 10 hwā sceolde andswerian for his mōdor. þā andsweorode þurcil Hwīta and sǣde þæt hē sceolde, gif hē ðā talu cūðe. þā hē ðā talu nā ne cūðe, þā scēawode man þrēo þegnas of ðām gemōte þǣr ðǣr hēo wæs—and þæt wæs æt Fǣliglǣ—þæt wæs Lēofwine æt Frōme and Ægelsig þe Rēada and Wynsige scǣgðman. 15 And þā ðā hēo tō hire cōmon, þā acsodon hēo hwylce talu hēo hæfde ymbe þā land þe hire sunu æfter spæc. þā sǣde hēo þæt hēo nān land næfde þe him āht tō gebyrede; and gebealh hēo swīðe eorlīce wið hire sunu and gecleopode ðā Lēofflǣde hire māgan tō hire, þurcilles wīf, and beforan heom tō hire þus 20 cwæð: 'Hēr sit Lēofflēd mīn māge, þe ic geann ǣgðer ge mīnes landes ge mīnes goldes ge rægles ge rēafes ge ealles þæs ðe ic āh æfter mīnon dæge.' And hēo syððan tō ðām þegnon cwæþ: 'Dōð þegnlīce and wel; ābēodað mīne ǣrende tō ðām gemōte beforan eallon þām gōdan mannum, and cȳðaþ heom hwǣm ic 25 mīnes landes geunnen hæbbe and ealre mīnre ǣhte, and mīnon āgenan suna nǣfre nān þingc; and biddað heom eallum bēon þisses tō gewitnesse.' And hēo ðā swǣ dydon, ridon tō ðām gemōte and cȳddon eallon þām gōdan mannum hwæt hēo on

¹ *accidentally omitted at the end of a line*

30 heom gelēd hæfde. þā āstōd þurcyll Hwīta up on þām gemōte
and bæd ealle þā þegnas syllan his wīfe þā land clǣne, þe hire
māge hire geūðe. And hēo swā dydon. And þurcyll rād ðā tō
Sancte Æðelberhtes mynstre be ealles þæs folces lēafe and
gewitnesse, and lēt settan on āne Crīstes bōc.

C. þURSTAN
1042 or 1043
[British Museum, Cotton Augustus ii. 34][1]

+ Hēr cȳð on þysan gewrite þæt þurstān gean þæs landes æt
Wimbisc intō Crīstes cyrcean for his sāule and for Lēofware
and for Æðelgȳðe, þām hīrede tō fōstre, æfter þurstānes dæge
and æfter Æþelgȳðe, būtan twām hīdan[2]. And gelǣste se hīred
5 æt Crīstes cyrcean for þurstānes sāule and for Æþelgȳðe[3] þām
hīrede intō Sancte Augustīne[4] twelf pund be getale[5].

þis syndon þā gewitnysse þæs cwydes: Ēadwerd kyncg and
Ælfgyfu sēo hlǣfdige and Ēadsige arcebiscop and Ælfrīc
arcebiscop[6], and Godwine eorl and Lēofrīc eorl and Ælgār þes
10 eorlles sune[7] and Ælfwærd biscop on Lundene and Ælfwine
biscop on Winceastre and Stīgand prēost and Ēadwold prēost
and Lēofcild scīrgerēfa and Ōsulf Fīla and Ufic and Ælfwine
Wulfredes sunu and Ælfrīc Wihtgāres sunu[8] and ealle þā
þegenas on Ēastsexan.

15   And bēon heora menn frīge æfter heora bēira dæge. Ond nā
stinge nān mann æfter heora dæge on þæt land būton se hȳred
æt Crīstes cyrcean; and yrfan hī swā hī wyrðe witan. And þis-

---

[1] Significant variants from a contemporary version in the *Red Book
of Canterbury* (RB) are given in the textual notes   [2] butan . . .
hidan: *replaced in RB by* and ælcon geare an pund to fulre sutelunge
þa hwile þe we libban   [3] for þurstanes . . . Æþelgȳðe: *replaced in
RB by* swa hwæder swa he wille   [4] *RB adds* þe   [5] *RB adds*
oððe twa hida   [6] *RB omits* and Ælfric arcebiscop   [7] and
ælgar þes eorlles sune *added above the line: omitted RB*   [8] and
ælfric wihtgares sunu *added above the line*

sera gewrita sindan þrēo: ān is æt Crīstes cyrcean, ōðer æt
Sancte Augustīne¹, þridde mid heom sylfan.

D. EADWARD
1053–1057
[Paris, Arch. nat., Cartons des rois, K. 19, no. 6]

Ēadward cingc grētt Wulfwīg biscop and Raulf eorl and
ealle mīne þegenas on Oxnafordescīre frēondlīce. And ic cȳðe
ēow þæt ic hæbbe geunnan Crīste and Sancte Dionīsie intō his
hālgan mynstre begeondan sǣ þæt land æt Tengctūne, and
ǣlc þǣra þinga þæs þe þǣr inn mid rihte tō gebyraþ, on wude   5
and on felde, mid sace and mid sōcne, swā full and swā forð
swā hitt mē sylfan on hande stōd, on dæge and æfter, for mīnre
sāwle hǣle. And wīte hē wið God, sē þe hitt of þǣre hāligan
stōwe geūtige. And ic wille þæt se biscop dihte bōc þǣrtō, be
mīnan fullan gelēafan.   10

¹ *sic RB; in the Cotton text it has been erased and* albane *substituted*

XIII

ÆLFRIC'S HOMILY ON THE PARABLE OF THE VINEYARD

[From Cambridge University Library MS. Gg. 3. 28, ff. 148 ff.]

ÆLFRIC wrote most of his English works while a monk at Cerne Abbas in Dorset, before he became abbot of Eynsham, Oxfordshire, in 1005. He issued in 991 and 992 his two volumes of forty homilies each, the *Catholic Homilies*, to be preached to the people in order to supply them with sound teaching. The present homily is a good example of his style when expounding a gospel passage, to set beside his narrative style shown in Nos. XIV and XV; its subject should interest those who read the Middle English poem, *Pearl*. It is the homily for Septuagesima Sunday in the second series, and is, as Ælfric states, mainly based on a homily of St. Gregory for this day; but Ælfric rarely confines himself to a single source, and he uses here another homily of Gregory and probably one of Haymo.

This homily survives complete in nine manuscripts, and, as Dr. Ker has shown, they fall into two main groups: (i) Bodley MS. 343 (B), Corpus Christi College, Cambridge, MS. 303 (C), Bodley MS. 340 (D), Corpus Christi College, Cambridge, MSS. 198 (E) and 162 (F): and (ii) Cambridge University Library MSS. Gg. 3. 28 (K) and Ii. 4. 6 (M), British Museum Cotton MS. Faustina A. ix (N) and Corpus Christi College, Cambridge, MS. 302 (O). In group (ii) K is closer to the original than the other three, and N and O are closely connected, sharing several errors. Besides these, there exists the beginning of the homily in Bodley MS. 342 (which with Bodley 340 makes up a single homiliary), and there is a fragment in the possession of Dr. Martin Bodmer of Geneva. The sigla accorded here to these manuscripts, which are those of forthcoming editions of Ælfric's works by Professor J. C Pope and Dr. P. Clemoes, are given to show the connexion with the original, not the date of the manuscripts. Though group (i) represents an earlier version, the extant manuscripts of it have jointly and individually several corruptions. K therefore is the best surviving text, and forms the basis of the text here. It was written about 1000. D and F belong to the beginning of the eleventh century, E to the first half, and M and Bodley 342 to the middle of this century; O is about 1100, and B, C, and N are twelfth-century manuscripts. The differences in this homily are not great, except for the Bodmer fragment, which, though of the eleventh century, is at a much greater remove from Ælfric's original and revisions than any other manuscript. Since its alterations do not stem from Ælfric, they are ignored in the textual notes, which are confined to variants which could come from the author.

Drihten sǣde þis bigspel his leorningcnihtum, ðus cweðende:[1] *Simile est regnum cęlorum homini patrifamilias, qui exiit primo mane conducere operarios; et reliqua.* Se Hǣlend cwæð þæt heofenan rīce wǣre gelīc sumum hīredes ealdre, sē ðe fērde on ǣrne merigen, and wolde hȳrian wyrhtan intō his wīngearde. 5 þā gewearð þām hlāforde and ðām hȳrigmannum wið ānum peninge, and hī ēodon intō ðām wīngearde. Eft, ymbe undern dæges, ēode þæs wīngeardes hlāford ūt, and gemētte ōðre hȳrmenn standende[2] ȳdele on ðǣre strǣt[3]; and hē cwæð him tō: 'Gāð intō mīnum wīngearde, and ic sylle ēow þæt riht bið.' 10 Hī ðā ēodon tō his weorce be ðām behāte[4]. Ymbe midne dæg and nōntīde ēode se hīredes ealdor ūt, and dyde hand swā gelīce. Æt nēxtan, twā tīda ofer nōne[5] ēode se hlāford and gemētte mā wyrhtan standan, and him tō cwæð: 'Hwī stande gē hēr ealne dæg ǣmtige?' Hī andwyrdon: 'For ðan þe ūs nān 15 mann ne hȳrde.' Se hlāford cwæð: 'Gāð into mīnum wīngearde.' Witodlīce on ǣfnunge cwæð se hlāford tō his wīcnere: 'Clypa ðās wyrhtan and āgyld him heora mēde. Fōh on ðām endenēxtan, oð þæt þū cume tō ðām fyrmestan.' þā cōmon ðā endenēxtan þe on ǣfnunge wǣron gehȳrede[6], and heora ǣlc underfēng 20 ǣnne pening. Hwæt, ðā fyrmestan þe on ǣrne merigen cōmon wēndon þā[7] þæt hī māran mēde onfōn sceoldon. Ðā underfēngon hī ǣnlīpige penegas, swā swā ðā ōðre. þā ongunnon hī tō ceorigenne ongēan ðone hīredes ealdor[8] and cwǣdon: 'Ðās

---

[1] *This opening sentence is omitted in group (i) MSS.*   [2] *K, M, N, O*; standan *D, E, F, Bodley 342, Bodmer fragment*, standen *C*, stonden *B*   [3] *sic all MSS. except C, M, N. O*   [4] *K, M, N, O*; gehate *B, C, D, E, F, Bodley 342*   [5] *K, M, N, O*; non *B, C, D, E, F, Bodley 342*   [6] ahyrede *M, N, O*   [7] *omitted B, C, D, E, F, N, O*   [8] *K, M, N, O*; þæm (þam) hiredes ealdre *C, D, E, F, Bodley 342*; þæs hiredes aldre *B*

25 endenēxtan menn worhton āne tīde, and þū dydest hī ūs gelīce
æt ðǣre hȳre, wē ðe bǣron byrðene ðises dæges and hǣtan.'
þā andwyrde se hlāford and cwæð tō heora ānum: 'þū frēond,
ne dō ic ðē nǣnne tēonan. Hū lā, ne gewearð unc tō ānum
peninge? Nim þæt ðīn is and gā ðē forð. Ic wille sōðlīce syllan
30 þisum latestan swā micel swā ðē. Hū ne mōt ic dōn þæt ic
wylle? Oððe ðīn ēage is yfel, for ðan ðe ic eom good?' þus
wǣron þā latestan fyrmeste and þā fyrmestan endenēxte. Fela
sind gecīgede and fēawa gecorene.

Grēgōrius se trahtnere cwæð þæt þis godspel hæfð langne
35 tige on his trahtnunge, ðā hē wile mid sceortre race befōn, þæt
hit tō hefigtȳme ne ðince þām heorcnigendum.

Mīne gebrōðra, gelōme ic ēow sǣde þæt heofonan rīce
getācnað þās andwerdan gelaðunge, for ðan þe rihtwīsra manna
gegaderung is gecweden heofenan rīce. Se hīredes ealdor is
40 ūre Scyppend, sē ðe gewylt ðā ðe hē gesceōp, and his gecorenan
on þisum middanearde geāgnað, swā swā hlāford his hīred on
his healle. He hæfð þone wīngeard gewislīce ealle ðā gelēafful-
lan gelaðunge, swā swā se wītega cwæð Isaias: 'Sōðlīce Godes
wīngeard is Israhēla hīwrǣden.' Mid þām naman is geswutelod
45 eal Godes folc. Be ðām wīngearde cwæð Drihten tō[1] Iūdēiscre
ðēode: 'Ic secge ēow, þæt Godes rīce bið ēow ætbrōden, and
bið forgyfen ðǣre ðēode þe his wæstmas wyrcað.' þes wīngeard
sprytte Godes gecorenan, fram ðām rihtwīsan Ābel oð ðām
endenēxtan hālgan ðe on ende þyssere worulde ācenned bið,
50 swilce hē swā fela wīnbōga getȳddrode. Witodlīce ðæs hīredes
ealdor gehȳrde wyrhtan intō his wīngearde on ǣrne merigen,
eft on undern, and on midne dæg, on nōntīde, and on ðǣre
endlyftan tīde; for ðan þe hē fram frymðe middaneardes oð
his geendunge ne āblinð tō āsendenne bydelas and lārēowas
55 tō lǣrenne his folc, þæt hī symle þā misweaxendan[2] bōgas of

---

[1] B, C, D, E, F add þǣre   [2] K, M, N; misweaxenan D, E;
misweaxene B, F, O; -one C

āscrēadian, þæt ðā tōweardan ðēonde bēon. Witodlīce gif se
wīngeard næfð þone ymbhwyrft, and ne bið on riht gescrēadod,
ne bið hē wæstmbǣre, ac forhraðe āwildað. Swā ēac Godes
folc, būton ðā lārēowas scrēadian symle ðā leahtras þurh heora
lāre āweg, ne bið þæt lǣwede folc wæstmbǣre on gōdum weor- 60
cum. Eornostlīce se ǣrmerigen wæs fram Ādām oð Nōe, se
undern fram Nōe oð Abrahām, se middæg fram Abrahāme oð
Moysen, se nōn fram Moyse oð Drihtnes tōcyme, sēo endlyfte
tīd fram Drihtnes ācennednysse oð ende þises middaneardes.
Drihten sende his wyrhtan on eallum þisum foresǣdum tīdum 65
tō begānne his wīngeard; for ðan ðe hē āsende ǣrest hēah-
fæderas tō lǣrenne his folc, and siððan ælice lārēowas and
wītegan, and æt nēxtan his apostolas, and ðurh ðā his folces
ðēawas beēode, swilce hē ðurh wyrhtan on wingeardes big-
gencge swunce.

Ælc ðǣra manna þe mid rihtum gelēafan gōd weorc beēode
wæs untwȳlīce ðises wīngeardes wyrhta. Se merigenlica tilia,
and ðǣre þriddan tīde, and þǣre sixtan, and ðǣre nigoðan,
getācniað þæt ealde Ebrēisce folc, þe fram frimðe middaneardes
mid rihtum gelēafan God wurðode, swilce hī swuncon on 75
wīngeardes biggencge mid gecneordlicere teolunge. Tō ðǣre
endlyftan tīde sōðlīce wurdon þā hǣðenan geclypode, and þām
wæs gesǣd: 'Tō hwī stande gē hēr ealne dæg ȳdele?' þā
hǣðenan stōdon ealne dæg ȳdele, for ðan ðe hī forgȳmelēasodon
þæs ēcan līfes teolunge on swā langsumere tīde middaneardes. 80
Ac understandað hū hī andwyrdan þæs wīngeardes hlāforde:
hī cwǣdon: 'For ðan þe nān man ūs ne hȳrde.' Witodlīce
næs nān hēahfæder ne nān wītega āsend tō hǣðenum folce,
þe heora gedwyld[1] belōge, ǣr Drihtnes tōcyme þurh his men-
niscnysse. Hwæt is tō cweðenne, þæt nān man ūs tō ðām wīn- 85
gearde ne gehȳrde[2], būton þæt nān man ūs ne bodade līfes
weig?

---

[1] gedwlyd   [2] ahyrede *M, N, O*

Mīne gebrōðra, hwylce belādunge mage wē habban, gif wē
gōdra weorca geswīcað, wē ðe fram cildcradole tō Godes gelēa-
90 fan cōmon? Wē magon ēac ðās ylcan mislīcnyssa ðæra fore-
sædra tīda tō ānum gehwylcum menn þurh his ylda tīdum[1]
todǣlan. Witodlīce ūres andgites merigen is ūre cildhād, ūre
cnihthād swylce underntīd, on þām āstīhð ūre geogoð, swā swā
sēo sunne dēð ymbe þǣre ðriddan tīde; ūre fulfremeda wæstm
95 swā swā middæg, for ðan ðe on midne dæg bið sēo sunne on
ðām ufemestan ryne stīgende, swā swā se fulfremeda wæstm
bið on fulre strencðe þēonde. Sēo nōntīd bið ūre yld, for ðan
ðe on nōntīde āsīhð sēo sunne, and ðæs ealdigendan mannes
mægen bið wanigende. Sēo endlyfte tīd bið sēo forwerode
100 ealdnyss, þām dēaþe genēalǣcende, swā swā sēo sunne setlunge
genēalǣhð on þæs dæges geendunge. Eornostlīce þonne sume
bēoð gelǣdde on cildhāde tō gōdum ðēawum and rihtum līfe,
sume on cnihthāde, sume on geðungenum wæstme, sume on
ylde, sume on forwerodre ealdnysse; þonne bið hit swylce hī
105 bēon on mislicum tīdum tō ðām wīngearde gelaðode.
    Mīne gebrōðra, behealdað ēowere ðēawas, and gif gē gȳt
Godes wyrhtan sind, scēawiað. And[2] smēage gehwilc hwæt hē
dēð, and behealde hwæðer hē on Godes wīngearde swince. Sē
ðe on andwerdum līfe him sylfum teolað, and nā Gode, ne cōm
110 sē nā gȳt binnon Godes wīngearde. þā tyliað sōðlīce Gode, þā
ðe ne sēcað heora āgen gestrēon ðurh gȳtsunge, ac smēagað
ymbe Godes teolunge, hū hī magon unriht ālecgan and riht-
wīsnysse fyrðrian, ōðrum menn fremigan mid gecneordnysse
ðǣre sōðan lufe, and ðā ðe cariað mid wacelum mōde hū hī
115 ōðra manna sāwla Gode gestrȳnan, and mid him tō ðām ēcan
līfe gelǣdan. Sē ðe him sylfum leofað, and sē ðe on his flǣscli-
cum lustum līð, rihtlīce hē is ȳdel geðrēad, for ðan ðe hē ne
teolað nānes wæstmes þæs godcundlican weorces.

---

[1] K; þurh his ylde tidum B, D, E, F; be his ylde tidum M, N, O;
þurh his ylde tide C; (= per ætatum momenta)   [2] omitted K, M, N, O

þā ðe mid gȳmelēaste heora dagas āspendað, and nellað Gode lybban oð heora endenēxtan ylde, hī standað ȳdele oð ðā 120 endenēxtan tīde. Tō swilcum sleacum cwæð se hīredes ealdor: 'Tō hwī stande gē hēr ealne dæg ȳdele?' Swilce[1] hē swutellīce cwæde: 'Gif gē noldon Gode lybban on cildhāde, ne on geogoðe, gecyrrað nū hūruðinga on ylde[2] tō līfes wege, nū gē habbað hwōnlīce tō swincenne.' And swāðēah ðyllice gelaðað 125 se hīredes hlāford, and forwel oft hī onfōð heora edlēan hraðor, for ðan ðe hī gewītað tō heofenan rīce hrædlīcor þonne ðā ðe fram cildhāde Gode þēowodon. Witodlīce se sceaða þe mid Criste þrowade, and on hine gelȳfende his synna geandette, cōm on ðǣre endlyftan tīde, nā ðurh ylde, ac ðurh yfelnysse 130 wīte[3]. Scyldig hē wæs tō hellicere sūsle for his māndǣdum, ac hē geandette his synna Drihtne sylfum on ðǣre rōdehengene mid fullum gelēafan, and Crīstes mildsunge þisum wordum ābǣd: 'Drihten, bēo mīn gemyndig þonne ðū cymst tō ðīnum rice.' Drihten him andwyrde: 'Sōð ic ðē secge, nū tōdæg þū 135 bist mid mē on neorxenawange.'

Witodlīce fram ðām endenēxtan ongann se hīredes ealdor tō āgyldenne þone pening, ðā ðā hē gelǣdde þone sceaðan intō heofenan rīce, ǣr ðon ðe hē lǣdde Petrum oððe his ōðre apostolas, and rihtlīce swā, for ðan ðe se sceaða gelȳfde on ðām[4] 140 tīman on Crīst þā ðā his apostolas on mycelre twȳnunge wǣron. Ēalā, hū fela hēahfæderas ǣr Moyses ǣ rihtlīce leofodon, and hū fela wītegan under þǣre ǣ Gode gecwēmlīce drohtnodon, and hī swāðēah nǣron gelǣdde tō heofonan rīce ǣr ðan ðe Drihten niðer āstāh, sē ðe neorxenawanges fæsten mid his 145 āgenum dēaðe geopenode, and hī ðā mid langsumere elcunge heora mēde underfēngon, þā ðe wē būton elcunge þǣrrihte swā wē of ūrum līchaman gewītað underfōð. Sōðlīce ðā ealdan hēahfæderas and geðungene wītegan bǣron ðā byrðene and

---

[1] swilc [2] on ylde *erased E, omitted B, D, F* [3] *omitted K*
[4] K, M; ðone B, D, E, F, N, O; þane C

150 ðæs dæges hætan, for ðan ðe hī fram anginne middaneardes oð
Crīstes tōcyme in hellicere clȳsunge andbīdodon, þēah ðe hī
on Abrahāmes wununge būton pīnungum for heora gōdnysse
wunedon, and swilce æfter ceorunge þone pening underfēngon,
ðā ðā hī æfter langsumere tīde tō heofonan becōmon. Witodlīce
155 ne underfēhð nān ceorigende sāwul Godes rīce, ne nān ceorian
ne mæg, sē ðe tō ðām becymð. Ac þæra ealdfædera ceorung is
tō understandenne heora gnornung, þæt hī rihtlīce for heofonan
rīce leofodon, and swāðēah mid langsumere elcunge hit under-
fēngon. Wē sōðlīce þe tō ðære endlyftan tīde cōmon, æfter
160 ūrum geswince nāteshwōn ne ceoriað, and wē underfōð þone
pening, for ðan wē ðe cumað æfter þæs Hælendes mennisc-
nysse, wē bēoð gelædde tō his rīce þærrihte æfter ūrum forð-
sīðe, gif wē ær on līfe rihtlīce leofodon; and wē ðonne būton
yldinge underfōð þæt þæt ðā ealdfæderas[1] æfter langsumere
165 elcunge underfēngon. Be ðām cwæð se hīredes ealdor: 'Ic
wille syllan ðisum endenēxtum eal swā micel swā ðē.'

And for ðan þe sēo onfangenes þæs rīces is of Godes gōdnysse,
rihtlīce is hēr bæftan gecweden on endebyrdnysse þæs god-
spelles: 'Lā hū, ne mōt ic dōn þæt ic wille?' Dyslic bið mannes
170 cēas[2] ongēan Godes gōdnysse. Sum ceorung mihte bēon gif
hē his behāt ne gelæste, and nān, ðēah ðe hē māre ne sealde.
Be ðām is gȳt gelimplīce gecweden: 'Oððe ðīn ēage is yfel, for
ðan þe ic eom gōd?' Ne onhebbe hine nān man on his weorcum,
ne on langsumum ðēowdōme, þonne sēo Sōðfæstnys clypað:
175 'þus bēoð þā endenēxtan fyrmeste and þā fyrmestan endenēxte.'
Efne nū, ðēah wē witon hū fela gōd, oððe hū micele, wē gefre-
modon, nyte wē ðēah gȳt mid hwylcere smēaðancelnysse se
upplica Dēma ðā āfandað; and witodlīce gehwilcum men is
ðearle tō blissigenne, þēah ðe hē endenēxt on Godes rīce sȳ
180 geendebyrd.

---

¹ K; ealdæ fæderæs B; ealdan fæderas the rest   ² E, K; ceast
the rest

þises godspelles geendung is swīðe ondrǣdendlic: 'Fela sind
gelaðode, and fēawa gecorene.' Drihten cwæð on ōðre stōwe
þæt 'Fela cumað fram ēastdǣle and fram westdǣle, and geres-
tað¹ mid þām hēahfæderum, Abrahāme and Īsaace and Iācōbe
on heofenan rīce.' Hwæt ēac þes ylca trahtnere, Grēgōrius, on   185
sumes ōðres godspelles trahtnunge cwæð þæt swā micel werod
menniscra manna sceal āstīgan þæt heofonlice rīce, swā fela
swā ðǣra gecorenra engla on heofonum belifon æfter ðǣra
mōdigra gāsta hryre. Þēah ðā gecorenan Godes cempan sind
fēawa geðūhte on andwerdum līfe betwux flǣsclicum mannum   190
ðc heora lustum gehȳrsumiað, ac hī ne bēoð fēawa ðonne hī
gegaderode bēoð. Ne gedafenað þām gāstlicum þæt hī ðām
flǣsclicum geefenlǣcon, ne hī hūxlīce forsēon, for ðan ðe wē
gesēoð hwæt nū tōdæg is, ac wē nyton hwæt tō merigen bið
tōweard. Forwel oft cymð sē bæftan ūs, þe ūs mid swyftnysse   195
gōdre drohtnunge forestæpð; and wē earfoðlīce him filiað tō
merigen, sē² ðe nū tōdæg is ūre folgere geðūht. Witodlīce ðā
ðā se forma cȳðere, Stēphanus, for Godes gelēafan gestǣned
wæs, Sāulus hēold ealra ðǣra stǣnendra hacelan, and swāðēah
Pāulus siððan forestōp Stēphanum³ on Godes gelaðunge mid   200
menigfealdum geswincum, þone ðe hē ǣr ēhtende martyr
gemacode.

Twā ðing sind þe wē sceolon carfullīce scrūtnian⁴: ǣrest,
þæt ūre nān be him sylfum tō dyrstelīce ne truwige; and⁵
syððan, þæt ūre nān be his nēxtan ne ortruwige, ðēah ðe hē on   205
leahtrum befeallen sȳ; for ðan þe ūs sind uncūðe þā micclan
welan Godes mildheortnysse. Þyssere mildheortnysse welan
bescēawode se sealmsceop, ðā ðā hē tō Gode þus clypode:
'Mīn Gefylsta, ðē ic singe, for ðan ðe ðū, God, eart mīn

---

¹ C, D, E, F add hi, B adds heom   ² þæm (þam) M, N, O   ³ B, K,
M, N, O; stephane C, D, E, F   ⁴ K (with gloss smǣgan), M (with
gloss vel smeagað), N; scuniæn B, ascunian C, D, E, onscunian F;
truwian O   ⁵ omitted K

210 Andfenga, mīn God, and mīn Mildheortnyss.' Efne se sealm-
wyrhta understōd on hwilcum gedeorfum þis mennisce līf is
gelōgod, and for ðī clypode God his Gefylsta[1]. Hē gecīgde
Drihten his Andfenga[2], for ðan ðe hē underfēhð ūs intō ēcere
reste fram ðisum andweardum geswince. Hē behēold þæt God
215 gesihð ūre yfelnyssa, and ūre gyltas forðyldgað; and swāðēah
hē sparað ūs ārfæstlīce, and ðurh behrēowsunge tō ðǣre ēcan
mēde gehylt. Ðā nolde hē gecīgen God mildheortne, ac hēt
hine his Mildheortnyss, þus cweðende: 'Mīn God and mīn
Mildheortnyss.' Uton gemunan ūre ǣrran synna, and uton
220 bescēawian ðā micclan Godes ārfæstnysse, hū hē ūrum gyltum
miltsað, and ðǣrtōēacan þæt heofenlice rīce behǣt sōðlīce dǣd-
bētendum æfter gyltum. Uton for ðī ealle clypian mid inweardre
heortan, swā swā se sealmsceop clypode: 'þū eart mīn God
and mīn Mildheortnys.' Godes mildheortnys ūs forestæpð,
225 and his mildheortnys ūs fyligð. þā ðā wē wel noldon, ðā
forhradode Godes mildheortnys ūs þæt wē wel woldon. Nū wē
wel willað, ūs fyligð Godes mildheortnys þæt ūre willa ȳdel
ne sȳ. Hē gearcað ūrne gōdan willan tō fultumigenne, and hē
fylst ðām willan gegearcodne, sē ðe leofað and rīxað nū and
230 symle on worulde. *Amen.*

---

[1] gefylstan *all other MSS.*   [2] *K, N, O;* andfengan *B, C,*
D, E, F, M

XIV

ÆLFRIC'S HOMILY ON THE NATIVITY OF THE INNOCENTS

[*From Cambridge University Library MS., Gg. 3. 28, ff. 17 ff.*]

THIS is the fifth homily in the first series of the *Catholic Homilies* (see p. 60, above). It affords an excellent example of Ælfric's skill in combining various authorities, which are specified in the notes; even its most famous passage, justly admired for its 'command of the tender and pathetic', is produced by careful selection and welding together of sentences from Latin authors.

The first series of *Catholic Homilies* has a different manuscript tradition from that of the second (see p. 60). This homily is found complete in eight manuscripts, as well as in one damaged manuscript. The oldest is British Museum Royal MS. 7 C. xii (A), of the late tenth century, which has alterations in what is almost certainly Ælfric's hand, but it has been so much altered by correction and erasure that it is unsuitable to be the basis of my text. The others are: Bodley MS. 340 (D), Corpus Christi College, Cambridge, MS. 198 (E), Bodleian MS. Hatton 113 (T), and the damaged Cotton Vitellius D. xvii (Vit), all of which form a group; Cotton Vitellius C. v (H); Cambridge University Library MSS. Gg. 3. 28 (K) and Ii. 1. 33 (L), which are connected together; and Corpus Christi College, Cambridge, MS. 188 (Q). K, written about 1000, is the basis of my text, for it is very free from corruption and differs very little from the corrected text of A. H was written about 1000, D at the beginning of the eleventh century, E and Q in the first half of that century, the damaged Vitellius about the middle and T in the third quarter of it, and L in the twelfth century. Variants are given only when they may stem from Ælfric's original or revisions.

Nū tōdæg Godes gelaðung geond ealne ymbhwyrft mǣrsað
þǣra ēadigra cildra frēolstīde, þe se wælhrēowa Herōdes for
Crīstes ācennednysse mid ārlēasre ēhtnysse ācwealde, swā swā
ūs sēo godspellice racu swutellīce cȳð.

   Mathēus āwrāt on þǣre forman Crīstes bēc ðysum wordum   5
be ðæs Hǣlendes gebyrdtīde, and cwæð: 'þā ðā se Hǣlend

ācenned wæs on þǣre Iūdēiscan Bethleēm, on Herōdes dagum
cyninges, efne ðā cōmon fram ēastdǣle middangeardes þrȳ
tungelwītegan tō ðǣre byrig Hierusalēm, þus befrīnende:
10 "Hwǣr is Iūdēiscra lēoda cyning sē ðe ācenned is? Wē gesāwon
sōðlīce his steorran on ēastdǣle, and wē cōmon tō ðī þæt wē ūs
tō him gebıddon." ' Hwæt ðā, Herōdes cyning þis gehȳrende
wearð micclum āstyred, and eal sēo burhwaru samod mid him.
Hē ðā gesamnode ealle þā ealdorbiscopas and ðæs folces
15 bōceras, and befrān hwǣr Crīstes cenningstōw wǣre. Hī sǣdon,
on ðǣre Iūdēiscan Bethleēm. þus sōðlīce is āwriten þurh ðone
wītegan Micheam: 'Ēalā þū Bethleēm, Iūdēisc land, ne eart ðū
nāteshwōn wācost burga on Iūdēiscum ealdrum: of ðē cymð se
heretoga sē ðe gewylt and gewissað Israhēla folc.' Ðā clypode
20 Herōdes þā ðrȳ tungelwītegan on sundersprǣce, and geornlīce
hī befrān tō hwilces tīman se steorra him ǣrest[1] ætēowode, and
āsende[2] hī tō Bethleēm, ðus cweðende: 'Farað ardlīce, and
befrīnað be ðām cilde, and þonne gē hit gemētað, cȳðað mē,
þæt ic mage mē tō him gebiddan.' þā tungelwītegan fērdon
25 æfter þæs cyninges sprǣce, and efne ðā se steorra þe hī on
ēastdǣle gesāwon glād him beforan, oð þæt hē gestōd bufon
þām gesthūse þǣr þæt cild on wunode. Hī gesāwon ðone steor-
ran and þearle blissodon. Ēodon ðā inn, and þæt cild gemētton
mid Marīan his mēder, and niðer feallende hī tō him gebǣdon.
30 Hī geopenodon heora hordfatu, and him lāc geoffrodon, gold,
and rēcels, and myrran. Hwæt ðā, God on swefne hī gewarnode,
and bebēad þæt hī eft ne gecyrdon tō ðan rēðan cyninge Herōde,
ac þurh ōðerne weg hine forcyrdon, and swā tō heora ēðele
becōmon. Efne ðā Godes engel ætēowode Iōsepe, ðæs cildes
35 fōsterfæder, on swefnum, cweðende: 'Arīs, and nim þis cild
mid þǣre mēder, and flēoh tō Ēgypta lande, and bēo þǣr oð
þæt ic þē eft secge: sōðlīce tōweard is þæt Herōdes smēað hū hē
þæt cild fordō.' Iōseph ðā ārās nihtes, and þæt cild mid þǣre

---

¹ ærst K   ² K, L, Q; a of asende erased A; sende rest

mēder samod tō Ēgypta lande ferede, and þǣr wunode oð þæt
Herōdes gewāt; þæt sēo wītegung wǣre gefylled, þe be ðǣre 40
fare ǣr ðus cwæð: 'Of Ēgypta lande ic geclypode mīnne sunu.'
Nū secgað wyrdwrīteras þæt Herōdes betwux ðisum wearð
gewrēged tō þām Rōmāniscan cāsere, þe ealne middangeard on
þām tīman gewēold. þā gewende hē tō Rōme be ðæs cāseres
hǣse, þæt hē hine betealde, gif hē mihte. þā betealde hē hine 45
swīðe gēaplīce, swā swā hē wæs snotorwyrde tō ðan swīðe þæt
se cāsere hine mid māran wurðmynte ongēan tō Iūdēiscum rīce
āsende. þā þā hē hām cōm, þā gemunde hē hwæt hē ǣr be ðan
cilde gemynte, and gescah þæt hē wæs bepǣht fram ðam tungel-
wītegum, and wearð þā ðearle gegremod. Sende ðā his cwel- 50
leras, and ofslōh ealle ðā hysecild þe wǣron on þǣre byrig
Bethleēm, and on eallum hyre gemǣrum, fram twȳwintrum
cilde tō ānre nihte, be ðǣre tīde þe hē gcāxode æt ðām tungel-
wītegum. þā wæs gefylled Hieremīas wītegung, þe ðus wīte-
gode: 'Stemn is gehȳred on hēannysse, micel wōp and ðote- 55
rung: Rachel bewēop hire cildru, and nolde bēon gefrēfrod, for
ðan ðe hī ne sind.'
On ðām twelftan dæge Crīstes ācennednysse cōmon ðā ðrȳ
tungelwītegan tō Herōde, and hine āxodon be ðām ācennedan
cilde; and þā þā hī his cenningstōwe geāxodon, þā gewendon 60
hī wið þæs cildes, and noldon ðone rēðan cwellere eft gecyrran,
swā swā hē hēt. þā ne mihte hē forbūgan þæs cāseres hǣse, and
wæs ðā þurh his langsume fær þǣra cildra slege geuferod swīðor
þonne hē gemynt hæfde; and hī wurdon ðā on ðysum dægþer-
licum dæge wuldorfullīce gemartyrode; nā swāðēah þæs gēares 65
þe Crīst ācenned wæs, ac æfter twēgra gēara ymbryne æfter
ðæs wælhrēowan hāmcyme.
Næs hē æðelboren, ne him nāht tō þām cynecynne ne geby-
rode; ac mid syrewungum and swicdōme hē becōm tō ðǣre
cynelican geðincðe; swā swā Moyses be ðām āwrāt, þæt ne 70
sceolde ātēorian þæt Iūdēisce cynecynn oþ þæt Crīst sylf cōme.

Ðā cōm Crīst on ðām tīman þe sēo cynelice mǣgðᵃ ātēorode,
and se ælfremeda Herōdes þæs rīces gewēold. þā wearð hē
micclum āfyrht and anðrācode þæt his rīce feallan sceolde þurh
75 tōcyme þæs sōðan cyninges. þā clypode hē ðā tungelwītegan
on sundersprǣce, and geornlīce hī befrān on hwilcne tīman hī
ǣrest þone steorran gesāwon; for ðan ðe hē ondrēd, swā swā
hit gelamp, þæt hī eft hine ne gecyrdon. þā hēt hē for ðȳ
ācwellan ealle ðā hysecild þǣre burhscīre, fram twȳwintrum
80 cilde oð ānre nihte: ðōhte, gif hē hī ealle ofslōge, þæt se ān ne
ætburste þe hē sōhte. Ac hē wæs ungemyndig þæs hālgan
gewrites, ðe cwyðᵇ: 'Nis nān wīsdōm ne nān rǣd nāht ongēan
God.'

Se swicola Herōdes cwæð tō ðām tungelwītegum: 'Farað
85 and geornlīce befrīnað be ðām cilde, and cȳðað mē, þæt ic ēac
mage mē tō him gebiddan.' Ac hē cȳdde syððan his fācenfullan
syrewunge, hū hē ymbe wolde, gif hē hine gemētte, ðā ðā hē
ealle his efenealdan ādȳlegode for his ānes ēhtnysse. þearflēasᶜ
hē syrwde ymbe Crīst: ne cōm hē for ðȳ þæt hē wolde his
90 eorðlice rīce, oþþe ǣniges ōðres cyninges mid rīccetere him tō
getēon; ac tō ðī hē cōm þæt hē wolde his heofenlice rīce
gelēaffullum mannum forgyfan. Ne cōm hē tō ðȳ þæt hē wǣre
on mǣrlicum cynesetle āhafen, ac þæt hē wǣre mid hospe on
rōdehengene genǣglod. Hē wolde ðēah þæs wælhrēowan syr-
95 wunge mid flēame forbūgan, nā for ðī þæt hē dēað forfluge, sē
ðe sylfwilles tō ðrōwienne middangearde genēalǣhte; ac hit
wǣre tō hrǣdlic, gif hē ðā on cildcradole ācweald wurde,
swilce ðonne his tōcyme mancynne bedīglod wǣre; þī forhra-
dode Godes engel þæs ārlēasan geþeaht, and bebēad þæt se
100 fōsterfæder þone heofenlican æðeling of ðām earde ardlīce
ferede.

Ne forseah Crīst his geongan cempan, ðēah ðe hē līchamlīce
on heora slege andwerd nǣre; ac hē āsende hī fram þisum

---

¹ mæigð *K*   ² *A, K, Q;* cwæð *rest*   ³ þearflæs *K*

wræcfullum līfe tō his ēcan rīce. Gesǣlige hī wurdon geborene
þæt hī mōston for his intingan dēað þrōwian. Ēadig is heora 105
yld, sēo ðe þā gȳt ne mihte Crīst andettan, and mōste for Crīste
þrōwian. Hī wǣron þæs¹ Hǣlendes gewitan, ðēah ðe hī hine
ðā gȳt ne cūðon. Nǣron hī gerīpode tō slege, ac hī gesǣliglīce
þēah swulton tō līfe. Gesǣlig wæs heora ācennednys, for ðan
ðe hī gemētton þæt ēce līf on instæpe þæs andweardan līfes. 110
Hī wurdon gegripene fram mōderlicum brēostum, ac hī wur-
don betǣhte þǣrrihte engellicum bōsmum. Ne mihte se mān-
fulla ēhtere mid nānre ðēnunge þām lȳtlingum swā micclum
fremian swā micclum swā hē him frcmode mid ðǣre rēðan
ēhtnysse hatunge. Hī sind gehātene martyra blōstman, for ðan 115
ðe hī wǣron swā swā upāspringende blōstman on middewear-
dan cyle ungelēaffulnysse, swilce mid sumere ēhtnysse forste
forsodene. Ēadige sind þā innoðas þe hī gebǣron, and ðā brēost
þe swylce gesīhton². Witodlīce ðā mōddru on heora cildra
martyrdōme³ þrōwodon; þæt swurd ðe þǣra cildra lima þurharn 120
becōm tō ðǣra mōddra heortan; and nēod is þæt hī bēon
efenhlyttan þæs ēcan edlēanes, þonne hī wǣron gefēran ðǣre
þrōwunge. Hī wǣron gehwǣde and ungewittige ācwealde, ac
hī ārīsað on þām gemǣnelicum dōme mid fullum wǣstme and
heofenlicere snoternysse. Ealle wē cumað tō ānre ylde on þām 125
gemǣnelicum ǣriste, þēah ðe wē nū on myslicere ylde of
þyssere worulde gewīton.

þæt godspel cweð þæt Rachel bewēop hire cildra, and nolde
bēon gefrēfrod, for ðan þe hī ne sind. Rachel hātte Iācōbes wīf
ðæs hēahfæderes, and hēo getācnode Godes gelaðunge, þe 130
bewēpð⁴ hire gāstlican cild; ac hēo nele swā bēon gefrēfrod
þæt hī eft tō woruldlicum gecampe gehwyrfon þā þe ǣne mid
sygefæstum dēaðe middangeard oferswīðdon, and his yrmða
ætwundon tō wuldorbēagienne mid Crīste.

---

¹ omitted A; all others have it   ² gesicton A, gesycton B
³ martyrdom D, E, T, Vit   ⁴ bewypð K

135　Eornostlīce ne brēac se ārlēasa Herōdes his cynerīces mid
langsumere gesundfulnysse, ac būton yldinge him becōm sēo
godcundlice wracu, þe hine mid menigfealdre yrmðe fordyde,
and ēac geswutelode on hwilcum sūslum hē mōste æfter forð-
sīðe ēcelīce cwylmian. Hine gelǣhte unāsecgendlic ādl: his
140　līchama barn wiðūtan mid langsumere hǣtan, and hē eal innan
samod forswǣled wæs and tōborsten. Him wæs metes micel
lust, ac[1] ðēah mid nānum ǣtum[2] his gȳfernysse gefyllan ne
mihte. Hē hriðode, and egeslīce hwēos, and angsumlīce sīcce-
tunga tēah, swā þæt hē earfoðlīce orðian mihte. Wætersēocnyss
145　hine oferēode beneoðan þām gyrdle tō ðan swīðe þæt his ge-
sceapu maðan wēollon, and stincende āttor singāllīce of ðām
tōswollenum fōtum flēow. Unāberendlic gyhða oferēode ealne
ðone līchaman, and ungelȳfendlic tōblāwennys his innoð ge-
swencte. Him stōd stincende stēam of ðām mūðe, swā þæt
150　earfoðlīce ǣnig lǣce him mihte genēalǣcan. Fela ðǣra lǣca hē
ācwealde: cwæð þæt hī hine gehǣlan mihton, and noldon. Hine
gedrehte singāl slǣplēast, swā þæt hē þurhwacole niht būton
slǣpe ādrēah; and gif hē hwōn hnappode, ðǣrrihte hine
drehton nihtlice gedwimor, swā þæt him ðæs slǣpes ofþūhte.
155　Þā ðā hē mid swīðlicum luste his līfes gewilnode, þā hēt hē hine
ferigan ofer ðā eā[3] Iordanen, ðǣr þǣr wǣron gehæfde hāte
baðu, þe wǣron hālwende gecwedene ādligendum līchaman.
Wearð þā ēac his lǣcum geðūht þæt hī on wlacum ele hine
gebeðedon. Ac ðā ðā hē wæs in ðissere beðunge gelēd, þā
160　wearð se līchama eal tōslopen, swā þæt his ēagan wendon on
gelīcnysse sweltendra manna, and hē læg cwydelēas būtan
andgite. Eft, ðā ðā hē cōm, þā hēt hē hine ferigan tō ðǣre byrig
Hierichō.
　　Þā þā hē wearð his līfes orwēne, þā gelaðode hē him tō ealle
165　ðā Iūdēiscan ealdras of gehwilcum burgum, and hēt hī on

---

[1] A adds swa　　　[2] æte D, E, T, Vit　　　[3] K, H, L, Q; þære ea
A, D, E, T, Vit

cwearterne beclȳsan, and gelangode him tō his swustur Salomē
and hire wer Alexandrum, and cwæð: 'Ic wāt þæt ðis Iūdēisce
folc micclum blissigan wile mīnes dēaðes; ac ic mæg habban
ārwurðfulle līcðēnunge of hēofigendre menigu, gif gē willað
mīnum bebodum gehȳrsumian. Swā ricene swā ic gewīte 170
ofslēað ealle ðās Iūdēiscan ealdras ðe ic on cwearterne beclȳsde;
þonne bēoð heora siblingas tō hēofunge genēadode, þā ðe
wyllað mīnes forðsīðes fægnian.' Hē ðā his cempan tō ðām
slege genamode[1], and hēt heora ǣlcum fīftig scyllinga tō sceatte
syllan, þæt hī heora handa fram ðām[2] blōdes gyte ne wiðbrū- 175
don. Þā ðā hē mid ormǣtre angsumnysse wæs gecwylmed, þā
hēt hē his āgenne sunu Antipatrem ārlēaslīce ācwellan, tōēacan
þām twām þe hē ǣr ācwealde. Æt nēxtan, ðā ðā hē gefrēdde his
dēaðes nēalǣcunge, þā hēt hē him his seax ārǣcan tō screādi-
genne ǣnne æppel, and hine sylfne hetelīce ðȳde þæt him on 180
ācwehte. Þyllic wæs Herōdes forðsīð, þe mānfullīce ymbe þæs
heofenlican æþelinges tōcyme syrwde, and his efenealdan lȳt-
lingas unscæððige ārlēaslīce ācwealde.

Efne ðā Godes engel, æfter Herōdes dēaðe, ætēowode Iōsepe
on swefnum on Ēgypta lande, þus cweðende: 'Arīs and nim 185
þæt cild and his mōder samod, and gewend ongēan tō Israhēla
lande; sōðlīce hī sind forðfarene ðā ðe ymbe þæs cildes feorh
syrwdon.' Hē ðā ārās, swā swā se engel him bebēad, and ferode
þæt cild mid þǣre mēder tō Israhēla lande. Þā gefrān Iōseph
þæt Archelāus rīxode on Iūdēa lande æfter his fæder Herōde, 190
and ne dorste his nēawiste genēalǣcan. Þā wearð hē eft on
swefne gemynegod þæt hē tō Galilēa gewende for ðan ðe se
eard næs ealles swā gehende þām cyninge, þēah ðe hit his rīce
wǣre. Þæt cild ðā eardode on þǣre byrig þe is gehāten Naza-
rēth, þæt sēo wītegung wǣre gefylled, þe cwæð þæt hē sceolde 195
bēon Nazarēnisc gecīged. Se engel cwæð tō Iōsepe: 'þā sind

[1] *from* geneadode (?) *A* (*three letters erased after* n *and* am *added*);
geneadode *D, E, T, Vit;* gemanode *Q*   [2] *þæs D, E, T, Vit*

forðfarene þe embe ðæs cildes feorh syrwdon.' Mid þām worde
hē geswutelode þæt mā ðǣra Iūdēiscra ealdra embe Crīstes
cwale smēadon; ac him getīmode swīðe rihtlīce þæt hī mid
200 heora ārlēasan hlāforde ealle forwurdon.

Nelle wē ðās race nā leng tēon, þȳ lǣs ðe hit ēow ǣðrȳt
þince; ac biddað ēow þingunge æt þysum unscæððigum marty-
rum. Hī sind ðā ðe Crīste folgiað on hwītum gyrlum swā
hwider swā hē gǣð; and hī standað ætforan his ðrymsetle būtan
205 ǣlcere gewemmednysse, hæbbende heora palmtwigu on handa,
and singað þone nīwan lofsang, þām Ælmihtigum tō wurð-
mynte, sē þe leofað and rīxað ā būtan ende. *Amen*.

XV

ÆLFRIC'S LIFE OF KING OSWALD

[From Cotton MS. Julius E. vii in the British Museum,
ff. 151 ff.]

THIS is No. XXVI in Ælfric's *Lives of Saints*, a set of homilies issued
between 992 and 1002, probably not later than 998, for the feast-days
of saints which the monks observed. Like most of this work, it is in his
fully developed rhythmical style. It is a good example of straightfor-
ward narrative; the material comes from Bede, but has been selected
and rearranged with great skill. It survives in Julius E. vii (W), of the
early eleventh century, in Cambridge University Library MS. Ii. 1.
33 (L), which, though a twelfth-century manuscript, has a few better
readings, and in part in the damaged manuscript Cotton Vitellius
D. xvii (Vit) of the mid-eleventh century.

Æfter ðan ðe Augustīnus tō Engla lande becōm, wæs sum æðele
cyning, Ōswold gehāten, on Norðhymbra lande, gelȳfed swȳþe
on God. Sē fērde on his iugoðe fram his frēondum and māgum
tō Scotlande on sǣ, and þǣr sōna wearð gefullod, and his
gefēran samod þe mid him sīþedon. Betwux þām wearð ofslagen 5
Ēadwine his ēam, Norðhymbra cynincg, on Crīst gelȳfed, fram
Brytta cyninge, Ceadwalla¹ gecīged, and twēgen his æftergen-
gan binnan twām gēarum; and se Ceadwalla¹ slōh and tō
sceame tūcode þā Norðhymbran lēode æfter heora hlāfordes
fylle, oð þæt Ōswold se ēadiga his yfelnysse ādwǣscte. Ōswold 10
him cōm tō, and him cēnlīce wið feaht mid lȳtlum werode, ac
his gelēafa hine getrymde, and Crīst him gefylste tō his fēonda
slege. Ōswold þā ārǣrde āne rōde sōna Gode tō wurðmynte,
ǣr þan þe hē tō ðām gewinne cōme, and clypode tō his gefērum:
'Uton feallan tō ðǣre rōde, and þone Ælmihtigan biddan þæt 15
hē ūs āhredde wið þone mōdigan fēond þe ūs āfyllan wile: God

¹ *from* ced- *W;* ced- *L*

sylf wāt geare þæt wē winnað rihtlīce wið þysne rēðan cyning
tō āhreddenne ūre lēode.' Hī fēollon þā ealle mid Ōswolde
cyninge on gebedum; and syþþan on ǣrne¹ mergen ēodon tō
20 þām gefeohte, and gewunnon þǣr sige, swā swā se Eallweal-
dend heom² ūðe for Ōswoldes gelēafan; and ālēdon heora fȳnd,
þone mōdigan Cedwallan mid his micclan werode, þe wēnde
þæt him ne mihte nān werod wiðstandan.

Sēo ylce rōd siððan ðe Ōswold þǣr ārǣrde on wurðmynte
25 þǣr stōd. And wurdon fela gehǣlde untrumra manna and ēac
swilce nȳtena þurh ðā ylcan rōde, swā swā ūs rehte Bēda. Sum
man fēoll on īse, þæt his earm tōbærst, and læg þā on bedde
gebrocod forðearle, oð þæt man him fette of ðǣre foresǣdan
rōde sumne dǣl þæs mēoses þe hēo mid beweaxen wæs, and
30 se ādliga sōna on slǣpe wearð gehǣled on ðǣre ylcan nihte
þurh Ōswoldes geearnungum³.

Sēo stōw is gehāten 'Heofonfeld' on Englisc, wið ðone langan
weall þe þā Rōmāniscan worhtan, þǣr þǣr Ōswold oferwann
þone wælhrēowan cynincg. And þǣr wearð siþþan ārǣred swīðe
35 mǣre cyrce Gode tō wurðmynte, þe wunað ā on ēcnysse.

Hwæt ðā, Ōswold ongann embe Godes willan tō smēagenne,
sōna swā hē rīces gewēold, and wolde gebīgan his lēoda⁴ tō
gelēafan and tō þām lifigendan Gode. Sende ðā tō Scotlande,
þǣr se gelēafa wæs ðā, and bæd ðā hēafodmenn þæt hī his
40 bēnum getīþodon, and him sumne lārēow sendon, þe his lēoda⁴
mihte tō Gode gewēman; and him wearð þæs getīþod. Hī
sendon þā sōna þām gesǣligan cyninge sumne ārwurðne bi-
sceop, Aidan gehāten. Sē wæs mǣres līfes man on munuclicre
drohtnunge, and hē ealle woruldcara⁵ āwearp fram his heortan,
45 nānes þinges wilnigende būtan Godes willan. Swā hwæt swā
him becōm of þæs cyninges gifum oððe rīcra manna, þæt hē
hraðe dǣlde þearfum and wǣdlum mid welwillendum mōde.

---

¹ L; oðerne W   ² from him W; him L   ³ geearnunga L
⁴ leode L   ⁵ -care L

Hwæt ðā, Ōswold cyning his cymes fægnode, and hine ār-
wurðlīce underfēng his folce tō ðearfe, þæt heora gelēafa wurde
āwend eft tō Gode fram þām wiþersæce þe hī tō gewende 50
wǣron. Hit gelamp þā swā þæt se gelēaffula cyning gerehte his
witan on heora āgenum gereorde þæs bisceopes bodunge mid
blīþum mōde, and wæs his wealhstod; for þan þe hē wel cūþe
Scyttysc, and se bisceop Aidan ne mihte gebīgan his sprǣce tō
Norðhymbriscum gereorde swā hraþe þā gīt. Se biscop þā fērde 55
bodigende geond eall Norðhymbra land¹ gelēafan and fulluht,
and þā lēode gebīgde tō Godes gelēafan, and him wel gebysnode
mid weorcum symle, and sylf swā leofode swā swā hē lǣrde
ōðre². Hē lufode forhæfednysse and hālige rǣdinge, and iunge
men tēah georne mid lāre, swā þæt ealle his gefēran þe him mid 60
ēodon sceoldon sealmas leornian oððe sume rǣdinge, swā
hwider swā hī fērdon þām folce bodigende. Seldon hē wolde
rīdan, ac sīðode on his fōtum, and munuclīce leofode betwux
ðām lǣwedan folce mid mycelre gesceādwīsnysse and sōþum
mægnum. 65

þā wearð se cynincg Ōswold swīðe ælmesgeorn and ēadmōd
on þēawum and on eallum þingum cystig, and man³ ārǣrde⁴
cyrcan on his rīce geond eall and mynsterlice gesetnyssa⁵ mid
micelre geornfulnysse.

Hit gelamp³ on sumne sǣl þæt hī sǣton ætgædere⁶, Ōswold 70
and Aidan, on þām hālgan Ēasterdæge; þā bær man þām cyninge
cynelice þēnunga on ānum sylfrenan disce; and sōna þā inn
ēode ān þæs cyninges þegna þe his ælmyssan bewiste, and sǣde
þæt fela þearfan sǣtan geond þā strǣt gehwanon cumene tō
þæs cyninges ælmyssan. þā sende se cyning sōna þām þearfum 75
þone sylfrenan disc mid sande⁷ mid ealle, and hēt tōceorfan
þone disc, and syllan þām þearfum heora ælcum his dǣl, and

---

¹ L; lande W   ² oðrum L   ³ L adds ða   ⁴ L; ahrærde
W   ⁵ -nysse altered to -nyssa W; -nysse L   ⁶ togædere L
⁷ sandum L

man dyde ðā swā. þā genam Aidanus se æðela bisceop þæs
cyninges swȳþran hand mid swiðlicre blysse, and clypode mid
80 gelēafan, þus cweðende[1] him tō: 'Ne forrotige on brosnunge[2]
þēos gebletsode swȳðre[3] hand.' And him ēac swā geēode, swā
swā Aidanus him bæd, þæt his swiðre hand is gesundful[4] oð
þis.

Ōswoldes cynerīce wearð gerȳmed[5] þā swȳðe, swā þæt
85 fēower þēoda hine underfēngon tō hlāforde, Peohtas, and
Bryttas, Scottas, and Angle, swā swā se ælmihtiga God hī
geānlǣhte tō ðām for Ōswoldes geearnungum þe hine ǣfre
wurðode. Hē fulworhte on Eferwīc þæt ǣnlice mynster þe his
mǣg Ēadwine ǣr begunnen[6] hæfde; and hē swanc for heofonan
90 rīce mid singālum gebedum swīþor þonne hē hogode hū hē
gehēolde on worulde þā hwīlwendlican geþincðu, þe hē hwōn-
līce lufode. Hē wolde æfter ūhtsange oftost hine gebiddan, and
on cyrcan standan on syndrigum gebedum of sunnan upgange
mid swȳðlicre onbryrdnysse; and swā hwǣr swā hē wæs hē
95 wurðode ǣfre God upāwendum handbredum wið þæs[7] heofones
weard.

On þām ylcan tīman cōm ēac sum bisceop fram Rōmebyrig,
Birinus gehāten, tō Westsexena kyninge, Cynegyls gehāten, sē
wæs ðā gīt hǣðen and eall Westsexena land. Birinus witodlīce
100 gewende fram Rōme[8] be ðæs pāpan rǣde þe ðā on Rōme wæs,
and behēt þæt hē wolde Godes willan gefremman, and bodian
þām hǣþenum þæs Hǣlendes naman and þone sōðan gelēafan
on fyrlenum landum. þā becōm hē tō Westseaxan, þe wæs ðā
gȳt hǣþen, and gebīgde þone cynincg Kynegyls tō Gode, and
105 ealle his lēode tō gelēafan mid him. Hit gelamp þā swā[9] þæt se
gelēaffulla Ōswold, Norðhymbra cyning, wæs cumen tō Cyne-

---

[1] L; cwæðende W   [2] L adds næfre *above* brosnunge   [3] L
omits swyðre   [4] gesund L   [5] getrymed L   [6] L;
begunnon W   [7] *interlined* W, *omitted* L   [8] L adds byrig
[9] *omitted* L

gylse, and hine tō fulluhte nam, fægen his gecyrrednysse. þā
gēafon þā cynegas, Cynegyls and Ōswold, þām hālgan Birine
him tō bisceopstōle þā burh Dorcanceaster, and hē þǣrbinnan
wunode Godes lof ārǣrende and gerihtlǣcende þæt folc mid 110
lāre tō gelēafan tō langum fyrste, oð þæt hē gesǣlig sīþode tō
Crīste; and his līc wearþ bebyrged on ðǣre ylcan byrig, oð þæt
Hǣdde bisceop eft his bān ferode tō Wintanceastre, and mid
wurðmynte gelōgode binnan Ealdanmynstre, þǣr man hine
wurðað gȳt. 115

Hwæt þā, Ōswold cyning his cynedōm gehēold hlīsfullīce for
worulde and mid micclum gelēafan, and on eallum dǣdum his
Drihten ārwurðode, oð þæt hē ofslagen wearð for his folces
ware on þām nigoðan gēare þe hē rīces gewēold, þā þā hē sylf
wæs on ylde eahta and þrīttig gēara[1]. Hit gewearð swā be þām 120
þæt him wann on Penda, Myrcena cyning, þe æt his mǣges
slege ǣr, Ēadwines cyninges, Ceadwallan[2] fylste; and se Penda
ne cūðe be Crīste nān þincg, and eall Myrcena folc wæs unge-
fullod þā gīt. Hī cōmon þā tō gefeohte tō Maserfelda bēgen,
and fēngon tōgædere, oð þæt þǣr fēollon þā crīstenan, and þā 125
hǣðenan genēalǣhton tō þām hālgan Ōswolde. þā geseah hē
genēalǣcan[3] his līfes geendunge, and gebæd for his folc þe þǣr
feallende swealt[4], and betǣhte heora sāwla and hine sylfne
Gode, and þus clypode on his fylle: 'God, gemiltsa ūrum sāw-
lum!' þā hēt se hǣþena cynincg his hēafod ofāslēan[5] and his 130
swīðran earm, and settan hī tō myrcelse.

þā æfter Ōswoldes slege fēng Ōswīg his brōðer tō Norð-
hymbra rīce, and rād mid werode tō þǣr his brōðor hēafod stōd
on stacan[6] gefæstnod, and genam þæt hēafod and his swīðran
hand, and mid ārwurðnysse ferode tō Lindisfarnēa cyrcan. 135
þā wearð gefylled, swā wē hēr foresǣdon, þæt his swīðre hand

---

[1] from geare W; geara L   [2] from cedwallan W; cedweallan
L   [3] L; genealecan W   [4] sweolt W, L   [5] ofslean Vit
[6] on stacan stod Vit

wunað hāl mid þām flǣsce būtan ǣlcere brosnunge, swā se
bisceop gecwæð. Se earm wearð gelēd ārwurðlīce on scrīne, of
seolfre āsmiþod, on Sancte Petres mynstre[1] binnan Bebban-
140 byrig be þǣre sǣ strande, and lið þǣr swā ansund[2] swā hē
ofāslagen[3] wæs. His brōþor dohtor eft siððan on Myrcan wearð
cwēn, and geāxode his bān, and gebrōhte hī tō Lindesīge tō
Bardanīge mynstre, þe hēo micclum lufode. Ac þā mynster-
menn noldon for menniscum gedwylde þone sanct underfōn,
145 ac man slōh ān geteld ofer þā hālgan bān binnan þǣre līcreste[4].
Hwæt þā, God geswutelode þæt hē hālig sanct wæs, swā þæt
heofonlic[5] lēoht ofer þæt geteld āstreht stōd up tō heofonum
swilce hēalic sunnbēam ofer ealle ðā niht; and þā lēoda behēol-
don geond ealle þā scīre swīðe wundrigende. þā wurdon þā
150 mynstermen micclum āfyrhte, and bǣdon þæs on mergen þæt
hī mōston þone sanct mid ārwurðnysse underfōn, þone þe hī
ǣr forsōcon. þā ðwōh man þā hālgan bān, and bær intō þǣre
cyrcan ārwurðlīce on scrīne, and gelōgodon[6] hī upp.

And þǣr wurdon gehǣlede þurh his hālgan geearnunge fela
155 mettrume men fram mislicum coþum. þæt wæter þe man þā
bān mid āþwōh binnan þǣre cyrcan wearð āgoten swā on ānre
hyrnan; and sēo eorðe siþþan þe þæt wæter underfēng wearð
manegum tō bōte. Mid þām dūste wurdon āflīgde dēofla fram
mannum, þā þe on wōdnysse[7] ǣr wǣron gedrehte. Ēac swilce
160 þǣr hē fēol on þām gefeohte ofslagen men nāmon þā eorðan tō
ādligum mannum, and dydon on wæter wanhālum tō þicgenne,
and hī wurdon gehǣlede þurh þone hālgan wer. Sum weg-
farende man fērde wið þone feld; þā wearð his hors gesīcclod,
and sōna þǣr fēol wealwigende geond ðā eorðan wōdum gelī-
165 cost. Mid þām þe hit swā wealwode[8] geond þone wīdgillan feld,
þā becōm hit embe lang þǣr se cynincg Ōswold on þām gefeohte

---

[1] cyrcan L   [2] L; andsund W   [3] ofslagen L   [4] altered
from -ræste W; -reste L   [5] -lic interlined W; heofonlic L; heofon
Vit   [6] gelogode L   [7] wohnysse Vit   [8] L, Vit; wealweode W

fēoll, swā swā wē ǣr foresǣdan; and hit sōna ārās swā hit
hrepode þā stōwe, hāl eallum limum, and se hlāford þæs fæg-
node. Se ridda þā fērde forð on his weg þider hē gemynt hæfde.
þā wæs þēr ān mǣden licgende on paralisyn lange gebrocod. 170
Hē began þā tō gereccenne hū him on rāde getīmode, and mann
ferode þæt mǣden tō þēre foresǣdan stōwe. Hēo wearð þā on
slǣpe, and sōna eft āwōc ansund eallum limum fram þām
egeslican broce. Band þā hire hēafod, and blīðe hām fērde,
gangænde on fōtum, swā hēo gefyrn ǣr ne dyde. Eft siððan 175
fērde ēac sum ǣrendfæst ridda be ðǣre ylcan stōwe, and
geband on ānum clāþe of þām hālgan duste þēre dēorwurðan
stōwe, and lǣdde forð mid him þǣr hē fundode tō; þā gemētte
hē gebēoras blīðe æt þām hūse. Hē āhēng þā þæt dūst on ǣnne
hēahne post, and sæt mid þām gebēorum blissigende samod. 180
Man worhte þā micel fȳr tōmiddes ðām gebēorum, and þā
spearcan wundon wið þæs hrōfes[1] swȳðe, oð þæt þæt hūs
fǣrlīce eall on fȳre wearð, and þā gebēoras flugon āfyrhte āweg.
þæt hūs wearð ðā forburnen[2] būton þām ānum poste þe þæt
hālige dūst on āhangen wæs: se post āna ætstōd[3] ansund mid 185
þām dūste; and hī swȳðe wundrodon[4] þæs hālgan weres geearn-
unga, þæt þæt fȳr ne mihte þā moldan forbærnan. And
manega menn siððan gesōhton þone stede heora hǣle feccende,
and heora frēonda gehwilcum.

þā āsprang his hlīsa geond þās[5] land wīde, and ēac swilce tō 190
Īrlande, and ēac sūþ tō Franclande, swā swā sum mæssepreōst
be ānum men sǣde. Se preōst cwæð[6] þæt ān wer wǣre on
Īrlande gelǣred, sē ne[7] gȳmde his lāre, and hē līthwōn hogode
embe his sāwle þearfe[8] oððe his Scyppendes beboda, ac ādrēah
his līf on dyslicum weorcum, oð ðæt hē wearð geuntrumod and 195
tō ende gebrōht. þā clypode hē þone preōst þe hit cȳdde eft

---

[1] L; rofes W   [2] L; forburnon W   [3] ætstod ana L   [4] -on
from -en W; -on L   [5] þæt L   [6] sæde L   [7] ne inter-
lined W; L omits se . . . lare   [8] -e from -a W; -e L

þus, and cwæð him tō sōna mid sārlicre stemne: 'Nū ic sceall
geendian earmlicum dēaþe, and tō helle faran for fracodum
dǣdum, nū wolde ic gebētan, gif ic ābīdan mōste, and tō Gode
200 gecyrran and tō gōdum þēawum, and mīn līf āwendan eall tō
Godes willan; and ic wāt þæt ic ne eom wyrðe þæs fyrstes būton
sum hālga mē þingie tō þām Hǣlende Crīste. Nū is ūs gesǣd
þæt sum hālig cyning is on ēowrum earde, Ōswold gehāten.
Nū gif þū ǣnig þincg hæfst of þæs hālgan reliquium, syle mē,
205 ic þē bidde.' Ðā sǣde se prēost him: 'Ic hæbbe of þām stocce
þe his hēafod on stōd, and gif þū gelȳfan wylt, þū wurþest hāl
sōna.' Hwæt þā, se mæsseprēost þæs mannes ofhrēow, and scōf
on hālig wæter of þām hālgan trēowe, sealde þām ādligan of tō
sūpenne, and hē sōna gewyrpte, and syððan leofode lange on
210 worulde, and gewende tō Gode mid eallre[1] heortan and mid
hālgum weorcum; and swā hwider swā hē cōm, hē cȳdde þās
wundra. For þȳ ne sceall nān mann āwǣgan þæt hē sylfwylles
behǣt þām almihtigan Gode þonne hē ādlig bið, þē lǣs þe hē
sylf losige, gif hē ālīhð Gode þæt.

215   Nū cwæð se hālga Bēda, þe ðās bōc gedihte, þæt hit nān
wundor nys þæt se hālga cynincg untrumnysse gehǣle, nū he
on heofonum leofað, for ðan þe hē wolde gehelpan, þā þā hē
hēr on līfe wæs, þearfum and wannhālum, and him bigwiste
syllan. Nū hæfð hē þone wurðmynt on þǣre ēcan worulde mid
220 þām ælmihtigan Gode for his gōdnysse. Eft se hālga Cūðberht,
þā þā hē gīt cnapa wæs, geseah hū Godes[2] ænglas feredon
Aidanes sāwle þæs hālgan bisceopes blīðe tō heofonum tō þām
ēcan wuldre þe hē on worulde geearnode. þæs hālgan Ōswoldes
bān wurdon eft gebrōht æfter manegum gēarum tō Myrcena
225 lande intō Glēawceastre; and God þǣr geswutelode oft feala
wundra þurh þone hālgan wer. Sȳ þæs wuldor þām ælmihtigan
Gode ðe on ēcnysse rīxað[3] ā tō worulde[4]. *Amen.*

---

[1] -e *from* -a *W;* -e *L*   [2] *omitted L*   [3] *L omits* ðe . . . rixað
[4] *L adds* world

XVI

WULFSTAN'S ADDRESS TO THE ENGLISH

[From Cotton MS. Nero A. 1 in the British Museum, ff. 110 ff.]

THE sermon of the Wolf, i.e. Wulfstan, archbishop of York and bishop of Worcester, almost certainly delivered in 1014, is famous both for its vehement rhetoric and its historical interest. It gives a vivid picture of a society demoralized by Danish invasion, as the archbishop tries to rally the English at a time of great crisis. Towards the end of 1013 Swegn Forkbeard had been accepted as king over all England; after his death about Candelmas, 1014, King Ethelred was invited to return, and arrived in the spring. Whether the sermon was preached before or after that arrival, it was at a time of great anxiety about the future.

There are three versions: a short one, in Corpus Christi College, Cambridge, MS. 419 (B) of the first half of the eleventh century and in Bodley MS. 343 (H) of the late twelfth century; a longer version in Corpus Christi College, Cambridge, MS. 201 (C), a mid-eleventh-century manuscript which used a good collection of Wulfstan's writings; and a still longer version (which, however, does not include some passages in C) in Cotton Nero A. i (I) and Bodleian MS. Hatton 113 (E) of the late eleventh century. The passages in I and E only are certainly by Wulfstan; I, a manuscript of the early eleventh century, has entries in what is probably his own hand. Hence it is chosen as the basis of the text here. Yet, as Wulfstan was in the habit of continually revising his works, the few additions in E could be his own after-thoughts. They are therefore given in the textual notes, as also are readings and additions in the other versions which could come from Wulfstan. A complete collation is not given.

SERMO LUPI AD ANGLOS QUANDO DANI MAXIME PERSECUTI SUNT
EOS, QUOD FUIT ANNO MILLESIMO XIIII AB INCARNATIONE DOMINI
NOSTRI IESU CRISTI[1]

Lēofan men, gecnāwað þæt sōð is: ðēos worold is on ofste, and hit nēalǣcð þām ende, and þȳ hit is on worolde aa swā leng

For note [1] *see overleaf.*

swā wyrse, and swā hit sceal nȳde for folces synnan[1] ǣr Ante-
crīstes tōcyme yfelian swȳþe, and hūru hit wyrð þænne egeslic
5 and grimlic wīde on worolde. Understandað ēac georne þæt
dēofol þās þēode nū fela gēara dwelode tō swȳþe, and þæt
lȳtle getrēowþa wǣran mid mannum, þēah hȳ wel spǣcan, and
unrihta tō fela rīcsode on lande; and næs ā fela manna þe
smēade ymbe þā bōte swā georne swā man scolde, ac dæghwām-
10 līce man īhte yfel æfter ōðrum and unriht rǣrde and unlaga
manege ealles tō wīde gynd ealle þās þēode. And wē ēac for
þām habbað fela byrsta and bysmara gebiden, and, gif wē
ǣnige bōte gebīdan scylan, þonne mōte wē þæs tō Gode ernian
bet þonne wē ǣr þysan dydan. For þām mid miclan earnungan
15 wē geearnedan þā yrmða þe ūs on sittað, and mid swȳþe
micelan earnungan wē þā bōte mōtan æt Gode gerǣcan, gif hit
sceal heonanforð gōdiende weorðan. Lā hwæt, wē witan ful
georne þæt tō miclan bryce sceal micel bōt nȳde, and tō miclan
bryne wǣter unlȳtel, gif man þæt fȳr sceal tō āhte ācwencan;
20 and micel is nȳdþearf manna gehwilcum þæt hē Godes lage
gȳme heonanforð georne[2] and Godes gerihta mid rihte gelǣste.
On hǣþenum þēodum ne dear man forhealdan lȳtel ne micel
þæs þe gelagod is tō gedwolgoda weorðunge; and wē forhealdað
ǣghwǣr Godes gerihta ealles tō gelōme. And ne dear man
25 gewanian on hǣþenum þēodum inne ne ūte ǣnig þæra þinga
þe gedwolgodan brōht bið and tō lācum betǣht bið; and wē
habbað Godes hūs inne and ūte clǣne berȳpte[3]. And Godes
þēowas syndan mǣþe and munde gewelhwǣr bedǣlde; and[4]

---

[1] *Identical rubric in C and E, except that C has* VIIII *for* XIIII *and E*
replaces ANNO . . . CRISTI *by* IN DIES ÆÞELREDI REGIS. B *has only* LAR
SPELL, H SERMO

---

[1] *E adds* fram dæge to dæge   [2] *E adds* bet þonne he ær dyde
[3] *B and H add* ælcra gerisena (*H* gerysna)   [4] *E adds* sume men
secgað þæt

ᵹedwolgoda þēnan ne dear man misbēodan on ǣnige wīsan
mid hǣþenum lēodum, swā swā man Godes þēowum nū dēð ₃₀
tō wīde, þǣr crīstene scoldan Godes lage healdan and Godes
þēowas griðian.

Ac sōð is þæt ic secge, þearf is þǣre bōte, for þām Godes
gerihta wanedan tō lange innan þysse þēode on ǣghwylcan
ænde, and folclaga wyrsedan ealles tō swȳþe¹, and hālignessa ₃₅
syndan tō griðlēase wīde, and Godes hūs syndan tō clǣne
berȳpte ealdra gerihta and innan bestrȳpte ǣlcra gerisena²;
and wydewan syndan fornȳdde on unriht tō ceorle, and tō
mænege foryrmde and gehȳnede swȳþe; and earme men syndan
sāre beswicene and hrēowlīce besyrwde³ and ūt of þysan earde ₄₀
wīde gesealde swȳþe unforworhte fremdum tō gewealde; and
cradolcild geþēowede þurh wælhrēowe unlaga for lȳtelre
þȳfþe wīde gynd þās þēode; and frēoriht fornumene and þræl-
riht genyrwde and ælmæsriht gewanode⁴; and hrædest is tō
cweþenne, Godes laga lāðe and lāra forsawene; and þæs wē ₄₅
habbað ealle þurh Godes yrre bysmor gelōme, gecnāwe sē þe
cunne; and se byrst wyrð gemǣne, þēh man swā ne wēne,
eallre þysse þēode, būtan God beorge.

For þām hit is on ūs eallum swutol and gesēne þæt wē ǣr
þysan oftor brǣcan þonne wē bēttan, and þȳ is þysse þēode fela ₅₀
onsǣge. Ne dohte hit nū lange inne ne ūte, ac wæs here and
hunger, bryne and blōdgyte on gewelhwylcan ende oft and

---

¹ *E adds* syððan Eadgar geendode   ² *C, B, and H add* and
godcunde hadas wæron (*H* weron) nu lange swiðe forsawene (*H*
forsægene)   ³ *B and H add* ge æt freme ge æt fóstre ge æt féo ge
æt feore (*H* fóre) ealles to gelome (*H* alles to ilome)   ⁴ *C adds*
Frige men ne motan wealdan heora sylfra, ne faran þar hi willað, ne
ateon heora agen swa swa hi willað. Ne þrælas ne moton habban þæt
hi agon on agenan hwilan mid earfeðan gewunnen, ne þæt þæt heom
on Godes est gode men geuðon, and to ælmesgife for Godes lufan
sealdon. Ac æghwilc ælmesriht þe man on Godes est scolde mid rihte
georne gelæstan, ælc man gelitlað oððe forhealdeð, for þam unriht is
to wide mannum gemæne and unlaga leofe

gelōme; and ūs stalu and cwalu, strīc and steorfa, orfcwealm
and uncoþu, hōl and hete and rȳpera rēaflāc derede swȳþe
55 þearle, and ungylda swȳðe gedrehtan, and ūs unwedera foroft
wēoldan unwæstma; for þām on þysan earde wæs, swā hit
þincan mæg, nū fela gēara unrihta fela and tealte getrȳwða
æghwǣr mid mannum. Ne bearh nū foroft gesib gesibban þē
mā þe fremdan, ne fæder his bearne, ne hwīlum bearn his
60 āgenum fæder, ne brōþor ōþrum; ne ūre ǣnig his līf fadode
swā swā hē sceolde, ne gehādode regollīce, ne lǣwede lahlīce.
Ac worhtan lust ūs tō lage ealles tō gelōme, and nāþor ne
hēoldan ne lāre ne lage Godes ne manna swā swā wē scoldan.
Ne ǣnig wið ōþerne getrȳwlīce þōhte swā rihte swā hē scolde,
65 ac mǣst ǣlc swicode and ōþrum derede wordes and dǣde; and
hūru unrihtlīce[1] mǣst ǣlc ōþerne æftan hēaweþ mid sceandli-
can onscytan[2], dō māre, gif hē mæge. For þām hēr syn on
lande ungetrȳwþa micle for Gode and for worolde, and ēac hēr
syn on earde on mistlice wīsan hlāfordswican manege. And
70 ealra mǣst hlāfordswice sē bið on worolde þæt man his hlā-
fordes sāule beswīce; and ful micel hlāfordswice ēac bið on
worolde þæt man his hlāford of līfe forrǣde[3], oððon of lande
lifiendne drīfe; and ǣgþer is geworden on þysan earde: Ēad-
weard man forrǣdde and syððan ācwealde and æfter þām for-
75 bærnde [and Æþelred man drǣfde ūt of his earde][4]. And god-
sibbas and godbearn tō fela man forspilde wīde gynd þās
þēode[5]; and ealles tō mænege hālige stōwa wīde forwurdan
þurh þæt þe man sume men ǣr þām gelōgode, swā man nā ne
scolde, gif man on Godes grið mǣþe witan wolde; and crīstenes
80 folces tō fela man gesealde ūt of þysan earde nū ealle hwīle;
and eal þæt is Gode lāð, gelȳfe sē þe wille. And scandlic is tō

---

[1] C adds 7 unþegenlice   [2] E adds 7 mid wrohtlacan   [3] on
life beswice B, H   [4] and Æþelred . . . earde from B, H; omitted
C, I, E   [5] E adds toeacan oðran ealles to manegan þe man unscyl-
dige fórfór ealles to wide. This was also in the margin of I in the hand
which may be Wulfstan's, but has been partly cut by the binder.

specenne þæt geworden is tō wīde, and egeslic is tō witanne
þæt oft dōð tō manege, þe drēogað þā yrmþe, þæt scēotað
tōgædere and āne cwenan gemǣnum cēape bicgað gemǣne, and
wið þā āne fȳlþe ādrēogað, ān æfter ānum, and ǣlc æfter ōðrum, 85
hundum gelīccast, þe for fȳlþe ne scrīfað, and syððan wið
weorðe syllað of lande fēondum tō gewealde Godes gesceafte
and his āgenne cēap, þe hē dēore gebohte. Ēac wē witan georne
hwǣr sēo yrmð gewearð þæt fæder gesealde bearn wið weorþe,
and bearn his mōdor, and brōþor sealde ōþerne frcmdum tō 90
gewealde[1]; and eal þæt syndan micle and egeslice dǣda, under-
stande sē þe wille. And gȳt hit is mǣre and ēac mænigfealdre
þæt dereð þysse þēode: mænige synd forsworene and swȳþe
forlogene, and wed synd tōbrocene oft and gelōme; and þæt
is gesȳne on þysse þēode þæt ūs Godes yrre hetelīce on sit, 95
gecnāwe sē þe cunne.

   And lā, hū mæg mǣre scamu þurh Godes yrre mannum
gelimpan þonne ūs dēð gelōme for āgenum gewyrhtum? Ðēh
þrǣla hwylc hlāforde æthlēape and of crīstendōme tō wīcinge
weorþe, and hit æfter þām eft geweorþe þæt wǣpngewrixl weorðe 100
gemǣne þegene and þrǣle, gif þrǣl þæne þegen fullīce āfylle,
licge ǣgylde ealre his mǣgðe; and, gif se þegen þæne þrǣl þe
hē ǣr āhte fullīce āfylle, gylde þegengylde. Ful earhlice laga
and scandlice nȳdgyld þurh Godes yrre ūs syn gemǣne, under-
stande sē þe cunne; and fela ungelimpa gelimpð þysse þēode 105
oft and gelōme. Ne dohte hit nū lange inne ne ūte, ac wæs here
and hete on gewelhwilcan ende oft and gelōme, and Engle nū
lange eal sigelēase and tō swȳþe geyrigde þurh Godes yrre;
and flotmen swā strange þurh Godes þafunge þæt oft on
gefeohte ān fēseð tȳne[2], and hwīlum lǣs, hwīlum mā, eal for 110
ūrum synnum. And oft tȳne oððe twelfe, ǣlc æfter ōþrum,
scendað[3] tō bysmore[4] þæs þegenes cwenan, and hwīlum his

---

   [1] *E adds* ut of ðisse þeode   [2] *C adds* and twegen oft twentig
C adds and tawiað   [4] *C adds* micclum

dōhtor oððe nȳdmāgan, þær hē on lōcað, þe lǣt hine sylfne
rancne and rīcne and genōh gōdne ǣr þæt gewurde. And oft
115 þrǣl þæne þegen þe ǣr wæs his hlāford cnyt swȳþe fæste and
wyrcð him tō þrǣle þurh Godes yrre. Wālā þǣre yrmðe and
wālā þǣre woroldscame þe nū habbað Engle, eal þurh Godes
yrre! Oft twēgen sǣmen, oððe þrȳ hwīlum, drīfað þā drāfe
crīstenra manna fram sǣ tō sǣ, ūt þurh þās þēode, gewelede
120 tōgædere, ūs eallum tō woroldscame, gif wē on eornost ǣnige
cūþon[1] āriht understandan; ac ealne þæne bysmor þe wē oft
þoliað wē gyldað mid weorðscipe þām þe ūs scendað: wē him
gyldað singāllīce, and hȳ ūs hȳnað dæghwāmlīce; hȳ hergiað
and hȳ bærnað[2], rȳpað and rēafiað and tō scipe lǣdað; and lā,
125 hwæt is ǣnig ōðer on eallum þām gelimpum būtan Godes
yrre ofer þās þēode swutol and gesǣne?

Nis ēac nān wundor þēah ūs mislimpe, for þām wē witan ful
georne þæt nū fela gēara mænn nā ne rōhtan foroft hwæt hȳ
worhtan wordes oððe dǣde: ac wearð þes þēodscipe, swā hit
130 þincan mæg, swȳþe forsyngod þurh mænigfealde synna and
þurh fela misdǣda: þurh morðdǣda and þurh māndǣda, þurh
gītsunga and þurh gīfernessa, þurh stala and þurh strūdunga,
þurh mannsylena and þurh hǣþene unsida, þurh swicdōmas
and þurh searacræftas, þurh lahbrycas and þurh ǣswicas, þurh
135 mǣgrǣsas and þurh manslyhtas, þurh hādbrycas and þurh
ǣwbrycas, þurh siblegeru and þurh mistlice forligru. And ēac
syndan wīde, swā wē ǣr cwǣdan, þurh āðbricas and þurh
wedbrycas and þurh mistlice lēasunga forloren and forlogen
mā þonne scolde; and frēolsbricas and fæstenbrycas wīde
140 geworhte oft and gelōme. And ēac hēr syn on earde[3] apostatan
ābroþene and cyrichatan hetole and lēodhatan grimme ealles

---

[1] *E adds* oððon we woldan, *C adds* oððe á woldan   [2] hy
bærnað: heawað, bændað and bismriað *C*   [3] *C adds* á Godes
wiðersacan, *B and H replace* apostatan abroþene *by* Godes wiðersa-
can

tō manege, and oferhogan wīde godcundra rihtlaga and crīstenra
þēawa, and hōcorwyrde dysige æghwǣr on þēode oftost on þā
þing þe Godes bodan bēodaþ, and swȳþost on þā þing þe ǣfre[1]
tō Godes lage gebyriað mid rihte. And þȳ is nū geworden wīde 145
and sīde tō ful yfelan gewunan þæt menn swȳþor scamað nū for
gōddǣdan þonne for misdǣdan, for þām tō oft man mid hōcere
gōddǣda hyrweð and godfyrhte lehtreð ealles tō swȳþe, and
swȳþost man tǣleð and mid olle gegrēteð ealles tō gelōme þā
þe riht lufiað and Godes ege habbað[2] be ǣnigum dǣlc. And 150
þurh þæt þe man swā dēð þæt man eal hyrweð þæt man scolde
heregian and tō forð lāðet þæt man scolde lufian, þurh þæt man
gebringeð ealles tō manege on yfelan geþance and on undǣde,
swā þæt hȳ ne scamað nā, þēh hȳ syngian swȳðe and wið God
sylfne forwyrcan hȳ mid ealle, ac for īdelan onscytan hȳ 155
scamað þæt hȳ bētan heora misdǣda swā swā bēc tǣcan, gelīce
þām dwǣsan þe for heora prȳtan lēwe nellað beorgan ǣr hȳ
nā ne magan, þēh hȳ eal willan.

Hēr syndan þurh synlēawa, swā hit þincan mæg, sāre gelē-
wede tō manege on earde. Hēr syndan[3] mannslagan and mǣg- 160
slagan and mæsserbanan[4] and mynsterhatan[5], and hēr syndan
mānsworan and morþorwyrhtan[6], and hēr syndan myltestran
and bearnmyrðran and fūle forlegene hōringas manege, and
hēr syndan wiccan and wælcyrian, and hēr syndan rȳperas and
rēaferas and worolstrūderas[7], and, hrǣdest is tō cweþenne, 165
māna and misdǣda ungerīm ealra. And þæs ūs ne scamað nā,
ac[8] ūs scamað swȳþe þæt wē bōte āginnan swā swā bēc tǣcan,
and þæt is gesȳne on þysse earman forsyngodan þēode. Ēalā,
micel magan manege gȳt hērtōēacan ēaþe beþencan þæs þe ān

---

[1] geornost E; swiðost C, B, and H   [2] C adds and syndǣda
eargiað   [3] E adds swa we ær sædon   [4] sacerdbanan E
[5] E adds and hlafordswican and æbere apostatan   [6] E adds and
her syndan hadbrecan and æwbrecan and ðurh siblegeru and ðurh
mistlice forligeru forsyngode swyðe   [7] E adds and ðeofas and
þeodscaðan and wedlogan and wærlogan   [8] E adds þæs

170 man ne mehte on hrædinge¹ āsmēagan, hū earmlīce hit gefaren
is nū ealle hwīle wīde gynd þās þēode². And smēage hūru
georne gehwā hine sylfne and þæs nā ne latige ealles tō lange.
Ac lā, on Godes naman, utan dōn swā ūs nēod is, beorgan ūs
sylfum swā wē geornost magan, þē lǣs wē ætgædere ealle
175 forweorðan.

Ān þēodwita wæs on Brytta tīdum, Gildas hātte, sē āwrāt be
heora misdǣdum, hū hȳ mid heora synnum swā oferlīce swȳþe
God gegrǣmedan þæt hē lēt æt nȳhstan Engla here heora eard
gewinnan and Brytta dugeþe fordōn mid ealle. And þæt wæs
180 geworden, þæs þe hē sǣde³, þurh rīcra rēaflāc and þurh gītsunge
wōhgestrēona, þurh lēode unlaga and þurh wōhdōmas, þurh
biscopa āsolcennesse⁴ and þurh lȳðre yrhðe Godes bydela, þe
sōþes geswugedan ealles tō gelōme and clumedan mid ceaflum
þǣr hȳ scoldan clypian. þurh fūlne ēac folces gǣlsan and þurh
185 oferfylla and mænigfealde synna heora eard hȳ forworhtan and
selfe hȳ forwurdan. Ac wutan dōn swā ūs þearf is, warnian ūs
be swilcan; and sōþ is þæt ic secge, wyrsan dǣda wē witan mid
Englum⁵ þonne wē mid Bryttan āhwār gehȳrdan; and þȳ ūs is
þearf micel þæt wē ūs beþencan and wið God sylfne þingian
190 georne. And utan dōn swā ūs þearf is, gebūgan tō rihte, and be
suman dǣle unriht⁶ forlǣtan, and bētan swȳþe georne þæt wē
ǣr brǣcan⁷; and utan God lufian and Godes lagum fylgean,
and gelǣstan swȳþe georne þæt þæt wē behētan þā wē fulluht
underfēngan, oððon þā þe æt fulluhte ūre forespecan wǣran;
195 and utan word and weorc rihtlīce fadian, and ūre ingeþanc
clǣnsian georne, and āð and wed wǣrlīce healdan, and sume
getrȳwða habban ūs betwēonan būtan uncræftan; and utan

¹ an man . . . on hrædinge: ic ana on rædinge ne mehte fullice C
² wide gynd þas þeode: innan þisse earman forsingodre þeode C
³ E adds þurh gelæredra regolbryce and ðurh læwedra lahbryce   ⁴ E
adds and unsnotornesse   ⁵ E adds sume gewordene   ⁶ C adds
ascunian and   ⁷ C adds Uton creopan to Criste and bifigendre
heortan clipian gelome and geearnian his mildse

gelōme understandan þone miclan dōm þe wē ealle tō sculon, and beorgan ūs georne wið þone weallendan bryne helle wītes, and geearnian ūs þā mǣrþa and þā myrhða þe God hæfð 200 gegearwod þām þe his willan on worolde gewyrcað. God ūre helpe. *Amen.*

XVII

THE MARTYRDOM OF ÆLFHEAH

[*From Cotton MS. Tiberius B. i of the Anglo-Saxon Chronicle*]

THIS is a specimen of the excellent prose in which the reign of Ethelred the Unready is recorded. In contrast to the early parts of the Chronicle, this section lets one glimpse the writer's own emotions. The passage also gives support to some of Wulfstan's complaints in No. XVI.

By this time, the B manuscript of the Chronicle has ended, and A has ceased to be kept up. There remain, besides C, which is the text printed here, D, E, and F, all of which go back on a common exemplar. See p. 1 above. Important variants are given in the textual notes.

1011. Hēr on þissum gēare sende se cyning and his witan tō ðām here, and gyrndon friðes, and him gafol and metsunge behēton wið þām ðe hī hiora hergunge geswican.

Hī hæfdon þā ofergān .i. Ēastengle and .ii. Ēastsexe and
5 .iii. Middelsexe and .iiii. Oxenafordscīre and .v. Grantabric-scīre¹ and .vi. Heortfordscīre and .vii. Buccingahamscīre and .viii. Bedefordscīre and .ix. healfe Huntadūnscīre and .x. micel on Hāmtūnscīre², and be sūþan Temese ealle Kentingas and Sūðsexe and Hæstingas³ and Sūðrige and Bearrocscīre and
10 Hamtūnscīre and micel on Wiltūnscīre.

Ealle þās ungesǣlða ūs gelumpon þuruh unrǣdas, þæt man nolde him ā tīman⁴ gafol bēodan⁵ oþþe wið gefeohtan⁶: ac þonne hī mǣst tō yfele gedōn hæfdon, þonne nam mon frið and grið wið hī. And nā þē lǣs for eallum þissum griðe and gafole

---

¹ Grantabrycgescire *E*, Grantabricga *D*   ² *This tenth item is omitted in E and F; in C the* x *is interlined, misplaced after* micel; *in D* x *occurs after* Hamtunscire   ³ *D, E, F:* Hæsting' *C*   ⁴ to timan *E*   ⁵ beodon *C*   ⁶ *The last three words omitted D, E, F*

hī ferdon ǣghweder flocmǣlum, and heregodon ūre earme folc, 15
and hī rȳpton and slōgon.

And þā on ðissum gēare, betweox *Natiuitas Sanctæ Marīæ*
and Sancte Michaēles mæssan, hī ymbsǣton Cantwareburuh,
and hī þǣrintō[1] cōman þuruh syruwrencas, for ðan Ǣlmǣr[2] hī
becyrde, þe se arcebisceop Ǣlfēah ǣr generede æt[3] his life. 20
And hī þǣr ðā genāman þone arcebisceop Ǣlfēah, and Ǣlf-
weard cynges gerēfan, and Lēofrūne[4] abbudissan[5], and God-
wine bisceop. And Ǣlfmǣr abbod hī lēton[6] āweg. And hī ðǣr
genāmon inne ealle þā gehādodan men, and weras and wīf—þæt
wæs unāsecgendlic ǣnigum men hū micel þæs folces wæs—and 25
on þǣre byrig syþþan wǣron swā lange swā hī woldon. And þā
hī[7] hæfdon þā buruh ealle āsmēade, wendon him þā tō scypan,
and lǣddon þone arcebisceop mid him.

Wæs ðā rǣpling, sē ðe ǣr wæs hēafod Angelkynnes and
Crīstendōmes. þǣr man mihte ðā gesēon yrmðe þǣr man oft 30
ǣr geseah blisse, on þǣre earman byrig, þanon ūs[8] cōm ǣrest
Crīstendōm and blis for Gode and for worolde.

And hī hæfdon þone arcebisceop mid him swā lange oð
þǣne tīman þe hī hine gemartiredon.

1012. Hēr on þissum gēare cōm Ēadrīc ealdormann and ealle 35
þā yldestan witan gehādode and lǣwede Angelcynnes tō Lun-
denbyrig tōforan þām Ēastron (þā wæs Ēasterdæg on ðām
datarum Idus Aprilis), and hī ðǣr þā swā lange wǣron oþ þæt
gafol eal gelǣst wæs ofer ðā Ēastron: þæt wæs ehta and
fēowertig þūsend punda[9]. Ðā on þǣne Sæternesdæg wearð þā 40
se here swȳðe āstyred angēan þone bisceop, for þām ðe hē
nolde him nān feoh behātan[10], ac hē forbēad þæt man nān þing
wið him syllan ne mōste; wǣron hī ēac swȳþe druncene, for

---

[1] D, E; þær *omitted* C   [2] ælfmær D, E   [3] æt *omitted* D, E
[4] C, D: leofwine E   [5] abbt. C, D; abb. E   [6] læton D, lætan
E, farleton F   [7] D, E; hi ða C   [8] *omitted* C   [9] uiiii
þusend punda E, F   [10] F; behaten C, D, E

ðām þǣr wæs brōht wīn sūðan. Genāmon þā ðone bisceop,
45 lǣddon hine tō hiora hūstinge on ðone Sunnanǣfen *Octabas*
Pasce (þā wæs XIII *kl. mai*)[1] and hine þǣr ðā bysmorlīce ācwylm-
don[2], oftorfedon mid bānum and mid hrȳþera hēafdum. And
slōh hine ðā ān hiora mid ānre æxe ȳre[3] on ðæt hēafod, þæt
mid þām dynte hē nyþer āsāh, and his hālige blōd on þā eorðan
50 fēol, and his hāligan sāwle tō Godes rīce āsende. And mon þone
līchaman on mergen ferode tō Lundene, and þā bisceopas
Ēadnōþ and Ælhūn[4] and sēo buruhwaru hine underfēngon
mid ealre ārwurðnysse and hine bebyrigdon on Sancte Pāules
mynstre; and þǣr nū God sutelað þæs hālgan martires mihta.
55 Ðā þæt gafol gelǣst wæs and friðāþas āsworene wǣron, þā
tōferde se here wīde swā hē ǣr gegaderod wæs. Ðā bugon tō
þām cynge of ðām here fīf and fēowertig scypa, and him behē-
ton þæt hī woldon þysne eard healdan, and hē hī fēdan sceolde
and scrȳdan[5].

---

[1] *This clause omitted E, F*   [2] *These last two words omitted E, F*
[3] eaxe ere *D*   [4] *C, D;* ælfhun *E, F*   [5] *D, E;* scrydon *C*

XVIII

EUSTACE AT DOVER, AND THE OUTLAWRY OF GODWINE

[*From the Bodleian MS. Laud Misc. 636 of the Anglo-Saxon Chronicle*]

IN the eleventh century the manuscripts of the Anglo-Saxon Chronicle (see p. 1 above) are sometimes independent of one another, and the following account of the great crisis which began in 1051 (wrongly dated 1048 in E, 1050 in F) survives in full only in E, a copy made at Peterborough in the early twelfth century, although F, a bi-lingual Latin and English version written at Canterbury about 1100, has it in an abbreviated form. The account was written at St. Augustine's abbey, Canterbury, by a man of Godwinist sympathies. A somewhat different account of these events is contained in D, which was probably written in York, whereas C, from Abingdon, which is usually anti-Godwine, contents itself with a brief mention of the exile of him and his sons. The twelfth-century copyist has on the whole kept closely to the late West-Saxon literary language, but later linguistic developments are seen in some forms (see p. 258 below).

1048 (*for* 1051). . . . And cōm þā Eustatius fram geondan sǣ sōna æfter þām biscop, and gewende tō ðām cynge, and spæc wið hine þæt þæt hē þā wolde, and gewende þā hāmweard. þā hē cōm tō Cantwarbyrig east, þā snǣdde hē þǣr and his menn, and tō Dofran gewende. þā hē wæs sume mīla oððe māre beheonan Dofran, þā dyde hē on his byrnan and his geferan ealle, and fōran tō Dofran. þā hī þider cōmon, þā woldon hī innian hī þǣr heom sylfan gelīcode. þā cōm ān his manna and wolde wīcian æt ānes būndan hūse his unðances, and gewundode þone hūsbūndon, and se hūsbūnda ofslōh þone ōðerne. Ðā wearð Eustatius uppon his horse and his geferan[1] uppon heora, and fērdon tō þām hūsbūndon and ofslōgon hine

---

[1] gefeoran

binnan his āgenan heorðæ; and wendon him þā up tō þǣre
burge weard, and ofslōgon ǣgðer ge wiðinnan ge wiðūtan mā
15 þanne xx manna. And þā burhmenn ofslōgon xix menn on
ōðre healfe and gewundoden þæt hī nystan hū fela. And
Eustatius ætbǣrst mid fēawum mannum, and gewende ongēan
tō þām cynge, and cȳdde be dǣle hū hī gefaren hæfdon. And
wearð[1] se cyng swiþe gram wið þā burhware. And ofsǣnde se
20 cyng Godwine eorl and bæd hine faran intō Cent mid unfriða
tō Dofran; for þan Eustatius hæfde gecȳdd þām cynge þet hit
sceolde bēon māre gylt þǣre burhwaru þonne his; ac hit næs
nā swā. And se eorl nolde nā geðwǣrian þǣre infare, for þan
him wæs lāð tō āmyrrene his āgenne folgað.

25 Ðā sende se cyng æfter eallon his witan, and bēad heom
cuman tō Glēaweceastre nēh þǣre æftre Sancta Marīa mæssan.
þā hæfdon þā wēlisce menn gewroht ǣnne castel on Hereford-
scīre on Swegenes eorles folgoðe, and wrohten ǣlc þǣra harme
and bismere þæs cynges mannan þǣr ābūtan þe hī mihton. Ðā
30 cōm Godwine eorl and Swegen eorl and Harold eorl tōgædere
æt Byferesstāne, and manig mann mid heom, tō ðon þæt hī
woldon faran tō heora cynehlāforde, and tō þām witan eallon
þe mid him gegaderode wǣron, þæt hī þæs cynges rǣd hæfdon
and his fultum and ealra witena, hū hī mihton þæs cynges
35 bismer āwrecan and ealles þēodscipes. Ðā wǣron þā wēlisce
menn ætforan[2] mid þām cynge, and forwrēgdon ðā eorlas, þæt
hī ne mōston cuman on his ēagon gesihðe; for ðan hī sǣdon
þæt hī woldon cuman þider for þes cynges swicdōme. Wæs
þǣr cuman Sīward eorl and Lēofrīc eorl and mycel folc mid
40 heom norþan tō þām cynge; and wæs þām eorle Godwine and
his sunan gecȳdd þæt se cyng and þā menn þe mid him wǣron
woldon rǣdon on hī. Ond hī trymedon hī fæstlīce ongēan, þǣh
him lāð wǣre þæt hī ongēan heora cynehlāford standan sceol-
dan. Ðā gerǣdden þā witan on ǣgðer halfe þæt man ðā ælces

---

[1] weard.   [2] *from* tæt foran

yfeles geswāc; and geaf se cyng Godes grið and his fulne 45
frēondscipe on ǣgðre healfe.

Ðā gerǣdde se cyning and his witan þæt man sceolde ōðre
sīðe[1] habban ealra gewitena[2] gemōt on Lundene tō hærfestes
emnihte; and hēt se cyning bannan ūt here, ǣgðer ge be sūðan
Temese ge be norðan, eall þæt ǣfre betst wæs. Ðā cwæð man 50
Swegen eorl ūtlah, and stefnode man Godwine eorle and
Harolde eorle tō þon gemōte swā raðe swā hī hit gefaran
mihton. þā hī þider ūt cōmon, þā stefnede heom man tð
gemōte. þā gyrnde hē griðes and gīsla, þet hē mōste unswican
in tō gemōte cuman and ūt of gemōte. Ðā gyrnde se cyng ealra 55
þǣra þegna þe þā eorlas ǣr hæfdon; and hī lētan hī ealle him
tō handa. þā sende se cyng eft tō heom and bēad heom þæt hī
cōmen mid xii mannum intō þæs cynges rǣde. þā geornde se
eorl eft griðes and gīsla, þæt hē mōste hine betellan æt ǣlc
þǣra þinga þe him man on lēde. þā wyrnde him mann ðēra 60
gīsla, and scēawede him mann v nihta grið ūt of lande tō
farenne. And gewende þā Godwine eorl and Swegen eorl tō
Bōsenhām and scufon ūt heora scipu, and gewendon heom
begeondan sǣ, and gesōhton Baldewines grið, and wunodon
þǣr ealne þone winter. And Harold eorl gewende west tō 65
Ȳrlande, and wæs þǣr ealne þone winter on þes cynges griðe.
And sōna þæs þe þis wæs, þā forlēt se cyng þā hlǣfdīan sēo wæs
gehālgod him tō cwēne, and lēt niman of hire eall þæt hēo
āhte on lande and on golde and on seolfre and on eallon
þingon, and betǣhte hȳ his swyster tō Hwerwillon. 70

[1] syðan   [2] *This unusual form is in F also*

II. POETRY

XIX
CHARMS

spell → *incantation.* [handwritten]

METRICAL charms are a very old form of poetry, a few even bearing witness of heathen origin. Generally, heathen references have been eradicated and replaced with Christian ones. Most charms have been preserved along with medical prescriptions, sometimes from classical sources, the two principal manuscripts being the mid-tenth-century Royal MS. 12. D. xvii and the early-eleventh-century Harley MS. 585, both in the British Museum. A few are found elsewhere, including some entered into the margin of the Old English Bede in the Corpus Christi College, Cambridge, MS. 41, in the mid eleventh century.

Library. [handwritten]

A

[From Corpus Christi College, Cambridge, MS. 41, p. 182]

Wiþ ymbe.　Nim eorþan, oferweorp mid þīnre swīþran handa
　　under þīnum swīþran fēt, and cweð[1]:
'Fō ic under fōt;　funde ic hit.
Hwæt, eorðe mæg　wið ealra wihta gehwilce,
and wið andan,　and wið ǣminde, 　　　　　　5
and wið þā micelan　mannes tungan.'
And siððon[2] forweorp ofer grēot, þonne hī swirman, and cweð:
'Sitte gē, sigewīf,　sīgað tō eorþan!
nǣfre gē wilde　tō wuda flēogan!
bēo gē swā gemindige　mīnes gōdes 　　　　　　10
swā bið manna gehwilc　metes and ēþeles!'

B

[Harley MS. 585 ff. 175 ff.]

Wið fǣrstice.　Feferfūge[3] and sēo rēade netele, ðe þurh ærn
　　inwyxð, and wegbrāde; wyll in buteran.

---

　　　[1] cwet　　　　[2] wið on　　　[3] feferfuige

Hlūde wǣran hȳ, lā hlūde,   ðā hȳ ofer þone hlǣw ridan,
wǣran ānmōde,   ðā hȳ ofer land ridan.
Scyld ðū ðē nū,   [þæt]¹ þū ðysne nīð genesan mōte!   5
Ūt, lȳtel spere,   gif hērinne sīe!
Stōd under linde,   under lēohtum scylde,
þǣr ðā mihtigan wīf   hyra mægen berǣddon
and hȳ gyllende   gāras sǣndan.
Ic him ōðerne   eft wille sǣndan   10
flēogende flān²   forane tōgēanes:
ūt, lȳtel spere,   gif hit hērinne sȳ!
Sæt smið,   slōh seax lȳtel
* * * īserne³ wund swīðe:
ūt, lȳtel spere,   gif hērinne sȳ!   15
Syx smiðas sǣtan,   wælspera worhtan:
ūt, spere;   næs in, spere!
gif hērinne sȳ   īsenes dǣl,
hægtessan geweorc,   hit sceal gemyltan!
Gif ðū wǣre on fell scoten,   oððe wǣre on flǣsc scoten,   20
oððe wǣre on blōd scoten,   [oððe wǣre on bān scoten]⁴,   21
oððe wǣre on lið scoten,   nǣfre ne sȳ ðīn līf ātǣsed!   22
Gif hit wǣre ēsa gescot,   oððe hit wǣre ylfa gescot,   23
oððe hit wǣre hægtessan gescot,   nū ic wille ðīn helpan: 24
þis ðē tō bōte ēsa gescotes,   ðis ðē tō bōte ylfa gescotes,   25
ðis ðē tō bōte hægtessan gescotes: ic ðīn wille helpan.   26
Flēoh⁵ þǣr⁶ * * *   on fyrgenhēafde⁷;   27
hāl westū!   helpe ðīn Drihten!   28
Nim þonne þæt seax, ādō on wǣtan.   29

¹ þ *seems to have been erased*   ² flañ   ³ iserna   ⁴ *supplied*
by Grimm   ⁵ fled   ⁶ þr̄   ⁷ fyrgen hæfde

XX

BEOWULF AND GRENDEL'S MOTHER

[From Cotton MS. Vitellius A. xv (see pp. 260 f. below),
ff. 160ᵛ ff.]

THE narrative of Beowulf's fight with the female monster is one of the
most vivid parts of the poem and includes an impressive description
of the haunted mere. The poet's Christian intention is shown by the
unequivocal claim that Beowulf owed his victory over Grendel to his
faith in God.

The argument of the preceding part of the poem is briefly this:
Hroðgar, king of the Danes, elated with his prosperity and success in
war, builds a magnificent hall, which he calls Heorot. In it he and his
retainers live in joy and festivity until a malignant fiend called Grendel,
envious of their happiness, attacks by night and carries off and devours
thirty men. These ravages go on for twelve years. Beowulf, a thegn of
Hygelac, king of the Geats, hearing of Hroðgar's calamities, sails from
Sweden with fourteen warriors. They are well received by Hroðgar,
who at nightfall leaves Beowulf in charge of the hall. Grendel breaks
in, seizes and devours one of Beowulf's men, is attacked by him, and,
after Beowulf has torn off his arm, escapes to die in his fenland retreat.
After rejoicing, the company retires to rest. Here the present piece
begins.

The unique manuscript was damaged at the edges by the fire of
1731, and for some letters and words we are dependent on transcripts
made by or for the first editor, Thorkelin, before the edges had
crumbled so much.

XVIIII. Sigon þā tō slǣpe.   Sum sāre angeald   *1251*
        ǣfenrǣste,   swā him ful oft gelamp,
        siþðan goldsele   Grendel warode,
        unriht ǣfnde,   oþ þæt ende becwōm,
        swylt æfter synnum.   þæt gesȳne wearþ,   5
        wīdcūþ werum,   þætte wrecend þā gȳt
        lifde æfter lāþum,   lange þrāge,
        æfter gūðceare: Grendles mōdor,

ides āglǣcwīf,   yrmþe gemunde,
sē þe wæteregesan   wunian scolde,   10
cealde strēamas,   siþðan Cāin¹ wearð   1261
tō ecgbanan   āngan brēþer,
fæderenmǣge;   hē þā fāg gewāt,
morþre gemearcod   mandrēam flēon,
wēsten warode.   þanon wōc fela   15
geōsceaftgāsta;   wæs þǣra Grendel sum,
heorowearh hetelic,   sē æt Heorote fand
wæccendne wer   wīges bīdan.
þǣr him āglǣca   ætgrǣpe wearð;
hwæþre hē gemunde   mægenes strenge,   20
ginfæste² gife,   ðe him God sealde,   1271
and him tō Anwaldan   āre gelȳfde,
frōfre and fultum;   ðȳ hē þone fēond ofercwōm,
gehnǣgde helle gāst.   þā hē hēan gewāt
drēame bedǣled   dēaþwīc sēon,   25
mancynnes fēond;   ond his mōdor þā gȳt
gīfre and galgmōd   gegān wolde
sorhfulne sīð,   suna dēað³ wrecan.
    Cōm þā tō Heorote,   ðǣr Hring-Dene
geond þæt sæld⁴ swǣfun.   þā ðǣr sōna wearð   30
edhwyrft eorlum,   siþðan inne fealh   1281
Grendles mōdor;   wæs se gryre lǣssa
efne swā micle   swā bið mægþa cræft,
wīggryre wīfes   be wǣpnedmen,
þonne heoru bunden,   hamere geþuren,   35
sweord swāte fāh   swīn ofer helme
ecgum dyhtig   andweard scireð.
þā wæs on healle   heardecg togen,
sweord ofer setlum,   sīdrand manig
hafen handa fæst;   helm ne gemunde,   40

¹ camp   ² gimfæste   ³ sunu þeod   ⁴ d *added later*

byrnan sīde,   þe¹ hine se brōga angeat.   *1291*
Hēo wæs on ofste,   wolde ūt þanon
fēore beorgan,   þā hēo onfunden wæs.
Hraðe hēo æþelinga   ānne hæfde
fæste befangen,   þā hēo tō fenne gang.   45
Sē wæs Hrōþgāre   hæleþa lēofost
on gesīðes hād   be sǣm twēonum,
rīce randwiga,   þone ðe hēo on ræste ābrēat,
blǣdfæstne beorn.   Næs Bēowulf ðǣr,
ac wæs ōþer in   ǣr geteohhod   50
æfter māþðumgife   mǣrum Gēate.   *1301*
Hrēam wearð in Heorote.   Hēo under heolfre genam
cūþe folme;   cearu wæs genīwod,
geworden in wīcun: ne wæs þæt gewrixle til,
þæt hīe on bā healfa   bicgan scoldon   55
frēonda fēorum.   Þā wæs frōd cyning,
hār hilderinc,   on hrēon mōde,
syðþan hē aldorþegn   unlyfigendne,
þone dēorestan   dēadne wisse.

  Hraþe wæs tō būre   Bēowulf fetod,   60
sigorēadig secg.   Samod ǣrdæge   *1311*
ēode eorla sum,   æþele cempa
self mid gesīðum,   þǣr se snotera bād,
hwæþre him Alwalda²   ǣfre wille
æfter wēaspelle   wyrpe gefremman.   65
Gang ðā æfter flōre   fyrdwyrðe man
mid his handscale   (healwudu dynede)
þæt hē þone wīsan   wordum nǣgde³
frēan Ingwina: frægn gif him wǣre
æfter nēodlaðu[m]   niht getǣse.   70

XX.   Hrōðgār maþelode,   helm Scyldinga: *1321*
          ¹ þa   ² alfwalda   ³ hnægde

'Ne frīn þū æfter sǣlum!   Sorh is genīwod
Denigea lēodum.   Dēad is Æschere,
Yrmenlāfes   yldra brōþor,
mīn rūnwita   and mīn rǣdbora,   75
eaxlgestealla,   ðonne wē on orlege
hafelan weredon,   þonne hniton fēþan,
eoferas cnysedan;   swy[lc] scolde eorl wesan,
[æðeling] ǣrgōd,   swylc Æschere wæs!
Wearð him on Heorote   tō handbanan   80
wælgǣst wǣfre;   ic ne wāt hwæder[1]   1331
atol ǣse wlanc   eftsīðas tēah,
fylle gefǣgnod[2].   Hēo þā fǣhðe wræc,
þe þū gystranniht   Grendel cwealdest
þurh hǣstne hād   heardum clammum,   85
for þan hē tō lange   lēode mīne
wanode and wyrde.   Hē æt wīge gecrang
ealdres scyldig,   and nū ōþer cwōm
mihtig mānscaða,   wolde hyre mǣg wrecan,
ge feor hafað   fǣhðe gestǣled,   90
þæs þe þincean mæg   þegne monegum   1341
sē þe æfter sincgyfan   on sefan grēoteþ,
hreþerbealo hearde;   nū sēo hand ligeð
sēo[3] þe ēow welhwylcra   wilna dohte.

'Ic þæt londbūend,   lēode mīne,   95
selerǣdende   secgan hȳrde,
þæt hīe gesāwon   swylce twēgen
micle mearcstapan   mōras healdan,
ellorgǣstas: ðǣra ōðer wæs,
þæs þe hīe gewislīcost   gewitan meahton,   100
idese onlīcnæs;   ōðer earmsceapen   1351
on weres wæstmum   wræclāstas træd,
nefne[4] hē wæs māra   þonne ǣnig man ōðer;

---

[1] hwæþer   [2] gefrægnod   [3] se   [4] næfne

þone on geārdagum   Grendel nemdo[n]
foldbūende;   nō hīe fæder cunnon,   105
hwæþer him ǣnig wæs   ǣr ācenned
dyrnra gāsta.   Hīe dȳgel lond
warigeað, wulfhleoþu,   windige næssas,
frēcne fengelād,   ðǣr fyrgenstrēam
under næssa genipu   niþer gewīteð,   110
flōd under foldan.   Nis þæt feor heonon   *1361*
mīlgemearces,   þæt se mere standeð[1],
ofer þǣm hongiað   hrīnde bearwas,
wudu wyrtum fæst,   wæter oferhelmað.
þǣr mæg nihta gehwǣm   nīðwundor sēon,   115
fȳr on flōde.   Nō þæs frōd leofað
gumena bearna   þæt þone grund wite.
Ðēah þe hǣðstapa   hundum geswenced,
heorot hornum trum   holtwudu sēce,
feorran geflȳmed,   ǣr hē feorh seleð,   120
aldor on ōfre,   ǣr hē in wille,   *1371*
hafelan [hȳdan].   Nis þæt hēoru stōw!
þonon ȳðgeblond   up āstīgeð
won tō wolcnum,   þonne wind styreþ
lāð gewidru,   oð þæt lyft drysmaþ,   125
roderas rēotað.   Nū is se rǣd gelang
eft æt þē ānum.   Eard gīt ne const,
frēcne stōwe,   ðǣr þū findan miht
sinnigne[2] secg: sēc, gif þū dyrre!
Ic þē þā fǣhðe   fēo lēanige,   130
ealdgestrēonum,   swā ic ǣr dyde,   *1381*
wundnum golde,   gyf þū on weg cymest.'

XXI.   Bēowulf maþelode,   bearn Ecgþēowes:
'Ne sorga, snotor guma!   Sēlre bið ǣghwǣm

---

¹ standeð   ² felasinnigne

þæt hē his frēond wrece   þonne hē fela murne.   135
Ūre ǣghwylc sceal   ende gebīdan
worolde līfes;   wyrce sē þe mōte
dōmes ǣr dēaþe;   þæt bið dryhtguman
unlifgendum   æfter sēlest.

Ārīs, rīces weard;   uton raþe[1] fēran,   140
Grendles māgan   gang scēawigan.   *1391*
Ic hit þē gehāte: nō hē on helm losaþ,
ne on foldan fæþm,   ne on fyrgenholt,
ne on gyfenes grund,   gā þǣr hē wille.
Ðȳs dōgor þū   geþyld hafa   145
wēana gehwylces,   swā ic þē wēne tō.'

  Āhlēop þā se gomela,   Gode þancode,
mihtigan Drihtne,   þæs se man gespræc.
þā wæs Hrōðgāre   hors gebǣted,
wicg wundenfeax.   Wīsa fengel   150
geatolic gengde[2],   gumfēþa stōp   *1401*
lindhæbbendra.   Lāstas wǣron
æfter waldswaþum   wīde gesȳne,
gang ofer grundas,   [þǣr hēo] gegnum fōr
ofer myrcan mōr,   magoþegna bær   155
þone sēlestan   sāwollēasne,
þāra þe mid Hrōðgāre   hām eahtode.
Oferēode þā   æþelinga bearn
stēap stānhliðo,   stīge nearwe,
enge ānpaðas,   uncūð gelād,   160
neowle næssas,   nicorhūsa fela.   *1411*
Hē fēara sum   beforan gengde
wīsra monna   wong scēawian,
oþ þæt hē fǣringa   fyrgenbēamas
ofer hārne stān   hleonian funde,   165
wynlēasne wudu;   wæter under stōd

    ¹ hraþe   ² gende

drēorig and gedrēfed.   Denum eallum wæs,
winum Scyldinga,   weorce on mōde
tō geþolianne,   ðegne monegum,
oncȳð eorla gehwǣm,   syðþan Æscheres   170
on þām holmclife   hafelan mētton.   1421
    Flōd blōde wēol   (folc tō sǣgon)
hātan heolfre.   Horn stundum song
fūslic f[yrd]lēoð.   Fēþa eal gesæt[1];
gesāwon ðā æfter wætere   wyrmcynnes fela,   175
sellice sǣdracan   sund cunnian,
swylce on næshleoðum   nicras licgean,
ðā on undernmǣl   oft bewitigað
sorhfulne sīð   on seglrāde,
wyrmas and wildēor;   hīe on weg hruron   180
bitere and gebolgne,   bearhtm ongēaton,   1431
gūðhorn galan.   Sumne Gēata lēod
of flānbogan   fēores getwǣfde,
ȳðgewinnes,   þæt him on aldre stōd
herestrǣl hearda;   hē on holme wæs   185
sundes þē sǣnra   ðē hyne swylt fornam.
Hræþe wearð on ȳðum   mid eofersprēotum
heorohōcyhtum   hearde genearwod,
nīða genǣged   and on næs togen
wundorlic wǣgbora;   weras scēawedon   190
gryrelicne gist.
           Gyrede hine Bēowulf   1441
eorlgewǣdum,   nalles for ealdre mearn;
scolde herebyrne   hondum gebrōden,
sīd and searofāh,   sund cunnian,
sēo ðe bāncofan   beorgan cūþe,   195
þæt him hildegrāp   hreþre ne mihte,
eorres inwitfeng,   aldre gesceþðan;

----

[1] gesæt *from* geseah

ac se hwīta helm   hafelan werede,
sē þe meregrundas   mengan scolde,
sēcan sundgebland   since geweorðad,   200
befongen frēawrāsnum,   swā hine fyrndagum   *1451*
worhte wǣpna smið,   wundrum tēode,
besette swīnlīcum,   þæt hine syðþan nō
brond ne beadomēcas   bītan ne meahton.

Næs þæt þonne mǣtost   mægenfultuma   205
þæt him on ðearfe lāh   ðyle Hrōðgārcs:
wæs þǣm hæftmēce   Hrunting nama;
þæt wæs ān foran   ealdgestrēona;
ecg wæs īren,   ātertānum fāh,
āhyrded heaþoswāte;   nǣfre hit æt hilde ne swāc 210
manna ǣngum   þāra þe hit mid mundum bewand,
sē ðe gryresīðas   gegān dorste,   *1462*
folcstede fāra;   næs þæt forma sīð,
þæt hit ellenweorc   æfnan scolde.

Hūru ne gemunde   mago Ecglāfes,   215
eafoþes cræftig,   þæt hē ǣr gespræc
wīne druncen,   þā hē þæs wǣpnes onlāh
sēlran sweordfrecan;   selfa ne dorste
under ȳða gewin   aldre genēþan,
drihtscype drēogan;   þǣr hē dōme forlēas,   220
ellenmǣrðum.   Ne wæs þǣm ōðrum swā,   *1471*
syðþan hē hine tō gūðe   gegyred hæfde.

XXII.   Bēowulf maðelode,   bearn Ecgþēowes:
'Geþenc nū, se mǣra   maga Healfdenes,
snottra fengel,   nū ic eom sīðes fūs,   225
goldwine gumena,   hwæt wit geō sprǣcon:—
gif ic æt þearfe   þīnre scolde
aldre linnan,   þæt ðū mē ā wǣre
forðgewitenum   on fæder stǣle.

Wes þū mundbora   mīnum magoþegnum,   230
hondgesellum,   gif mec hild nime.   1481
Swylce þū ðā mādmas   þe þū mē sealdest,
Hrōðgār lēofa,   Higelāce onsend.

Mæg þonne on þǣm golde ongitan   Gēata dryhten,
gesēon sunu Hrǣdles,   þonne hē on þæt sinc starað,
þæt ic gumcystum   gōdne funde   236
bēaga bryttan,   brēac þonne mōste.

And þū Unferð[1] lǣt   ealde lāfe,
wrǣtlic wǣgsweord,   wīdcūðne man,
heardecg habban;   ic mē mid Hruntinge   240
dōm gewyrce,   oþðe mec dēað nimeð.'   1491

 Æfter þǣm wordum   Weder-Gēata lēod
efste mid elne,   nalas andsware
bīdan wolde;   brimwylm onfēng
hilderince.   Ðā wæs hwīl dæges,   245
ǣr hē þone grundwong   ongytan mehte.   6
Sōna þæt onfunde,   sē ðe flōda begong   7
heorogīfre behēold   hund missēra,   8
grim and grǣdig,   þæt þǣr gumena sum   9
ælwihta eard   ufan cunnode.   250
Grāp þā tōgēanes,   gūðrinc gefēng   1501
atolan clommum;   nō þȳ ǣr in gescōd   2
hālan līce;   hring ūtan ymbbearh,   3
þæt hēo þone fyrdhom   ðurhfōn ne mihte,   4
locene leoðosyrcan   lāþan fingrum.   255
Bær þā sēo brimwylf[2],   þā hēo tō botme cōm,
hringa þengel   tō hofe sīnum,
swā hē ne mihte   (nō hē þæs[3] mōdig wæs)
wǣpna gewealdan,   ac hine wundra þæs fela
swencte[4] on sunde,   sǣdēor monig   260
hildetūxum   heresyrcan bræc,   1511

[1] hunferð   [2] brimwyl   [3] þǣm   [4] swecte

ēhton āglǣcan.   Ðā se eorl ongeat
þæt hē [in] nīðsele   nāthwylcum wæs,
þær him nǣnig wæter   wihte ne scēþede,
ne him for hrōfsele   hrīnan ne mehte   265
fǣrgripe flōdes;   fȳrlēoht geseah,
blācne lēoman   beorhte scīnan.

Ongeat þā se gōda   grundwyrgenne,
merewīf mihtig;   mægenrǣs forgeaf
hildebille,   hond¹ swenge ne oftēah,   270
þæt hire on hafelan   hringmǣl āgōl   1521
grǣdig gūðlēoð.   Ðā se gist onfand
þæt se beadolēoma   bītan nolde,
aldre sceþðan,   ac sēo ecg geswāc
ðēodne æt þearfe;   ðolode ǣr fela   275
hondgemōta,   helm oft gescær,
fǣges fyrdhrægl;   ðā wæs forma sīð
dēorum māðme   þæt his dōm ālæg.

Eft wæs ānrǣd,   nalas elnes læt,
mǣrða gemyndig   mæg Hygelāces²;   280
wearp ðā wundenmǣl³   wrǣttum gebunden   1531
yrre ōretta,   þæt hit on eorðan læg,
stīð and stȳlecg;   strenge getruwode,
mundgripe mægenes.   Swā sceal man dôn,
þonne hē æt gūðe   gegān þenceð   285
longsumne lof,   nā ymb his līf cearað.

Gefēng þā be feaxe⁴   (nalas for fǣhðe mearn)
Gūð-Gēata lēod   Grendles mōdor;
brægd þā beadwe heard,   þā hē gebolgen wæs,
feorhgenīðlan,   þæt hēo on flet gebēah.   290
Hēo him eft hraþe   andlēan⁵ forgeald   1541
grimman grāpum   and him tōgēanes fēng:

---

¹ hord   ² hylaces   ³ wundelmæl, *with* -mæl *from* mæg
⁴ eaxle   ⁵ handlean

oferwearp þā wērigmōd   wigena strengest,
fēþecempa,   þæt hē on fylle wearð.

Ofsæt þā þone selegyst   and hyre seax[1] getēah,   295
brād [ond] brūnecg,   wolde hire bearn wrecan,
āngan eaferan.   Him on eaxle læg
brēostnet brōden;   þæt gebearh fēore,
wið ord and wið ecge   ingang forstōd.

Hæfde ðā forsīðod   sunu Ecgþēowes   300
under gynne grund,   Gēata cempa,   _1551_
nemne him heaðobyrne   helpe gefremede,
herenet hearde;   and hālig God
gewēold wīgsigor,   wītig Drihten,
rodera Rǣdend,   hit on ryht gescēd   305
ȳðelīce,   syþðan hē eft āstōd.

XXIII. Geseah ðā on searwum   sigeēadig bil,
    eald sweord eotenisc   ecgum þyhtig,
    wigena weorðmynd: þæt [wæs] wǣpna cyst,
    būton hit wæs māre   ðonne ǣnig mon ōðer   310
    tō beadulāce   ætberan meahte,   _1561_
    gōd and geatolic,   gīganta geweorc.
    Hē gefēng þā fetelhilt,   freca Scyldinga,
    hrēoh and heorogrim   hringmæl gebrægd,
    aldres orwēna   yrringa slōh,   315
    þæt hire wið halse   heard grāpode,
    bānhringas bræc;   bil eal ðurhwōd
    fǣgne flǣschoman;   hēo on flet gecrong;
    sweord wæs swātig;   secg weorce gefeh.
    Līxte se lēoma,   lēoht inne stōd,   320
    efne swā of hefene   hādre scīneð   _1571_
    rodores candel.   Hē æfter recede wlāt,
    hwearf þā be wealle,   wǣpen hafenade

----
[1] seaxe

heard be hiltum   Higelāces ðegn,

yrre and ānrǣd.   Næs sēo ecg fracod   325

hilderince,   ac hē hraþe wolde

Grendle forgyldan   gūðrǣsa fela

ðāra þe hē geworhte   tō West-Denum

oftor micle   ðonne on ǣnne sīð,

þonne hē Hrōðgāres   heorðgenēatas   330

slōh on sweofote,   slǣpende frǣt   *1581*

folces Denigea   fȳftȳne men

and ōðer swylc   ūt offerede,

lāðlicu lāc.   Hē him þæs lēan forgeald,

rēþe cempa,   tō ðæs þe hē on ræste geseah   335

gūðwērigne   Grendel licgan,

aldorlēasne,   swā him ǣr gescōd

hild æt Heorote.   Hrā wīde sprong,

syþðan hē æfter dēaðe   drepe þrōwade,

heorosweng heardne,   and hine þā hēafde becearf. 340

Sōna þæt gesāwon   snottre ceorlas,   *1591*

þā ðe mid Hrōðgāre   on holm wliton,

þæt wæs ȳðgeblond   eal gemenged,

brim blōde fāh;   blondenfeaxe

gomele ymb gōdne   ongeador sprǣcon,   345

þæt hig þæs æðelinges   eft ne wēndon,

þæt hē sigehrēðig   sēcean cōme

mǣrne þēoden;   þā ðæs monige gewearð,

þæt hine sēo brimwylf   ābroten[1] hæfde.

Ðā cōm nōn dæges;   næs ofgēafon   350

hwate Scildingas;   gewāt him hām þonon   *1601*

goldwine gumena.   Gistas sēton[2]

mōdes sēoce,   and on mere staredon;

wȳscton[3] and ne wēndon   þæt hīe heora winedrihten

selfne gesāwon.   þā þæt sweord ongan   355

[1] abreoten   [2] secan   [3] wiston

æfter heaþoswāte   hildegicelum,
wīgbil wanian;   þæt wæs wundra sum,
þæt hit eal gemealt   īse gelīcost,
ðonne forstes bend   Fæder onlǣteð,
onwindeð wǣlrāpas,   sē geweald hafað   360
sǣla and mǣla;   þæt is sōð Metod.   _1611_

Ne nōm hē in þǣm wīcum,   Weder-Gēata lēod,
māðmǣhta mā,   þēh hē þǣr monige geseah,
būton þone hafelan   and þā hilt somod,
since fāge;   sweord ǣr gemealt,   365
forbarn brōdenmǣl: wæs þæt blōd tō þæs hāt,
ǣttren ellorgǣst,   sē þǣrinne swealt.

Sōna wæs on sunde   sē þe ǣr æt sæcce gebād
wīghryre wrāðra,   wæter up þurhdēaf;
wǣron ȳðgebland   eal gefǣlsod,   370
ēacne eardas,   þā se ellorgāst   _1621_
oflēt līfdagas   and þās lǣnan gesceaft.
Cōm þā tō lande   lidmanna helm
swīðmōd swymman,   sǣlāce gefeah,
mægenbyrþenne   þāra þe hē him mid hæfde.   375
Ēodon him þā tōgēanes,   Gode þancodon,
ðrȳðlic þegna hēap,   þēodnes gefēgon,
þæs þe hī hyne gesundne   gesēon mōston.
Ðā wæs of þǣm hrōran   helm and byrne
lungre ālȳsed.   Lagu drūsade,   380
wæter under wolcnum,   wældrēore fāg.   _1631_

Fērdon forð þonon   fēþelāstum
ferhþum fægne,   foldweg mǣton,
cūþe strǣte;   cyningbalde men
from þǣm holmclife   hafelan bǣron   385
earfoðlīce   heora ǣghwæþrum
felamōdigra;   fēower scoldon
on þǣm wælstenge   weorcum geferian

tō þǣm goldsele   Grendles hēafod,
oþ ðæt semninga   tō sele cōmon   390
frome fyrdhwate   fēowertȳne   *1641*
Gēata gongan;   gumdryhten mid
mōdig on gemonge   meodowongas trǣd.
  Ðā cōm in gân   ealdor ðegna,
dǣdcēne mon   dōme gewurþad,   395
hæle hildedēor,   Hrōðgār grētan.
þā wæs be feaxe   on flet boren
Grendles hēafod,   þǣr guman druncon,
egeslic for eorlum   and þǣre idese mid,
wlitesēon wrǣtlic;   weras on sāwon.   400

XXI

THE BATTLE OF MALDON

[From Bodleian MS. Rawlinson B. 203, John Elphinston's transcript of the burnt Cotton MS. Otho A. xii]

IT is fortunate that the hero of this poem, Ealdorman Byrhtnoth, was a benefactor to religious houses, for it is no doubt this which has preserved for us, though only as a fragment, a poem on his last battle. Other poems of this type may once have existed without ever being written down. The poem betrays familiarity with older verse, though it does not show the high technical finish of this. It is, however, full of dramatic power and warm feeling, and it proves that the ancient Germanic heroic code was not dead (in this it has the support of some historical sources). The battle was fought on 10 or 11 August 991, and the poem was composed sufficiently close to the event for the poet to rely on his audience's familiarity with the persons concerned. It is a tempting conjecture that it was commissioned by his widow, Ælfflæd, who gave to Ely a tapestry depicting the deeds of her husband.

> * * * brocen wurde.
>
> Hēt þā hyssa hwæne   hors forlætan,
> feor āfȳsan,   and forð gangan,
> hicgan tō handum,   and tō hige[1] gōdum.
> þā[2] þæt Offan mæg   ærest onfunde,   5
> þæt se eorl nolde   yrhðo geþolian,
> hē lēt him þā of handon   lēofne flēogan
> hafoc wið þæs holtes,   and tō þære hilde stōp;
> be þām man mihte oncnāwan   þæt se cniht nolde
> wācian æt þām wigge[3],   þā hē tō wæpnum fēng.   10
> Ēac him wolde Ēadrīc   his ealdre gelæstan,
> frēan tō gefeohte;   ongan þā forð beran
> gār tō gūþe.   Hē hæfde gōd geþanc,
> þā hwīle þe hē mid handum   healdan mihte

     [1] t hige   [2] þ   [3] w . . ge

bord and brād swurd;   bēot hē gelǣste,   15
þā hē ætforan his frēan   feohtan sceolde.

   Ðā þǣr Byrhtnōð ongan   beornas trymian,
rād and rǣdde,   rincum tǣhte
hū hī sceoldon standan,   and þone stede healdan,
and bǣd þæt hyra randas[1]   rihte hēoldon   20
fæste mid folman,   and ne forhtedon nā.

þā hē hæfde þæt folc   fægere getrymmed,
hē līhte þā mid lēodon,   þǣr him lēofost wæs,
þǣr hē his heorðwerod   holdost wiste.

þā stōd on stæðe,   stīðlīce clypode   25
wīcinga ār,   wordum mǣlde,
sē on bēot ābēad   brimlīþendra
ǣrende[2] tō þām eorle,   þǣr hē on ōfre stōd:
'Mē sendon tō þē   sǣmen snelle,
hēton ðē secgan,   þæt þū mōst sendan raðe   30
bēagas wið gebeorge;   and ēow betere is
þæt gē þisne gārrǣs   mid gafole forgyldon,
þonne[3] wē swā hearde   hilde[4] dǣlon.

Ne þurfe wē ūs spillan,   gif gē spēdaþ tō þām;
wē willað wið þām golde   grið fæstnian.   35
Gyf þū þæt[5] gerǣdest   þe hēr rīcost eart,
þæt þū þīne lēoda   lȳsan wille,
syllan sǣmannum   on hyra sylfra dōm
feoh wið frēode,   and niman frið æt ūs,
wē willaþ mid þām sceattum   ūs tō scype gangan,   40
on flot fēran,   and ēow friþes healdan.'

   Byrhtnōð maþelode,   bord hafenode,
wand wācne æsc,   wordum mǣlde,
yrre and ānrǣd   āgeaf him andsware:
'Gehȳrst þū, sǣlida,   hwæt þis folc segeð?   45
Hī willað ēow tō gafole   gāras syllan,

---

[1] randan   [2] ǣrænde   [3] þon   [4] .. ulde   [5] þat

ættrene[1] ord   and ealde swurd,   47

þā heregeatu   þe ēow æt hilde ne dēah.   48

Brimmanna boda,   ābēod eft ongēan,   49

sege þīnum lēodum   miccle lāþre spell,   50

þæt hēr stynt unforcūð   eorl mid his werode,   51

þe wile gealgean   ēþel þysne,   52

Æþelredes eard,   ealdres mīnes   53

folc and foldan;   feallan sceolon   54

hæþene æt hilde.   Tō hēanlic mē þinceð   55

þæt gē mid ūrum sceattum   tō scype gangon   56

unbefohtene,   nū gē þus feor hider   57

on ūrne eard   in becōmon.   58

Ne sceole gē swā sōfte   sinc gegangan;   59

ūs sceal ord and ecg   ǣr gesēman,   60

grim gūðplega,   ǣr wē[2] gofol syllon.'   61

    Hēt þā bord beran,   beornas gangan,

þæt hī on þām ēasteðe   ealle stōdon.

Ne mihte þǣr for wætere   werod tō þām ōðrum;

þǣr cōm flōwende   flōd æfter ebban,   65

lucon lagustrēamas.   Tō lang hit him þūhte,

hwænne hī tōgædere   gāras bēron.

Hī þǣr Pantan strēam   mid prasse bestōdon

Ēastseaxena ord   and se æschere.

Ne mihte hyra ǣnig   ōðrum derian,   70

būton hwā þurh flānes flyht   fyl genāme.

Se flōd ūt gewāt;   þā flotan stōdon gearowe,

wīcinga fela,   wīges georne.

Hēt þā hæleða hlēo   healdan þā bricge

wigan wīgheardne,   sē wæs hāten Wulfstān,   75

cāfne mid his cynne   —þæt wæs Cēolan sunu—

þe ðone forman man   mid his francan ofscēat,

þe þǣr baldlīcost   on þā bricge stōp.

[1] ættrynne   [2] þe

þær stōdon mid Wulfstāne   wigan unforhte,
Ælfere and Maccus,   mōdige twēgen,   80
þā noldon æt þām forda   flēam gewyrcan,
ac hī fæstlīce   wið ðā fȳnd weredon,
þā hwīle þe hī wǣpna   wealdan mōston.
þā hī þæt ongēaton,   and georne gesāwon
þæt hī þǣr bricgweardas   bitere fundon,   85
ongunnon lytegian þā   lāðe¹ gystas:
bǣdon þæt hī upgangan   āgan mōston,
ofer þone ford faran,   fēþan lǣdan.
Ðā se eorl ongan   for his ofermōde
ālȳfan landes tō fela   lāþere ðēode.   90
Ongan ceallian þā   ofer cald wæter
Byrhtelmes bearn   (beornas gehlyston):
'Nū ēow is gerȳmed,   gāð ricene tō ūs,
guman tō gūþe;   God āna wāt
hwā þǣre wælstōwe   wealdan mōte.'   95
    Wōdon þā wælwulfas   (for wætere ne murnon)
wīcinga werod,   west² ofer Pantan,
ofer scīr wæter   scyldas wēgon,
lidmen tō lande   linde bǣron.
þær ongēan gramum   gearowe stōdon   100
Byrhtnōð mid beornum.   Hē mid bordum hēt
wyrcan þone wīhagan,   and þæt werod healdan
fæste wið fēondum.   þā wæs feohte³ nēh,
tīr æt getohte;   wæs sēo tīd cumen
þæt þǣr fǣge men   feallan sceoldon.   105
þǣr wearð hrēam āhafen,   hremmas wundon,
earn ǣses georn;   wæs on eorþan cyrm.
Hī lēton þā of folman   fēolhearde speru,
[grimme] gegrundene   gāras flēogan;
bogan wǣron bysige,   bord ord onfēng,   110

¹ luðe   ² pest   ³ fohte

biter wæs se beadurǣs,   beornas fēollon
on gehwæðere hand,   hyssas lāgon.
Wund wearð[1] Wulfmǣr,   wælrǣste gecēas,
Byrhtnōðes mǣg,   hē mid billum wearð,
his swustersunu,   swīðe forhēawen.   115
þǣr wearð[2] wīcingum   wiþerlēan āgyfen:
gehȳrde ic þæt Ēadweard   ānne slōge
swīðe mid his swurde,   swenges ne wyrnde,
þæt him æt fōtum fēoll   fǣge cempa;
þæs him his ðēoden   þanc gesǣde,   120
þām būrþēne,   þā hē byre hæfde.
Swā stemnetton   stīðhicgende
hysas æt hilde,   hogodon georne
hwā þǣr mid orde   ǣrost mihte
on fǣgean men   feorh gewinnan,   125
wigan mid wǣpnum;   wæl fēol on eorðan.
Stōdon stædefæste,   stihte hī Byrhtnōð,
bæd þæt hyssa gehwylc   hogode tō wīge,
þe on Denon wolde   dōm gefeohtan.
   Wōd þā wīges heard,   wǣpen up āhōf,   130
bord tō gebeorge,   and wið þæs beornes stōp.
Ēode swā ānrǣd   eorl tō þām ceorle:
ǣgþer hyra ōðrum   yfeles hogode.
Sende ðā se sǣrinc   sūþerne gār,
þæt gewundod wearð   wigena hlāford;   135
hē scēaf þā mid ðām scylde,   þæt se sceaft tōbærst,
and þæt spere sprengde,   þæt hit sprang ongēan.
Gegremod wearð se gūðrinc: hē mid gāre stang
wlancne wīcing,   þe him þā wunde forgeaf.
Frōd wæs se fyrdrinc;   hē lēt his francan wadan   140
þurh ðæs hysses hals,   hand wīsode
þæt hē on þām fǣrsceaðan   feorh gerǣhte.

[1] weard   [2] wǣrd

Đā hē ōþerne   ofstlīce scēat,
þæt sēo byrne tōbærst;   hē wæs on brēostum wund
þurh ðā hringlocan,   him æt heortan stōd   145
ǣtterne ord.   Se eorl wæs þē blīþra:
hlōh þā mōdi man,   sǣde Metode þanc
ðæs dægweorces   þe him Drihten forgeaf.
Forlēt þā drenga sum   daroð of handa,
flēogan of folman,   þæt sē tō forð gewāt   150
þurh ðone æþelan   Æþelredes þegen.
Him be healfe stōd   hyse unweaxen,
cniht on gecampe,   sē full cāflīce
brǣd of þām beorne   blōdigne gār,
Wulfstānes bearn,   Wulfmǣr se geonga;   155
forlēt forheardne   faran eft ongēan;
ord in gewōd,   þæt sē on eorþan læg,
þe his þēoden ǣr   þearle gerǣhte.
Ēode þā gesyrwed   secg tō þām eorle;
hē wolde þæs beornes   bēagas gefeccan[1],   160
rēaf and hringas,   and gerēnod swurd.
    þā Byrhtnōð brǣd   bill of scēðe
brād and brūnecg[2],   and on þā byrnan slōh.
Tō raþe hine gelette   lidmanna sum,
þā hē þæs eorles   earm āmyrde.   165
Fēoll þā tō foldan   fealohilte swurd:
ne mihte hē gehealdan   heardne mēce,
wǣpnes wealdan.   þā gȳt þæt word gecwæð
hār hilderinc,   hyssas bylde,
bæd gangan forð   gōde gefēran.   170
Ne mihte þā on fōtum leng   fæste gestandan[3],
hē tō heofenum wlāt   * * *
    'Ic[4] þancige[5] þē,   ðēoda Waldend,

---

[1] gefecgan   [2] bruneccg   [3] gestundan   [4] *supplied*
[5] ge þance

ealra þǣra wynna   þe ic on worulde gebād.

Nū ic āh, milde Metod,   mǣste þearfe,   175
þæt þū mīnum gāste   gōdes geunne,
þæt mīn sāwul tō ðē   sīðian mōte,
on þīn geweald,   þēoden engla,
mid friþe ferian;   ic eom frymdi tō þē
þæt hī helsceaðan   hȳnan ne mōton.'   180
Ðā hine hēowon   hǣðene scealcas,
and bēgen þā beornas   þe him big stōdon,
Ælfnōð and Wulmǣr   bēgen lāgon,
ðā onemn hyra frēan   feorh gesealdon.

Hī bugon þā fram beaduwe   þe þǣr bēon noldon: 185
þǣr wurdon Oddan bearn   ǣrest on flēame,
Godrīc fram gūþe,   and þone gōdan forlēt,
þe him mænigne oft   mearh[1] gesealde;
hē gehlēop þone eoh   þe āhte his hlāford,
on þām gerǣdum   þēh[2] hit riht ne wæs,   190
and his brōðru mid him   bēgen ær[n]don,
Godwine[3] and Godwīg,   gūþe ne gȳmdon,
ac wendon fram þām wīge,   and þone wudu sōhton,
flugon on þæt fæsten,   and hyra fēore burgon,
and manna mā   þonne hit ænig mǣð wǣre,   195
gyf hī þā geearnunga   ealle gemundon,
þe hē him tō duguþe   gedōn hæfde.

Swā him Offa on dæg   ǣr āsǣde,
on þām meþelstede,   þā hē gemōt hæfde,
þæt þǣr mōdiglīce[4]   manega sprǣcon,   200
þe eft æt þearfe[5]   þolian noldon.

   þā wearð āfeallen   þæs folces ealdor,
Æþelredes eorl.   Ealle gesāwon
heorðgenēatas   þæt hyra hearra[6] læg.

───────────────

    [1] mear   [2] þe   [3] godrine   [4] modelice   [5] þære
[6] heorra

þā ðǣr wendon forð   wlance þegenas,   205
unearge men   efston georne:
hī woldon þā ealle   ōðer twēga,
līf forlǣtan[1]   oððe lēofne gewrecan.
Swā hī bylde forð   bearn Ælfrīces,
wiga wintrum geong,   wordum mǣlde,   210
Ælfwine þā cwæð   (hē on ellen spræc):
'Gemunað þāra[2] mǣla   þe wē oft æt meodo sprǣcon,
þonne wē on bence   bēot āhōfon,
hæleð on healle,   ymbe heard gewinn:
nū mæg cunnian   hwā cēne sȳ.   215
Ic wylle mīne æþelo   eallum gecȳþan,
þæt ic wæs on Myrcon   miccles cynnes;
wæs mīn ealda fæder   Ealhelm hāten,
wīs ealdorman,   woruldgesǣlig.
Ne sceolon mē on þǣre þēode   þegenas ætwītan,   220
þæt ic of ðisse fyrde   fēran wille,
eard gesēcan,   nū mīn ealdor ligeð
forhēawen æt hilde.   Mē is þæt hearma mǣst:
hē wæs ǣgðer[3] mīn mǣg   and mīn hlāford.'
þā hē forð ēode,   fǣhðe gemunde,   225
þæt hē mid orde   ānne gerǣhte
flotan on þām folce,   þæt sē on foldan læg
forwegen mid his wǣpne.   Ongan þā winas manian,
frȳnd and gefēran,   þæt hī forð ēodon.
Offa gemǣlde,   æscholt āsceōc: 230
'Hwæt þū, Ælfwine,   hafast ealle gemanode,
þegenas tō þearfe.   Nū ūre þēoden līð,
eorl on eorðan,   ūs is eallum þearf
þæt ūre ǣghwylc   ōþerne bylde
wigan tō wīge,   þā hwīle þe hē wǣpen mæge   235
habban and healdan,   heardne mēce,

    [1] forlætun   [2] ge munu þa   [3] ægder

gār and gōd swurd.   Ūs Godrīc hæfð,
earh Oddan bearn,   ealle beswicene:
wēnde þæs formoni man,   þā hē on mēare rād,
on wlancan þām wicge,   þæt wēre hit ūre hlāford;   240
for þan wearð hēr on felda   folc tōtwǣmed,
scyldburh tōbrocen.   Ābrēoðe his angin,
þæt hē hēr swā manigne   man āflȳmde.'
Lēofsunu gemǣlde,   and his linde āhōf,
bord tō gebeorge,   hē þām beorne oncwæð: 245
'Ic þæt gehāte,   þæt ic heonon nelle
flēon fōtes trym,   ac wille furðor gān,
wrecan on gewinne   mīnne winedrihten.
Ne þurfon mē embe Stūrmere   stedefæste hæleð[1]
wordum ætwītan,   nū mīn wine gecranc,   250
þæt ic hlāfordlēas   hām sīðie,
wende fram wīge;   ac mē sceal wǣpen niman,
ord and īren.'   Hē ful yrre wōd,
feaht fæstlīce,   flēam hē forhogode.
Dunnere þā cwæð,   daroð ācwehte,   255
unorne ceorl,   ofer eall clypode,
bæd þæt beorna gehwylc   Byrhtnōð wrǣce:
'Ne mæg nā wandian   sē þe wrecan þenceð
frēan on folce,   ne for fēore murnan.'
þā hī forð ēodon,   fēores hī ne rōhton;   260
ongunnon þā hīredmen   heardlīce feohtan,
grame gārberend,   and God bǣdon
þæt hī mōston gewrecan   hyra winedrihten,
and on hyra fēondum   fyl gewyrcan.
Him se gȳsel ongan   geornlīce fylstan;   265
hē wæs on Norðhymbron   heardes cynnes,
Ecglāfes bearn,   him wæs Æscferð nama.
Hē ne wandode nā   æt þām wīgplegan,

----

[1] hælæð

ac hē fȳsde forð   flān geneahhe[1];
hwīlon hē on bord scēat,   hwīlon beorn tǣsde,   270
ǣfre embe stunde   hē sealde sume wunde,
þā hwīle ðe hē wǣpna   wealdan mōste.
þā gȳt on orde stōd   Ēadweard se langa,
gearo and geornful;   gylpwordum sprǣc,
þæt hē nolde flēogan   fōtmǣl landes,   275
ofer bæc būgan,   þā his betera leg.
Hē bræc þone bordweall,   and wið ðā beornas feaht,
oð þæt hē his sincgyfan   on þām sǣmannum
wurðlīce wrec   ǣr hē on wæle lǣge.
Swā dyde Æþerīc,   æþele gefēra,   280
fūs and forðgeorn,   feaht eornoste,
Sībyrhtes brōðor,   and swīðe mænig ōþer
clufon cellod bord,   cēne hī weredon;
bærst bordes lærig,   and sēo byrne sang
gryrelēoða sum.   þā æt gūðe slōh   285
Offa þone sǣlidan,   þæt hē on eorðan fēoll,
and ðǣr Gaddes mǣg   grund gesōhte:
raðe wearð æt hilde   Offa forhēawen.
Hē hæfde ðēah geforþod   þæt hē his frēan gehēt,
swā hē bēotode ǣr   wið his bēahgifan,   290
þæt hī sceoldon bēgen   on burh rīdan,
hāle tō hāme,   oððe on here crincgan[2],
on wælstōwe   wundum sweltan.
Hē læg ðegenlīce   ðēodne gehende.
Ðā wearð borda gebræc;   brimmen wōdon,   295
gūðe gegremode;   gār oft þurhwōd
fǣges feorhhūs.   Forð þā[3] ēode Wīstān,
þurstānes sunu[4],   wið þās secgas feaht;
hē wæs on geþrange[5]   hyra þrēora bana,
ǣr him Wīgelmes bearn   on þām wæle lǣge.   300

[1] genehe   [2] crintgan   [3] forða   [4] suna   [5] geþrang

þǣr wæs stīð gemōt: stōdon fæste
wigan on gewinne;   wīgend cruncon,
wundum wērige;   wæl fēol on eorþan.

Ōswold and Ēadwold   ealle hwīle,
bēgen þā gebrōþru,   beornas trymedon,   305
hyra winemāgas   wordon bǣdon
þæt hī þǣr æt ðearfe   þolian sceoldon,
unwāclīce   wǣpna nēotan.

old in years

Byrhtwold maþelode,   bord hafenode,
sē wæs eald genēat,   æsc ācwehte,   310
hē ful baldlīce   beornas lǣrde: 311
'Hige sceal þē heardra,   heorte þē cēnre,   312
mōd sceal þē māre,   þē ūre mægen lȳtlað.   313
Hēr līð ūre ealdor   eall forhēawen,   314
gōd on grēote;   ā mæg gnornian   315
sē ðe nū fram þis wīgplegan   wendan þenceð.   316

finite.
subject

Ic eom frōd fēores.   Fram ic ne wille,   317
ac ic mē be healfe   mīnum hlāforde   318
be swā lēofan men   licgan þence.'   319
Swā hī Æþelgāres bearn   ealle bylde,   320
Godrīc tō gūþe.   Oft hē gār forlēt,   321
wælspere windan   on þā wīcingas,   322
swā hē on þām folce   fyrmest ēode,   323
hēow and hȳnde,   oð¹ þæt hē on hilde gecranc.   324
Næs þæt nā se Godrīc   þe ðā gūðe² forbēah.   325

*   *   *   *

¹ od   ² gude

XXII

THE FALL OF THE ANGELS

[*From Bodleian MS. Junius 11 (see pp. 260 f. below), pp. 14 ff.*]

THIS passage is taken from the *Later Genesis* or *Genesis B* (ll. 235–851 of the whole poem), which Sievers suggested in 1875 was a translation from an Old Saxon original, possibly by the author of the *Heliand*, an epic on the life of Christ. This hypothesis was substantiated by the discovery by K. Zangemeister in 1894 of portions of an Old Saxon poem on Genesis in a Vatican manuscript, of which one passage corresponded to ll. 791–817 of the Old English poem. While *Genesis A* is a close paraphrase of the Biblical text, *Genesis B* is a very free treatment of the legend of the Fall of the Angels and of Man, with a dramatic handling of the characters. Old Saxon poetry is more verbose and repetitive than is Old English, though it probably came into being under the influence of Anglo-Saxon missionaries. It is of interest to find a product of the daughter church being transposed into Old English at some date not before the late ninth century, and one should note that one manuscript of the *Heliand* was written in England in the second half of the tenth century.

The more specifically Old-Saxon words and usages in this passage are indicated in either the Notes or Glossary.

Hæfde se Alwalda[1]   engelcynna,
þurh handmægen,   hālig Drihten,
tēne[2] getrimede[3],   þǣm hē getruwode wel
þæt hīe his giongorscipe   fullgān[4] wolden,
wyrcean his willan;   for þon hē him[5] gewit forgeaf   5
and mid his handum gesceōp,   hālig Drihten.   251
Gesett hæfde hē hīe swā gesǣliglīce;   ǣnne hæfde hē swā
    swīðne geworhtne,
swā mihtigne on his mōdgeþōhte;   hē lēt hine swā micles
    wealdan,

---

[1] *altered to* ealwalda   [2] *altered to* tyn   [3] *altered to* getrymede
[4] fyligan   [5] *altered to* heom

hēhstne tō him on heofona rīce;   hæfde hē hine swā hwītne
    geworhtne;
swā wynlic wæs his wæstm[1] on heofonum   þæt him cōm
    from weroda Drihtne: 10
gelīc wæs hē þām lēohtum steorrum.   Lof sceolde hē Drihtnes
    wyrcean,
dȳran sceolde hē his drēamas on heofonum,   and sceolde his
    Drihtne þancian
þæs lēanes þe hē him on þām lēohte gescerede: þonne lēte[2]
    hē his hine lange wealdan.
Ac hē wende[3] hit him tō wyrsan þinge,   ongan him winn
    uphebban[4]
wið þone hēhstan heofnes Waldend[5],   þe siteð on þām hālgan
    stōle.   15
Dēore wæs hē Drihtne ūre[6];   ne mihte him bedyrned
    weorðan[7]   261
þæt his engyl ongan   ofermōd wesan,
āhōf hine wið his herran[8],   sōhte hetesprǣce,
gylpword ongēan,   nolde Gode þēowian;
cwæð þæt his līc wǣre   lēoht and scēne,   20
hwīt and hīowbeorht;   ne meahte hē æt his hige findan
þæt hē Gode wolde   geongerdōme,
þēodne þēowian;   þūhte him sylfum
þæt hē mægyn and cræft   māran hæfde
þonne se hālga God   habban mihte   25
folcgestealna[9].   Feala worda gespæc   271
se engel ofermōdes: þōhte þurh his ānes cræft
hū hē him strenglicran   stōl geworhte,
hēarran[10] on heofonum;   cwæð þæt hine his hige spēone

---

[1] wæwtm   [2] *first* e *from* æ   [3] *altered to* awende   [4] *altered
to* upahebban   [5] *altered to* wealdend   [6] *altered to* urum
[7] *altered to* wyrðan   [8] *altered to* hearran   [9] folcgestælna
[10] heahran, *from* heanoran (?)

þæt hē west and norð   wyrcean ongunne,   30
trymede getimbro;   cwæð him twēo þūhte
þæt hē Gode wolde   geongra weorðan[1].
'Hwæt sceal ic winnan?' cwæð hē.   'Nis mē wihtæ þearf
hearran tō habbanne;   ic mæg mid handum swā fela
wundra gewyrcean;   ic hæbbe geweald micel   35
tō gyrwanne   gōdlecran stōl,   281
hēarran on heofne.   Hwȳ sceal ic æfter his hyldo ðēowian,
būgan him swilces geongordōmes?   Ic mæg wesan God swā
    hē.
Bigstandað mē strange genēatas,   þā ne willað mē æt þām
    strīðe geswīcan,   39
hæleþas heardmōde;   hīe habbað mē tō hearran gecoren[n]e,
rōfe rincas;   mid swilcum mæg man rǣd geþencean,
fōn mid swilcum folcgesteallan.   Frȳnd synd hīe mīne georne,
holde on hyra hygesceaftum;   ic mæg hyra hearra wesan,
rǣdan on þīs rīce.   Swā mē þæt riht ne þinceð,
þæt ic ōleccan   āwiht þurfe   45
Gode æfter gōde ǣnegum: ne wille ic leng his geongra
    wurþan.'   291
    þā hit se Allwalda   eall gehȳrde,
þæt his engyl ongan   ofermēde micel
āhebban wið his Hearran,   and spræc hēalic word
dollīce wið Drihten sīnne,   sceolde hē þā dǣd ongyldan,   50
worc þæs gewinnes gedǣlan,   and sceolde his wīte habban,
ealra morðra mǣst.   Swā dēð monna gehwilc,
þe wið his Waldend   winnan ongynneð
mid māne wið þone mǣran Drihten.   þā wearð se Mihtiga
    gebolgen,
hēhsta heofones Waldend,   wearp hine of þan hēan stōle. 55
Hete hæfde hē æt his Hearran gewunnen;   hyldo hæfde [hē]
    his ferlorene;   301

---

[1] -an *added above the line*

gram wearð him se gōda on his mōde.   For þon hē sceolde
  grund gesēcean
heardes hellewītes,   þæs þe hē wann wið heofnes Waldend.
Ācwæð hine þā fram his hyldo   and hine on helle wearp,
on þā dēopan dala,   þēr hē tō dēofle wearð,   60
se fēond mid his gefērum eallum.   Fēollon þā ufon of heof-
  num
þurh [swā] longe   swā þrēo niht and dagas
þā englas of heofnum on helle,   and hēo ealle forsceōp
Drihten tō dēoflum.   For þon hēo his dǣd and word
noldon weorðian,   for þon hē hēo on wyrse lēoht   65
under eorðan neoðan   ælmihtig[1] God   311
sette sigelēase   on þā sweartan helle.

þēr hæbbað hēo on ǣfyn   ungemet lange
ealra fēonda gehwilc   fȳr ednēowe.

þonne cymð on ūhtan   ēasterne wind,   70
forst fyrnum cald;   symble fȳr oððe gār,
sum heard geþwing[2]   habban sceoldon.
Worhte man hit him tō wīte   (hyra woruld wæs gehwyrfed)
forman sīðe[3]   fylde helle
mid þām andsacum.   Hēoldon englas forð   75
heofonrīces hēhðe,   þe ǣr Godes hyldo gelǣston.   321
Lāgon þā ōðre fȳnd on þām fȳre,   þe ǣr swā feala hæfdon
gewinnes wið heora Waldend;   wīte þoliað,
hātne heaðowelm   helle tōmiddes,
brand[4] and brāde līgas,   swilce ēac þā biteran rēcas,   80
þrosm and þȳstro,   for þon hīe þegnscipe
Godes forgȳmdon.   Hīe hyra gāl beswāc,
engles oferhygd: noldon Alwaldan[5]
word weorþian;   hæfdon wīte micel,
wǣron þā befeallene   fȳre tō botme   85

---

[1] ællmihtig   [2] gewrinc   [3] -e *added later*   [4] BRAND,
with ornamental initial   [5] *altered to* alwealdan

on þā hātan helle[1],   þurh hygelēaste   331
and þurh ofermētto.   Sōhton ōþer land,
þæt wæs lēohtes lēas   and wæs līges full,
fȳres fǣr micel.   Fȳnd ongēaton
þæt hīe hæfdon gewrixled   wīta unrīm,   90
þurh heora[2] miclan mōd,   and þurh miht Godes,
and þurh ofermētto   ealra swīðost[3].

þā sprǣc se ofermōda cyning   þe ǣr wæs engla scȳnost,
hwītost[4] on heofne[5]   and his Hearran lēof,
Drihtne dȳre,   oð hīe tō dole wurdon,   95
þæt him for gālscipe   God sylfa wearð   341
mihtig on mōde yrre,   wearp hine on þæt morðer innan,
niðer on þæt nīobedd,   and sceōp him naman siððan,
cwæð[6] se hēhsta   hātan sceolde
Sātan siððan,   hēt hine þǣre sweartan helle   100
grundes gȳman,   nalles wið God winnan.
Sātan maðelode,   sorgiende sprǣc,
sē ðe helle forð   healdan sceolde,
gīeman[7] þæs grundes,   wæs ǣr Godes engel
hwīt on heofne[5],   oð hine his hyge forspēon   105
and his ofermētto   ealra swīðost,   351
þæt hē ne wolde   wereda Drihtnes
word wurðian.   Wēoll him oninnan
hyge ymb his heortan,   hāt wæs him ūtan
wrāðlic wīte;   hē þā worde cwæð: 110
'Is þes[8] ænga[9] styde   ungelīc swīðe
þām ōðrum   þe wē ǣr cūðon,
hēan on[10] heofonrīce,   þe mē mīn Hearra onlāg,

[1] hell   [2] from herra   [3] No new section at this point in MS.
[4] altered to hwittost   [5] altered to heofnon   [6] þ added in later
hand   [7] altered to gyman   [8] e corrected from æ   [9] altered
to æniga   [10] added in margin by later hand

þēah wē hine for þām Alwaldan[1]   āgan ne mōston,
rōmigan ūres rīces.   Næfð hē þēah riht gedōn   115
þæt hē ūs hæfð befælled[2]   fȳre tō botme,   361
helle þǣre hātan,   heofonrīce benumen,
hafað hit gemearcod   mid moncynne
tō gesettanne.   þæt mē is sorga mǣst
þæt Ādām sceal,   þe wæs of eorðan geworht,   120
mīnne stronglican   stōl behealdan,
wesan him on wynne,   and wē þis wīte þolien,
hearm on þisse helle.)   Wālā! āhte ic mīnra handa geweald,
and mōste āne tīd   ūte weorðan,
wesan āne winterstunde,   þonne ic mid þȳs werode—   125
ac licgað mē ymbe   īrenbenda,   371
rīdeð racentan sāl.   Ic eom rīces lēas:
habbað mē swā hearde   helle clommas
fæste befangen.   Hēr is fȳr micel
ufan and neoðone—   ic ā ne geseah   130
lāðran landscipe;   līg ne āswāmað,
hāt ofer helle.   Mē hafað[3] hringa gespong,
slīðhearda sāl,   sīðes āmyrred,
āfyrred mē mīn fēðe;   fēt synt gebundene,
handa gehæfte;   synt þissa heldora   135
wegas forworhte;   swā ic mid wihte ne mæg   381
of þissum lioðobendum.   Licgað mē ymbe[4]
heardes īrenes   hāte geslægene
grindlas grēate,   mid þȳ mē God hafað   139
gehæfted be þām healse.   Swā ic wāt hē mīnne hige cūðe
and þæt wiste ēac   weroda Drihten,
þæt sceolde unc Ādām[5]   yfele gewurðan
ymb þæt heofonrīce,   þǣr ic āhte mīnra handa geweald.

---

[1] *altered to* alwealdan   [2] y *written above* æ   [3] habbað
[4] *altered to* ymbutan *by a later hand*   [5] *altered to* adame

Ac ðoliaþ[1] wē nū þrēa on helle,   þæt syndon þỹstro and
    hǣto,

grimme, grundlēase;   hafað ūs God sylfa   145

forswāpen on þās sweartan mistas.   Swā hē ūs ne mæg ǣnige
    synne gestǣlan,   391

þæt wē him on þām lande lāð gefremedon,   hē hæfð ūs þēah
    þæs lēohtes bescyrede,

beworpen on ealra wīta mǣste.   Ne magon wē þæs wrace
    gefremman,

gelēanian him mid lāðes wihte   þæt hē ūs hafað lēohtes
    bescyrede.

Hē hæfð nū gemearcod ānne middangeard,   þǣr hē hæfð mon
    geworhtne   150

æfter his onlīcnesse,   mid þām hē wile eft gesettan

heofona rīce mid hlūttrum sāulum.   Wē þæs sculon hycgan
    georne,

þæt wē on Ādāme,   gif wē ǣfre mǣgen,

and on his eafrum swā some   andan gebētan,

onwendan him þǣr willan sīnes,   gif wē hit mǣgen wihte
    āþencan.   155

Ne gelỹfe ic mē nū þæs lēohtes furðor   þæs þe hē him[2]
    þenceð lange nīotan[3],   401

þæs ēades mid his engla cræfte;   ne magon wē þæt on aldre
    gewinnan,

þæt wē mihtiges Godes mōd onwǣcen.   Uton oðwendan hit
    nū monna bearnum,

þæt heofonrīce, nū wē hit habban ne mōton,   gedōn þæt hīe
    his hyldo forlǣten,

þæt hīe þæt onwendon þæt hē mid his worde bebēad.   þonne
    wyrð[4] hē him wrāð on mōde,   160

āhwēt hīe from his hyldo;   þonne sculon hīe þās helle sēcan

---

[1] AC ÐOLIAÞ, *with ornamental initial*   [2] *altered to* heom
[3] *altered to* neotan   [4] weorð

and þās grimman grundas;   þonne mōton wē hīe ūs tō
    giongrum habban,
fīra bearn on þissum fæstum clommum[1].   Onginnað nū ymb
    þā fyrde þencean.

Gif ic ænegum þegne   þēodenmādmas
geāra forgēafe,   þenden wē þan gōdan rīce   165
gesælige sæton,   and hæfdon ūre setla geweald,   411
þonne hē mē nā on lēofran tīd   lēanum ne meahte
mīne gife gyldan,   gif his gīen wolde
mīnra þegna hwilc   geþafa wurðan,
þæt hē up heonon   ūte mihte   170
cuman þurh þās clūstro,   and hæfde cræft mid him
þæt hē mid feðerhoman[2]   flēogan meahte,
windan on wolcne,   þǣr geworht stondað
Ādām and Ēve   on eorðrīce
mid welan bewunden,   —and wē synd āworpene hider 175
on þās dēopan dalo.   Nū hīe Drihtne synt   421
wurðran micle   and mōton him þone welan āgan,
þe wē on heofonrīce   habban sceoldon,
rīce mid rihte;   is se rǣd gescyred
monna cynne.   þæt mē is on mīnum mōde swā sār,   180
on mīnum hyge hrēoweð,   þæt hīe heofonrīce
āgan tō aldre.   Gif hit ēower ænig mæge
gewendan mid wihte,   þæt hīe word Godes,
lāre forlǣten,   sōna hīe him þē lāðran bēoð.
Gif hīe brecað his gebodscipe,   þonne hē him ābolgen
    wurðeþ;   185
siððan bið him se wela onwended   and wyrð him wīte
    gegearwod[3],   431
sum heard hearmscearu.   Hycgað his ealle,
hū gē hī beswīcen;   siððan ic mē sōfte[4] mæg

---

[1] clomme   [2] corrected from fæderhoman   [3] second e added
above the line   [4] sefte

restan on þyssum racentum,   gif him þæt rīce losað.

Sē þe þæt gelǣsteð,   him bið lēan gearo   190
æfter tō aldre   þæs wē hērinne magon
on þyssum fȳre forð   fremena gewinnan.

Sittan lǣte ic hine wið mē sylfne,   swā hwā swā þæt secgan
      cymeð
on þās hātan helle,   þæt hīe Heofoncyninges
unwurðlīce   wordum and dǣdum   195
lāre [forlǣten]   *   *   *   441

XXIII

JUDITH

[*From Cotton MS. Vitellius A. xv (see pp. 260 f. below), ff. 202 ff.*]

ONLY the last three cantos, and a fragment of the ninth, have been preserved. For metrical reasons the poem is usually considered late, perhaps of the early tenth century, but attempts to date it by alleged historical implications are unconvincing. Though Ælfric in his *Preface to the Old Testament* regards the story of Judith as an example to men to defend their country against an invading army, the poet need not have had any other motive than to versify an exciting story, which he does very well. He retains many of the conventions of older poetry, but can produce vigorous, realistic scenes, such as the account of the drunken feast, or of the attempts to waken the dead Holofernes.

The manuscript was damaged in the fire of 1731, and in places we must rely on the readings in Edward Thwaites's *Heptateuchus (&c.)*, *Historiæ Judith Fragmentum* (1698), especially for the concluding lines, which are added in the manuscript in a modern hand and are now nearly illegible.

* * *   twēode

gifena in ðȳs ginnan grunde.   Hēo ðǣr þā gearwe funde
mundbyrd æt ðām mǣran þēodne,   þā hēo āhte mǣste
    þearfe
hyldo þæs hēhstan Dēman,   þæt hē hīe wið þæs hēhstan
    brōgan
gefriðode, frymða Waldend.   Hyre ðæs Fæder on rode-
    rum   5
torhtmōd tīðe gefremede,   þe hēo āhte trumne gelēafan
ā tō ðām Ælmihtigan.   Gefrægen ic ðā Ōlofernus[1]
wīnhātan wyrcean georne,   and eallum wundrum þrym-
    lic
girwan up swǣsendo.   Tō ðām hēt se gumena baldor

[1] Holofernus *throughout*

ealle ðā yldestan ðegnas; hīe ðæt ofstum miclum 10
ræfndon rondwiggende, cōmon tō ðām rīcan þēodne
fēran folces ræswan. þæt wæs þȳ fēorðan dōgore
þæs ðe Iūdith hyne glēaw on geðonce,
ides ælfscīnu, ærest gesōhte.

x. Hīe ðā tō ðām symle sittan ēodon, 15
wlance tō wīngedrince, ealle his wēagesīðas,
bealde byrnwiggende. þær wæron bollan stēape
boren æfter bencum gelōme, swylce ēac būnan and
orcas
fulle fletsittendum: hīe þæt fæge þēgon
rōfe rondwiggende, þēah ðæs se rīca ne wēnde, 20
egesful eorla dryhten. Ðā wearð Ōlofernus,
goldwine gumena, on gytesālum;
hlōh and hlȳdde, hlynede and dynede,
þæt mihten fīra bearn feorran gehȳran,
hū se stīðmōda styrmde and gylede, 25
mōdig and medugāl manode geneahhe
bencsittende þæt hī gebærdon wel.
Swā se inwidda ofer ealne dæg
dryhtguman sīne drencte mid wīne,
swīðmōd sinces brytta, oð þæt hīe on swīman lāgon, 30
oferdrencte his duguðe ealle, swylce hīe wæron dēaðe
geslegene,
āgotene gōda gehwylces. Swā hēt se gumena baldor[1]
fylgan fletsittendum, oð þæt fīra bearnum
nēalæhte niht sēo þȳstre. Hēt ðā nīða geblonden
þā ēadigan mægð ofstum fetigan 35
tō his bedreste bēagum gehlæste,
hringum gehrodene. Hīe hraðe fremedon,

---

[1] aldor, *with erasure of* b *before the* a

ambyhtscealcas¹,   swā him heora ealdor bebēad,
byrnwigena brego;   bearhtme stōpon
tō þām gysterne,   þǣr hīe Iūdithe²   40
fundon ferhðglēawe,   and ðā fromlīce
lindwiggende   lǣdan ongunnon
þā torhtan mægð   tō træfe þām hēan,
þǣr se rīca hyne   reste on symbel,
nihtes inne,   Nergende lāð   45
Ōlofernus.   þǣr wæs eallgylden
flēohnet fǣger   ymbe³ þæs folctogan
bed āhongen,   þæt se bealofulla
mihte wlītan þurh,   wigena baldor,
on æghwylcne   þe ðǣrinne cōm   50
hæleða bearna,   and on hyne nǣnig
monna cynnes,   nymðe se mōdiga hwæne
nīðe rōfra   him þē nēar hēte
rinca tō rūne gegangan.   Hīe ðā on reste gebrōhton⁴
snūde ðā snoteran idese;   ēodon ðā stercedferhðe⁵   55
hæleð heora hearran cȳðan   þæt wæs sēo hālige mēowle
gebrōht on his būrgetelde.   þā wearð se brēma on mōde
blīðe, burga ealdor,   þōhte ðā beorhtan idese
mid wīdle and mid womme besmītan;   ne wolde þæt
    wuldres Dēma
geðafian, þrymmes Hyrde,   ac hē him þæs ðinges ge-
    stȳrde,   60
Dryhten, dugeða Waldend.   Gewāt ðā se dēofulcunda,
gālferhð [gangan]   gumena ðrēate,
bealofull his beddes nēosan,   þǣr hē sceolde his blǣd
    forlēosan
ǣdre binnan ānre nihte;   hæfde ðā his ende gebidenne
on eorðan unswǣslicne,   swylcne hē ǣr æfter worhte, 65

---

¹ anbyhtscealcas   ² iudithðe   ³ and ymbe   ⁴ -en
corrected to -on   ⁵ ste[rced]ferhðe

þearlmōd ðēoden gumena, þenden hē on ðysse worulde
wunode under wolcna hrōfe. Gefēol ðā wīne swā drun-
cen
se rīca on his reste middan, swā hē nyste rǣda nānne
on gewitlocan. Wiggend stōpon
ūt of ðām inne ofstum miclum,   70
weras wīnsade, þe ðone wǣrlogan,
lāðne lēodhatan, lǣddon tō bedde
nēhstan sīðe. þā wæs Nergendes
þēowen þrymful þearle gemyndig
hū hēo þone atolan ēaðost mihte   75
ealdre benǣman ǣr se unsȳfra
womfull onwōce. Genam ðā wundenlocc,
Scyppendes mægð, scearpne mēce,
scūrum heardne, and of scēaðe ābrǣd
swīðran folme; ongan ðā swegles Weard   80
be naman nemnan, Nergend ealra
woruldbūendra, and þæt word ācwæð:
'Ic ðē, frymða God, and frōfre Gǣst,
Bearn Alwaldan, biddan wylle
miltse þīnre mē þearfendre[1],   85
Ðrȳnesse ðrym. Ðearle ys mē nū ðā
heorte[2] onhǣted and hige geōmor,
swȳðe mid sorgum gedrēfed. Forgif mē, swegles
    Ealdor,
sigor and sōðne gelēafan, þæt ic mid þȳs sweorde mōte
gehēawan þysne morðres bryttan; geunne me mīnra
    gesynta,   90
þearlmōd þēoden gumena: nāhte ic þīnre nǣfre
miltse þon māran þearfe. Gewrec nū, mihtig Dryhten,
torhtmōd tīres Brytta, þæt mē ys þus torne on mōde,
hāte on hreðre mīnum.' Hī ðā se hēhsta Dēma

---

[1] þearf fendre   [2] heorte ys

ǣdre mid elne onbryrde,   swā hē dēð ānra gehwylcne
hērbūendra   þe hyne him tō helpe sēceð   96
mid rǣde and mid rihte gelēafan.   þā wearð hyre rūme
      on mōde
hāligre hyht genīwod;   genam ðā þone hǣðenan mannan
fæste be feaxe sīnum,   tēah hyne folmum wið hyre
      weard
bysmerlīce,   and þone bealofullan   100
listum ālēde,   lāðne mannan,
swā hēo ðæs unlǣdan   ēaðost mihte
wel gewealdan.   Slōh ðā wundenlocc
þone fēondsceaðan   fāgum mēce
heteþoncolne,   þæt hēo healfne forcearf   105
þone swēoran him,   þæt hē on swīman læg,
druncen and dolhwund.   Næs ðā dēad þā gȳt,
ealles orsāwle;   slōh ðā eornoste
ides ellenrōf   ōþre sīðe
þone hǣðenan hund,   þæt him þæt hēafod wand   110
forð on ðā flōre;   læg se fūla lēap
gēsne beæftan,   gǣst ellor hwearf
under neowelne næs   and ðǣr genyðerad wæs,
sūsle gesǣled   syððan ǣfre,
wyrmum bewunden,   wītum gebunden,   115
hearde gehæfted   in hellebryne
æfter hinsīðe.   Ne ðearf hē hopian nō,
þȳstrum forðylmed,   þæt hē ðonan mōte
of ðām wyrmsele,   ac ðǣr wunian sceal
āwa tō aldre   būtan ende forð   120
in ðām heolstran hām   hyhtwynna lēas.

XI.   Hæfde ðā gefohten   foremǣrne blǣd
      Iūdith æt gūðe,   swā hyre God ūðe,
      swegles Ealdor,   þe hyre sigores onlēah.

þā sēo snotere mægð   snūde gebrōhte   125
þæs herewǣðan   hēafod swā blōdig
on ðām fǣtelse   þe hyre foregenga,
blāchlēor ides,   hyra bēgea nest,
ðēawum geðungen,   þyder on lǣdde,
and hit ðā swā heolfrig   hyre on hond āgeaf,   130
higeðoncolre   hām tō berenne,
Iūdith gingran sīnre.   Ēodon ðā gegnum þanone[1]
þā idcsa bā   ellenþrīste,
oð þæt hīe[2] becōmon   collenferhðe,
ēadhrēðige mægð,   ūt of ðām herige,   135
þæt hīe sweotollīce   gesēon mihten
þǣre wlitegan byrig   weallas blīcan,
Bēthūliam.   Hīe ðā bēahhrodene
fēðelāste   forð ōnettan,
oð hīe glædmōde   gegān hæfdon   140
tō ðām wealgate.   Wiggend sǣton,
weras wæccende   wearde hēoldon
in ðām fæstenne,   swā ðām folce ǣr
geōmormōdum   Iūdith[3] bebēad,
searoðoncol mægð,   þā hēo on sīð gewāt,   145
ides ellenrōf.   Wæs ðā eft cumen
lēof tō lēodum,   and ðā lungre hēt
glēawhȳdig wīf   gumena sumne
of ðǣre ginnan byrig   hyre tōgēanes gān,
and hī ofostlīce   in forlǣtan[4]   150
þurh ðæs wealles geat,   and þæt word ācwæð
tō ðām sigefolce: 'Ic ēow secgan mæg
þoncwyrðe þing,   þæt gē ne þyrfen leng
murnan on mōde: ēow ys Metod blīðe,
cyninga Wuldor;   þæt gecȳðed wearð   155

---

[1] þanonne   [2] hie hie   [3] Iudithe   [4] forlęton, *with* -on
from -en

geond woruld wīde,   þæt ēow ys wuldorblǣd
torhtlic tōweard   and tīr gifeðe
þāra lǣðða   þe gē lange drugon.'
þā wurdon blīðe   burhsittende,
syððan hī gehȳrdon   hū sēo hālige spræc   160
ofer hēanne weall.   Here wæs on lustum,
wið þæs fæstengeates   folc ōnette,
weras wīf somod,   wornum and hēapum,
ðrēatum and ðrymmum   þrungon and urnon
ongēan ðā þēodnes[1] mægð   þūsendmǣlum,   165
ealde ge geonge;   ǣghwylcum wearð
men on ðǣre medobyrig   mōd ārēted,
syððan hīe ongēaton   þæt wæs Iūdith cumen
eft tō ēðle,   and ðā ofostlīce
hīe mid ēaðmēdum   in forlēton.   170
þā sēo glēawe hēt,   golde gefrætewod,
hyre ðīnenne   þancolmōde
þæs herewǣðan   hēafod onwrīðan,
and hyt tō bēhðe   blōdig ætȳwan
þām burhlēodum,   hū hyre æt beaduwe gespēow.   175
Spræc ðā sēo æðele   tō eallum þām folce:
'Hēr gē magon sweotole,   sigerōfe hæleð,
lēoda rǣswan,   on ðæs lāðestan
hǣðenes heaðorinces   hēafod starian[2],
Ōlofernus   unlyfigendes,   180
þe ūs monna mǣst   morðra gefremede,
sārra sorga,   and þæt swȳðor gȳt
ȳcan wolde;   ac him ne ūðe God
lengran līfes,   þæt hē mid lǣððum ūs
eglan mōste: ic him ealdor oðþrong   185
þurh Godes fultum.   Nū ic gumena gehwæne
þyssa burglēoda   biddan wylle,

----

randwiggendra,   þæt gē recene ēow
fȳsan tō gefeohte;   syððan frymða God,
ārfæst Cyning,   ēastan sende   190
lēohtne lēoman,   berað linde forð,
bord for brēostum   and byrnhomas,
scīre helmas   in sceaðena gemong,
fyllað¹ folctogan   fāgum sweordum,
fǣge frumgāras.   Fȳnd syndon ēowere   195
gedēmed tō dēaðe   and gē dōm āgon,
tīr æt tohtan,   swā ēow getācnod hafað
mihtig Dryhten   þurh mīne hand.'
   þā wearð snelra werod   snūde gegearewod,
cēnra tō campe;   stōpon cynerōfe   200
secgas and gesīðas,   bǣron [sige]þūfas,²
fōron tō gefeohte   forð on gerihte,
hæleð under helmum   of ðǣre hāligan byrig
on ðæt dægred sylf;   dynedan scildas,
hlūde hlummon.   þæs se hlanca gefeah   205
wulf in walde,   and se wanna hrefn,
wælgīfre fugel: wiston³ bēgen
þæt him ðā þēodguman   þōhton tilian
fylle on fǣgum;   ac him flēah on lāst
earn ǣtes georn,   ūrigfeðera,   210
salowigpāda   sang hildelēoð,
hyrnednebba.   Stōpon heaðorincas,
beornas tō beadowe,   bordum beðeahte,
hwealfum lindum,   þā ðe hwīle ǣr
elðēodigra   edwīt þoledon,   215
hǣðenra hosp;   him þæt hearde wearð
æt ðām æscplegan   eallum forgolden
Assȳrium,   syððan Ebrēas
under gūðfanum   gegān hæfdon

¹ fyllan   ² *no gap in MS.*; sige *supplied by Ettmüller*   ³ westan

tō ðām fyrdwīcum.   Hīe ðā fromlīce   220
lēton forð flēogan   flāna scūras,
[hilde]nǣdran   of hornbogan,
strǣlas stedehearde;   styrmdon hlūde
grame gūðfrecan,   gāras sendon
in heardra gemang.   Hǣleð wǣron yrre,   225
landbūende,   lāðum cynne,
stōpon styrnmōde,   stercedferhðe
wrehton unsōfte   ealdgenīðlan
medowērige;   mundum brugdon
scealcas of scēaðum   scīrmǣled swyrd   230
ecgum gecoste,   slōgon eornoste
Assīria   ōretmǣcgas,
nīðhycgende,   nānne ne sparedon
þæs herefolces   hēanne ne rīcne[1]
cwicera manna   þe hīe ofercuman mihton.   235

XII.   Swā ðā magoþegnas   on ðā morgentīd
ēhton elðēoda   ealle þrāge,
oð þæt ongēaton   ðā ðe grame wǣron,
ðæs herefolces   hēafodweardas,
þæt him swyrdgeswing   swīðlic ēowdon   240
weras Ebrisce.   Hīe wordum þæt
þām yldestan   ealdorþegnum
cȳðan ēodon,   wrehton cumbolwigan
and him forhtlīce   fǣrspel bodedon,
medowērigum   morgencollan,   245
atolne ecgplegan.   þā ic ǣdre gefrægn
slegefǣge hǣleð   slǣpe tōbrēdan[2]
and wið þæs bealofullan   būrgeteldes
wērigferhðe[3]   hwearfum þringan
Ōlofernus;   hogedon āninga   250

---

[1] rice   [2] tobredon   [3] weras ferhðe

hyra hlāforde hilde¹ bodian,
ǣr ðon ðe him se egesa onufan sǣte,
mægen Ebrēa. Mynton ealle
þæt se beorna brego and sēo beorhte mægð
in ðām wlitegan trǣfe wǣron ætsomne, 255
Iūdith sēo æðele and se gālmōda,
egesfull and āfor; næs ðēah eorla nān,
þe ðone wiggend āweccan dorste
oððe gecunnian hū ðone cumbolwigan
wið ðā hālgan mægð hæfde geworden, 260
Metodes mēowlan. Mægen nēalǣhte,
folc Ebrēa, fuhton þearle
heardum heoruwǣpnum, hǣste² guldon
hyra fyrngeflitu fāgum swyrdum,
ealde æfðoncan; Assȳria wearð 265
on ðām dægeweorce dōm geswiðrod,
bælc forbīged. Beornas stōdon
ymbe hyra þēodnes træf þearle gebylde,
sweorcendferhðe. Hī ðā somod ealle
ongunnon cohhetan, cirman hlūde, 270
and grīstbitian, Gode orfeorme,
mid tōðon torn þoligende; þā wæs hyra tīres æt ende,
ēades and ellendǣda. Hogedon þā eorlas āweccan
hyra winedryhten: him wiht ne spēow.
þā wearð sīð and late sum tō ðām arod 275
þāra beadorinca, þæt hē in þæt būrgeteld
nīðheard nēðde, swā hyne nȳd fordrāf;
funde ðā on bedde blācne licgan
his goldgifan gǣstes gēsne,
līfes belidenne. Hē þā lungre gefēoll 280
frēorig tō foldan, ongan his feax teran,
hrēoh on mōde, and his hrægl somod,

¹ hyldo ² hæfte

and þæt word ācwæð   tō ðām wiggendum,
þe ðǣr unrōte   ūte wǣron:
'Hēr ys geswutelod   ūre sylfra forwyrd,   285
tōweard getācnod,   þæt þǣre tīde ys
[nū] mid nīðum   nēah geðrungen,
þe wē [līfe] sculon   losian somod,
æt sæcce forweorðan: hēr lið sweorde gehēawen,
behēafdod healdend ūre.'   Hī ðā hrēowigmōde   290
wurpon hyra wǣpen ofdūne,   gewitan him wērigferhðe
on flēam sceacan.   Him mon feaht on lāst,
mægenēacen folc,   oð se mǣsta dǣl
þæs heriges læg   hilde gesǣged
on ðām sigewonge,   sweordum gehēawen,   295
wulfum tō willan,   and ēac wælgīfrum
fuglum tō frōfre.   Flugon ðā ðe lyfdon
lāðra lind[wīg].   Him on lāste fōr
swēot Ebrēa   sigore geweorðod,
dōme gedȳrsod;   him fēng Dryhten God   300
fægre on fultum,   Frēa ælmihtig.
Hī ðā fromlīce   fāgum swyrdum
hæleð higerōfe   herpað worhton
þurh lāðra gemong,   linde hēowon,
scildburh scǣron;   scēotend wǣron   305
gūðe gegremede,   guman Ebrisce,
þegnas on ðā tīd   þearle gelyste
gārgewinnes.   Þǣr on grēot gefēoll
se hȳhsta dǣl   hēafodgerīmes
Assīria   ealdorduguðe,   310
lāðan cynnes: lȳthwōn becōm
cwicera tō cȳððe.   Cirdon cynerōfe,
wiggend on wiðertrod,   wælscel oninnan,
rēocende hrǣw.   Rūm wæs tō nimanne
londbūendum   on ðām lāðestan,   315

hyra ealdfēondum   unlyfigendum
heolfrig hererēaf,   hyrsta scӯne,
bord and brād swyrd,   brūne helmas,
dӯre mādmas.   Hæfdon dōmlīce
on ðām folcstede   fӯnd oferwunnen   320
ēðelweardas,   ealdhettende
swyrdum āswefede: hīe on swaðe reston,
þā ðe him tō līfe   lāðost wæron
cwicera cynna.   Ðā sēo cnēoris eall,
mǣgða mǣrost,   ānes mōnðes fyrst,   325
wlanc wundenlocc   wǣgon and lǣddon
tō ðǣre beorhtan byrig   Bēthūliam
helmas and hupseax,   hāre byrnan,
gūðsceorp gumena   golde gefrætewod,
mǣrra mādma [mā]   þonne mon ǣnig   330
āsecgan mæge   searoþoncelra;
eal þæt ðā ðēodguman   þrymme gēeodon,
cēne under cumblum   on[1] compwīge
þurh Iūdithe   glēawe lāre,
mægð mōdigre.   Hī tō mēde hyre   335
of ðām sīðfate   sylfre brōhton,
eorlas æscrōfe,   Ōlofernes-
sweord and swātigne helm,   swylce ēac sīde byrnan,
gerēnode rēadum golde,   and eal þæt se rinca baldor
swīðmōd sinces āhte   oððe sundoryrfes,   340
bēaga and beorhtra māðma,   hī þæt þǣre beorhtan idese
āgēafon gearoþoncolre.   Ealles ðæs Iūdith sægde
wuldor weroda Dryhtne,   þe hyre weorðmynde geaf,
mǣrðe on moldan rīce,   swylce ēac mēde on heofonum,
sigorlēan[2] [in swegles wuldre   þæs ðe hēo āhte sōðne ge-
        lēafan   345
[ā] tō ðām Ælmihtigan;   hūru æt þām ende ne twēode

---

[1] and   [2] *The rest survives only in a late copy*

þæs lēanes þe hēo lange gyrnde.   þæs sȳ ðām lēofan
    Dryhtne
wuldor tō wīdan aldre,   þe gesceōp[1] wind and lyfte,
roderas and rūme grundas,   swylce ēac rēðe strēamas
and swegles drēamas   þurh his sylfes miltse.]   350

[1] gesceow

XXIV

THE HAPPY LAND
FROM THE PHŒNIX

[*From the Exeter Book (see pp. 260 f. below), ff. 55ᵛ ff.*]

THE attribution of the poem on the Phœnix to Cynewulf, two of whose signed poems are included in the Exeter Book, is no longer usually accepted. The first part is based on *Carmen de Ave Phœnice*, ascribed to Lactantius, but it has been expanded and given clearer Christian implications which lead on to the second part of the poem, where the English poet interprets the allegory of the phœnix as symbolizing the resurrection, an idea common in the Church from early times. He has made some use of the *Hexameron* of St. Ambrose. It is possible that he had a Latin source which already gave an allegorical exposition of the *Carmen*. The English poem has been admired for the beauty of its descriptions, and its first 84 lines are given here to show what an Old English poet can do when for once he has a happy theme. Observe the use made of rhyme and assonance.

> Hæbbe ic gefrugen   þætte is feor heonan
> ēastdǣlum on   æþelast londa
> fīrum gefrǣge.   Nis se foldan scēat
> ofer middangeard   mongum gefēre
> folcāgendra,   ac hē āfyrred is   5
> þurh Meotudes meaht   mānfremmendum.
> Wlitig is se wong eall,   wynnum geblissad,
> mid þām fægrestum   foldan stencum.
> Ǣnlic is þæt īglond,   æþele se Wyrhta,
> mōdig, meahtum spēdig,   sē þā moldan gesette.   10
> Đǣr bið oft open   ēadgum tōgēanes,
> onhliden hlēoþra wyn,   heofonrīces duru.

Est locus in primo felix oriente remotus,
Qua patet aeterni maxima porta poli,

þæt is wynsum wong,   wealdas grēne,
rūme under roderum.   Ne mæg þær rēn ne snāw,
ne forstes fnǣst[1],   ne fȳres blǣst,   15
ne hægles hryre,   ne hrīmes dryre,
ne sunnan hǣtu,   ne sincaldu,
ne wearm weder,   ne winterscūr
wihte gewyrdan;   ac se wong seomað
ēadig and onsund.   Is þæt æþele lond   20
blōstmum geblōwen.   Beorgas þær ne muntas
stēape ne stondað,   ne stānclifu
hēah hlīfiað,   swā hēr mid ūs,
ne dene ne dalu,   ne dūnscrafu,
hlǣwas ne hlincas,   ne þær hleonað oo   25
unsmēþes wiht;   ac se æþela feld
wrīdað under wolcnum   wynnum geblōwen.
Is þæt torhte lond   twelfum hērra
folde fæðmrīmes,   swā ūs gefreogum glēawe
wītgan þurh wīsdōm   on gewritum cȳþað,   30
þonne ǣnig þāra beorga   þe hēr beorhte mid ūs
hēa hlīfiað   under heofontunglum.
Smylte is se sigewong;   sunbearo līxeð,
wuduholt wynlic.   Wǣstmas ne drēosað,
beorhte blēde,   ac þā bēamas ā   35
grēne stondað,   swā him God bibēad;

Nec tamen aestivos hiemisve propinquus ad ortus,
    Sed qua sol verno fundit ab axe diem.
Illic planities tractus diffundit apertos,
    Nec tumulus crescit, nec cava vallis hiat;
Sed nostros montes, quorum iuga celsa putantur,
    Per bis sex ulnas imminet ille locus.
Hic Solis nemus est et consitus arbore multa
    Lucus, perpetuae frondis honore virens.

[1] fnæft, *with* n *on erasure*

wintres and sumeres   wudu bið gelīce
blēdum gehongen;   nǣfre brosniað
lēaf under lyfte,   ne him līg sceþeð
ǣfre tō ealdre,   ǣr þon edwenden   40
worulde geweorðe.   Swā iū wǣtres þrym
ealne middangeard,   mereflōd þeahte
eorðan ymbhwyrft,   þā se æþela wong
ǣghwæs onsund   wið ȳðfare
gehealden stōd   hrēora wǣga   45
ēadig, unwemme,   þurh ēst Godes;
bīdeð swā geblōwen   oð bǣles cyme,
Dryhtnes dōmes,   þonne dēaðrǣced,
hæleþa heolstorcofan,   onhliden weorþað.

Nis þǣr on þām londe   lāðgenīðla,   50
ne wōp ne wracu,   wēatācen nān,
yldu ne yrmðu,   ne se enga dēað,
ne līfes lyre   ne lāþes cyme,
ne synn ne sacu,   ne sārwracu,
ne wǣdle gewin,   ne welan onsȳn,   55
ne sorg ne slǣp,   ne swār leger,
ne wintergeweorp,   ne wedra gebregd
hrēoh under heofonum,   ne se hearda forst
caldum cylegicelum   cnyseð ǣnigne.

Cum Phaethonteis flagrasset ab ignibus axis,
   Ille locus flammis inviolatus erat;
Et cum diluvium mersisset fluctibus orbem,
   Deucalioneas exsuperavit aquas.
Non huc exsangues morbi, non aegra senectus,
   Nec mors crudelis nec metus asper adest,
Nec scelus infandum nec opum vesana cupido,
   Aut ira aut ardens caedis amore furor;
Luctus acerbus abest et egestas obsita pannis
   Et curae insomnes et violenta fames.
Non ibi tempestas nec vis furit horrida venti
   Nec gelido terram rore pruina tegit;

þǣr ne hægl ne hrīm   hrēosað tō foldan,   60
ne windig wolcen,   ne þǣr wæter fealleþ
lyfte gebysgad;   ac þǣr lagustrēamas,
wundrum wrǣtlice   wyllan onspringað,
fægrum flōdwylmum[1]   foldan leccaþ,
wæter wynsumu   of þæs wudu midle,   65
þā mōnþa gehwām   of þǣre moldan tyrf
brimcald brecað,   bearo ealne geondfarað
þrāgum þrymlīce: is þæt þēodnes gebod
þætte twelf sīþum   þæt tīrfæste
lond geondlāce   laguflōda wynn.   70
   Sindon þā bearwas   blēdum gehongne[2],
wlitigum wæstmum.   þǣr nō waniað[3] ō
hālge under heofonum   holtes frætwe,
ne feallað þǣr on foldan   fealwe blōstman,
wudubēama wlite;   ac þǣr wrǣtlīce   75
on þām trēowum symle   telgan gehladene,
ofett ednīwe,   in ealle tīd
on þām græswonge   grēne stondaþ,
gehroden hyhtlīce   Hāliges meahtum,
beorhtast bearwa.   Nō gebrocen weorþeð   80
holt on hīwe,   þǣr se hālga stenc
wunaþ geond wynlond.   þæt onwended ne bið
ǣfre tō ealdre,   ǣr þon endige
frōd fyrngeweorc,   sē hit on frymþe gesceōp.

Nulla super campos tendit sua vellera nubes,
   Nec cadit ex alto turbidus umor aquae.
Sed fons in medio est, quem vivum nomine dicunt,
   Perspicuus, lenis, dulcibus uber aquis,
Qui semel erumpens per singula tempora mensum,
   Duodecies undis irrigat omne nemus;
Hic genus arboreum procero stipite surgens
   Non lapsura solo mitia poma gerit.

[1] fold wylmum   [2] gehongene *with first* e *deleted by dot under-*
neath   [3] wuniað

XXV

THE DREAM OF THE ROOD

[*From the Vercelli Book (see pp. 260 f. below), ff. 104ᵛ ff.*]

BESIDES the complete poem in the Vercelli Book, some quotations from the speech of the Cross are carved in runes in the margins of the sculptured cross at Ruthwell in Dumfriesshire, and a transliteration of these is given at the foot of the pages concerned. The cross is usually dated late seventh or early eighth century. For the carver's purpose the speech of the Cross was the most suitable part of the poem, and his choice does not imply that he knew this speech as a separate poem, which was only later given the dream framework. In any case, the complete poem is the work of a fine poet, and the poignancy of the account of the crucifixion, seen from the point of view of the unwilling instrument of death, is increased by its setting, in which the dreamer, oppressed by consciousness of sin, sees in a vision the Cross overspreading the universe, constantly shifting between a symbol of glory and a symbol of suffering; when his bewilderment is removed by the speech of the Cross, he awakes to an understanding of the full meaning of the Redemption for every human being, and remembers that the scene on Calvary so graphically described was the prelude to the Harrowing of Hell and the triumphant entry into Heaven. The poem ends on this note.

Hwæt, ic swefna cyst   secgan wylle,
hwæt[1] mē gemǣtte   tō midre nihte,
syðþan reordberend   reste wunedon.
þūhte mē þæt ic gesāwe   syllicre trēow
on lyft lǣdan   lēohte bewunden,   5
bēama beorhtost.   Eall þæt bēacen wæs
begoten mid golde;   gimmas stōdon
fægere æt foldan scēatum,   swylce þǣr fīfe wǣron
uppe on þām eaxlgespanne[2].   Behēoldon þǣr engeldryhta
    feala[3]

---

[1] hæt   [2] eaxlegespanne   [3] engel dryhtnes ealle

fægere þurh forðgesceaft;   ne wæs ðær hūru fracodes gealga,
ac hine þær behēoldon   hālige gāstas,   11
men ofer moldan,   and eall þēos mǣre gesceaft.
    Syllic wæs se sigebēam,   and ic synnum fāh,
forwundod[1] mid wommum.   Geseah ic wuldres trēow
wǣdum geweorðod[2]   wynnum scīnan,   15
gegyred mid golde;   gimmas hæfdon
bewrigen[3] weorðlīce   Wealdendes[4] trēow.
Hwæðre ic þurh þæt gold   ongytan meahte
earmra ǣrgewin,   þæt hit ǣrest ongan
swǣtan on þā swīðran healfe.   Eall ic wæs mid sorgum[5]
    gedrēfed,   20
forht ic wæs for þǣre fægran gesyhðe;   geseah ic þæt fūse
    bēacen
wendan wǣdum and blēom: hwīlum hit wæs mid wǣtan
    bestēmed,
beswyled mid swātes gange,   hwīlum mid since gegyrwed.
    Hwæðre ic þǣr licgende   lange hwīle
behēold hrēowcearig   Hǣlendes trēow,   25
oð ðæt ic gehȳrde   þæt hit hlēoðrode;
ongan þā word sprecan   wudu sēlesta:
    'þæt wæs geāra iū   (ic þæt gȳta geman)
þæt ic wæs āhēawen   holtes on ende,
āstyred of stefne mīnum.   Genāman mē ðǣr strange fēondas,
geworhton him þǣr tō wæfersȳne,   hēton mē heora wergas
    hebban;   31
bǣron mē þǣr beornas on eaxlum,   oð ðæt hīe mē on beorg
    āsetton;
gefæstnodon mē þǣr fēondas genōge.   Geseah ic þā Frēan
    mancynnes
efstan elne micle,   þæt hē mē wolde on gestīgan.

---

[1] forwunded   [2] geweorðode   [3] bewrigene   [4] wealdes
[5] surgum

þǣr ic þā ne dorste   ofer Dryhtnes word   35
būgan oððe berstan,   þā ic bifian geseah
eorðan scēatas.   Ealle ic mihte
fēondas gefyllan,   hwæðre ic fæste stōd.
Ongyrede hine þā geong hæleð,   þæt wæs God ælmihtig,
strang and stīðmōd;   gestāh hē on gealgan hēanne,   40
mōdig on manigra gesyhðe,   þā hē wolde mancyn lȳsan.
Bifode ic þā mē se beorn ymbclypte;   ne dorste ic hwæðre
      būgan tō eorðan,
feallan tō foldan scēatum,   ac ic sceolde fæste standan.
Rōd wæs ic ārǣred,   āhōf ic rīcne cyning,
heofona hlāford,   hyldan mē ne dorste.   45
þurhdrifan hī mē mid deorcan næglum;   on mē syndon þā
      dolg gesīene,
opene inwidhlemmas;   ne dorste ic hira ǣnigum[1] sceððan.
Bysmeredon hīe unc būtū ætgædere;   eall ic wæs mid blōde
      bestēmed,
begoten of þæs guman sīdan,   siððan hē hæfde his gāst
      onsended.
'Feala ic on þām beorge   gebiden hæbbe   50
wrāðra wyrda: geseah ic weruda God
þearle þenian;   þȳstro hæfdon
bewrigen mid wolcnum   Wealdendes hrǣw;
scīrne scīman   sceadu forðēode,

---

39   + ondgeredæ hinæ ḡod almeȝttig
40   þa he walde on ḡalḡu gistiḡa
41   modig fore . . . . men
42   būḡ-

44   . . . . ic riicnæ Ḟyniŋc
45   hêafunæs hlafard hælda ic ni dorstæ
48   bismærædu uŋket men ba ætḡadre
      ic wæs miþ blodæ bistemid
49   bi-

[1] nænigum

wann under wolcnum.   Wēop eal gesceaft,   55
cwīðdon cyninges fyll: Crīst wæs on rōde.
Hwæðere þǣr fūse   feorran cwōman
tō þām æðelinge;   ic þæt eall behēold.
Sāre ic wæs mid sorgum[1] gedrēfed,   hnāg ic hwæðre þām
    secgum tō handa
ēaðmōd elne mycle.   Genāmon hīe þǣr ælmihtigne God, 60
āhōfon hine of ðām hefian wīte;   forlēton mē þā hilderincas
standan stēame bedrifenne;   eall ic wæs mid strǣlum for-
    wundod.
Ālēdon hīe hine[2] limwērigne,   gestōdon him æt his līces
    hēafdum;
behēoldon hīe ðǣr heofenes Dryhten,   and hē hine ðǣr hwīle
    reste
mēðe æfter ðām miclan gewinne.   Ongunnon him þā mol-
    dern[3] wyrcan   65
beornas on banan gesyhðe,   curfon hīe ðæt of beorhtan stāne;
gesetton hīe ðǣron sigora Wealdend.   Ongunnon him þā
    sorhlēoð galan
earme on þā ǣfentīde,   þā hīe woldon eft sīðian
mēðe fram þām mǣran þēodne;   reste hē ðǣr mǣte weorode.
Hwæðere wē ðǣr grēotende[4]   gōde hwīle   70
stōdon on staðole;   stefn[5] up gewāt
hilderinca;   hrǣw cōlode,

---

56   + krist wæs on rodi
57   hweþræ þer fusæ fêarran kwomu
58   æþþilæ til anum ic þæt al bih*eald*
59   sar. ic wæs mi*þ* sor*g*u*m* gidrœf.d h*n*a*g*

62   mi*þ* strelum giwundad
63   alegdun hiæ hinæ limwœrignæ
       gistoddun him . . . . *licæs hêafdu*m
64   *bihêaldu hiæ þer*

¹ sorgum *omitted in MS.*   ² ðær   ³ *from* moldærn
⁴ reotende   ⁵ syððan

fæger feorgbold. þā ūs man fyllan ongan
ealle tō eorðan; þæt wæs egeslic wyrd!
Bedealf ūs man on dēopan sēaþe; hwæðre mē þǣr Dryhtnes
    þegnas, 75
frēondas gefrūnon   *   *   *   ,
gyredon mē   golde and seolfre.
  'Nū ðū miht gehȳran, hæleð mīn se lēofa,
þæt ic bealuwara weorc gebiden hæbbe,
sārra sorga. Is nū sǣl cumen 80
þæt mē weorðiað wīde and sīde
menn ofer moldan and eall þēos mǣre gesceaft,
gebiddaþ him tō þyssum bēacne. On mē bearn Godes
þrōwode hwīle; for þan ic þrymfæst nū
hlīfige under heofenum, and ic hǣlan mæg 85
ǣghwylcne ānra þāra þe him bið egesa tō mē.
Iū ic wæs geworden wīta heardost,
lēodum lāðost, ǣr þan ic him līfes weg
rihtne gerȳmde, reordberendum.
Hwæt, mē þā geweorþode wuldres Ealdor 90
ofer holtwudu[1], heofonrīces Weard,
swylce swā hē his mōdor ēac, Marīan sylfe,
ælmihtig God for ealle menn
geweorðode ofer eall wīfa cynn.
  'Nū ic þē hāte, hæleð mīn se lēofa, 95
þæt ðū þās gesyhðe secge mannum;
onwrēoh wordum þæt hit is wuldres bēam,
sē ðe ælmihtig God on þrōwode
for mancynnes manegum synnum
and Ādōmes ealdgewyrhtum. 100
Dēað hē þǣr byrigde; hwæðere eft Dryhten ārās
mid his miclan mihte mannum tō helpe.
Hē ðā on heofenas āstāg. Hider eft fundaþ

[1] holmwudu

on þysne middangeard   mancynn sēcan
on dōmdæge   Dryhten sylfa,   105
ælmihtig God,   and his englas mid,
þæt hē þonne wile dēman,   sē āh dōmes geweald,
ānra gehwylcum,   swā hē him ǣrur hēr
on þyssum lǣnum   līfe geearnaþ.

Ne mæg þǣr ǣnig   unforht wesan   110
for þām worde   þe se Wealdend cwyð:
frīneð hē for þǣre mænige   hwǣr se man sīe,
sē ðe for Dryhtnes naman   dēaðes wolde[1]
biteres onbyrigan,   swā hē ǣr on ðām bēame dyde.

Ac hīe þonne forhtiað,   and fēa þencaþ   115
hwæt hīe tō Crīste   cweðan onginnen.

Ne þearf ðǣr þonne ǣnig   anforht[2] wesan
þe him ǣr in brēostum bereð   bēacna sēlest;
ac ðurh ðā rōde sceal   rīce gesēcan
of eorðwege   ǣghwylc sāwl,   120
sēo þe mid Wealdende   wunian þenceð.'

    Gebæd ic mē þā tō þān bēame   blīðe mōde,
elne mycle,   þǣr ic āna wæs
mǣte werede.   Wæs mōdsefa
āfȳsed on forðwege,   feala ealra gebād   125
langunghwīla.   Is mē nū līfes hyht
þæt ic þone sigebēam   sēcan mōte
āna oftor   þonne ealle men,
well weorþian.   Mē is willa tō ðām
mycel on mōde,   and mīn mundbyrd is   130
geriht tō þǣre rōde.   Nāh ic rīcra feala
frēonda on foldan,   ac hīe forð heonon
gewiton of worulde drēamum,   sōhton him wuldres Cyning;
lifiaþ nū on heofenum   mid Hēahfædere,

---

[1] *Corrected from* þrowode *by erasure of* þro *and addition of* l *above the line*   [2] unforht

wuniaþ on wuldre;   and ic wēne mē   135
daga gehwylce   hwænne mē Dryhtnes rōd,
þe ic hēr on eorðan   ǣr scēawode,
on þysson lǣnan   līfe gefetige,
and mē þonne gebringe   þǣr is blis mycel,
drēam on heofonum,   þǣr is Dryhtnes folc   140
geseted tō symle,   þǣr is singāl blis;
and mē[1] þonne āsette   þǣr ic syþþan mōt
wunian on wuldre,   well mid þām hālgum
drēames brūcan.   Sī mē Dryhten frēond,
sē ðe hēr on eorðan   ǣr þrōwode   145
on þām gealgtrēowe   for gumena[2] synnum;
hē ūs onlȳsde,   and ūs līf forgeaf,
heofonlicne hām.   Hiht wæs genīwad
mid blēdum and mid blisse,   þām þe þǣr bryne þolodan.
Se Sunu wæs sigorfæst   on þām sīðfate,   150
mihtig and spēdig,   þā hē mid manigeo cōm,
gāsta weorode,   on Godes rīce,
Anwealda ælmihtig,   englum tō blisse
and eallum ðām hālgum   þām þe on heofonum ǣr
wunedon on wuldre,   þā heora Wealdend cwōm,   155
ælmihtig God,   þǣr his ēðel wæs.

          [1] he   [2] guman

XXVI

THE WANDERER

[*From the Exeter Book (see pp. 260 f. below), ff. 76ᵛ ff.*]

THOUGH this poem has sometimes been regarded as a heathen poem
to which conventional Christian sentiments have been tacked on in
a few lines at the beginning and end, it is now usually seen as a Chris-
tian poem contrasting the true security of faith in God with the in-
security of all earthly ties. This is first brought home by a speech put
into the mouth of a lordless man (the wanderer, from whom the poem
gets its traditional title), whose lord has died; and then by a meditation
on a ruin belonging to an older and mightier civilization, which has
been made desolate by the will of 'the Creator of men'. A wise man,
contemplating this ruin, utters a famous *ubi sunt* lament. The poem
concludes that security lies for us all with the Father in heaven. It is
a matter of controversy where the first speech, that of the wanderer,
is meant to end. The poem lends itself for comparison with *The
Seafarer* (No. xxvii) and with the poems in the Exeter Book known as
The Ruin and *An Exile's Prayer* (or *Resignation*).

Oft him ānhaga   āre gebīdeð,
Metudes miltse,   þēah þe hē mōdcearig
geond lagulāde   longe sceolde
hrēran mid hondum   hrīmcealde sǣ,
wadan wrǣclāstas: wyrd bið ful ārǣd.   5
Swā cwæð eardstapa   earfeþa gemyndig,
wrāþra wælsleahta,   winemǣga hryre:
   'Oft ic sceolde āna   ūhtna gehwylce
mīne ceare cwīþan,   Nis nū cwicra nān,
þe ic him mōdsefan   mīnne durre   10
sweotule āsecgan.   Ic tō sōþe wāt
þæt biþ in eorle   indryhten þēaw,
þæt hē his ferðlocan   fæste binde,
healde¹ his hordcofan,   hycge swā hē wille.

¹ healdne

weorðan 'become'

fate / what has become / course of events

Ne mæg wērigmōd (wyrde) wiðstondan, 15
ne se hrēo hyge *fierce heart* helpe gefremman.
For ðon dōmgeorne   drēorigne oft
in hyra brēostcofan   bindað fæste;
swā ic mōdsefan   mīnne sceolde,
'oft earmcearig   ēðle bidæled, 20
frēomǣgum feor,'   feterum sǣlan,
siþþan geāra iū   goldwine mīnne[1]
hrūsan heolster[2] biwrāh   and ic hēan þonan
wōd wintercearig   ofer waþema[3] gebind,
sōhte sele drēorig   sinces bryttan, 25
hwǣr ic feor oþþe nēah   findan meahte
þone þe in meoduhealle   [mīn] mine wisse,
oþþe mec frēondlēasne[4]   frēfran wolde,
wēman mid wynnum.   Wāt sē þe cunnað
hū slīþen bið   sorg tō gefēran 30
þām þe him lȳt hafað   lēofra geholena:
is his portion path of exile
wārað hine wrǣclāst,   nales wunden gold,
ferðloca frēorig,   nalæs foldan blǣd;
gemon hē selesecgas   and sincþege,
hū hine on geoguðe   his goldwine *lord* 35
wenede tō wiste.   *feast* Wyn eal gedrēas.
For þon wāt sē þe sceal   his winedryhtnes
lēofes lārcwidum   longe forþolian;
ðonne sorg and slǣp   somod ætgædre
earmne ānhagan[5]   oft gebindað, 40
þinceð him on mōde   þæt hē his mondryhten
clyppe and cysse,   and on cnēo lecge
honda and hēafod,   swā hē hwīlum ǣr
in geārdagum   giefstōles[6] brēac;
ðonne onwæcneð eft   winelēas guma, 45

[1] mine   [2] heolstre   [3] waþena   [4] freondlease
[5] anhogan   [6] giefstolas

gesihð him biforan   fealwe wēgas,
baþian brimfuglas,   brǣdan feþra,
hrēosan hrīm and snāw   hægle¹ gemenged.
þonne bēoð þȳ hefigran   heortan benne,
sāre æfter swǣsne;   sorg bið genīwad,   50
þonne māga gemynd   mōd geondhweorfeð;
grēteð glīwstafum,   georne geondscēawað,
secga geseldan;   swimmað eft² on weg;
flēotendra ferð   nō þǣr fela bringeð
cūðra cwidegiedda.   Cearo bið genīwad   55
þām þe sendan sceal   swīþe geneahhe
ofer waþema gebind   wērigne sefan.
For þon ic geþencan ne mæg   geond þās woruld
for hwan mōdsefa³   mīn ne gesweorce,
þonne ic eorla līf   eal geondþence,   60
hū hī fǣrlīce   flet ofgēafon,
mōdge maguþegnas.   Swā þes middangeard
ealra dōgra gehwām   drēoseð and fealleþ.'
    For þon ne mæg weorþan⁴ wīs   wer, ǣr hē āge
wintra dǣl in woruldrīce.   Wita sceal geþyldig,   65
ne sceal nō tō hātheort   ne tō hrǣdwyrde,
ne tō wāc wiga   ne tō wanhȳdig,
ne tō forht ne tō fægen,   ne tō feohgīfre,
ne nǣfre gielpes tō georn,   ǣr hē geare cunne.
Beorn sceal gebīdan,   þonne hē bēot spriceð,   70
oþ þæt collenferð   cunne gearwe
hwider hreþra gehygd   hweorfan wille.
Ongietan sceal glēaw hæle   hū gǣstlic bið,
þonne eall⁵ þisse worulde wela   wēste stondeð,
swā nū missenlīce   geond þisne middangeard   75
winde biwāune   weallas stondaþ,
hrīme bihrorene,   hryðge þā ederas.

----

¹ hagle   ² oft   ³ modsefan   ⁴ wearþan   ⁵ ealle

Wōriað þā wīnsalo,   waldend licgað
drēame bidrorene;   duguð eal gecrong
wlonc bī wealle: sume wīg fornōm,   80
ferede in forðwege;   sumne fugel oþbær
ofer hēanne holm;   sumne se hāra wulf
dēaðe gedælde;   sumne drēorighlēor
in eorðscræfe   eorl gehȳdde.
Ȳþde[1] swā þisne eardgeard   ælda Scyppend,   85
oþ þæt burgwara   breahtma lēase,
eald enta geweorc   īdlu stōdon.
Sē þonne þisne wealsteal   wīse geþōhte,
and þis deorce[2] līf   dēope geondþenceð,
frōd in ferðe,   feor oft gemon   90
wælsleahta worn,   and þās word ācwið:
   'Hwær cwōm mearg, hwær cwōm mago?   Hwær cwōm
      māþþumgyfa?
Hwær cwōm symbla gesetu?   Hwær sindon seledrēamas?
Ēalā beorht būne,   ēalā byrnwiga,
ēalā þēodnes þrym!   Hū sēo þrāg gewāt,   95
genāp under nihthelm,   swā hēo nō wære!
Stondeð nū on lāste   lēofre duguþe
weal wundrum hēah,   wyrmlīcum fāh;
eorlas fornōman   æsca[3] þrȳþe,
wæpen wælgīfru,   wyrd sēo mære;   100
and þās stānhleoþu   stormas cnyssað,
hrīð hrēosende   hrūsan[4] bindeð,
wintres wōma,   þonne won cymeð,
nīpeð nihtscūa,   norþan onsendeð
hrēo hæglfare   hæleþum on andan.   105
Eall is earfoðlic   eorþan rīce;
onwendeð wyrda gesceaft   weoruld under heofonum.

---

[1] *The claim that the MS. reads yþðe has no justification*   [2] deornce
[3] asca   [4] hruse

Hēr bi∂ feoh lǣne,   hēr bi∂ frēond lǣne,
hēr bi∂ mon lǣne,   hēr bi∂ mǣg lǣne:
eal þis eorþan gesteal   īdel weorþe∂.'   110
   Swā cwæ∂ snottor on mōde,   gesæt him sundor æt rūne.
Til biþ sē þe his trēowe gehealdeþ,   ne sceal nǣfre his torn tō
   rycene
beorn of his brēostum ācȳþan,   nemþe hē ǣr þā bōte cunne,
eorl mid elne gefremman.   Wel bi∂ þām þe him āre sēce∂,
frōfre tō Fæder on heofonum,   þǣr ūs eal sēo fæstnung   115
   stonde∂.

XXVII

THE SEAFARER

[*From the Exeter Book (see pp. 260 f. below), ff. 81ᵛ ff.*]

Like *The Wanderer*, this poem has been regarded as composite; the section from l. 64*b* has been taken as a Christian addition without any original connexion with what precedes. Those who have held this view have believed the first part to describe actual voyages, whether they took it as a dialogue between a young sailor and an experienced one, or as a monologue expressing the conflict in a seaman's mind between the lure of the sea and a reluctance again to face its hardships. Many people, however, regard the poem as a unity. Some interpret it as an allegory, in which the voyage represents man's life on earth, a journey towards the heavenly country. Others, who consider that, in the absence of any hint that the vivid descriptions of the first part are to be taken as allegory, they are meant to express actual experience, regard them as descriptive of the experience of the many pilgrims, who, for the love of God, braved the sea in order to reach the land of foreigners; in that case the second part is an explanation of the motives which led such men to reject an easy life on land and set out on pilgrimage. The transitoriness of all things earthly is a relevant theme in such a context. However the poem is interpreted, its poetic power remains unquestioned. There are, however, difficulties in the concluding lines (see p. 277, below) which suggests a degree of corruption which makes them unsuitable for inclusion here.

Mæg ic be mē sylfum   sōðgied wrecan,
sīþas secgan,   hū ic geswincdagum
earfoðhwīle   oft þrōwade,
bitre brēostceare   gebiden hæbbe,
gecunnad in cēole   cearselda fela,   5
atol ȳþa gewealc.   þǣr mec oft bigeat
nearo nihtwaco   æt nacan stefnan,
þonne hē be clifum cnossað.   Calde geþrungen
wǣron fēt mīne[1],   forste gebunden,
caldum clommum,   þǣr þā ceare seofedun   10

[1] mine fet

hāte¹ ymb heortan;   hungor innan slāt
merewērges mōd.   þæt se mon ne wāt,
þe him on foldan   fægrost limpeð,
hū ic earmcearig   īscealdne sǣ
winter wunade   wræccan lāstum,   15
winemǣgum bidroren,   *   *   *
bihongen hrīmgicelum;   hægl scūrum flēag.
þǣr ic ne gehȳrde   būtan hlimman sǣ,
īscaldne wǣg.   Hwīlum ylfete song
dyde ic mē tō gomene,   ganetes hlēoþor   20
and huilpan swēg   fore hleahtor wera,
mǣw singende   fore medodrince.
Stormas þǣr stānclifu bēotan,   þǣr him stearn oncwæð
īsigfeþera;   ful oft þæt earn bigeal
ūrigfeþra.   Nǣnig hlēomǣga   25
fēasceaftig ferð   frēfran² meahte.
For þon him gelȳfeð lȳt   sē þe āh līfes wyn
gebiden in burgum,   bealosīþa hwōn,
wlonc and wīngāl,   hū ic wērig oft
in brimlāde   bīdan sceolde.   30
Nāp nihtscūa,   norþan snīwde,
hrīm hrūsan bond,   hægl fēol on eorþan,
corna caldast.   For þon cnyssað nū
heortan geþōhtas,   þæt ic hēan strēamas,
sealtȳþa gelāc   sylf cunnige;   35
monað mōdes lust   mǣla gehwylce
ferð tō fēran,   þæt ic feor heonan
elþēodigra   eard gesēce;
for þon nis þæs mōdwlonc   mon ofer eorþan,
ne his gifena þæs gōd,   ne in geoguþe tō þæs hwæt,   40
ne in his dǣdum tō þæs dēor,   ne him his dryhten tō þæs
        hold,

---

¹ hat   ² feran

þæt hē ā his sǣfōre   sorge næbbe,
tō hwon hine Dryhten   gedōn wille.
Ne biþ him tō hearpan hyge,   ne tō hringþege,
ne tō wīfe wyn,   ne tō worulde hyht,   45
ne ymbe ōwiht elles,   nefne ymb ȳða gewealc;
ac ā hafað longunge   sē þe on lagu fundað.
Bearwas blōstmum nimað,   byrig fægriað,
wongas wlitig[i]að,   woruld ōnetteð;
ealle þā gemoniað   mōdes fūsne,   50
sefan tō sīþe,   þām þe swā þenceð
on flōdwegas   feor gewītan[1].
Swylce gēac monað   geōmran reorde,
singeð sumeres weard,   sorge bēodeð
bittre[2] in brēosthord.   þæt se beorn ne wāt,   55
sēftēadig[3] secg,   hwæt þā sume drēogað,
þe þā wræclāstas   wīdost lecgað.
For þon nū mīn hyge hweorfeð   ofer hreþerlocan;
mīn mōdsefa   mid mereflōde
ofer hwæles ēþel   hweorfeð wīde,   60
eorþan scēatas,   cymeð eft tō mē
gīfre and grǣdig;   gielleð ānfloga,
hweteð on hwælweg[4]   hreþer unwearnum
ofer holma gelagu;   for þon mē hātran sind
Dryhtnes drēamas   þonne þis dēade līf,   65
lǣne on londe;   ic gelȳfe nō
þæt him eorðwelan   ēce stondað[5].
Simle þrēora sum   þinga gehwylce
ǣr his tīddege[6]   tō twēon weorþeð:
ādl oþþe yldo   oþþe ecghete   70
fǣgum fromweardum   feorh oðþringeð.
For þon þæt [bið] eorla gehwām   æftercweþendra

[1] gewitað   [2] bitter   [3] efteadig   [4] wælweg   [5] stondeð
[6] tide ge

lof lifgendra   lāstworda betst,
þæt hē gewyrce,   ǣr hē on weg scyle,
fremum[1] on foldan   wið fēonda nīþ,   75
dēorum dǣdum   dēofle tōgēanes,
þæt hine ælda bearn   æfter hergen,
and his lof siþþan   lifge mid englum
āwa tō ealdre,   ēcan līfes blǣd[2],
drēam mid dugeþum.

                    Dagas sind gewitene,   80
ealle onmēdlan   eorþan rīces;
nearon[3] nū cyningas   ne cāseras
ne goldgiefan,   swylce iū wǣron,
þonne hī mǣst mid him   mǣrþa gefremedon
and on dryhtlicestum   dōme lifdon.   85
Gedroren is þēos duguð eal,   drēamas sind gewitene;
wuniað þā wācran   and þās woruld healdaþ,
brūcað þurh bisgo.   Blǣd is gehnǣged;
eorþan indryhto   ealdað and sēarað
swā nū monna gehwylc   geond middangeard: 90
yldo him on fareð,   onsȳn blācað,
gomelfeax gnornað,   wāt his iūwine,
æþelinga bearn   eorþan forgiefene.
Ne mæg him þonne se flǣschoma,   þonne him þæt feorg losað,
ne swēte forswelgan   ne sār gefēlan   95
ne hond onhrēran   ne mid hyge þencan.
þēah þe græf wille   golde strēgan
brōþor his geborenum,   byrgan be dēadum
māþmum mislicum,   þæt hine mid nille[4];
ne mæg þǣre sāwle,   þe biþ synna ful,   100
gold tō gēoce   for Godes egsan,
þonne hē hit ǣr hȳdeð   þenden hē hēr leofað.

        [1] fremman   [2] blæð   [3] næron   [4] wille

Micel biþ se Meotudes egsa,   for þon hī sēo molde oncyrreð;
sē gestaþelade   stīþe grundas,
eorþan scēatas   and uprodor.   105
Dol biþ sē þe him his Dryhten ne ondrǣdeþ: cymeð him se
      dēað unþinged.
Ēadig bið se þe ēaþmōd leofaþ: cymeð him sēo ār of
      heofonum.
Meotod him þæt mōd gestaþelað,   for þon hē in his meahte
      gelȳfeð.

XXVIII

SELECTIONS FROM THE RIDDLES

[From the Exeter Book (see pp. 260 f. below), ff. 103–4, 107–8, 112ᵛ–114ᵛ]

NINETY-FOUR riddles have been preserved in the Exeter Book, though some are incomplete. Latin riddles on the model of those of the Latin poet Symphosius had a vogue in eighth-century England, and collections of those by Aldhelm, by Eusebius (= Hwætberht, abbot of Wearmouth) and by Tatwine, archbishop of Canterbury, have survived. A few of the Old English riddles are based on Latin ones. Some of the English specimens have literary merit: a feeling for nature, a power of minute observation, and a neat turn of phrase. They sometimes shed light on technical processes, such as that of the making of a handsome book in D.

A

Hrægl mīn swigað, þonne ic hrūsan trede,
oþþe þā wīc būge, oþþe wado drēfe.
Hwīlum mec āhebbað ofer hæleþa byht
hyrste mīne and þēos hēa lyft,
and mec þonne wīde wolcna strengu 5
ofer folc byreð. Frætwe mīne
swōgað hlūde and swinsiað,
torhte singað, þonne ic getenge ne bēom
flōde and foldan, fērende gǣst.

B

Mec on þissum dagum dēadne ofgēafun[1]
fæder and mōdor: ne wæs mē feorh þā gēn,
ealdor ininnan. þā mec [ān] ongon
wel hold mēge wēdum þeccan[2],
hēold and freoþode, hlēosceorpe wrāh 5

---

[1] ofgeafum [2] weccan

swē ārlīce¹   swā hire āgen bearn,
oþ þæt ic under scēate,   swā mīn gesceapu wǣron,
ungesibbum wearð   ēacen gǣste.
Mec sēo friþemǣg   fēdde *widely* siþþan,
oþ þæt ic āwēox,   wīddor meahte   10
sīþas āsettan.   Hēo hæfde swǣsra þȳ lǣs
suna and dohtra   þȳ hēo swā dyde.

<h2 style="text-align:center">C</h2>

Ic wæs wǣpenwiga.   Nū mec wlonc þeceð,
geong hagostealdmon   golde and sylforc,
wōum wīrbogum.   Hwīlum weras cyssað;
hwīlum ic tō hilde   hlēoþre bonne
wilgehlēþan;   hwīlum wycg byreþ   5
mec ofer mearce;   hwīlum merehengest
fereð ofer flōdas   frætwum beorhtne;
hwīlum mægða sum   mīnne gefylleð
bōsm bēaghroden;   hwīlum ic bordum sceal
heard, hēafodlēas,   behlȳþed licgan;   10
hwīlum hongige   hyrstum frætwed,
wlitig on wāge,   þǣr weras drincað;
frēolic fyrdsceorp   hwīlum folcwigan
[on] wicge wegað,   þonne ic winde sceal
sincfāg swelgan   of sumes bōsme;   15
hwīlum ic gereordum   rincas laðige
wlonce tō wīne;   hwīlum wrāþum² sceal
stefne mīnre   forstolen hreddan,
flȳman fēondsceaþan.   Frige hwæt ic hātte.

<h2 style="text-align:center">D</h2>

Mec fēonda sum   fēore besnyþede,
woruldstrenga binōm;   wǣtte siþþan,

¹ snearlice   ² wraþþum

dȳfde on wætre;   dyde eft þonan,
sette on sunnan,   þǣr ic swīþe belēas
hērum þām þe ic hæfde.   Heard mec siþþan   5
snāð seaxes¹ ecg²   sindrum begrunden,
fingras fēoldan,   and mec fugles wyn
geond[sprengde] spēddropum,   spyrede geneahhe
ofer brūnne brerd,   bēamtelge swealg,
strēames dǣle,   stōp eft on mec,   10
sīþade sweartlāst.   Mec siþþan wrāh
hæleð hlēobordum,   hȳde³ beþenede,
gierede mec mid golde;   for þon mē glīwedon
wrǣtlic weorc smiþa   wīre bifongen.
Nū þā gerēno   and se rēada telg   15
and þā wuldorgesteald   wīde mǣren⁴
dryhtfolca Helm,   nales dol wīte.
Gif mīn bearn wera   brūcan willað,
hȳ bēoð þȳ gesundran   and þȳ sigefæstran,
heortum þȳ hwætran   and þȳ hygeblīþran,   20
ferþe þȳ frōdran;   habbaþ frēonda þȳ mā,
swǣsra and gesibbra,   sōþra and gōdra,
tilra and getrēowra,   þā hyra tȳr and ēad
ēstum ȳcað,   and hȳ ārstafum,
lissum bilecgað,   and hī lufan fæþmum   25
fæste clyppað.   Frige hwæt ic hātte
niþum tō nytte.   Nama mīn is mǣre,
hæleþum gifre,   and hālig sylf.

E

Ic wiht geseah   wundorlīce
hornum bitwēonum⁵   hūþe lǣdan,
lyftfæt lēohtlic   listum gegierwed,

---

¹ seaxses   ² ecge   ³ hyþe   ⁴ mære   ⁵ horna
abitweonum

hūþe tō þām hāme¹   of þām heresīþe;
walde hyre on þǣre byrig   būr ātimbran²,   5
searwum āsettan,   gif hit swā meahte.
Ðā cwōm wundorlicu wiht   ofer wealles hrōf,
sēo is eallum cūð   eorðbūendum:
āhredde þā þā hūþe,   and tō hām bedrāf³
wreccan ofer willan,   gewāt hyre west þonan   10
fǣhþum fēran,   forð ōnette⁴.
Dūst stonc tō heofonum,   dēaw fēol on eorþan,
niht forð gewāt.   Nǣnig siþþan
wera gewiste   þǣre wihte sīð.

F

Moððe word frǣt;   mē þæt þūhte
wrǣtlicu wyrd,   þā ic þæt wundor gefrægn,
þæt se wyrm forswealg   wera gied sumes,
þēof in þȳstro   þrymfæstne cwide
and þæs strangan staþol.   Stælgiest ne wæs   5
wihte þȳ glēawra   þē hē þām wordum swealg.

G

Ðēos lyft byreð   lȳtle wihte
ofer beorghleoþa,   þā sind blace swīþe,
swearte, salopāde.   Sanges rōpe
hēapum fērað,   hlūde cirmað,
tredað bearonæssas,   hwīlum burgsalo   5
niþþa bearna.   Nemnað hȳ sylfe.

¹ ham   ² atimbram   ³ bedræf   ⁴ onetteð

XXIX

GNOMIC VERSES

[*From Cotton MS. Tiberius B. i in the British Museum,
ff. 115 f.*]

GNOMIC verses are probably an early form of poetry, and the two
surviving collections, this and one of 205 lines in the Exeter Book, may
include material from ancient times. Though abrupt and disconnected,
they yet are full of picturesqueness and power, and they sometimes
shed light on early customs and ideas. The set printed here seems to
supply, along with a mnemonic poem on the festivals of the Church,
an introduction to the C version of the Anglo-Saxon Chronicle.

Cyning sceal rīce healdan.   Ceastra bēoð feorran gesȳne,
orðanc enta geweorc,   þā þe on þysse eorðan syndon,
wrǣtlic weallstāna geweorc.   Wind byð on lyfte swiftust,
þunar byð þrāgum hlūdast.   þrymmas syndan Crīstes
  myccle.

Wyrd byð swīðost.   Winter byð cealdost,   5
lencten hrīmigost,   hē byð lengest ceald,
sumor sunwlitegost,   swegel byð hātost,
hærfest hrēðēadegost,   hæleðum bringeð
gēares[1] wæstmas   þā þe him[2] God sendeð.
Sōð bið swutolost[3];   sinc byð dēorost,   10
gold gumena gehwām,   and gomol snoterost,
fyrngēarum frōd,   sē þe ǣr feala gebīdeð.
Wēa bið wundrum clibbor.   Wolcnu scrīðað.
Geongne æþeling sceolan   gōde gesīðas
byldan tō beaduwe   and tō bēahgife.   15
Ellen sceal on eorle;   ecg sceal wið helme[4]

---

[1] *from* geres   [2] *altered in later hand to* hiom   [3] swicolost
[4] hellme

hilde gebīdan.   Hafuc sceal on glōfe
wilde gewunian;   wulf sceal on bearowe,
earm[1] ānhaga;   eofor sceal on holte
tōðmægenes trum.   Til sceal on ēðle   20
dōmes wyrcean.   Daroð sceal on handa,
gār golde fāh.   Gim sceal on hringe
standan stēap and gēap.   Strēam sceal on ȳðum
mencgan[2] mereflōde.   Mæst sceal on cēole,
segelgyrd seomian.   Sweord sceal on bearme,   25
drihtlic īsern.   Draca sceal on hlæwe,
frōd, frætwum wlanc.   Fisc sceal on wætere
cynren cennan.   Cyning sceal on healle
bēagas dælan.   Bera sceal on hæðe,
eald and egesfull.   Ēa ofdūne sceal   30
flōdgrǣg fēran.   Fyrd sceal ætsomne,
tīrfæstra getrum.   Trēow sceal on eorle,
wīsdōm on were.   Wudu sceal on foldan
blǣdum blōwan.   Beorh sceal on eorþan
grēne standan.   God sceal on heofenum,   35
dǣda dēmend.   Duru sceal on healle,
rūm recedes mūð.   Rand sceal on scylde,
fæst fingra gebeorh.   Fugel uppe sceal
lācan on lyfte.   Leax sceal on wǣle
mid scēote scrīðan.   Scūr sceal of[3] heofenum,   40
winde geblanden,   in þās woruld cuman.
þēof sceal gangan þȳstrum wederum.   Þyrs sceal on fenne
    gewunian
āna innan lande.   Ides sceal dyrne cræfte,
fǣmne hire frēond gesēcean,   gif hēo nelle on folce geþēon,
þæt hī man bēagum gebicge.   Brim sceal sealte weallan, 45
lyfthelm and laguflōd   ymb ealra landa gehwylc,
flōwan firgenstrēamas.   Feoh sceal on eorðan

---

      [1] earn   [2] mecgan   [3] on

tȳdran and tȳman.   Tungol sceal on heofenum
beorhte scīnan,   swā him bebēad Meotud.

Gōd sceal wið yfele;   geogoð sceal wið yldo;   50
līf sceal wið dēaþe;   lēoht sceal wið þȳstrum,
fyrd wið fyrde,   fēond wið ōðrum,
lāð wið lāþe   ymb land sacan,
synne stǣlan.   Ā sceal snotor hycgean
ymb þysse worulde gewinn;   wearh hangian,   55
fǣgere ongildan   þæt hē ǣr fācen dyde
manna cynne.   Meotod āna wāt
hwyder sēo sāwul sceal   syððan hweorfan,
and ealle þā gāstas   þe for Gode hweorfað
æfter dēaðdæge,   dōmes bīdað   60
on Fæder fæðme.   Is sēo forðgesceaft
dīgol and dyrne;   Drihten āna wāt,
nergende Fæder.   Nǣni eft cymeð
hider under hrōfas,   þe þæt hēr for sōð
mannum secge,   hwylc sȳ Meotodes gesceaft,   65
sigefolca gesetu,   þǣr hē sylfa wunað.

XXX

THE EPILOGUE OF CYNEWULF'S
ELENE

[*From the Vercelli Book* (*see pp. 260 f. below*), *ff. 132ᵛ ff.*]

THE poet Cynewulf has indicated his name in runes towards the end of four poems, *Elene*, *Juliana*, *The Ascension* (= *Crist II*), and *The Fates of the Apostles*, and these are the only works which can with certainty be regarded as his. The purpose of the 'signatures' is to obtain the prayers of the readers or hearers for his soul; they are fitted into contexts describing the fear of approaching death and of the Last Judgement. The runic acrostic in *Elene* is preceded by a rhymed passage which shows that Cynewulf composed in either a Mercian or a Northumbrian dialect, and the spelling of his name, with the rune for *e*, not *i*, as the fourth letter, prevents the dating of his work earlier than the late eighth century, if he was a Mercian, or than the ninth, if he was a Northumbrian.

þus ic frōd ond fūs	þurh þæt fǣcne hūs	*1236*
wordcræftum[1] wæf	ond wundrum læs,	
þrāgum þreodude	ond geþanc reodode	
nihtes nearwe.	Nysse ic gearwe	
be þǣre [rōde] riht	ǣr me rūmran geþeaht	5
þurh ðā mǣran miht	on mōdes eaht[2]	
wīsdōm onwrēah.	Ic wæs weorcum fāh,	
synnum āsǣled,	sorgum gewǣled,	
bitrum gebunden,	bisgum[3] beþrungen,	
ǣr mē lāre onlāg,	þurh lēohtne hād,	10
gamelum tō gēoce,	gife unscynde	*1246*
Mægencyning āmæt,	ond on gemynd begeat,	
torht ontȳnde,	tīdum gerȳmde,	

---

[1] wordcræft   [2] þeaht *with* þ *squeezed in in another hand*
[3] besgum *with* i *added above* e

bāncofan onband,   brēostlocan onwand,
lēoðcræft[1] onlēac,   þæs ic lustum brēac,   15
willum in worlde.   Ic þæs wuldres trēowes
oft nales æne   hæfde ingemynd,
ær ic þæt wundor   onwrigen hæfde
ymb þone beorhtan bēam,   swā ic on bōcum fand,
wyrda gangum,   on gewritum cȳðan   20
be ðām sigebēacne.   Ᾱ wæs secg[2] oð ðæt   1256
cnyssed cearwelmum,   ᚻ drūsende,
þēah hē in medohealle   māðmas þēge,
æplede gold.   ᚻ gnornode,
ᚴ gefēra   nearusorge drēah,   25
enge rūne,   þær him ᛗ fore
mīlpaðas mæt,   mōdig þrægde,
wīrum gewlenced.   ᚹ is geswiðrad,
gomen æfter gēarum,   geogoð is gecyrred,
ald onmēdla.   ᚢ wæs gēara   30
geogoðhādes glǣm.   Nū synt geārdagas   1266
æfter fyrstmearce   forð gewitene,
līfwynne geliden,   swā ᛚ tōglīdeð,
flōdas gefȳsde.   ᚠ ǣghwām bið
lǣne under lyfte;   landes frætwe   35
gewītaþ under wolcnum   winde gelīcost[3],
þonne hē for hæleðum   hlūd āstīgeð,
wǣðeð be wolcnum,   wēdende fǣreð
ond eft semninga   swīge gewyrðeð
in nēdcleofan   nearwe geheaðrod,   40
þrēam forþrycced.   1276
Swā þēos wor(u)ld   eall gewīteð,
ond ēac swā some   þe hire on wurdon
ātȳdrede   tīonlēg nimeð,
ðonne Dryhten sylf   dōm gesēceð   45

---

[1] leoðucræft   [2] sæcc   [3] geliccost

engla weorude.   Sceall æghwylc ðær
reordberendra   riht gehȳran
dǣda gehwylcra   þurh þæs Dēman mūð
ond worda swā same   wed gesyllan,
eallra unsnyttro   ǣr gesprecenra,   50
þrīstra geþonca.   þonne on þrēo dǣleð   *1286*
in fȳres feng   folc ānra gehwylc
þāra þe gewurdon   on wīdan fēore
ofer sīdne grund.   Sōðfæste bīoð
yfemest in þām āde,   ēadigra gedryht,   55
duguð dōmgeorne,   swā hīe ādrēogan magon
ond būtan earfeðum   ēaðe geþolian,
mōdigra mægen.   Him gemetgaþ eall
ēldes¹ lēoma,   swā him ēðost bið,
sylfum gesēftost.   Synfulle bēoð,   60
māne gemengde,   in ðām midle þrēad,   *1296*
hæleð higegeōmre   in hātne wylm,
þrosme beþehte.   Bið se þridda dǣl,
āwyrgede womsceaðan,   in þæs wylmes grund,
lēase lēodhatan,   līge befæsted   65
þurh ǣrgewyrht,   ārlēasra sceolu
in glēda gripe.   Gode nō syððan
of ðām morðorhofe   in gemynd cumað,
Wuldorcyninge,   ac hīe worpene bēoð
of ðām heaðuwylme   in helle grund,   70
torngeniðlan.   Bið þām twām dǣlum   *1306*
ungelīce;   mōton engla Frēan
gesēon, sigora God.   Hīe āsodene bēoð,
āsundrod fram synnum,   swā smǣte gold,
þæt in wylme bið   womma gehwylces   75
þurh ofnes fȳr   eall geclǣnsod,
āmered ond gemylted.   Swā bið þāra manna ǣlc

¹ eðles

āscyred ond āsceāden   scylda gehwylcre,
dēopra firena,   þurh þæs dōmes fȳr.
Mōton þonne siðþan   sybbe brūcan   80
ēces ēadwelan.   Him bið engla Weard   *1316*
milde ond blīðe,   þæs ðe hīe māna gehwylc
forsāwon, synna weorc,   ond tō Suna Metudes
wordum cleopodon.   For ðan hīe nū on wlite scīnaþ
englum gelīce,   yrfes brūcaþ   85
Wuldorcyninges   tō wīdan fēore. *Amen.*

III. EXAMPLES OF NON-WEST-SAXON DIALECTS

XXXI

EARLY NORTHUMBRIAN TEXTS

A. CÆDMON'S HYMN

FOUR copies of this hymn in a Northumbrian form are known, all written in manuscripts of Bede's *Historia Ecclesiastica Gentis Anglorum*, three in the margin or at the foot of the relevant page, the fourth (in Cambridge University Library MS. Kk. 5. 16, known as the Moore MS.) on the last page (f. 128ᵛ). The Moore MS. was written about 737, and the Leningrad MS. (which has the hymn on f. 107) soon after this. In the body of the text Bede gave the following translation:

> Nunc laudare debemus auctorem regni caelestis, potentiam Creatoris et consilium illius, facta Patris gloriae, quomodo ille, cum sit aeternus Deus, omnium miraculorum auctor extitit, qui primo filiis hominum caelum pro culmine tecti, dehinc terram custos humani generis omnipotens creavit.

In the Anglo-Saxon translation of Bede the hymn appears in a West-Saxon form in its place in the text; see pp. 46 f. above.

1. THE MOORE VERSION

Nū scylun hergan¹   hefaenrīcaes Uard,

Metudæs maecti   end his mōdgidanc,

uerc Uuldurfadur,   suē hē uundra gihuaes,

ēci Dryctin,   ōr āstelidæ.

Hē āērist scōp   aelda barnum   5

heben til hrōfe,   hāleg Scepen.

Thā middungeard   moncynnæs Uard,

¹ *from* hergen

ēci Dryctin,　　æfter tīadæ
fīrum foldu[1],　　Frēa allmectig.
Primo cantauit Cædmon istud carmen.

2. THE LENINGRAD VERSION

Nū scilun herga　　hefenrīcæs Uard,
Metudæs mehti　　and his mōdgithanc,
uerc Uuldurfadur,　　suē hē uundra gihuæs,
ēci Dryctin,　　ōr āstelidæ.
Hē ǣrist scōp　　aeldu barnum　　　　　　5
hefen tō hrōfæ,　　hālig Sceppend.
Thā middingard　　moncynnæs Uard,
ēci Dryctin　　æfter tīadæ
fīrum foldu,　　Frēa allmehtig.

B. BEDE'S DEATH-SONG

[*From St. Gall MS. 254, p. 253*]

THESE lines are found in a letter describing Bede's last hours, written
by one of his pupils, Cuthbert (afterwards abbot of Wearmouth) to
a fellow pupil Cuthwine. The text survives in a continental tradition,
of which the oldest manuscript, St. Gall 254, is of the ninth century;
and also in an English tradition, which includes a version in manu-
scripts of Symeon of Durham, *Historia Dunelmensis Ecclesiæ*. This
version has an addition: *Nam et tunc Anglico carmine componens multum
compunctus aiebat*, which has given rise to the belief that Bede com-
posed, rather than quoted, the lines; but the addition is spurious, for
it is not in a ninth-century manuscript (Hague, Koninklijke Biblio-
theek, 70. H. 7) which is probably descended from a version of the
letter sent to Bede's friend, Abbot Albinus at Canterbury, and deserves
respect. In Cuthbert's letter the hymn is introduced thus:

Canebat autem sententiam sancti Pauli apostoli dicentis 'horren-
dum est incidere in manus Dei viventis', et multa alia de sancta
scriptura . . ., in nostra quoque lingua, ut erat doctus in nostris
carminibus, dicens de terribili exitu animarum e corpore.

[1] fold[v]

Fore thēm[1] neidfaerae   nāēnig uuiurthit
thoncsnotturra   than him tharf sīe,
tō ymbhycggannae,   āer his hiniongae,
huaet his gāstae   gōdaes aeththa yflaes
aefter dēothdaege   doemid uueorthae.   5

C. THE LEIDEN RIDDLE

THIS translation of Aldhelm's riddle *De lorica* is found in West Saxon
in the Exeter Book and in Northumbrian, as given here, in MS. Voss.
Lat. 4. 106 at the University of Leiden, an early ninth-century con-
tinental manuscript of the riddles of Symphosius and Aldhelm. The
presence of an Old English riddle is to be attributed to the influence
of the Anglo-Saxon missions to Germany.

Mec se uēta uong,   uundrum frēorig,
ob his innaðae   āērest cæn[d]æ.
[Ni] uaat ic mec biuorhtæ[2]   uullan flīusum,
hērum ðerh hēhcraeft   hygiðonc[um mīn].   *in my thoughts*
Uundnae mē ni bīað ueflæ,   ni ic uarp hafæ,   5
ni ðerih ðrēatun giðraec   ðrēt mē hlimmith.
Ne mē hrūtendu   hrīsil scelfath,
ne mec ōuana   aam sceal cnyssa.
Uyrmas mec ni āuēfun   uyrdi craeftum,   *with fateful skill*
ðā ði geolu[3] godueb   geatum fraetuath.   10
Uil mec huethrae suāē ðēh   uīdæ ofaer eorðu
hātan mith hęliðum   hyhtlic giuāēde.
Ni anōēgnu[4] ic mē aerigfaerae   egsan brōgum,
ðēh ði n[ume]n sīæ   nīudlīcae ob cocrum.

---

[1] the'   [2] biuorthæ   [3] goelu   [4] an oegun

XXXII

MERCIAN HYMNS

[*From Cotton MS. Vespasian A. i in the British Museum,
commonly called the Vespasian Psalter, ff. 141^r^, 142^r^–143^r^,
145^r^–150^r^, 151^r^–152^r^*]

THIS Latin text of the Roman Psalter and Hymns, of the eighth
century, received an interlinear gloss in the ninth century. The
manuscript can be identified with one described by Thomas of Elm-
ham as being at St. Augustine's, Canterbury, and in view of close
contacts between Canterbury and Mercia there is nothing very strange
in the writing of a Mercian gloss at Canterbury.

A

HIC PSALMUS PROPRIE SCRIBTUS DAVID EXTRA
NUMERUM CUM PUGNAVIT CUM GOLIA

Lȳtel ic wes betwih brōður mīne, ond iu[n]gra in
Pusillus eram   inter   fratres[1] meos, et adolescentior in
hūse feadur mīnes. Ic fōēdde scēp feadur mīnes. Honda mīne
domo patris mei.   pascebam oves patris mei.   manus meae
dydun organan; fingras mīne wȳsctun hearpan. Ond
fecerunt organum; digiti mei aptaverunt psalterium. et
hwelc segde Dryhtne[2] mīnum? Hē Dryhten, hē
quis adnuntivit Domino meo?   ipse Dominus, ipse
5 allra gehērde mec; hē sende engel his, ond nōm mec
omnium exaudivit me; ipse misit angelum suum, et tulit me
of scēpum feadur mīnes, ond smirede mec in mildheartnisse
de ovibus patris mei, et unxit me in misericordia
smirenisse his. Brōður mīne gōde ond micle, ond ne wes
unctionis suæ. fratres mei boni et magni, et non fuit
welgelīcad in him Dryhtne. Ic ūtēode ongegn fremðes
beneplacitum in eis Domino.   exivi obviam alieni-

---

[1] frater   [2] dryht̄, *as throughout for this word*

cynnes men, ond wergcweodelade mec in hergum he[a]ra; ic
genae, et maledixit me in simulacris suis; ego
sōðlīce gebrogdnum from him his āgnum sweorde ic ācearf 10
autem evaginato ab eo ipsius gladio amputavi
hēafud his, ond on weg āfirde edwīt of bearnum Israēla.
caput ejus, et abstuli obprobrium de filiis Israhel.

B

CANTICUM EZECHIAE. III. FERIA

(Isaiah xxxviii. 10–20)

Ic cweð in midum daega mīnra: Ic fearu tō gete
Ego dixi in dimedio dierum meorum: vadam ad portas
helle. Ic sōhte lāfe gēra mīnra; ic cweð: Ic ne
inferi. quaesivi residuum annorum meorum; dixi: non
gesīo Dryhten God in eorðan lifgendra. Ne gelōciu ic
videbo Dominum Deum in terra viventium. non aspiciam
mon māe ond eardiend. Gestilde cnēoris mīn; wið-
hominem ultra et habitatorem. quievit generatio mea; ab-
lāeded is ond befalden is from mē swē swē geteld 5
lata est, et convoluta est a me quasi tabernaculum
heorda. Forcorfen is swē swē from ðæm weofendan līf
pastorum. praecisa est velut a texente vita
mīn; mit te nū gēt gehefeldad ācearf mec. Of marne
mea; dum adhuc ordirer succidit me. de mane
oð ēfen geendas mec; from ēfenne oð
usque ad vesperam finies me; a vespere usque ad
margen swē swē lēa swē fordrǣste all bān mīn; of
mane quasi leo sic contrivit omnia ossa mea; de
marne ot ēfen geendas mec. Swē swē brid 10
mane usque ad vesperam finies me. sicut pullus
swalwan swē ic cleopiu; ic smēgu swē swē culfre.
hirundinis sic clamabo; meditabor ut columba.
Geðynnade sind ēgan mīn gelōcendu[1] in hēanis. Dryhten,
adtenuati sunt oculi mei aspicientes in excelso. Domine,

---

[1] gelocende

nēd ic ðrōwiu; ondsweora fore mē, hwet ic cweðe, oððe
vim   patior;   responde   pro me, quid dicam,   aut
hwet ondsweorað mē ðæt ic seo[l]fa dōa. Ic ðencu   all
quid respondebit mihi quod ipse   fecerim. recogitabo omnes
15 gēr mīn in bitternisse sāwle mīnre. Dryhten, gif swē
annos meos in amaritudine animae meae. Domine, si sic
bið lifd, oððe in weolerum līf gāstes mīnes, geðrēas
vivitur, aut in talibus vita spiritus mei,   corripies
mec, ond gelīffestes mec. Sehðe, in sibbe bitternis mīn sīe
me, et vivificabis me. ecce in pace amaritudo mea
bittreste; ðū sōðlīce generedes sāwle mīne, ðet ic ne
amarissima; tu autem   eruisti animam meam, ut   non
forwurde. Ond āwurpe on bec ðīn[1] alle synne mīne,
perirem.   et projecisti post tergum tuum omnia peccata mea,
20 for ðon nales hel ondetteð ðē, ne dēað hereð
quia   non infernus confitebitur tibi, neque mors laudabit
ðec. Ne bīdað ðā ofdūne steogun in sēað sōð-
te. non expectabunt qui   discendunt in lacum veri-
festnisse ðīne; lifgende, lifgende hē onddetteð ðē,
tatem   tuam; vivens   vivens   ipse confitebitur tibi,
swē ond ic tō dege. Feder bearnum cūðe dōeð[2] sōðfest-
sicut et ego hodie.   pater   filiis notam faciet verita-
nisse ðīne. Dryhten, hāle ūs dōa; ond salmas ūre   wē
tem tuam. Domine, salvos nos fac; et psalmus nostros can-
25 singað allum degum līfes ūres in hūse Dryhtnes.
tabimus cunctis diebus vitae nostrae in domo Domini.

C

CANTICUM ABACCU PRO SEXTA FERIA

(Habakkuk iii)

Dryhten, ic gehērde gehērnisse ðīne, ond ondreord; ic
Domine,   audivi   auditum tuum, et timui; con-
scēawade werc ðīn, ond ic forhtade. In midle twōēga
sideravi opera tua, et expavi.   in medio duorum

———
[1] ðinne   [2] doð

nētna   cūðas; ðonne tōnīolaēcað gēr, ðū on-
animalium innotesceris; dum   adpropiaverint anni   cogno-
cnāwes; ðonne tōcymeð tīd, oðēawes¹ in ðon. Ðonne
sceris; dum advenerit tempus ostenderis in eo. dum
gedrōēfed bið sāwul mīn in eorre, mildheortnisse 5
conturbata fuerit anima mea in   ira   misericordiæ,
gemyndig ðū bist God from Libano. Cymeð ond hālig of
memor   eris Deus a Libano. veniet et sanctus de
munte scedehtum ond ðiccum; oferwrāh heofenas megenðrym
monte umbroso et condenso; operuit caelos   majestas
his, ond lofe his ful is eorðe. Birhtu his swē
ejus, et laude ejus plena est terra. splendor ejus sicut
lēht bið; hornas sind in hondum his. Ðēr getrymed is
lumen erit; cornua sunt in manibus ejus. ibi confirmata est
megen wuldres his, ond sette birhtu trume strengu 10
virtus   gloriæ ejus, et posuit claritatem firmam fortitudinis
his. Biforan onsīene his gǣð word; ond ūt gǣð in feldum
suæ. ante   faciem ejus ibit verbum; et   exibit in campis
fōēt his; stōdun, ond onstyred wes eorðe. Gelōcade, ond
pedes ejus; stetcrunt et   mota est terra. aspexit,   et
tōflēowun ðeode; tōbrocene sind muntas swiðlīce, ond
defluxerunt gentes; confracti sunt montes vehementer, et
tōflēowun hyllas ēcelice. Sīðfetas ēcnisse his fore
defluxerunt colles aeternales. itinera aeternitatis ejus prae
gewinnum weres.   Geteld Sigelhearwena   forhtiað, 15
laboribus viri.   tabernacula Aethiopum expavescent,
geteld eorðan [Madian]. Ah in flōdum ðīnes
tabernacula terrae Madian. numquid in fluminibus ira
earres, Dryhten, oððe in flōdum hātheortnis ðīn,
tua,   Domine, aut in fluminibus furor   tuus,
oððe in sāē onrǣs ðīn? for ðon āstīgende āstīges
aut in mare impetus tuus? quoniam ascendens ascendens²
ofer hors ðīn, ond ēored ðīn hǣlu. Ðennende ðū
super equos tuos, et equitatus tuus sanitas. tendens   ex-
āðenes bogan ðīnne ofer cyneðrym, cweð Dryhten. 20
tendes² arcum tuum super sceptra,   dicit Dominus.

---

¹ odeawes   ² n *partly erased before final* s

Mid flōdum bið tōsliten eorðe; gesēað ðec ond sārgiað
fluminibus   scinditur   terra; videbunt te   et dolebunt
folc.   Stregdende weter in sīðfetum his, salde nīolnis
populi.   aspargens   aquas in itineribus suis dedit abyssus
stefne his from hēanisse scinhīowes his. Up āhefen is
vocem suam ab altitudine fantasiæ suæ. elevatus est
sunne, ond mōna stōd in endebyrdnisse his. In lēhte sco-
sol,   et   luna stetit in   ordine   suo. in lumine ja-
25 tunge ðīne gāð in birhtu lēgite wēpna ðīnra. In
   cula tua ibunt in splendore fulgoris armorum tuorum. in
nēoweste   ðīnre gewonas eorðan, ond in hātheortniss[e]
comminatione tua minorabis terram,   et in   furore
ðīnre tēles ðīode. Ðū gestōde in hǣlu folces ðīnes,
tuo detrahes gentes.   existi   in salutem populi tui,
ðæt hāle gedōē crīstas ðīne. Sendes in hēafudu un-
ut salvos facias christos tuos. misisti in capita ini-
rehtra dēað; ðū āwaehtes bende oð swīrbān;
quorum mortem;   excitasti   vincula usque ad cervices;
30 forcurfe in āfremðunge hēafud maehtigra. Bīoð onstyred
praecidisti in alienatione capita potentium. movebuntur
in ðon ðīode; ontȳnað mūðas heara swē ðearfa eo-
in ea gentes; adaperient   ora   sua sicut pauper e-
tende in dēgulnisse. Sendes in sǣ hors ðīn gedrōēfende
dens in occulto. misisti in mare equos[1] tuos turbantes
weter micelu. Hēold ond forhtade womb mīn from stefne
aquas multas. custodivit et expavit venter meus a   voce
gebedes weolera[2] mīnra, ond in ēode cwaecung in bān
orationis labiorum meorum, et introivit tremor in ossa
35 mīn, ond under mē gedrōēfed is megen mīn. Gerestu in
mea,   et subtus me turbata est virtus mea. requiescam in
dege geswencednisse mīnre, ðæt ic āstīge tō folce
die tribulationis meae, ut ascendam ad populum
lēornisse mīnre. For ðon fīctrēo nō tōbringeð
transmigrationis [m]eæ. quoniam ficus non adferet
westem, ond ne bið cnēoris in wīngeardum.   Lēgað
fructum, et non erit generatio in vineis.   mentientur

[1] aequos, *with* a *deleted*   [2] beolera

werc eletrēs, ond feldas ne dōð mettas. Āsprungun from
opus olivæ, et campi non facient escas. defecerunt ab
mete scēp, ond ne bīoð in binne oexen. Ic sōðlīce in 40
esca oves, et non erunt in præsepio boves. ego autem in
Dryhtne wuldriu; gefīo in Gode Hāēlende mīnum. Dryhten
Domino gloriebor; gaudebo in Deo Iesu meo. Domine
God, megen mīn, gesete fōēt mīne in geendunge;
Deus, virtus mea, constitue pedes meos in consummatione;
ond ofer ðā hēan geseteð mec, ðæt ic oferswīðe in birhtu
et super excelsa statuit me, ut vincam in claritate
his.
ipsius.

D

CANTICUM DEUTERONOMII IN DIE SABBA[TI]

(Deuteronomy xxxii)

Bihald, heofen, ond spreocu, ond gehēre eorðe word of
Adtende caelum, et loquar, et audiat terra verba ex
mūðe mīnum. Sīe ābiden swē sw[ē] regn gesprec mīn,
ore meo. exspectetur sicut pluvia eloquium meum,
ond āstīgen swē swē dēaw word mīn, swē swē scūr
et descendant sicut ros verba mea, sicut imber
ofer grēd, ond swē swē snāw ofer hēg; for ðon noma[n]
super gramen, et sicut nix super faenum, quia nomen
Dryhtnes ic gecēgu; sellað micelnisse Gode ūrum. 5
Domini invocabo. date magnitudinem Deo nostro.
God, sōð[1] werc his, ond alle wegas his dōmas.
Deus, vera opera ejus, et omnes viæ ejus judicia.
God getrēowe ond nis unrehtwīsnis in him; rehtwīs
Deus fidelis, et non est iniquitas in eo; justus
ond hālig Dryhten. Syngadun nales him bearn unwemmu[2],
et sanctus Dominus. peccaverunt, non ei filii inmaculati,
cnēoris ðweoru ond forcerredu; ðās Dryhten geedlēanades,
natio prava et perversa; haec Domino retribuisti,

---

[1] soðe   [2] unwemme

10 swē folc dysig ond nales snottur. Ahne ðes ilca ðīn[1]
sic plebs fatua   et   non sapiens. nonne hic ipse tuus
feder gesiteð ðec, dyde ðec, ond gescōp ðec? In mōde
pater possedit te, fecit te, et creavit te? in mente
habbað dægas weorulde: ongeotað gēr cnēorisse cnēo-
habete dies   saeculi; intellegite annos nationis natio-
rissa. Frign feder ðīnne ond segeð ðē; ældran
num. interroga patrem tuum et adnuntiabit tibi; seniores
ðīne, ond cweoðað ðē. Ðonne tōdāēleð se Hēa ðīode,
tuos et dicent tibi.   cum   dividerit Excelsus gentes,
15 tō ðǣm gemete tōstrigdeð bearn Ādāmes, sette endas
quemadmodum dispersit filios   Adae,   statuit terminos
ðīeda efter rīme eng[l]a Godes. Ond geworden
gentium secundum numerum angelorum Dei.   et   facta
wes dǣl Dryhtnes folc his, [Iācob] rāp erfeword-
est pars Domini populus ejus, Jacob funiculum heredi-
nisse his [Israhēl]. Genyhtsumendne hine him dyde in
tatis ejus   Israhel. sufficientem   eum sibi fecit in
wōēstenne in ðurs[t] hāētu ðēr ne wes weter. Ymb-
heremo   in   sitim caloris ubi non erat aqua. circum-
20 lāēdde hine ond gelǣrde hine ond hēold hine swē swē
duxit eum, et erudivit eum et custodivit eum   sicut
sīan ēgan. Swē swē earn ðeceð nest his, ond
pupillam oculi. sicut aquila tegit nidum suum, et
ofer briddas his geset, āðenede fiðru his, ond onfēng
super pullos suos consedit, expandit alas suas, et accepit
hīe, ond onfēng hīe ofer gescyldru his. Dryhten āna
eos, et suscepit eos super scapulas suas. Dominus solus
lǣrde hīe, ond ne wes mid him God fremðe. Tōgelāēdde
docebat eos, et non erat cum eis deus alienus.   adduxit
25 hīe in strengu eorðan, fōēdde[2] hīe cennende londa.
eos in fortitudine terrae, cibavit eos nascentias agrorum.
Sucun hunig of stāne, ond ele of trumum stāne, ge-
suxerunt mel de petra, et oleum de firma petra, bo-
clystre oxna, ond milc scēpa mid smeorwe lo[m]bra ond
tyrum boum, et lac ovium cum adipe agnorum et

[1] illce ðu ear   [2] fodde *with* e *added above*

romma, bearna fearra ond buccena mid smeorwe eðra
arietum, filiorum taurorum et hircorum cum adipe renium
hwaētes ond blōd wīnbergan. Drinceð wīn, ond ēt
tritici et sanguinem uvae. bibit vinum, et manducavit
Iācob, ond gefylled wes, ond sporetteð se līofa. Fǣt 30
Jacob, et satiatus est, et recalcitravit dilectus. pinguis
geworden wes, ond fǣttade, ond gebrēded wes, ond for-
factus est, et incrassavit, et dilatatus est, et dere-
leort God sē dyde hine, ond gewāt from Gode ðǣm
liquid Deum qui fecit eum, et recessit a Deo
hālwyndan his. Onscunedun mec in fremðum, in on-
salutari suo. exacerbaverunt me in alienis, in ab-
scuningum heara āwchtun mec. Onsegdun dēof-
hominationibus suis concitaverunt me. sacrificaverunt dae-
lum, ond nales Gode; godas ðā hīe ne cūðun nīo- 35
moniis, et non Deo; deos quos non noverunt novi
winga cwōmun, tō ðǣm ðā nystun feddras heara. God
recentes venerunt, quos nesciebant patres eorum. Deum
se ðec cende ðū forleorte, ond ofergeotul earð God fōēdendne
qui te genuit dereliquisti, et oblitus es Deum alentem
ðec. Gesæh Dryhten, ond wreocende wes, ond onscunad
te. vidit Dominus, et zelatus est, et exacervatus
wes fore eorre bearna his ond dohtra. Ond cweð:
est propter iram filiorum suorum et filiarum. et dixit:
Ic ācerru onsīene mīne from him, ond otēawu hwet bið 40
avertam faciem meam ab eis, et ostendam quid erit
him ot nēstan; for ðon cnēoris ðweoru ond forcerredu,
eis in novissimo; quia generatio prava et perversa,
bearn in ðǣm nis gelēafa in him. Hīe in hātheort-
filii in quibus non est fides in ipsis. ipsi in zelo
nisse nēddun mec, ond nales in Gode; in eorre āweh-
conpulerunt me, et non in Deo; in ira concitave-
tun mec in dēofulgeldum hear[a]. Ond ic in hātheortnisse
runt me in idolis suis. et ego in zelo
on weg ādrīfu hīe, ond nales in ðīode, in ðīode unwīse 45
expellam eos, et non in gentem, in gentem insipientem
bismeriu hīe. For þon fȳr born from eorre mīnum, ond
inritabo eos. quia ignis exarsit ab ira mea, et

born oð helwearan ofdūne. Ēt eorðe cennende
ardebit usque ad inferos deorsum. comedit terra nascentias
heara, bernde steaðelas munta. Ic gesomniu in
eorum, concremavit fundamenta montium. congeram in
him yfel, ond strēlas mīne gefyllu in him; āswin-
ipsis mala, et sagittas meas consummabo in eis; tabe-
50 dende hungre, ond mete wērun fugla, ond āðenenes beces
scentes fame et esca erunt avium, et extensio dorsi
ungehāēlendlic. Tōēð wildēora insendu in him mid hāt-
insanabilis. Dentes bestiarum inmittam in eis cum
heortnisse tēlendra ofer eorðan. Ūtan būtan bear-
furore trahentium super terram. a foris sine fi-
num biscereð hīe sweord, ond in hordernum ege, gunge
liis privavit eos gladius, et in prumptuariis timor, juvenis
mid fǣmnan, mid steaðulfestum aldum. Cweð: Ic tō-
cum virgine, cum stabilito sene. dixit: dis-
55 stregde hīe; biscergu sōðlīce of monnum gemynd heara.
pergam eos; privabo autem ex hominibus memoriam eorum.
Nybde fore eorre fīonda ðȳ lǣs longe tīd sīen
nisi propter iram inimicorum ne longo tempore sint
ofer eorðan. Ðæt hīe ne gedeafien wiðerbrocum, ond cweðen:
super terram. ne consentiant adversariis et dicant:
Honda ūre hēa, ond nales God dyde ðās all. For ðon
manus nostra excelsa, et non Deus fecit haec omnia. quia
ðīod forlorenum geðehte is, ond nis in him ðīodscipe.
gens perdito consilio est, et non est in eis disciplina.
60 Ne hogedon ongeatan ðās; onfōð in tōwordre
non sapuerunt intellegere haec; percipient in futuro
tīde, h(ū) swē¹ efterfylgeð ān ðūsend, ond twēgen on-
tempore, quomodo persequitur unus mille, et duo trans-
wendað tēn ðūsendu. Nemðe for ðon Dryhten underðīodde
movebunt dena milia. nisi quia Dominus subdidit
hīe, ond God salde hīe. For ðon nis God ūr swē
eos, et Deus tradidit illos. quia non est Deus noster si-
swē godas heara; fīond sōðlīce ūre unondgetfulle.
cut dii illorum; inimici autem nostri insensati.

¹ over quo stands h (for hu?) and swe over modo

Of wīngearde sōðlī[ce] Sodomwearena wīntrēo heara, ond ōwe- 65
ex   vinea   enim   Sodomorum   vitis   eorum, et pro-
stem heara of Gomorra. Wīnbergen   wīnbergan
pago eorum ex Gomorra.   uva   eorum uva
          gallan[1]. Hātheortnis draecena wīn heara,
fellis amaritudinis   ipsis. Furor   draconum vinum eorum,
ond hātheortnis nēdrena ungehǣledlic. Ahne ðās gesom-
et   furor   aspidum insanabilis.   nonne haec congre-
nade sind mid mec, ond getācnad in goldhordum mīnum?
gata sunt apud me,   et   signata   in   thesauris   meis?
In dege wrece ic geldu him, in tīd on ðā āsliden 70
in die   ultionis reddam   illis, in tempore quo   lapsus
bið fōt heara. For ðon nēh is deg forlorenisse heara,
fuerit pes eorum.   quia   prope est dies perditionis eorum,
ond ðās sind gearu ēow. For ðon dōēmeð Dryhten   folc
et haec sunt parata vobis.   quia   judicabit Dominus populum
his, ond in ðīowum his bið frōēfred. Gesaeh sōðlīce hīe
suum, et in   servis suis consolabitur.   vidit   enim   eos
geswencte, ond āsprungne in wiðlǣdnisse, ond tōlēsde. Ond
fatigatos et defectos in abductione   et dissolutos.   et
cweð: Hwēr sind godas heara, in ðǣm gē getrēowdun 75
dixit: ubi   sunt dii   illorum in quibus   confidebatis
in him, ðeara smeoru onsegdnissa gē ēton, ond drun-
in ipsis, quorum adipem sacrificiorum   edebatis,   et   bibe-
cun wīn onsegdnisse heara? Ārīsen nū; gefultumen
batis vinum libationis   eorum? exsurgant nunc;   adjuvent
ēowic ond sīen ēow gescildend. Gesīað, gesīað for ðon ic
vos   et fiant vobis protectores. videte   videte quoniam ego
eam God, ond nis ōðer būtan mē. Ic ofslēa, ond
sum Deus, et non est alius praeter me.   ego occidam, et
lifgan gedōm; slēa, ond ic gehǣlu; ond nis sē ðe 80
vivere faciam; percutiam, et ego sanabo;   et non est qui
generge of hondum mīnum. For ðon ic āfirru in heofen
eripiat de manibus meis.   quia   tollam   in caelum
hond mīne ond swergu ðorh ðā swiðran mīne ond cweo-
manum meam, et jurabo per   dexteram meam, et di-

[1] gallan *misplaced over* ipsis

ðu: Ic lifgu in ēcnisse. For ðon ic āscerpu swē swē
cam: vivo ego in aeternum.   quia   exacuam   velut
lēgitu sweord mīn, ond dōēð dōm hond mīn. Ond
fulgur gladium meum, et aget judicium manus mea. et
85 geedlēaniu dōm fēondum, ond ðissum ðā fīodun mec
retribuam judicium inimicis,   et   his   qui oderunt me
ic geldu¹. Indrencu strēlas mīne in blōde, ond sweord
reddam.   inebriabo sagittas meas in sanguine, et gladius
mīn iteð flǣsc, from blōde gewundedra ond
meus manducabit carnes, a   sanguine   vulneratorum   et
heftnēde from hēafde aldermonna fēonda. Blissiað
captivitate a   capite²   principum inimicorum. laetamini
heofenas somud mid hine, ond weorðien hine alle englas
caeli   simul cum   eo,   et   adorent   eum omnes angeli
90 Godes. Blissiað ðīode somud mid folce his, ond getry-
Dei.   laetamini gentes simul, cum populo ejus, et confir-
men hine all bearn Godes. For ðon blōd bearna his
ment eum omnes filii   Dei.   quia   sanguis filiorum ejus
bið gescilded; ond hē gescildeð, ond geedlēanað dōm
defenditur;   et   defendet,   et   retribuet judicium
fīondum, ond ðissum ðā fīodun hine gildeð, ond geclāsnað
inimicis,   et   his   qui oderunt eum reddet, et emundabit
Dryhten eorðan folces his.
Dominus terram populi sui.

E

CANTICUM ZACHARIAE SACERDOTIS
(The Benedictus: Luke i. 68–79)

Gebledsad Dryhten God Israēl, for ðon nēasede ond
Benedictus Dominus Deus Israhel,   quia   visitavit   et
dyde ālēsnisse folces his, ond ārehte horn hǣlu ūs
fecit redemptionem plebis suae,   et   erexit   cornu salutis nobis

¹ gildu   ² capita

in hūse Dāuiðes cnehtes his; swē spreocende wes ðorh
in domo David   pueri   sui; sicut   locutus   est   per
mūð   hāligra   his   wītgena,   ðā   from   weorulde
os   sanctorum suorum prophetarum, qui   a   saeculo
sind. Ond gefrēade ūsic from fīondum ūrum, ond of honda 5
sunt. et   liberavit nos   ab   inimicis nostris, et de manu
alra   ðā ūsic fīodun;   tō   dōnne   mildheortnisse mid
omnium qui nos oderunt; ad faciendam misericordiam   cum
fedrum ūrum, ond gemunan cyðnisse his hāligre: ðone
patribus nostris,   et   memorari testamenti sui sancti: jus-
swergendan āð ðone hē swōr tō Abrahāme feder ūrum,
jurandum   quod   juravit   ad Abraham patrem nostrum,
sellende hine   ūs;   ðet būtan   ege of   hondum
daturum   se   nobis; ut   sine   timore de   manibus
fīonda   ūra   gefrēade wē ðīwgen him in hālignisse 10
inimicorum nostrorum liberati serviamus   illi   in   sanctitate
ond rehtwīsnisse biforan him allum dægum ūrum. Ond ðū
et   justitia   coram ipso omnibus diebus nostris. et   tu
cneht, wītga ðes hēstan ðū bist gecēd; foregæst sōð-
puer, propheta Altissimi   vocaveris;   preibis
līce biforan onsīene Dryhtnes gearwian wegas his, tō
enim ante   faciem Domini   parare   vias ejus, ad
sellenne wīsdōm hælu folce his in forlētnisse   synna
dandam scientiam salutis plebi ejus in remissione peccatorum
heara[1] ðorh innoðas mildheortnisse Godes ūres, in ðæm 15
eorum per viscera misericordiae Dei   nostri, in quibus
nēasade ūsic ufancumende of hēanisse, inlīhtan ðissum
visitavit nos   oriens   ex   alto,   inluminare his
ðā in ðēostrum ond in scede[2] dēaðes[3] sittað, tō gerec-
qui in tenebris   et in umbra mortis sedent, ad diri-
cenne fōet ūre in weg sibbe.
gendos pedes nostros in viam pacis.

        [1] minra   [2] deaðes   [3] d from ð

F

CANTICUM SANCTAE MARIAE

(The Magnificat: Luke i. 46–55)

Miclað   sāwul   mīn   Dryhten   ond   gefaeh   gāst
Magnificat anima   mea   Dominum,   et   exultavit spiritus
mīn   in   Gode   hālwyndum   mīnum[1].   For   ðon   gelōcade
meus   in   Deo   salutari   meo.   quia   respexit
ēaðmōdnisse menenes his: sehðe sōðlīce of ðissum ēadge
humilitatem   ancillae   suæ: ecce   enim   ex   hoc   beatam
mic   cweoðað   alle   cnēorisse.   For   ðon   dyde   mē   ðā mi-
me   dicent omnes generationes.   quia   fecit   mihi   ma-
5 clan   sē   maehtig   is;   ond   hālig   noma   his;   ond   mildheortnis
gna   qui   potens   est;   et sanctum nomen ejus;   et   misericordia
his   from   cynne   in   cyn   ondrēdendum   hine.   Dyde
ejus   a   progenie in progenie[m] timentibus   eum.   fecit
maehte   in   earme   his: tōstregd   oferhogan   on   mōde
potentiam in   bracchio   suo: dispersit   superbos   mente
heortan   his;   ofdūne   sette   maehtge   of   selde;   ond   up   āhōf
cordis   sui;   deposuit   potentes   de   sede;   et   exaltavit
ēaðmōde.   Hyngrende   gefylde   gōdum;   ond   weolie[2]   forleort
humiles.   esurientes   implevit   bonis;   et   divites   dimisit
10 īdelhende.   Onfōēð   [Israhēl]   cneht   his,   gemyndig   mild-
inanes.   suscipit   Israhel   puerum   suum   recordatus   mise-
heortnisse   his;   swē   spreocende   wes   tō   feadrum   ūrum,
ricordiae   suae;   sicut   locutus   est   ad   patres   nostros,
Abrām,   ond   sēde   his   oð   in   weoruld.
Abraham   et semini ejus usque   in   saeculum.

---

¹ minnum   ² *last* e *from* g

XXXIII

KENTISH CHARTERS

THE following three documents were preserved in the archives of
Christ Church Cathedral, Canterbury, and show us what the Kentish
language was like in the first half of the ninth century. The practice of
using the vernacular for records (other than royal diplomas) is no
doubt connected with the decay of Latin learning of which King
Alfred complains (see No. II) and which is revealed in the royal Latin
charters of this period.

A

OSWULF

805–810

[From MS. Cotton Augustus ii. 79 in the British Museum]

+ Ic Ōsuulf aldormonn mid Godes gæfe ond Beornðrȳð mīn
gemecca sellað tō Cantuarabyrg, tō Crīstes cirican, ðæt lond
æt Stānhāmstede, xx swuluncga, Gode allmehtgum ond ðēre
hālgon gesomnuncgæ, fore hyhte and fore aedlēane ðæs āēcan
ond ðaes tōwardon līfes, ond fore uncerra sāula hēla ond   5
uncerra bearna. Ond mid micelre ēaðmōdnisse biddað ðæt wit
mōten bīon on ðēm gemānon ðe ðāēr Godes ðīowas siondan,
ond ðā menn ðā ðāēr hlāfordas wǣron, ond ðāra monna ðe
hiora lond to ðāēre cirican saldon; ond ðættæ mon unce tīde
ymb tuælf mōnað mon geuueorðiae on godcundum gōdum ond   10
āēc on aelmessan suǣ mon hiora dōēð.

Ic ðonne Uulfred mid Godes gaefe *arc epis* ðās forecuaedenan
uuord fulliae, ond bebēode ðæt mon ymb tuælf mōnað hiora
tīd bōēga ðus geuueorðiae tō ānes daeges tō Ōsuulfes tīde ge
mid godcundum gōdum ge mid aelmessan ge āēc mid hīgna   15
suēsendum. Ðonne bebēode ic ðaet mon ðās ðing selle ymb

tuælf mōnað of Liminum, ðe ðis forecuaedene lond tō limpeð, of ðǣm ilcan londe æt Stānhāmstede: cxx huǣetenra hlāfa ond xxx clēnra, ond ān hrīðer dugunde, ond iiii scę̄p, ond tuā
20 flicca, ond v gōēs, ond x hennfuglas, ond x pund cǣeses, gif hit fuguldaeg sīe. Gif hit ðonne festendæg sīe, selle mon uuę̄ge cǣsa, ond fisces, ond butran, ond ǣegera ðaet mon begeotan maege, ond xxx ombra gōdes Uuēlesces aloð ðet limpeð tō xv mittum, ond mittan fulne huniges, oðða tuę̄gen
25 uuīnes, suę̄ hwaeder suǣe mon ðonne begeotan maege. Ond of hīgna gemę̄num gōdum ðǣer aet hām mon geselle cxx gesuflra hlāfa tō aelmessan for hiora sāula, suǣe mon aet hlāforda tīdum dōēð. Ond ðās forecuę̄denan suę̄senda all āgefe mon ðę̄m reogolwarde, ond hē brytnię swǣ hīgum mǣest rēd sīe ond
30 ðǣm sāwlum sōēlest. ǢEc mon ðaet weax āgǣfe to cirican[1], ond hiora sāwlum nytt gedōē ðe hit man fore dōēð. ǢEc ic bebēode mīnum aefterfylgendum ðe ðaet lond hębben aet Burnan ðaet hīae simle ymb xii mōnað foran tō ðǣre tīde gegeorwien tēn hund hlāfa, ond swǣe feola sufla, ond ðę̄t mon gedēle tō
35 aelmessan aet ðēre tīde fore mīne sāwle ond Ōsuulfes ond Beornðrȳðe aet Crīstes cirican, ond him se reogolweord on byrg gebēode foran tō hwonne sīo tīd sīe. ǢEc ic bidde hīgon ðette hīe ðās godcundan gōd gedōn aet ðēre tīde fore hiora sāwlum: ðaet ę̄ghwilc messeprīost gesinge fore Ōsuulfes sāwle
40 twā messan, twā fore Beornðrȳðe sāwle; ond ǣeghwilc diacon ārēde twā passiōne fore his sāwle, twā fore hire; ond ę̄ghwilc Godes ðīow gesinge twā fīftig fore his sāwle, twā fore hire; ðaette gē fore uueorolde sīen geblitsade mid ðę̄m weorold- cundum gōdum ond hiora sāula mid ðę̄m godcundum gōdum.
45 ǢEc ic biddo hīgon ðaet gē mē gemynen aet ðēre tīde mid suilce godcunde gōde suilce īow cynlic ðynce, ic ðe ðās gesettnesse sette gehueder ge for hīgna lufon ge ðeara sāula ðe hǣērbeforan hiora namon āuuritene siondon. *Valete in Domino.*

---

[1] ciricican

B

ABBA

833–839

[From MS. Cotton Augustus ii. 64 in the British Museum]

+ Ic Abba gerōēfa cȳðe ond wrītan hāte hū mīn willa is þæt
mon ymb mīn ærfe gedōē æfter mīnum dæge.

Ǣrest ymb mīn lond þe ic hæbbe, ond mē God lāh, ond ic
æt mīnum hlāfordum begæt, is mīn willa, gif mē God bearnes
unnan wille, ðæt hit fōē tō londe æfter mē, ond his brūce mid 5
mīnum gemeccan, ond sioððan swǣ forð mīn cynn ðā hwīle þe
God wille ðæt ðeara ǣnig sīe þe londes weorðe sīe ond land
gehaldan cunne. Gif mē ðonne gifeðe sīe ðæt ic bearn begeotan
ne mẹge, þonne is mīn willa þæt hit hæbbe mīn wiif ðā hwīle
ðe hīa hit mid clēnnisse gehaldan wile; ond mīn brōðar Alchhere 10
hire fultume ond þæt lond hire nytt gedōē; ond him man sẹlle
ān half swulung an Ciollandene tō habbanne ond tō brūcanne,
wið ðan ðe hē ðȳ geornliocar hire ðearfa begā ond bewiotige;
ond mon selle him tō ðēm londe IIII oxan, ond II cȳ, ond L
scẹpa, ond ǣnne horn. Gif mīn wiif ðonne hīa nylle mid clēn- 15
nisse swǣ gehaldan, ond hire līofre sīe ōðer hēmed tō niomanne,
ðonne fōēn mīne mēgas tō ðēm londe, ond hire āgefen hire
āgen. Gif hire ðonne līofre sīe an mynster tō ganganne, oðða
sūð tō faranne, ðonne āgefen hīe twǣgen mīne mẹgas, Alchhere
ond Æðelwald hire twā ðūsenda, ond fōn him tō ðēm londe. 20
Ond āgefe mon tō Liminge L ēawa ond V cȳ fore hīe, ond mon
selle tō Folcanstāne in mid mīnum līce X oxan ond X cȳ ond c
ēawa ond C swīna ond hīgum ansundran D pendinga¹ wið ðan
ðe mīn wiif þǣr benuge innganges swǣ mid mīnum līce swǣ
sioððan yferran dōgre, swǣ hwǣder swǣ hire līofre sīe. Gif 25
hīgan ðonne oððe hlāford þæt nylle hire mynsterlīfes geunnan,
oðða hīa siolf nylle, ond hire ōðer ðing līofre sīe, þonne āgefe

¹ pend'

mon tēn hund pendinga¹ inn mid mīnum līce mē wið leger-
stōwe ond hīgum ansundran fīf hund pendinga¹ fore mīne
30 sāwle.

Ond ic bidde ond bebēode swælc monn sē ðæt mīn lond
hebbe ðæt hē ælce gēre āgefe ðēm hīgum æt Folcanstāne L
ambra maltes, ond VI ambra grūta, ond III wēga spices ond
cēses, ond CCCC hlāfa, ond ān hrīðr, ond VI scēp. Ond swælc
35 monn sē ðe tō mīnum ærfe fōē, ðonne gedēle hē ælcum messe-
prēoste binnan Cent mancus goldes, ond ælcum Godes ðīowe
pending¹, ond tō Sancte Petre mīn wærgeld twā ðūsenda. Ond
Freoðomund fōē tō mīnum sweorde, ond āgefe ðēræt fēower
ðūsenda; ond him mon forgefe ðēran ðrēotēne hund pendinga¹.
40 Ond gif mīne brōðar ærfeweard gestrīonen ðe londes weorðe
sīe, þonne ann ic ðēm londes. Gif hīe ne gestrīonen, oððа him
sylfum ælles hwæt sēle, æfter hiora dege ann ic his Freoðo-
munde, gif hē ðonne līfes bið. Gif him elles hwæt sæleð, ðonne
ann ic his mīnra swæstarsuna, swælcum se hit geðīan wile ond
45 him gifeðe bið. Ond gif þæt gesēle mīn cynn tō ðan clāne
gewīte ðæt ðēr ðeara nān ne sīe ðe londes weorðe sīe, þonne
fōē se hlāford tō ond ðā hīgon æt Krīstes cirican, ond hit
mīnum gāste nytt gedōēn. An ðās rēdenne ic hit ðider selle ðe
se monn sē ðe Krīstes cirican hlāford sīe, s[ī]e mīn ond mīnra
50 erfewearda forespreoca ond mundbora, ond an his hlāforddōme
wē² bīan mōten.³

C

RENTS DUE TO CHRIST CHURCH, CANTERBURY

c. 850

[MS. Cotton Augustus ii. 52 in the British Museum]

+ Ðis sindan geðinga Ealhburge and Ēadwealdes et ðēm lande
et Burnan, hwet man ēlce gēre ob ðēm lande tō Crīstes cirican

---

¹ pend'   ² *added above the line*   ³ *A list of witnesses then follows*

ðēm hīwum āgiaban scel, for Ealhburge and for Ealdred and
fore Ēadweald and Ealawynne: XL ambra mealtes and XL and
CC hlāba, I wēge cēsa, I wēge speces, I eald hrīðer, IIII weðras, 5
X gōēs, XX henfugla, IIII fōðra weada. And ic Ealhburg bebīade
Ēadwealde mīnem mēge an Godes naman and an ealra his
hāligra ðet hē ðis wel healde his dei and siððan forð bebēode
his erbum to healdenne ðā hwīle ðe hit crīsten sē. + And suelc
mon sē ðet lond hebbe ēghwylce Sunnandege XX gesuflra hlāfa 10
to ðāre cirican for Ealdredes sāule and for Ealhburge.

+ Ðis is sīa elmesse ðe Ealhhere bebēad Ealawynne his
dōēhter et Ðengleshām, et III sulungum: ēlcc gēre C peñ to
Crīstes cirican ðēm hīgum. And suelc man sē ðisses landes
brūce, āgebe ðis fiah an Godes gewitnesse and an ealra his 15
hāligra, and suilc man suē hit āwēge, ðonne sē hit on his
sāwale, nas on ðes ðe hit dōn hēt.

XXXIV

EALDORMAN ALFRED'S WILL
871–888

[*From Stowe Charter 20 in the British Museum*]

Since the testator had several estates in Surrey it is likely that he was ealdorman of this district, after the death of Huda in battle in 853. Yet it cannot be safely assumed that his will represents the dialect of Surrey. He had estates in Kent also, and one of his beneficiaries was Christ Church, Canterbury, to which he with his wife and daughter gave the *Codex Aureus* (see No. xxxv). This document comes from the archives of this house. Historically it is an important document, for it contains one of the four references to *folcland*.

✛ *Christus.* Ic Ęlfred *dux* hātu wrītan ond cȳðan an ðissum gewrite Ęlfrede *regi* ond allum his weotum ond geweotan, ond ēc swylce mīnum mēgum ond mīnum gefeōrum, þā męn þe ic mīnes ęrfes ond mīnes bōclondes seōlest onn, ðęt is þonne
5 Wērburg mīn wīf ond uncer gemēne bearn[1]. Þęt is þonne et ęrestan an Sondenstede ond on Selesdūne xxxii hīda, ond on Westarhām xx hīda, ond on Cloppahām xxx hīda, ond on Leangafelda vi hīda, ond on Horsalęge x hīda, ond on Netelāmstyde vi hīda. Ic Ęlfred *dux* sello Wērburge ond Alhdrȳðe
10 uncum gemēnum bearne æfter mīnum dege þās lond mid cwice ęrfe ond mid earðe ond mid allum ðingum ðe tō londum belimpað. Ond twā þūsendu swīna ic heom sello mid þēm londum, gif hīo hīo gehaldeð mid þāre clęnnisse þe uncer wordgecweodu seondan. Ond hīo gebrenge ęt Sancte Petre
15 mīn twā wergeld, gif ðet Godes willa sēo þęt hēo þęt fęreld āge. Ond efter Wērburge dęge sēo Alhðrȳðe þā lond unbefliten on Sondemstyde ond on Selesdūne ond on Leangafelda. Ond

gif hēo bearn hębbe, fēō ðęt bearn to ðęm londum ęfter hire;
gif hēo bearn nębbe, fēō ðonne an hire rehtfęderen sīo nēste
hond tō þēm londe ond tō ðēm ęrfe. Ond swā hwylc mīnra 20
fędrenmēga swā ðęt sīo þęt hine tō ðan gehagige þęt hē þā
ōðoro lond begeotan męge ond wille, þonne gebygcge hē þā
lond ęt hire mid halfe weorðe. Ond swē hwylc mon swā ðęt
sīo þęt ðes londes brūce ofer mīnne dęg on Cloppahām, þanne
geselle hē cc peninga ēghwylce gēre tō Ceortesēge for Ęlfredes 25
sāwle tō feormfultume. Ond ic sello Ęðelwalde mīnum sunu
iii hīda bōclondes : ii hīda on Hwętedūne, ānes hīdes on Gāta-
tūne, ond him sello þērtō c swīna; ond gif se cyning hiin
geunnan wille þęs folclondes tō ðęm bōclonde, þonne hębbe
ond brūce; gif hit þęt ne sīo, þonne selle hīo him swā hwaðer 30
swā hīo wille, swā ðęt lond an Horsalēge, swē ðęt an Leanga-
felda. Ond ic sello Berhtsige mīnum mēge ān hīde bōclondes
on Lęncanfelda, ond þērtō c swīna; ond geselle hīo c swīna tō
Crīstes cirican for mē ond fer mīne sāwle, ond c tō Ccorte-
sēge; ond þone oferēcan mon gedęle gind mynsterhāmas tō 35
Godes ciricum in Sūþregum ond in Cęnt, þā hwīle þe hīo
lēstan willęn. Ond ic sello Sigewulfe mīnum mēge ofer Wēr-
burge dęg þęt lond an Netelhæmstyde; ond Sigulf geselle of
ðēm londe c pęninga tō Crīstes cirican. Ond ēghwylc þāra
ęrfewearda þe ęfter him tō ðęm londe fōē, þonne āgeofen hīo 40
þā ilcan elmessan tō Crīstes cirican for Ęlfredes sāwle, þā
hwīle þe fulwiht sīo, ond hit man on ðęm londe begeotan męge.
Ond ic sello Ēadrede mīnum mēge þet lond on Fearnlēge ęfter
Eðelredes dęge, gif hē hit tō him geearnian wile; ond hē
geselle of ðem londe xxx omb[ra] cornes ēghwelce gēre tō 45
Hrōfescestre; ond sīo ðis lond gewriten ond unbefliten ęfter
Ēadredes dege in Aelfredes rehtmēōdrencynn ðā hwīle þe
fulwiht[1] sīo on Angelcynnes ēalonde. Ðēos foresprēc ond þās
gewriotu þe hērbeufan āwreotene stondað, ic Ælfred willio

----

[1] fulwihte

50 ond wille þæt hīo sīon sōðfæstlīce forðweard getrymed mē ond
mīnum ęrfeweardum. Gif ðæt ðonne God ællmęhtig getēod
habbe, ond mē þæt on lęne gelīð þæt mē gesibbra ęrfeweard forð-
cymeð wēpnedhādes ond ācęnned weorðeð, ðanne ann ic ðęm
ofer mīnne dęg alles mīnes ęrfes tō brūcenne swā him lēofust
55 sīo. And swā hwylc mon swā ðās gōd ond þās geofe ond þās
gewrioto ond þās word mid rehte haldan wille ond gelęstan,
gehalde hine heofones cyning in þissum līfe ondwardum, ond
ēac swā in þęm tōwardum līfe; ond swā hwylc mon swā hīo
wonie ond breoce, gewonie him God almahtig his weorldāre[1]
60 ond ēac swā his sāwle āre *in eona eonum.*[2]

[1] 7 eac swa his weorldare *is then written and crossed out*   [2] *A list
of witnesses then follows*

XXXV

CODEX AUREUS INSCRIPTION

[*A mid-ninth-century entry on folio 11 of the Latin Gospels,
known as the Codex Aureus, in the Royal Library at Stock-
holm*]

BESIDES its linguistic interest, as an entry made at Canterbury which
can be approximately dated, this text gives a side-light on the Viking
ravages: we find a heathen army prepared to treat with the English
in order to sell the spoils of some church. The donors are the persons
mentioned in the previous text.

+ *In nomine Domini nostri Ihesu Christi.* Ic Aelfred aldormon
ond Wērburg mīn gefēra begētan ðās bēc æt hāeðnum herge
mid uncre clǣne fēo; ðæt ðonne wæs mid clǣne golde. Ond
ðæt wit deodan for Godes lufan ond for uncre sāule ðearf[e][1],
ond[2] for ðon ðe wit noldan ðæt ðās hālgan bēoc lencg in ðǣre 5
hāeðenesse wunaden, ond nū willað hēo gesellan inn tō Crīstes
circan Gode tō lofe ond tō wuldre ond tō weorðunga, ond his
ðrōwunga tō ðoncunga, ond ðǣm godcundan gefērscipe tō brū-
cen[ne][3] ðe in Crīstes circan dæghwǣmlīce Godes lof rǣrað;
tō ðǣm gerāde ðæt hēo mon ārēde ēghwelce mōnaðe for Aelfred 10
ond for Wērburge ond for Alhðrýðe, heora sāulum tō ēcum
lēcedōme, ðā hwīle ðe God gesegen haebbe ðæt fulwiht æt
ðeosse stōwe bēon mōte. Ēc swelce ic Aelfred *dux* ond Wērburg
biddað ond hālsiað on Godes almaehtiges noman ond on allra
his hāligra ðæt nǣnig mon sēo tō ðon gedyrstig ðætte ðās 15
hālgan bēoc āselle oðð āðēode from Crīstes circan ðā hwīle
ðe fulwiht [s]t[on]da[n mōte][4].

   Aelfre[d]   Wērbur[g]   Alhðrýð *eorum* [*filia*][5]

   [1] *final* e *cut off by binder*   [2] *This word begins the passage in the*
lower margin, and starts with a capital   [3] *final* ne *cut off by binder*
[4] *The lower half of the last four words has been cut away, and the letters
in brackets can no longer be identified*   [5] *These names are in the
right-hand margin; the endings and the last word have been cut away by
the binder*

XXXVI

SUFFOLK CHARTER
ÆÞELFLÆD
962–991

[*From Harley Charter 43. C. 4 in the British Museum*]

THIS is the first part of an early eleventh-century parchment which
was preserved in the archives of Bury St. Edmunds Abbey, and which
contains the will of Æthelflæd followed by that of her sister Ælfflæd,
who was the widow of Ealdorman Byrhtnoth, the hero of *The Battle
of Maldon*. Æthelflæd was the second wife of King Edmund. The
scribe is trying to write West-Saxon literary standard, but several forms
betray eastern dialect.

þis is Æþelflæde cwyde. Þæt is ǣrest þæt ic gean mīnum hlā-
forde þes landes æt Lamburnan, and þæs æt Cēolsīge and æt
Rēadingan; and fēower bēagas on twām hund mancys goldes,
and iiii pellas and iiii cuppan and iiii bleda and iiii hors. And
5 ic bidde mīnne lēouan hlāford for Godes lufun þæt mīn cwyde
standan mōte. And ic nān ōðer nebbe geworht on Godes gewit-
nesse. And ic gean þæs landes æt Dōmarhame intō Glestinga-
byrig for Ǣdmundes cinges sāwle, and for Ǣadgāres cinges
and for mīre sāwle. And ic gean þes landes æt Hamme intō
10 Crīstes cyrcan æt Cantwarebyrig for Ēadmundæs cinges sāwle,
and for mīre sāwle. And ic gean þes landes æt Wudahām[1]
Bæorhtnōðe æaldormen and mīre swustær hyre dæg, and ofer[2]
hire deg intō sancta Marian cyrcan æt Byorcingan. And ic gean
þes landes æt Hedhām Bæorhtnōðæ ealdormen and mīre
15 swuster hæora dæg, and æfter hæora dæge intō Pāulusbyrig æt
Lundænæ tō bisceophāmæ. And ic gean þæs landæs æt Dīc-
tūnæ intō Ȳlig tō sanctæ Æþælðrȳð and tō hire geswustran.

---

[1] wudeham *with* a *written above* e   [2] ofor *with* e *above second* o

And ic gean þāra twēgra landa æt Cohhanfeldǣa and æt Cæor-
lesweorþe Bæorhtnōðæ æaldormen and mīræ swuster hire dæg,
and ofer hire dæg intō sanctæ Ēadmundes stōwe tō Byderīces- 20
wyrðe. And ic gean þæs landes æt Fingringahō Bæorhtnōðe
æaldermen and mīre swuster hiræ deg, and ofer hire dæg intō
sanctæ Pætres cyrcan æt Myrcsīgæ. And ic gæan þæs landes æt
Pōlstede Bæorhtnōðe æaldormæn and mīre swuster hire deg,
and ofer hira dæg intō Stocy. And ic gæan þæs landæs æt 25
Hwifer[mer]sce into Stocy ofer mīnnæ deg. And ic gæan Bæorht-
nōðæ æaldermen and mīre swuster þæs landes æt Strǣtforda
hire dæg and ofer hire dæg ic his gæan intō Stocy. And ic willæ
þæt Lāuanhām gā intō Stoce ofær þes æaldermannes dæg and
mīre swuster. And ic gean þæs landes æt Byligesdynæ intō 30
Stocy ofer þæs æaldermanes dæg and mīre swuster. And ic gean
þāra landa æt Peltandūne¹ and et Myresīge and æt Grēnstede
intō Stocy ofer mīnnæ dæg, and ofer Bæorhtnōðes æaldor-
mannæs, and ofær mīre swuster. And ic gean þes landes æt
Ylmesǣton Beorhtnōðe æaldormen and mīre swuster hira dæg 35
and ofær hira dæg ic his gæan Ǣadmundæ. And ic an þǣræ
āræ hīdæ æt þorpæ intō Hēdlǣge for mīre sāwle and for mīra
eldrena ofer [mīnnæ dæg].

¹ peltendune, *with a written above second* e

XXXVII

KENTISH PSALM

[*From Cotton MS. Vespasian D. vi in the British Museum,*
ff. 70 ff.]

THIS free paraphrase of Psalm L[LI], with a prologue of thirty and an epilogue of twelve lines, is an interesting specimen of late Kentish (with a considerable admixture of West-Saxon forms). It is apparently of the tenth century, the only manuscript of it being written in a mid-tenth-century hand. The Latin verses, or more often only the first few words of them, are placed in the manuscript before the lines which paraphrase them. They are taken from a Roman version of the Psalter, though the poet in one place seems to render a Gallican reading. For convenience they are here printed at the foot of the page in full, with the portions in brackets which are not in the manuscript.

Dāuid wæs hāten   dīormōd hæleð,
Israēla brǣga,   æðelæ and rīce,
cyninga cȳnost,   Crīste līofost.
Wæs hē under hiofenum   hearpera mǣrost
ðāra wē an folcum   gefrigen hæbben.   5
Sangere hē wæs sōðfæstest,   swīðe geðancol
tō ðingienne   þīodum sīnum
wið þane mildostan   manna Sceppend.
Wæs se Dryhtnes ðīowa   Dāuid æt wīge,
sōð sigecempa,   searocȳne man,   10
cāsere creaftig,   þonne cumbulgebrec[1]
on gewinndagum   weorðan scoldan.
Hwæðere him geīode,   swā ful oft gedēð,
þætte godferhte   gylt gefræmmað
þurh līchaman   lēne geðōhtas.   15
Gelamp þæt him mon ansende   sāula Neriend

[1] l *from* r

wītgan mid wordum, weorada Dryhten[1],
and secgan hēt, selfum gecȳðan
ymb his womdēda Waldendes doom,
þæt se fruma wǣre his fēores sceldig, 20
for ðām þe hē Ūriam hēt aldre benēman,
fromne ferdrinc fēore[2] beserode,
and him Bezabē brōhte tō wīfe
for gītsunga, þē hē Godes eorre
þurh his selfes weorc sōna anfunde. 25
Him ðā ðingode þīoda aldor
Dāuid georne and tō Dryhtne gebæd
and his synna hord selfa ontēnde,
gyltas georne Gode andhette,
weoruda Dryhtne, and ðus wordum spæc: 30
'Miltsa ðū mē, meahta Walden,
nū ðū wāst [ðā manigfaldan] manna geðōhtas;
help ðū, Hǣlend mīn, handgeweorces
þines ānes, ælmehtig God,
efter þīnre ðāra miclan mildhiornesse. 35
Ond ēac efter menio miltsa[3] ðīnra,
Dryhten weoruda, ādīlga mīn unriht
tō forgefenesse gāste mīnum.
Āðweah mē of sennum[4], sāule fram wammum,
gāsta Sceppend, geltas geclānsa, 40
þā ðe ic on aldre ǣfre gefremede
ðurh līchaman lēðre geðōhtas.

Miserere mei Deus secundum magnam misericordiam tuam. [ll. 31–35.]
Et secundum multitudinem miserationem [sic] tuarum dele iniqui-
    tatem meam. [ll. 36–38.]
Amplius lava me ab injustitia mea et a delicto mea [sic] munda me.
    [ll. 39–42.]

[1] dn̄s = dominus   [2] fere   [3] t interlined   [4] first n
interlined

For ðan ic unriht mīn　　eal oncwāwe[1]
and ēac synna gehwǣr　　selfum æt ēagan,
firendēda geðrec　　beforan standeð,　　　　45
scelda scīnað;　　forgef mē, Sceppen mīn,
līfes līohtfruma,　　ðīnre lufan blisse.

Nū ic ānum ðē　　oft syngode
and yfela feola　　ēac gefrǣmede
gelta gramhegdig,　　ic ðē, gāsta breogo,　　50
hēlende Crīst,　　helpe bidde,
ðæt mē forgefene　　gāstes wunde
an forðgesceaft　　fēran mōte,
þȳ ðīne wordcwidas　　weorðan gefelde,
ðæt ðū ne wilnast　　weora ǣniges dēað.　　55
Ac ðū synfulle　　simle lǣrdes,
ðæt hīo cerrende　　Crīste hērdon,
and hiom līf mid ðē　　langsum[2] begǣton;
swilce ðū æt dōme,　　Dryhten, oferswīðdest[3]
ealra synna cynn,　　sāula Neriend.　　　　60

Ic on unrihtum,　　ēac ðan in synnum
geēacnod wæs:　　ðū ðæt āna wāst,
mæhtig Dryhten,　　hū mē mōdor gebær
in scame and in sceldum:　　forgef mē, Sceppend mīn,
ðæt ic fram ðǣm synnum　　selfa gecerre,　　65
þā ðe[4] mīne ældran　　ǣr geworhtan,
and ic selfa ēac　　sioððan beēode.

Quoniam iniquitatem meam ego agnosco et delictum meum coram
　　me est semper. [ll. 43–47.]
Tibi soli peccavi et malum coram te feci ut justificeris in sermonibus
　　tuis et vincas dum iudicaris. [ll. 48–60.]
Ecce enim in iniquitatibus [conceptus sum et in delictis peperit me
　　mater mea]. [ll. 61–67.]

[1] n *added above first* w　　　[2] g *interlined*　　　[3] ofer swiddest,
with - *above the line*　　[4] ðy

Ac ðū selua, God,   sōð ān lufast;
þȳ ic ðē mid bēnum   biddan wille
līfes and lisse,   līohtes aldor,   70
for ðan ðū mē uncūðe   ēac ðan derne
þīnre snetera hord   selfa ontēndes.

Ðū mē, meahtig God,   milde and blīðe
þurh ȳsopon   ealne āhlūttra,
þonne ic geclǣnsod   Crīste hēro,   75
and ēac ofer snāwe   self scīnende
þīnre sibbe lufan   sōna gemēte.

Ontȳn nū, Elmehtig,   ēarna hlēoðor,
þæt mīn gehērnes   hehtful weorðe
on gefēan blīðse   forðweard tō ðē;   80
ðanne bīoð on wenne,   Waldend, simle
þā gebrocenan bān,   bilwit Dryhten[1],
ðā þe on hǣnðum   ǣr hwīle wǣron.

Āhwerf nū fram synnum,   sāula Neriend,
and fram misdēdum   mīnra gylta   85
þīne ansīone,   ælmeahtig God,
and ðurh miltsunga   meahta þīnra
ðū unriht mīn   eall ādīlga.

Ǣc ðū, Dryhten Crīst,   clǣne hiortan
in mē, mehtig God,   mōdswīðne geðanc,   90

___

Ecce enim veritatem [dilexisti: incerta et occulta sapientiae tuae mani-
festasti mihi]. [ll. 68–72.]
Asperies me ysopo et mundabor [lavabis me et super nivem deal-
babor]. [ll. 73–77.]
Auditui meo dabis gaudium [et laetitiam et exultabunt ossa hu-
miliata]. [ll. 78–83.]
Averte faciem tuam a peccatis meis et omnes [iniquitates meas dele].
[ll. 84–88.]
Cor mundum crea in me, Deus, et spiritum rectum [innova in visceri-
bus meis]. [ll. 89–94.]

[1] dñs

tō ðolienne   ðīnne willan
and tō healdenne   hālige dōmas;
and ðū rihtne gāst,   rodera Waldend,
in ferðe mīnum   feste genīowa.

Ne āweorp ðū mē,   weoruda Dryhten,   95
fram ansīone   ealra þīnra miltsa,
ne ðane gōdan fram mē   gāst hāligne
āferredne,   Frēa ælmeahtig,
þīnra[1] ārna mē   eal ne bescerwe.

Sæle nū blīðse mē,   bilewit Dryhten[2],   100
þīnre hǣlo heht,   helm alwihta,
and mē, lifgende   līohtes hiorde,
gāste ðīne,   God, selfa getreme,
ðæt ic aldorlīce   ā forð sioððan
tō ðīnum willan   weorðan mōte.   105

Simle ic ðīne weogas   wanhogan lǣrde,
ðæt hīo ārlēase   eft gecerdan
tō hiora selfra   sāula hiorde,
God, selfa tō ðē   gāstes mundberd
ðurh sibbe lufan   sēocan scoldan.   110

Befrēo mē an ferðe,   Fæder mancynnes,
fram blōdgete   and bealanīðum;
God lifigende,   gylta geclānsa,
hēlo and helpend,   hiofenrīces Weard:
ðanne tunge mīn   trīowfest blissað   115
for ðīnes selfes   sōðfestnesse.

Ne proicias me a facie tuæ et spiritum sanctum tuum [ne auferas a me].
    [ll. 95–99.]
Redde mihi letitiam [salutaris tui et spiritu principali confirma me].
    [ll. 100–5.]
Doceam iniquos vias tuas et impii ad te [convertentur]. [ll. 106–10.]
Libera me a sanguinibus, [Deus, Deus salutis meae, et exaltabit lingua
    mea justitiam tuam]. [ll. 111–16.]

            [1] þinre   [2] dñs

Ontȳn nū, waldend God,   weoloras mīne,
swā mīn mūð sioððan   mæhte ðīne
and lof georne   līodum tō blīðse,
sōð Sigedryhten,   secgende¹ wæs.   120
    Ic ðē onsegednesse   sōna brōhte,
weoruda Dryhtne,   ðēr ðū wolde swā,
ðā ðū þæt ne lufedest,   līfes bretta,
ðæt ic ðē bernelāc   brengan² mōste
dēadra nēata   Dryhtne tō willan.   125
    Ac ðē micle mā,   mehtig Dryhten,
lifiende Crīst,   liicwerðe bið
se gelīnysta gāst,   hiorte geclānsod
and geēadmēded   ingeþancum,
ðā ðū, Ælmæhtig,   æfre ne æwest.   130
    Gedoo nū fræmsume   frōfre ðīne
tō ðīnum gōdan   gāstes willan,
ðætte Siōne dūn   sigefest weorðe,·
and weallas sīon   wynfæste getremed
Hierusolimæ,   God lifiende!   135
    Swā þū, Frēa meahtig,   anfēhst siþðan
līofwende lāc   līoda þīnra³,
Hǣlend manna!   Hīo ðæt hālige cealf
on wīgbed þīn   willum āsettað,
līohtes aldor;   forgef mē, lifigende   140

Domine, labia mea aperies et os meum adnuntiauit [laudem tuam].
    [ll. 117–20.]
Quoniam si voluisses [sacrificium dedissem utique: holocaustis autem
    non delectaberis]. [ll. 121–5.]
Sacrificium Deo spiritus contri[bulatus: cor contritum et humiliatum
    Deus non spernit]. [ll. 126–30.]
Benigne fac, Domine, in bona voluntate [tua Syon, ut aedificentur
    muri Hierusalem]. [ll. 131–5.]
Tunc acceptabis sacrificium [justitiae, oblationes, et holocausta: tuno
    imponent super altare tuum vitulos]. [ll. 136–45.]

        ¹ seccende   ² bregan   ³ þinre, *from* þine

Meotod mancynnes,   mæhtig Dryhten[1],
ðæt ðā sorhfullan   sāule wunde,
þā ðe ic on ælde   oððe[2] on giogeðe
in flǣschaman[3]   gefræmed hæbbe,
leahtra hegelēasra,   mid lufan þīnre[4]   145
gāstæ forgeofene   glīd[an] mōte.'

  Swǣ þingode   þīode aldor
Dāuid tō Dryhtne,   dēda gemyndig,
þæt hine mæhtig God   mannum tō frōfre
ðæs cynedōmes,   Crīst neriende,   150
waldende God,   weorðne munde;
for ðon hē gebētte   balanīða hord
mid ēaðmēde   ingeþance,
ðā ðe hē on ferðe   gefræmed hæfde,
gāstes wunde.   Forgef ūs, God mæahtig,   155
þæt wē synna hord   simle oferwinnan,
and ūs geearnian   ǣce drēamas
an lifigendra   landes wenne. *Amen.*

[1] dn̄s   [2] l̵ (= uel)   [3] s *interlined*   [4] þinra

XXXVIII

LATE NORTHUMBRIAN AND MERCIAN GLOSSES

LINDISFARNE GOSPELS Matthew vii. 1–15

[From Cotton MS. Nero D. iv in the British Museum, ff. 38ᵛ ff.]

THESE gospels were written by Eadfrith, bishop of Lindisfarne (698–721), and glossed by Aldred the priest in the second half of the tenth century, probably at Chester-le-Street, Durham.

RUSHWORTH GOSPELS. Matthew vii. 1–15

[From Bodleian MS. Auct. D. 2. 19, ff. 10 ff., known as the Macregol Gospels]

THE gospels were written *c.* 800, and glossed in the tenth century by two scribes, Farmon and Owen. Farmon wrote the gloss to Matthew and to Mark i–ii. 15, *æt harawuda*, probably Harewood near Leeds, Yorkshire.

nellað gē dōēme þæt gē ne sē gedōēmed   in ðǣm

1. Nolite judicare, ut non judicemini.   2. in quo

forðon dōme gīe dōēmes gē biðon gedōēmed 7 in
enim judicio judicaberitis judicabimini;   et in

suā huelc wōēgas¹ hrīpes gē biðon gewegen bið īuh
qua mensura mensi fueritis, metietur vobis.

huæt ðonne gesiistu strē *vel* mot in ēge brōðres ðīnes

3. quid autem vides festucam in oculo fratris tui

7 ðone bēam in ēge ðīn ne gesiistu *vel* hū
et trabem in oculo tuo non vides? 4. aut quomodo

cueðestū brōēðer ðīnum būta ic worpe mot *vel* strē of ēgo
dicis fratri tuo, sine eiciam festucam de oculo

ðīn 7 heonu bēam is in ēgo ðīn ðū ēsuica worp
tuo: et ecce trabes est in oculo tuo? 5. hypocrita, eice

ǣrest ðone bēam of ēgo ðīn 7 ðonne ðū gesiist geworpe
primum trabem de oculo tuo; et tunc videbis eicere

ðone mot of ēgo brōðres ðīnes nellas gē sella²
festucam de oculo fratris tui. 6. nolite dare

hālig hundum ne sendas gē meregrotta īurre before
sanctum canibus, neque mittatis margaritas vestras ante

berg ðȳ lǣs hīa getrede ðā ilco mið fōtum hiora 7
porcos; ne forte conculcent eas pedibus suis, et

gewoendo *vel* gecerdo tōslitas īuh giwias³ *vel* gebiddas gē
conversi disrumpant vos. 7. petite,

7 gesald bið īuh sōēcað gē 7 gē infindes *vel* gē begeattas
et dabitur vobis; quęrite, et invenietis;

cnysað *vel* cnyllas gē 7 untȳned bið īuh ēghuelc forðon
pulsate, et aperietur vobis. 8. omnis enim

sē ðe giuæð *vel* biddes onfōēð 7 sē ðe sōēcas infindes 7
qui petit, accipit: et qui quęrit, invenit; et

ðǣm cnysende vel cnyllende untūned⁴ bið *vel* huā is
pulsanti aperietur. 9. aut quis est

from īuh monn ðene gif hē giuias sunu his hlāf cuiðestū
ex vobis homo quem si petierit filius suus panem numquid

---

¹ e *added above*   ² *from* selle   ³ *second* i *added above*
⁴ *sic*

RUSHWORTH GOSPELS. Matthew vii. 1–15

1. ne dōēmeþ gē þyles gē sīẹn dōēmed 2. in ðǣm wiotudlīce[1]

dōme þe gē dōēmeþ gē bēoþ dōēmde 7 in ðǣm gemete þe gē

metaþ bi𝚍 ēow meten 3. for hwon þonne gesihstū strēu in ēge

brōþer þīne 7 bēam in ēge þīnum ne geseẹs *vel* sis 4. oþþa hū

cweþestū brōþer þīnum brōþer ābīd þæt ic ofdō þæt strēu of

ēge þīnum[2] 7 sihþe bēam in ēge þīnum is 5. þū līcettere geþō[3]

ǣræst þone bēam of ēge þīnum 7 þonne gesihst þū āwearpe

þæt strēu of þīnes brōþer ēge 6. ne sellа𝚍 gе hālig hundum ne

gewearpaþ ercnanstānas ēowre beforan swīnum þyles hīæ

tredan ðā heora fōtum 7 gehwerfæþ tōslīte ēowic 7. biddaþ 7

ēow biþ sald sōēcaþ 7 gē gemōētaþ cnyssaþ 7 ēow biþ ontȳned

8. æghwilc wiotudlīce sē þe bit hē onfōēþ 7 sē þe sōēceþ hē

finde𝚍 7 cnyssande him bi𝚍 ontȳned 9. oþþa hwælc is ēower

monn þe hine bidde sunu his hlāf ah hē stān rǣceþ þǣm

---

[1] *first* i *from* e   [2] broþer abid . . . ege þinum *and the Latin which it glosses are added in the margin*   [3] *sic, for* gedo

ðone stān rǣceð *vel* seles him   *vel* gif ðone fisc
lapidem   porriget   ei?.   10. aut si   piscem
wilniað *vel* giuias cuiðestū ðā nēdrie rǣces him   gif
     petet   numquid serpentem porriget ei?   11. si
ðonne īuh mið ðȳ gē aron yflo wutas gē gōdo gesealla sunum
ergo vos   cum   sitis mali nostis bona dare   filiis
īurum māra wōēn is fader īuer sē ðe in heofnum is geselleð
vestris, quanto magis   pater vester qui   in   caelis   est dabit
gōdo biddendum *vel* giuiendum hine   alle ðonne *vel* forðon
bona   petentibus   se! 12. Omnia   ergo
suā huæt gīe welle þæt hēa gedōe īuh ðā menn 7 gee
quaecunque   vultis   ut   faciant   vobis homines, et vos
dōeð *vel* wyrcas him ðīus is forðon ǣ 7 wītgas *vel* wītgo
facite   eis;   haec est enim lex et   prophetę.
     inngeonges ðerh nearuo[1] port *vel* dure *vel* gæt forðon
13.   intrate   per angustam   portam;   quia
ðīu wīde geat 7 rūmwelle weg ðīu lǣdas tō lose *vel* losing
lata   porta et spatiosa   via quę ducit ad   perditionem,
7 monigo[2] sint ðā ðe inngeongas ðerh ðā ilco   suīðe
et multi   sunt   qui   intrant   per   eam.   14. quam
naruu port *vel* gaet 7 bogehte woeg ðīu lǣdes tō līfe 7
angusta   porta   et   arta   via quę ducit ad vitam, et
huōn aron ðā ðe onfindes ðā ilco   behaldas gē from
pauci sunt   qui   inveniunt   eam.   15.   attendite   a
lēasum wītgum ðā ðe cymes tō īuh in   wēdum   scīpa
  falsis   prophetis   qui veniunt ad vos in vestimentis ovium;
innaueard uutedlīce sint uulfes fērende
intrinsecus   autem   sunt lupi rapaces.

        [1] e *and* u *added above*   [2] *from* monige

10. oþþe gif hē fiscæs biddeth ah hē nēdra rǣceþ him 11. nūnū

þonne gē þe gē sindun yfle cunneþ gōd sellan beaearnum

ēowrum hū miccle māē fæder ēwer sē þe in heofunum is

selleþ gōd þǣm þe biddaþ hine 12. all forþon swā hwęt swā

gē willað þæt dōa ēow menn gōd swā¹ 7 gē dōaþ heom þis is

wiotudlīce āē 7 wītgu 13. gāþ inn þurh naarwe geate forþon

wīd geate² 7 rūm weg þe lǣdeþ tō forwyrde *vel* forlore 7 monige

sindun þā þe ingān þurh þǣre *vel* þæne³ 14. hū⁴ naru *vel*

wiðerdūne geate 7 eorfeþe is se weg þe lǣdeþ tō līfe 7 fēawe

sindun þā þe gemōētaþ þane *vel* cymeð in þāra 15. behaldeþ

ēow wið lyge *vel* lēase wītgu þā þe cumaþ tō ēow in gewēdum

scēpa⁵ ininnan þanne sindun wulfas rīsænde *vel* wōēdende

---

¹ *Translates* bona ita *omitted in Lindisfarne*
and hence looks like t   ³ *vel* þæne *in margin*
and then erased   ⁵ *a letter* (a?) *erased after* e

² *loop of final* e *faded*

⁴ nearu *written*

NOTES

I. PROSE

I. CYNEWULF AND CYNEHEARD

The edition by B. Thorpe in the Rolls Series, 1861 (vol. i text, vol. ii translation) is the only one with the text of all the MSS. in full; that by C. Plummer, on the basis of an edition by John Earle, *Two of the Saxon Chronicles Parallel,* 1892–9 (vol. i text, appendixes, and glossary, vol. ii introduction, notes, and index, reprinted in 1952 with additional bibliography and note on the commencement of the year by D. Whitelock) has the full text of two MSS. only. Modern translations include: G. N. Garmonsway, *The Anglo-Saxon Chronicle* (Everyman's Library, 2nd edition, 1954) and D. Whitelock, with D. C. Douglas and S. I. Tucker, *The Anglo-Saxon Chronicle. A Revised Translation,* 1961. The latter work has a full introduction to the work as a whole, and a recent bibliography. The facsimile edition of the Parker MS., edited by Robin Flower and Hugh Smith (E.E.T.S., 1941), lets one see how the MS. was written in one hand of about 900 up to near the end of annal 891, and continued in other hands during the tenth and early eleventh centuries, and how alterations and insertions were made about 1100, mainly by the scribe who wrote the F MS. of the work. The E MS. also is available in facsimile, edited by D. Whitelock, *The Peterborough Chronicle* (Early English Manuscripts in Facsimile, iv, Copenhagen, 1954). For comparison with the Chronicle *Asser's Life of King Alfred,* ed. W. H. Stevenson, new impression, 1959, and *The Chronicle of Æthelweard,* ed. A. Campbell, 1962, should be consulted.

1. **Hēr,** literally 'at this place' (in the series of annals), comes to have a temporal meaning, 'in this year'. This is normal usage, varied occasionally by *Hēr on ðysum gēare*; but the writer of annals 893–6 avoids *Hēr,* preferring *on ðysum gēre,* which is used also to begin annals 682, 889, and a few eleventh-century annals.

Cynewulf was an outstanding West-Saxon king who maintained his independence of Offa until he was defeated at Bensington in 779. He was a generous donor to religious houses, and he and his council wrote a letter to the missionary Lul in Germany. He attended the first of the two councils held by King Offa in 786 to meet the papal legates, and may have been killed before the second. The killing of Cynewulf in that year, and of Æthelbald of Mercia in 757, may have occasioned the statement in the decrees of the legates: 'Let no one dare to conspire to kill a king, for he is the Lord's anointed.'

benam is in grammatical concord with the first member of the compound subject *Cynewulf . . . ond Westseaxna wiotan.*

3. **þone aldormon þe him lengest wunode** 'the ealdorman who stood by him longest', i.e. Cumbra, presumably ealdorman of Hampshire, the shire which remained loyal to Sigebryht.

4. **Andred**, the Weald. Cf. 8/6. It is also called *Andredesleage* and *Andredesweald*. The name is derived from that of the Roman fort *Anderidos* (Pevensey). This forest extended from Kent into Hampshire.

5. **ān swān**. There were large swine-pastures in the Weald, and hence it was natural that Sigebryht should run across one of Cumbra's swineherds. There is no evidence that *swān* ever had the meaning of ON. *sveinn* 'an attendant', for the belief that it is used in this sense in the *Finnesburh* fragment is based on an uncertain emendation.

Pryfetes flōdan. The place is Privett, Hants.; *flōde* may mean an intermittent spring.

7. **uuiþ Bretwālum**. The Chronicle makes no other reference to Cynewulf's wars against the Britons, but in a charter of about 766 Cynewulf makes a grant 'because of some harassing of our enemies, the race of the Cornish men (*Cornubiorum gentis*)'.

xxxi wintra. Though this is the reading of MSS. A, B, and C here, and of all MSS. at l. 43, as well as in the West-Saxon regnal list which forms the preface of A, it is an error: Cynewulf reigned from 757 to 786, and the *Annals of St. Neots* has correctly 29. Since the Chronicle has a dislocation of two years in all this portion, it enters his accession 755 (for 757) and it has the following entry at 784 (for 786):

Hēr Cyneheard ofslōg Cynewulf cyning, ond hē þær wearþ ofslægen ond lxxxiiii monna mid him.

The detailed account of these happenings has been inserted into annal 755, probably because of their connexion with the slaying of Sigebryht in the beginning of this annal.

11. **Merantūne** cannot be identified with certainty, but it is worth noting that Cynewulf gave an estate at *Mertone* to a thegn (H. P. R. Finberg, *Early Charters of Wessex*, p. 179). If, as seems probable, this is the same place, it is unlikely to be as far as the Surrey Merton from Glastonbury, where this charter was preserved.

būr. This term was applied to chambers, etc., as distinct from the hall, and this passage implies a detached building, which could not be reached directly from where the king's men were sleeping, presumably the hall.

18. **gebǣrum.** The original sense of *gebǣru* is 'bearing', 'gestures', but the meaning required here is 'cries', and a similar use occurs in *fugles gebǣru* in *Phoenix*, l. 125; ME. *ibere* is used in this sense several times in Laȝamon's *Brut*, e.g. l. 18147, where the later MS. replaces *mid reouliche iberen* by *sore wepinge*, and in *The Owl and the Nightingale*, ll. 222, 1348.

20. **ond radost.** This use of *ond* may be idiomatic; but see textual note.

22. **feohtende wǣron** 'continued (or proceeded) to fight'. Cf. l. 39.
   lǣgon 'lay dead', a usage which is not poetic, as is sometimes claimed.

23. **gīsle.** For another instance of a hostage fighting for his host see 21/265. In neither case was he fighting his own people.

27. **ǣr** with the past tense expresses the pluperfect, a common practice; e.g. l. 36, and 8/56, 112, 9/9.

28 f. **him tō.** This could mean 'on themselves' or 'against them' (the people outside); for the former meaning see B.T. Suppl. s.v. *tō*, I i c *ðā duru him tō beclȳsde* (against a temptress).

29. **hæfdon.** The implied subject is the ætheling and his men.

29 f. **gebēad hē him hiera āgenne dōm fēos ond londes.** He offered to let them declare the amount which they would accept in compensation in money, or goods, or in land. Cf. *hyra sylfra dōm*, 21/38.

31. **him cȳþdon.** See textual note. The singular verb gives a smoother reading, but the plural is supported by MS. C, and may represent what was first written, in which case the subject is the ætheling and his men.

32. **from noldon.** Absence of a verb of motion after auxiliary verbs is common when the adverb or preposition denotes motion.

32–38. Though at first sight the over-use of pronouns causes confusion, the meaning is as follows: the king's men replied to the remark that kinsmen of theirs were with the ætheling by saying that no kinsman was dearer to them than their lord, and they would never serve his slayer. They offered to their kinsmen a safe exit from the fort. This the kinsmen rejected, because a similar offer of safety had been made to the king's men and refused (see ll. 20 f.); the kinsmen would pay no regard to the offer 'any more than did your comrades who were slain with the king'. The change from indirect to direct speech in the middle of a sentence is a sign of an unpractised writer.

35. **þæt tæt** = *þæt þæt*, like *þætte* for *þæt þe*.

45. **Cerdice,** the reputed founder of the West-Saxon kingdom. Any man who could trace his descent from him was eligible for the throne.

46. **Ond þȳ ilcan gēare.** This refers back to the year of Cynewulf's accession, not to that of his death which has just been recounted.

Æþelbald, king of the Mercians from 716 to 757, and by 731 overlord of all the kingdoms south of the Humber. Before his accession he had been an exile, accompanied by loyal companions, as Felix's *Life of St. Guthlac* shows; it is sad therefore to read in Symeon of Durham that it was his own men who killed him.

47. **Seccandūne,** Seckington, near the Mercian royal seat of Tamworth.

Hreopadūne. Repton had been a double monastery from the late seventh century, and Guthlac, Æthelbald's friend, entered religion there.

Beornræd. Nothing is known of him, but from time to time we find members of the Mercian royal family with names beginning with *b*.

49. **Offa,** the great king of the Mercians, who reigned until 796, during most of the time as overlord of all lands south of the Humber. Note that MSS. D and E say he put Beornræd to flight; Symeon of Durham refers to civil war in Mercia after Æthelbald's death.

50. The annal then continues with Offa's genealogy, through fifteen generations back to Woden. He included among his remote ancestors Offa (king in Angel) who occurs in *Beowulf* and *Widsith*.

II. THE STATE OF LEARNING IN ENGLAND

The Hatton MS. (H), the fragments of Tiberius B. xi (C) and the detached leaf of this MS. preserved at Kassel are published in facsimile by N. R. Ker, *The Pastoral Care* (Early English Manuscripts in Facsimile, vi, Copenhagen, 1956). The text of the translation is published from MS. H and Junius's transcript of MS. C by H. Sweet, *King Alfred's West-Saxon Version of Gregory's Pastoral Care,* E.E.T.S., 1871; the preface from MSS. D and U by F. P. Magoun, Jr., in *Mediaeval Studies,* xi, 1949. The most valuable discussion is that of K. Sisam, 'The Publication of Alfred's *Pastoral Care*', *Studies in the History of Old English Literature,* Oxford, 1953. See also F. Klaeber, 'Zu König Ælfreds Vorrede zu seiner Übersetzung der Cura Pastoralis', *Anglia,* xlvii, 1923.

1. **Wærferð biscep.** Since MS. H has the entry ÐEOS BOC SCEAL TO WIOGORA CEASTRE its prefatory letter is naturally addressed to

Wærferth, who held this see from 873 to 915. He was a friend of King Alfred and at his request translated into English the *Dialogues* of Gregory the Great. MS. C II names Heahstan, who was bishop of London, dying in 897, and MS. U names Wulfsige, a bishop of Sherborne, who attests charters from *c.* 889 to 892. MS. C leaves a blank for the bishop's name; Wanley says this MS. contained the note: *Plegmunde arcebiscepe is agifen his boc ond Swiðulfe biscepe ond Werferðe biscepe.* Swithulf was bishop of Rochester and died between 894 and 896.

2. hāte. The change from the third person of the address to the first person in the letter is common form; cf. Ælfric's preface to *Genesis* or the practice in royal writs, e.g. 12d/1 f.

6. After **folces** in H *on ðam dagum* is interlined in a hand which makes several alterations and which Dr. Ker has shown to be probably that of Archbishop Wulfstan, the homilist. Though in no other MS., these words have sometimes been printed as if part of Alfred's text.

23. woruldðinga 'worldly affairs'. This passage is reminiscent of the acts of the Council of Clofesho of 747, where priests are enjoined *a saecularibus negotiis causisque, in quantum praevaleant, vacare.*

tō ðǣm can mean 'to such an extent', or can be taken with the *ðæt* of the next line, and rendered 'to the end that'.

25. hwelc wītu. Probably the Viking raids are meant; like others before and after him, Alfred regarded national calamities as divine punishment for the nation's sins. Cf. 16/11 ff. and *passim.*

27–29. ðone naman . . . ðā ðēawas. J. E. Cross (*Modern Language Review*, liv, p. 66) compares a sentence of Augustine, which was much copied, e.g. by Isidore (*Etymologiae*, vii. 14. 3): *Non se autem glorietur Christianum, qui nomen habet et facta non habet.*

28. hæfdon. This reading is preferable to 'loved' in three MSS., which probably arose in their exemplar from the preceding *lufedon.*

63. mægen need not be an auxiliary; it can mean 'have the strength for'. Asser (*Life of King Alfred*, c. 75) in a similar context writes: *ut antequam aptas humanis artibus vires haberent.*

66. hīerran hāde, the ecclesiastical order.

69 f. bisgum ðisses kynerīces. Cf. *regiae potestatis sollicitudinibus* (Asser, c. 25).

71 f. word be worde . . . andgit of andgiete. Cf. 3a/2 f. This translates a well-known Latin tag, *verbum ex verbo, sensum ex sensu.* Asser (c. 77) says Werferth translated *aliquando sensum ex sensu.*

72–75. Plegmunde . . . Assere . . . Grimbolde . . . Iōhanne . . . .
Plegmund was a Mercian invited by Alfred, and he became archbishop
of Canterbury in 890; Asser was a Welsh bishop who later was made
bishop of Sherborne, and his *Life of King Alfred*, written in 893, has
verbal parallels with this letter; Grimbold came from St. Bertin's at
St. Omer, in 886 or early in 887; John was a continental Saxon whom
Alfred made abbot of Athelney. The preface to the *Cura Pastoralis*
cannot have been written before 890, but the translation may be earlier.
It was circulated before the death of Swithulf of Rochester, 894–6
(see note to l. 1).

78. **æstel** occurs as a gloss on Latin *indicatorium* (Wright–Wülcker,
Anglo-Saxon and Old English Vocabularies, 327/1) and probably
means a book-marker. M. Förster (in *Sitzungsberichte der Bayerischen
Akademie der Wissenschaften*, Phil.-hist. Abteilung, 1943, viii, p. 11,
n. 3) brings it from Latin *hastula* 'small spear' by way of OI. *astal*,
which is explained in Cormac's Glossary as *slisin nó gai liub(air)*, 'a
chip or spear of a book'. In the D MS. of Alfred's preface the Wor-
cester glossator of the thirteenth century, who is usually known as 'the
tremulous hand', has glossed *æstel* as *festuca*, i.e. 'stalk' or 'stick'.

79. biǒ on fīftegum mancessa can mean 'consists of 50 mancuses'
(a mancus being a weight of gold), or 'is worth 50 mancuses', i.e. fifty
times the 30 silver pence with which a mancus of gold was equated.
It is not too high a value for an object of medium size: we read, for
example, of armlets of 80 mancuses.

81. uncūǒ hū longe '(it being) uncertain how long'.

III. KING ALFRED'S TRANSLATION OF BOETHIUS

The most recent edition is that by W. J. Sedgefield, *King Alfred's Old
English Version of Boethius*, Oxford, 1899. For a summary and
bibliography of recent work on the Latin commentaries on Boethius'
De Consolatione Philosophiae, see K. Otten, *König Alfreds Boethius*,
Tübingen, 1964, and D. Whitelock, 'The Prose of Alfred's Reign',
in *Continuations and Beginnings: Studies in Old English Literature*,
ed. E. G. Stanley, London, 1966.

A. PROEM

On the authenticity see K. Sisam, *Studies in the History of Old English
Literature*, pp. 293–7.

2 f. word . . . andgite. See note to 2/71 f.

11 f. First and second **hē**, the reader; **hine . . . him**, and third **hē**
the author.

B. Boethius and Theodoric

Most of the material for this section probably comes from some *Life of Boethius* similar to that printed in R. Peiper's edition of the *De Consolatione Philosophiae*, Leipzig, 1871, pp. xxx–xxxv, but the beginning, with its reference to the sack of Rome in 410, may be from the OE. *Orosius*, where this is the last event mentioned, and where the name Radagaisus is given the same form, Rædgota. Alfred seems to know little of events in Gothic history between 410 and 493, but in his verse rendering of this section he mentions that it was many years before Theodoric came.

2 f. **Rædgota ond Eallerīca . . . Rōmāna burg ābrǣcon.** In fact, Radagaisus was killed in 406 and only Alaric sacked Rome, but the OE. *Orosius* implies that they led a joint invasion into Italy.

4. **þām muntum,** the Alps.

6. **Amulinga,** or Amaling, one of the line descended from a legendary king of the Goths, Amal.

7. **þām Arriāniscan gedwolan.** The Goths were converted in the fourth century by missionaries who followed the Arian heresy, i.e. the doctrine of Arius, who denied that Christ was of the same substance with God the Father.

12. **consul.** Boethius became this in 510.

13 f. **in bōccræftum ond on woruldþēawum se rihtwīsesta is** to be understood as if it ran *in bōccræftum se wīsesta ond on woruld-þēawum se rihtwīsesta.*

25 f. **gebringan on carcerne.** Boethius was executed about 524.

32–42. **Đā līoð . . . þurhwunian ne mōt?** This passage is based on the first metre of Book I, the beginning of the Latin work.

39 f. **Tō hwon . . . lā . . .?** Why, oh why . . .?

C. A Golden Age

13. **sciphere** is perhaps a misunderstanding of *classica saeva*.

D. Ulysses and Circe

This, though based on metre 3 of Book IV, is expanded with the details of the Trojan war, of Circe's parentage, and of the worship of Jove and Saturn.

2. **Aulixes.** Ulysses is not mentioned by name by Boethius, and the sources of this form, representing Latin *Ulixes* or Siculian (Italic) *Oulixes*, cannot be decided until more is known of the commentaries on Boethius.

3. **Iþacige,** the name of the island of Ithaca, presumably with the addition of *ieg* 'island'. **Rētie** can only represent Rhaetia. In some Latin MSS. the words *vela Neritii* (referring to Neritos, a mountain in Ithaca) are written *velani retii*. Alfred's form must derive from some such corrupt reading.

11 f. **þæt hē sceolde bīon,** an example of a frequent use of *sceal* in reported speech. As used here, in dependence on a verb of saying or thinking, *sceolde bion* can only be rendered as 'was'; but in an independent sentence, it needs to be rendered 'was said, thought or alleged to be'. Cf. ll. 15, 18, etc.

18. **Kirke,** spelt *Circe* in the verse rendering of this metre, is not mentioned by name by Boethius.

32 f. **hī sceoldon . . . rȳdon hī.** The MS. readings are clearly corrupt. Here and in ll. 33 and 35 *sceoldon* expresses intention. See *O.E.D.,* s.v. *Shall* 13.

45. **for þone līchoman.** The verse rendering reads *ofer* for *for,* perhaps a better reading.

45 f. **be swilcum ond be swylcum** 'from such examples as these and the like'.

E. ORPHEUS AND EURYDICE

Book III, metre 12, is one of the few whose prose translation was not replaced in MS. C by a verse rendering, except for a few introductory lines which precede the tale given below.

4. **ongon . . . secgan.** The past tense of *onginnan* came to be used as an auxiliary of the past (in Middle English and later in the clipped form *gan*).

10. **sceolde.** See note on d/11 f.

21, 24, 29. **Ceruerus . . . Caron . . . Parcas.** The names are supplied by Alfred. Cerberus, however, is mentioned in Book IV, metre 7.

24 f. **sē hæfde ēac þrīo hēafdu.** This error may originate with the Old English version.

29. **metena** 'fates'. Here C preserves an otherwise unrecorded word, which B replaced by the familiar *gydena* 'goddesses'.

30. **ðā hī secgað ðæt on nānum men nyton nāne āre** 'they are said to have no mercy on any man'. Instead of a simple sentence, *ðā nyton . . .,* with parenthetic *hi secgað,* a *þæt* clause is introduced, with the subjunctive of reported speech, but without repetition of the subject *ðā.* Cf. the similar construction in l. 31.

35. **þæs ðe hē bæd**, for *þæs þæs ðe hē bæd.*

36 f. **Lauita cyning.** An addition to the source, referring to the Lapithae, a mythical race of Thessaly.

53–60. The moral is drawn already in the source, but is given a more definitely Christian colouring in the Latin commentary mentioned on p. 8, and this has influenced Alfred; cf. with ll. 59 f. *quicquid boni putabat se in mundo possidere, penitus heu perdit.*

F. THE MEANS OF GOVERNMENT

The basis of this interesting passage is the brief reply of Boethius to Philosophy at the beginning of prose 7 of Book II: 'You yourself know that ambition for mortal things has dominated me little, but I desired material for action [*materiam gerendis rebus*, but some MSS. read *regendis* for *gerendis*], lest my strength should grow old unrenowned.' One should note also that in Book II, prose 5, Alfred defines *quod naturae satis est* as *mete ond drync ond clāðas ond tōl tō swelcum cræfte swelce þū cunne þæt þē is gecynde ond þæt þē is riht tō habbenne.*

12 f. **gebedmen ond fyrdmen ond weorcmen.** The common medieval doctrine of the division of society into the three orders, which is found later in Ælfric (e.g. *Treatise on the Old and New Testament*, ed. S. J. Crawford, pp. 71 f.) and in Wulfstan (*Institutes of Polity*, ed. K. Jost, pp. 55 f.), is implied in continental writers of about Alfred's time (see P. Guilhiermoz, *Essai sur l'origine de la Noblesse en France au Moyen Age*, Paris, 1902), but no source for Alfred's passage is known.

IV. THE VOYAGES OF OHTHERE AND WULFSTAN

H. Sweet, *King Alfred's Orosius* (E.E.T.S. 1883) prints the text from MS. L, with some readings from C in the margins. MS. L has been reproduced in facsimile by A. Campbell, *The Tollemache Orosius* (Early English Manuscripts in Facsimile, iii, Copenhagen, 1953). Of the large literature on these voyages, the following works may be selected: K. Malone, 'King Alfred's North: A Study in Mediaeval Geography', *Speculum*, v, 1930; R. Ekblom, 'Ohthere's Voyage from Skiringssal to Hedeby', *Studia Neophilologica*, xii, 1939–40, 'King Alfred the Great as Geographer', ibid. xiv, 1941, and 'King Alfred, Ohthere and Wulfstan: Reply to a Critique', ibid. xxxii, 1960; A. S. C. Ross, *The* Terfinnas *and* Beormas *of Ohthere*, 1940; W. C. Stokoe, 'On Ohthere's *Steorbord*', *Speculum*, xxxii, 1957; A. L. Binns, 'Ohtheriana VI: Ohthere's Northern Voyage', *English and Germanic Studies*, vii, 1961.

1. **Ōhthere.** The Old Norse form is *Óttarr*.

2. **norþmest.** Ohthere's home is generally placed on Senja.

3. **þā Westsǣ**, the sea off the west coast of Norway.

4. **sīe** 'extends'.

5. **Finnas**, Lapps, as often in Old Norse sources.

9. **fōr hē norþryhte.** He had to go north-east; it is clear that the directions in this part of the account have been shifted some 45 degrees clockwise. Some think this arises from its being customary to regard the coast of Norway as stretching from south to north, whereas in this northern part it stretches from south-west to north-east. Ekblom, however, claims that this clockwise deviation was normal in Scandinavian reckonings.

10. **stēorbord . . . bæcbord.** These terms arise because the steersman steered from the right of the stern, with his back to the port side.

13 f. **þā bēag þæt land þǣr ēastryhte.** It is now usually held that this point was Nordcyn, forty miles east of the North Cape. The direction is south-east, not due east.

20. **ān micel ēa**, usually taken as the River Varzuga.

23. **þǣre ēas.** *Ēa* is declined either masculine or feminine, but this combination of feminine demonstrative with the masculine form of the noun is in MS. L only; it occurs in 8/140, where it is confined to MS. A.

27. **Beormas.** Though the name is connected with Perm, the people referred to (ON. *Bjarmar*) are probably the North Karelians, dwelling in the south of the Kola Peninsula.

gebūd, the weak form of the past participle of *būan*, is in L only, when C has the strong form *gebūn*, as in l. 23 (*bis*). A participial adjective with mutation, *bȳne*, occurs in ll. 63, 64.

28 f. **Terfinna land.** The Terfinnas were Lapps inhabiting the east and south-east coasts of the Kola Peninsula, modern Russian *Terskij bereg*.

32 f. **nyste hwæt þæs sōþes wæs** 'did not know how much truth was (in it)'; cf. *nyste hwæt þæs ealles wæs*, Anglo-Saxon Chronicle, 1046 E.

46. **hrānas.** Modern English reindeer comes from ON. *hreinn*, not from OE. *hrān*.

64. **ēasteweard.** The context makes it clear that Ohthere means 'in the south'; this agrees with Old Norse usage: the south coast of

Norway from Lindesnes to the Oslo Fjord was known as *austr í Vík*, and voyagers travelling there, even from the north, speak of going east.

73. **Swēoland**, the Swedish provinces round and north of the Mälar.

74. **Cwēnas**, probably northern Finns. See A. S. C. Ross, *Geographical Journal*, cxx, 1954.

80. **Hālgoland**, Hålogaland, in northern Norway.

82 f. **Scīringes hēal**, ON. *Skíringssal*, a lost place near Larvik in southern Norway.

83. **ne mihte geseglian**. It is not certain whether the *ne* is intended: the scribe first wrote *m*, and this was later altered to *ne*. Sweet omitted *ne*, probably regarding it as an attempt to get rid of an accidental duplication of the *m* of *mihte*.

84. **ambyrne**. For confirmation of the meaning 'favourable' see E. Ekwall in *Mélanges de Philologie offerts à M. Johan Melander*, Uppsala, 1943.

86. **Īraland**. Some scholars would substitute *Ísland*, because of the difficulty of the mention of Ireland before the 'islands between Ireland and this land (Britain or England)'; others suggest that Ohthere believed with earlier geographers that Britain lay south-west to north-east. More tempting is the suggestion of W. C. Stokoe that Ohthere is thinking of the sea-routes to the places mentioned, and knows that the safest route to Ireland involves leaving the Norwegian coast before one would if bound for the Orkneys or for England. Ohthere would sail past the places where he would have turned to starboard had he been sailing 'west over the sea'.

91. **Gōtland**, here and in l. 99, is Jutland, but in l. 111 *Gotland* is the Baltic island. For Jutland one would have expected a form like *Geōtland*; it may have been altered by a scribe who did not realize that two places were involved.

92. **Sillende**, which may mean 'mainland', is placed by Ekblom in the eastern coastal district of south Jutland, from the narrowest part of the Little Belt to Flensberg Fjord, or to the Schlei.

94. **æt Hǣþum**, Hedeby, now Slesvig. This use of *æt* is common in place-names, e.g. in Anglo-Saxon Chronicle, 552, *in þǣre stōwe þe is genemned æt Searobyrg*, where in MS. A *æt* has later been erased, which indicates obsolescence of the use.

104. **Trūsō**, a lost town, possibly Elbing, on the Drausen See, which preserves the name.

107. **Scōnēg**, Skåne, in south Sweden, belonged to Denmark throughout the Middle Ages. It is the *Scedenig* mentioned in *Beowulf*;

but the form is here from ON. *Skaney*, with *ō* substituted for *ā* before a nasal.

109. Burgenda lande, Bornholm, the home of the Burgundians before they moved in the migration period, eventually setting up the kingdom of Burgundy.

113. Wītland, Prussia east of the Vistula.

114. Estum. The *Este* are the *Aestii* of Tacitus (*Germania*, c. 45) and lived along the east coast of the Baltic. They were an Old Prussian tribe of the Baltic group, but the name was later transferred to the Finns living just south of the Gulf of Finland, an area which became known as Esthonia.

114 f. sēo Wīsle . . . līð in Estmere. *Estmere* is the Frisches Haff, into which the eastern mouth of the Vistula, now called Nogat, flows. Since it flows from the south-west (not from the south), and the *Ilfing* (Elbing) flows from the south-east (not from the east), Ekblom takes the directions as supplying further evidence of a clockwise deviation of at least 45 degrees. See note to l. 9.

117. ðe . . . in staðe 'on whose shore'.

138. Bosworth designed the following illustration of the plan of these races:

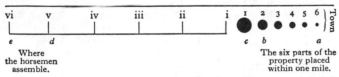

'The horsemen assemble five or six miles from the property, at *d* or *e*, and run towards *c*; the man who has the swiftest horse, coming first to 1 or *c*, takes the first and largest part. The man who has the horse coming second, takes part 2 or *b*, and so in succession, till the least part, 6 or *a*, is taken.'

146. and tō þǣm mǣstan 'and moreover the largest'.

154. and þæs þe 'and with what'.

156. geðēodes. Usually *geðēode* means 'language', but here must be 'tribe'.

158. hī magon cyle gewyrcan. A. Macdonald, in *Modern Language Review*, xliii, 1948, quotes an interesting account of ancient ice-pits from Sir Aurel Stein, *Ancient Khotan*. The *Este* probably used a similar method. A corpse laid on top of ice preserved in such a pit would not decay.

159. **þæt** goes with the *þȳ* in the previous line: *þȳ þæt* 'for the reason that'.

160 f. **twēgen fǣtels full.** *Twēgen* is masculine, and so elsewhere is *fǣtels*; but here it seems to be neuter plural, as is *full*. Some nouns in *-els* vary in gender; e.g. *wrigels* 'veil' is masculine and neuter.

161. **ōþer** 'one of the two', a usage particularly common in the *Orosius*.

V. THE TRANSLATION OF OROSIUS

On the MSS. and editions, see pp. 17 and 228 above. An important study by J. M. Bately, 'King Alfred and the Latin MSS. of Orosius' History', *Classica et Mediaevalia*, xxii, 1961, shows that some apparent misunderstandings arose from corruption in the Latin MS. which the translator was using, and that this had many of the peculiar forms of proper names found in the English version: e.g. where printed editions of Orosius have Vesozes, Plynos, Marsepia, and Gyndes, some MSS. have forms identical with those in the English text. The Latin MS. used seems also to have had some glosses which supplied material not in the original work.

A. THE AMAZONS

3. **Asiam.** The regular Old English genitive would be *Asie*, but the accusative of Latin names seems often to be taken to represent all the oblique cases; cf. l. 50 and also ll. 26, 52, where *Asiam* stands for the dative.

6–8. **him untwēogendlīce . . . forherigan.** This is expanded from *parendi leges dicerent*.

11–13. **Hēton him . . . gieldanne.** This is an addition to the source.

15. **būton þǣm fenlondum.** This suggests misunderstanding of the Latin, which says that the swamps hindered the ravaging of the whole country.

31 f. **tō þon ðæt hīe . . . wrecan þōhton.** This seems a confusion of two constructions: (1) *tō þon þæt hie wrǣcen* (in order to . . .) and (2) *for þǣm þe hie wrecan þōhton.*

46. **Amazanas, þæt is on Englisc 'fortende'.** See Bately, op. cit., p. 98, where the glosses *Amazones: semiuste* (Leiden Glossary, Voss. Lat. Q. 69 and Reg. 1650) and *adustis dexterioribus mammis* (St. Gall Glossary, MS. 905 and Reg. 1650) are quoted.

47. **Marsepia ond Lampida wǣron hātene.** The omission of a relative is common before verbs of naming. Cf. 16/176. *Lampida* = *Lampeto*, but some Latin MSS. have *Lampito*.

62. Ercol þone ent. Hercules is called *Erculus* in Alfred's *Boethius*.

64–66. scipun þe mon 'dulmunus' hætt . . . þūsend manna. This is an addition, the Latin having only *novem longas naves*. *Dulmunus* is a corruption of Latin *dromones* (pl.) from Greek *drómōn* 'light sailing vessel' (cf. Isidore, *Etym.* xix. 1. 14: *longae naves sunt quas dromones vocamus*). It occurs twice more in the OE. *Orosius*, in the genitive plural, *dulmana* (Sweet, 50/10, C. *dulmuna: navium*) and *dulmuna* (80/6: *rostratas naves*).

69 f. þær wearð Ōrīthīa gefangen. In the Latin it is 'Melanippe and Hippolyte, two sisters of Antiope', who were captured.

80. folnēah for *fulnēah* occurs in the *Pastoral Care* (Sweet, 35/20).

83–107. The translator omitted Orosius' preface, so this is the first place where his readers would learn of the work's polemical aim. Though he omits many of Orosius' tirades, here he considerably expands the passage, basing some of his statements on similar passages elsewhere in the book, e.g. Book III, c. 8, Book V, c. 1, and Book VI, c. 22.

83 f. of þǣm hwatestan monnum Germānia. This addition to the source chimes in with the translator's sympathy with the Germanic races which is implied by his frequent omission of references to their defeats or barbaric qualities.

91. īowra, for *iower*, evidently due to the following **selfra**. Cf. the *Pastoral Care: ūrne hwelcne* (63/1) = *ūre hwelcne, ūres nānes* (211/14), *ūrra selfra* (220/5), where the genitive of a personal pronoun has been similarly replaced by the possessive adjective.

95–101. The *oþþe* in l. 97 links **nellað** and **ne cunnon**, the *oþþe* in l. 99 links the two hwǣr-clauses (ll. 97, 99), and *oððe . . . fēo* (ll. 100 f.) is a self-contained adverbial adjunct; *þæt* in l. 97 can be rendered 'in that'; **hit** in l. 96 = 'things'; it does not refer to **crīstendōm**, which is masculine.

105. Hū wēne gē hwelce sibbe . . . seems to result from confusing two sentences, '*How* can you think that they had peace?' and '*What* peace do you think they had?'

B. CYRUS

8. ān his þegna. This should be one of his horses, but the translator used a MS. with the recorded misreading *unum regiorum equitum*, with *equitum* for *equorum*, and this has led him to make many changes in the incident, perhaps influenced by Orosius, Book VI, c. 2, in which a messenger in the Mithridatic wars performs a feat of swimming with the aid of two bladders; this may account for the addition here of

mid twām tyncenum (l. 9) using a unique word, usually taken as meaning 'a small cask'.

18. **on ðǣre ēa gong** 'in the river's bed'.

22. **Membrað se ent.** Latin MSS. have *Nemrod, Nebrot, Nebroth, Nembroth.* Alfred's *Boethius* calls him *Nefrod se gigant.*

23. **Sameramis** = Semiramis.

29 f. **hundseofontig mīla ond seofeðe dǣl ānre mīle.** Latin MSS. vary between 470 and 480 *stadiis.*

33. **twēgea elna hēah weall.** This is an addition to the source.

37. **gelīce ond.** In this phrase *ond* acquires a relative force: 'just as if'. Cf. Latin *aeque ac* 'as well as', 'just as'.

40–42. **Nū ic . . . þurhwunigean mǣge.** Though the moral drawn is in Orosius (where, however, it comes after the death of Croesus and is combined with a reference to the vanity of riches), the translator makes it more effective by putting a lament into the mouth of the city itself.

44. **se līþa cyning.** This represents *rex Lydorum* 'king of the Lydians', but some copyist has connected the name with the adjective *līþe* 'gentle', and so added a definite article. The translator omits all mention of the wealth of Croesus.

48. **hē hiene gefēng ond ofslōg** is in flat contradiction to *Croesum cepit captumque et vita et patrimonio donavit*; but Miss Bately (op. cit., p. 85) shows that some MSS. related to the type used by the translator have a corrupt reading *damnavit* for *donavit.*

49. **hiere weallas for ealdunge brosnien.** Orosius is not speaking of walls, but of the structure (*moles*) of the republic. The translator may have altered deliberately, to make a better parallel with the fate of Babylon. In stating that Rome was preserved by its Christianity, he is repeating a common sentiment in Orosius (e.g. Book II, c. 3), though it is not in this chapter.

54 f. **ān giong cyning.** In the Latin he is not king, and it is the queen, his mother, who decides to let Cyrus cross the Araxis.

61 f. **seldsīene . . . wīnes dryncas.** The translator has expanded this story, and his claim that the Scythians were unacquainted with wine probably comes from Book I, c. 4, where they are said to drink the milk of domestic animals.

75. **ge wīfmen ge wǣpedmen.** This addition to the source arises from the connexion of the Amazons with Scythia in other parts of the work. *Amazonum gentis* in Book I, c. 21 is rendered *þā wifmen . . . þe ǣr on Sciþþian wǣron.*

80. **twā þūsend.** Two hundred thousand in the original.

83 f. **þū þe . . . þīne fylle.** The original is: *Satia te, inquit, sanguine quem sitisti, cujus per annos triginta insatiabilis perseverasti.*

VI. THE BATTLE OF ASHDOWN

For bibliography see p. 220.

During this section of the Chronicle, the year commences on 24 September, so that 871 means 24 September 870 to 23 September 871.

1. **here.** This word is connected with *hergian* 'to harry' and is used of the Danish marauders in contrast to the English *fierd*.

on Westseaxe. The names Wessex, Essex, Sussex originally meant the West, East, and South Saxons, but became used to denote the region inhabited by each people. So also *Norþhymbrum, Eastenglum* (8/46 f.), *Norþwēalas* (8/115), *Defnum* (8/92), etc., refer to territories. Cf. note to 15/103 f.

2. **eorlas.** The original meaning of this word, found in the Kentish laws, in the later legal formula *eorl and ceorl*, and in poetry, was 'a nobleman'. In the ninth century Chronicle it is used, as here, of a Danish official, ON. *iarl*. In the tenth century it denotes an official in the Danelaw corresponding to an ealdorman, and during the eleventh century it replaced the latter title throughout the country.

up. This is often used, as here, to mean 'further inland'.

2 f. **Æþelwulf aldorman,** ealdorman of Berkshire already when this shire belonged to Mercia, remained in office when it was ceded to Wessex, by 848, by peaceful arrangement. When he was killed (see l. 7), we learn from the chronicler Æthelweard that his body was taken for burial to the Mercian church of Derby.

9. **gefeaht Æþered cyning ond Ælfred.** It is normal for the verb to be in the singular when a compound subject follows it.

10. **Æscesdūne,** the Berkshire Downs. Asser's *Life of King Alfred* (cc. 37–39) has a fuller account of this battle, stating that Alfred began it alone as his brother refused to leave the divine service.

11. **Bāchsecg ond Halfdene.** Nothing is known of the former, whose name may represent an ON. *Bāgseggr* 'war-man'; Halfdene, reputed a son of the famous Viking Ragnarr Lothbrok, was one of the leaders of the great invasion which began in 865. In 875, when the Danish army divided, he went to Northumbria, and in 876 he settled it with his men.

15-17. **Sidroc ... Ōsbearn ... Frǣna ... Hareld.** These names correspond to ODan. *Sihtriuk*, ON. *Ásbjorn, Fráni*, and *Haraldr*.

23. **Meretūne** is too common for certain identification.

24 f. **longe on dæg sige āhton.** A claim that the English were victorious far into the day, though the Danes remained in possession of the field, is made also at ll. 33 f., and Asser, describing this latter battle (Wilton), speaks of a feigned flight by the Danes, who then turned on their pursuers. Asser omits the battle of *Meretūne*.

27. **Hēahmund**, bishop of Sherborne. His predecessor Ealhstan also had led the army (Anglo-Saxon Chronicle, 823 for 825). We read of a bishop as a military leader again in 992, though by this time churchmen such as Abbot Ælfric were greatly opposed to such behaviour by ecclesiastics.

28. **cuōm micel sumorlida.** Æthelweard's Chronicle supports the reading of MSS. B, C, D, and E that this came to Reading.

29. **ofer Ēastron.** Easter Sunday was on 15 April.

36. **ond** is in MS. A only, and begins a line. It may be an error.

39. **ān cyning.** Bāgsecg is meant, but it may be this reference which caused some later writers to say that King Ethelred died of wounds received at *Meretūne*.

VII. ALFRED AND GODRUM

For bibliography see p. 220.

1 f. **tuelftan niht**, the feast of the Epiphany, 6 January.

2. **Cippanhamme**, Chippenham, Wilts., was a royal vill.

7. **Inwǣres brōþur ond Healfdenes.** On Healfdene see note to 6/11. *Inwær* (= ON. *Ívarr*, in an archaic form with *n* preserved) is called Hinguar in other English records and considered responsible for the martyrdom of the East Anglian king, Edmund, in 869. The unnamed brother in this annal was identified by the twelfth-century writer Gaimar with a third son of Ragnarr Lothbrok, (H)ubba (= ON. *Ubbi*), whom tradition made into a leader of the invasion of 865. The engagement in Devon is more fully recorded by Asser (who says he came from ravaging South Wales, besieged the English in Countisbury, and was killed when they made a sortie) and by Æthelweard (who similarly records a siege, names Odda, ealdorman of Devon, as the English leader, and, rather oddly, leaves the Danes in possession of the field). With the addition in MSS. B, C, D,

and E of the capture of the raven-banner, compare *Annals of St. Neots*, which says it was woven by Ragnarr's daughters, and the raven fluttered before victory, drooped before defeat.

9 f. DCCC monna mid him, ond XL monna his heres. This odd way of saying 840 men of his army caused Professor B. Dickens to suggest reading *hiredes* 'of his retinue' for *heres* and M. Hoffmann-Hirtz to supply *hēafod* before *monna*, i.e. '40 chieftains'. Asser puts the Danish losses at 1,200, Æthelweard at 800.

11. on Ēastron, 23 March.

12. Æþelinga-ēigge 'island of the athelings', Athelney, Somerset.

16. Ecgbryhtes stāne. Unidentified.

17 f. se dǣl sě hiere behinon sǣ wæs 'that part of it which was on this side of the sea'. If *Hamtūnscir* is being used in a territorial sense, this can only mean the part of Hampshire on this side (the west) of Southampton Water; if *Hamtūnscir* means the Hampshire division of the *fierd*, one might interpret the passage, as Asser did, as referring to those men who had not fled abroad; but this would imply that all those who fled were from Hampshire.

19. Īglēa, Iley Oak, a lost place near Warminster.

22. foregīslas 'preliminary hostages' are probably those given while the final terms (which might include permanent hostages) were being discussed. But cf. ON. *forgísl* 'hostage'.

25. Godrum, for ON. *Guðþormr* (variants *Guthorm(r)*, *Guttorm(r)*); the metathesis of *r* is paralleled in Scandinavian place-names in *-drup* (from *-þorp*). He is first mentioned as one of three kings who made Cambridge their headquarters in 875. At his baptism he took the name Æthelstan. An extant treaty between him and Alfred belongs to a time after Alfred occupied London in 886. He died in 890.

25 f. þrītiga sum. Though literally 'one of thirty', i.e. with 29 companions, the idiom is used loosely by Alfred's time, as 'with 30 companions'.

28. crismlīsing. After baptism, white robes and a white cloth bound round the head after the anointing were worn for eight days and then ceremoniously removed.

VIII. ALFRED'S LAST WARS WITH THE DANES

For bibliography see p. 220.

1. se micla here. This refers to a force of Vikings which had arrived in 879 and camped at Fulham. The next year it crossed to the Frankish

kingdom, and the Chronicle outlines its movements there until it was defeated by Arnulf, king of the Franks, in 891. This defeat and a famine caused it to return to England in 892.

5. CCL **hunde**. *hunde* is redundant; the original reading may have been that of E and F, *þridde healf hund* (= 250). In this annal there are several agreements of A with E and F against B, C, and D, an unusual alignment. It could arise if the scribe of F, who had A before him, made alterations into the ancestor of E, which he had also; or A, E, and F may have preserved the original reading, in which case the readings in D (which usually agrees with E) may be attributed to a later collation of the D version with a C-type text, for which there is evidence in other places.

6. **þæs miclan wuda**. Here again A is supported by E and F. See previous note.

Andred. See note to 1/4.

9. **tugon up hiora scipu** 'rowed their ships up'; cf. l. 128. The Lympne was a bigger river than now.

10. **fram þæm mūþan ūteweardum**, literally 'from the exterior mouth', hence 'from the entrance of the estuary'. Cf. ll. 181 f.

10 f. **ābræcon ān geweorc inne on þæm fenne; sæton fēawa cirlisce men on**. This reading of A, E, and F has at least as much claim to be right as that of B, C, and D. See textual note.

12. **sāmworht** 'half-made'. This confirms Asser's complaint that Alfred's orders for the building of forts were not always carried out in time.

13. **Hæstēn** = ON. *Hásteinn* (*Hastingus*), a Viking leader who had troubled the Frankish kingdom from 866.

16 f. **on þæm ēastrīce geweorc geworht hæfdon**. This fort has not been mentioned before. It was at Louvain, where the Danes wintered after their defeat by Arnulf in 891.

19. **foregīsla**. See note to 7/22.

20 f. **on heora healfe**; *heora* could refer to the other armies, or to the Northumbrians and East Angles, i.e. they made raids to help the Danes, or on their own account.

22 f. **þær þær hē nīehst rȳmet hæfde for wudufæstenne ond for wæterfæstenne**. If *wudufæstenne* is taken as the fort near the Weald (Appledore), and *wæterfæstenne* the fort on the Thames (Milton), *niehst rȳmet* is best rendered 'nearest convenient site'. But, since in compounds -*fæstenn* sometimes describes naturally secure places, this clause may mean 'where he had the nearest site affording him

protection of wood and water'. The Danish forts were about twenty-five miles apart, but Alfred seems to have kept his army together, instead of dividing it to watch each force separately.

24. **ægþerne** 'either army', for it agrees with *here*, not with *fæstenn*. **feld sēcan** 'come out into the open field'.

25. **fōron . . . æfter þǣm wealda**. From Æthelweard's Chronicle we learn that these raids reached into Berkshire and Hampshire.

26. **efes**. Absence of inflexion is not uncommon in words denoting places.

28 f. **Hæfde se cyning**. This writer tends to invert the order of subject and verb when referring to some happening of a time before the event he is relating. Cf. ll. 57 f., 67.

34. The second **þā** refers to **herehȳð**.

36. **him wið gefeaht æt Fearnhamme**. Æthelweard says this army was led by Alfred's son Edward.

39. **ānne iggað**. According to Æthelweard, its name was Thorney, which is near Iver, Bucks.

39 f. **þā hwīle . . . hæfdon** 'as long as they (the men of the *fierd*) had provisions'.

40. **stemn gesetcnne** 'had sat out (served) their term of service'.

44. **ðā Deniscan sǣton þǣr behindan**. From Æthelweard's Chronicle we learn that Ealdorman Ethelred brought help from London to Edward, and that the Danes on Thorney asked for peace, giving hostages and promising to leave the kingdom. We find them at Benfleet in l. 59 below.

49. **þǣre Norþsǣ**, the Bristol Channel. It is still so called by Plymouth fishermen.

52. **gewaldenum** 'easily controlled', 'inconsiderable'. Cf. *Pastoral Care* (319/6), where *drincan gewealden wines* translates *modico vino utere*.

72. **cumpæder**, Latin *compater*, describes the relationship between the parents of a child and its sponsors, or between sponsors of the same child. Here it means 'his son's godfather'.

89. **Buttingtūne**, Buttington, near Welshpool. See F. M. Stenton, *Anglo-Saxon England*, p. 264, n. 2. The Danes reached it by going up the Severn. If Buttington Tump, near Chepstow, had been their destination, they would have had to cross the Severn and go down the opposite bank.

92. **on Defnum**. See note to 6/1.

98 f. The passage within brackets is omitted by A, but is essential for the sense, since se dæl (l. 99) refers to the Danes.

105. ānstreces occurs here only. It may mean 'continuously' (cf. *streccan* and also *ānreces* from *reccan*, in a similar context in annal 1010); but A. H. Smith (*The Parker Chronicle (832–900)*, p. 47) compares *anstræc* 'resolute', 'determined' in the *Pastoral Care*, and suggests that we have an adverbial use of this here.

106. Lēgaceaster, representing *Legionum Castra* 'fort of the legions', is Chester.

115. Norðwēalas, Wales, distinguished from *Westwēalas*, Cornwall.

128. tugon. See note to l. 9.

140. þǣre ēas. Only A has the feminine demonstrative with the masculine *ēas*. Cf. the same combination in MS. L in 4/23.

155. Godes þonces 'by God's grace'; *þonces* is genitive with instrumental meaning, and *Godes* a possessive genitive qualifying it.

172 f. on Frēsisc . . . on Denisc 'on the Frisian (Danish) model'.

177. faran mid nigonum tō þāra nīwena scipa, *tō* is an adverb, 'thither', and *þāra nīwena scipa* depends on *nigonum*.

178. forfōron. The subject has to be supplied from the previous *nigonum . . . þara niwena scipa*.

181 f. æt ðǣm mūðan ūteweardum. See note to l. 10 above.

182. þæt ān oðwand. We are not told the fate of this ship.

183 f. for ðȳ . . . ðe 'because'.

185. ðe 'on which'. The more usual construction would be *ðe ðā Deniscan scipu on āseten wǣron*.

187. mehte, absence of verb of motion as in 1/32.

191. Frīesa. The Frisians were famed as a seafaring and trading nation. Asser (c. 76) speaks of Alfred's employment of foreigners and his list includes *Frisones*.

201. nō lǣs þonne XX scipa. Are English or Danish ships meant?

IX. BEDE'S ACCOUNT OF THE COMING OF THE ANGLES, SAXONS, AND JUTES

There are two modern editions of the Old English Bede: one by T. Miller (E.E.T.S., Orig. Series, 95, 96, 110, 111, 1890–8), which gives the text of T, with lacunae filled from C, O, and Ca; the other by J. Schipper (*Bibliothek der angelsächsischen Prosa*, iv, 1899) which gives the text of O and B; both give variants from other MSS. For the latest discussion see D. Whitelock, 'The Old English Bede', *Proceedings of the British Academy*, xlviii, 1962.

4. **Angelþēod and Seaxna** = *Angelþēod and Seaxna þēod.*

5. **þām foresprecenan cyninge**, i.e. Wyrtgeorn (= Vortigern), king of the Britons who has been mentioned in the preceding chapter in Bede.

15. **þæt** 'provided that' = *ea condicione ut.*

16 f. **campodon . . . wunnon . . . forgēafen** are all subjunctive.

19. **of þrim folcum . . . Germānie**. This threefold division has aroused much discussion; it is generally thought that, while there is support for Bede's account, it is an over-simplification. See F. M. Stenton, *Anglo-Saxon England*, pp. 9–16.

20. **Gēatum . . . Gēata**. The proper Anglian form to render Bede's *Iutis, Iutarum* should be *Ēotum, Ēota*; in Book IV, c. 16 *Iutorum* is rendered *Eota* in T, C, O, Ca, *Ytena* in B. Some confusion of the *Iuti* with the *Gēatas* may underlie Asser's reference to the descent of Alfred's grandfather *de Gothis et Iutis, de semine scilicet Stuf et Wihtgar*, for these two men were of Jutish race; the *Gēatas* are sometimes equated with the Goths in Latin sources.

22. The translator omits to mention that there was in Bede's day a *natio Iutarum* in Wessex, opposite the Isle of Wight. The omission is probably deliberate, for another mention of this people, in Book IV, c. 16, is similarly passed over.

24. **Middelengle** = *Mediterranei Angli*. They occupied a large area, west of East Anglia, comprising at least the basins of the Nene, Welland and Great Ouse, and the Fens. Leicester became their see.

Myrce means 'border-people'. They originally held the north-west Midlands, with their centre in the basin of the Upper Trent and its tributaries.

25. **Angulus**, Angeln, in Slesvig.

27. **wǣron**. The cautious Bede said 'are said to have been'.

28. **lāttēowas and heretogan**. It is a common practice of this writer to render a single word (here *duces*) by two synonyms.

35. **wǣron on myclum ege** 'were a great terror' = *essent terrori.*

37. **geweredon . . . wið** 'united for defence with'. This is a unique use of this verb, rendering *inito . . . foedere cum.*

42. **ðā bēotunge dǣdum lǣston** 'carried out those threats by deeds' = *minas effectibus prosequuntur.*

44. **Ne wæs ungelīc wræcc þām ðe** 'Nor was the vengeance unlike that with which . . .'.

49. **cynelico getimbro somod and ānlīpie**, *aedificia puplica simul et privata.*

50. **sācerdas and mæsseprēostas**, renders *sacerdotes.*
    wībedum, the Anglian form, is retained in Ca when both B and C have the W.S. *wēofodum.*

51. **biscopas**, *praesules.*

52. **mid īserne and līge**, *ferro et flammis* 'with fire and sword'.

58–60. **þearfende līf . . . dydon** 'led a poverty-stricken life'. The reading in T and N is proved correct by the Latin *pauperem vitam . . . agebant.*

X. BEDE'S ACCOUNT OF THE POET CÆDMON

For bibliography see p. 240. Parallel material relating to the Cædmon story is given in C. Plummer, *Venerabilis Baedae Opera Historica,* ii, pp. 253–8. See also C. L. Wrenn, 'The Poetry of Cædmon', *Proceedings of the British Academy,* xxxii, 1946, and G. Shepherd, 'The Prophetic Cædmon', *Review of English Studies,* N.S. v, 1954.

1. **ðeosse abbudissan mynstre.** The abbess is Hilda, the monastery Whitby (*Streoneshalh*), a double house which she founded about 650. She died on 17 November 679. There is no means of dating Cædmon's vision except that it occurred in her abbacy, after she had gathered a considerable community.

2. **gemǣred ond geweorðad**, renders *insignis.* On the rendering of one word by two synonyms, cf. note to 9/28.

5. **þæt** is correlative to the preceding **swā hwæt swā.**

7. **wel geworht** 'well-fashioned', the reading of T and B, makes better sense than *wel gehwǣr* in C, O, and Ca. There is nothing to correspond in the Latin.

9. **geþēodnisse** is a strange word to translate *appetitum,* for its normal meaning is 'association', 'connexion'.

10. **monige ōðre æfter him.** This implies that Bede thought that Cædmon had no predecessors in composing religious poetry.

12 f. **hē nales . . . leornade** is a clumsy sentence which would read better (and represent what Bede said) if one expunged *wæs, þæt hē.*

16. **efne þā ān þā ðe** 'just those things alone which' = *ea tantummodo quae.*

17. **his þā . . . tungan gedafenade.** This verb should govern the dative; the accusative *þā* is perhaps under the influence of *linguam* in the Latin.

19. **gelȳfdre ylde** translates here and elsewhere in this work *provectioris aetatis* 'advanced in years'. Hence, if *gelȳfdre* means infirm, it goes beyond Bede's meaning.

20. **intinga.** *Causa* in *laetitiae causa decretum* has been taken as nominative instead of ablative; cf. a similar instance in l. 128.

33. **mē āht singan.** This, the reading in T, represents closely *mihi cantare habes*, provided we take *āht* as an old second person singular of *āgan.* The reading in other MSS. would stem from their taking *me aht* as *meaht*, which then would necessitate the addition of a pronoun.

38–46. The Northumbrian version of the poem (No. xxxi A) is entered in four MSS. of the Latin text, and it is likely that the MS. used by the translator similarly contained the poem. The text in T is the closest to the Northumbrian version. On the reading **eorðan bearnum** see note to 31a/5.

48 f. **monig word in þæt ilce gemet Gode wyrðes songes** is an over-literal translation of *plura in eundem modum verba Deo digni carminis.* T's *godes wordes* for *gode wyrðes* shows that this scribe was puzzled by it; *in þæt ilce gemet* should be *in þæm ilcan gemete*; *wyrðe* should govern the genitive, and the word-order is un-English.

50. **ealdormon** means merely 'superior' here; it renders *qui sibi praeerat.*

53. **ond þā leorneras** is the translator's addition.

55 f. **gecoren wǣre . . . wǣs him eallum gesegen,** *probaretur . . . visumque est omnibus.* These verbs are used in an un-English sense, suggested by the Latin.

60. **in swinsunge,** *in modulationem.* The correct reading is preserved only in T and B.

67. **mid his gōdum** 'with his goods' renders *cum omnibus suis,* but Bede means that the abbess received him 'with all her people'.

70 f. **mid hine gemyndgade,** *rememorando secum.* The use of the accusative after *mid* is an Anglian trait.

73. **þætte seolfan þā his lārēowas** 'that his very teachers'. The use of the demonstrative along with possessives is particularly common in Anglian; cf. l. 17 above.

74. **wreoton.** Bede says nothing about writing, his words being: *doctores suos vicissim auditores sui faciebat* 'he made his teachers in their

turn his hearers'. The assumption of the translator that the poems would be at once written down sheds an interesting light on conditions of the late ninth century.

79. The omission of the resurrection by all MSS. reveals an error in the common source.

93 f. þā wæs hē . . . hefgad. A clumsy rendering, with a redundant *þæt hē wæs*.

97 f. sceoldon, *solebant*. The use of this auxiliary to describe what is normal is similar to the gnomic use of *sceal* (cf. note to 29/1).

99. gongende wæs, *erat exiturus* 'was about to depart'.

116. Godes monnum, *Dei famulos*.

119 f. Godes lof rǣran. This reading in T and B, together with *ond heora ūhtsong singan*, renders *ad dicendas Deo laudes nocturnas*; the alternate reading, *Godes folc lǣran*, makes poor sense.

128. sēo tunge. This should be *mid þǣre tungan* 'by means of the tongue', but the translator has taken *illaque lingua* as nominative instead of as ablative.

XI. FROM INE'S LAWS

The best edition is by F. Liebermann, *Die Gesetze der Angelsachsen*, Halle a. S., 1903–16; there is a convenient edition with an English translation by F. L. Attenborough, *The Laws of the Earliest English Kings*, Cambridge, 1922; translation by D. Whitelock, *English Historical Documents* c. *500–1042*, No. 32.

2. Ine, who reigned from 688 to 726, when he resigned to go to Rome, was one of the most effective of West-Saxon kings and made Wessex a strong kingdom. Sir Frank Stenton has described his law-code as 'the work of a responsible statesman' and as standing 'for a new conception of kingship'.

3 f. Heddes . . . Eorcenwoldes, bishops of Winchester and London. The presence of the latter shows that Ine had control of at least part of the diocese of London, perhaps Surrey.

17. gebēte 'let one pay'. The fine is to be paid by the child's father, to whom the *hē* in the next line refers.

22 f. þolie his hȳde 'let him be flogged'.

33. gafolgeldan . . . gebūres. The distinction is probably between

a tenant who pays rent for his land, and one who is given land by a lord in return for agricultural services.

34. **cxx scillinga.** This seems a very large sum both here and in l. 35. Yet it is the reading of all MSS., and it is only the post-Conquest Latin of *Quadripartitus* that reads xxx. Lambarde took his reading from this, for Liebermann's view that he had a lost Old English version cannot be upheld.

42 f. With this clause compare Wulfstan's complaint on the enslaving of infants for theft, 16/42 f.

43. **xwintre**, i.e. *tienwintre*.

45 f. This law was being disobeyed in Wulfstan's time; see 16/39–41. The laws which he drafted for Ethelred forbid this crime.

46. **were**, a shortened form of *wergild*, the price to be paid to the kindred for the slaying of one of their members. It varied with the class of the person slain. For some crimes, the criminal had to pay as a fine the amount of his own wergild.

50. **gemētton**, for *gemēttum*, dative singular of the past participle.

51–53. This clause is found in almost identical form in the laws of Wihtred of Kent, issued in 695, and seems the result of agreement between the kingdoms.

56. **wīf gebycgge.** With this expression cf. 29/45.

60. **Wīlisc mon.** By Ine's time the West-Saxon kingdom reached as far west as parts of Devon, and this may be why his laws take cognizance of Welsh men who are not slaves, but possess wergilds. The Welshman with one hide of land has less than the lowest West-Saxon wergild, that of the *ceorl*, 200 shillings. From Ine 24. 2 we find that a Welshman with five hides has a wergild of 600 shillings, whereas this amount of land probably qualified an Englishman of the upper class to a wergild of 1,200 shillings.

63. **Be ceorles gærstūne.** This is one of several clauses which illustrate the independence of the *ceorl* at this time, for one would not find the king legislating regarding the relations between peasants if these were merely serfs on a lord's estate.

66. **etten.** One needs to supply a subject, cattle, to this verb.

67. **ðæt geat āgan** 'are responsible for the gap'.

73, 77. **fȳr bið þēof / sīo æsc bið melda.** Fire is a thief, because it does its work silently, while the axe is an informer, because it betrays its wielder by the noise it makes.

XII. CHARTERS

A. Eadgifu

Facsimile in *Ordnance Survey Facsimiles*, iii, pl. 29; edited by F. E. Harmer, *Select English Historical Documents of the Ninth and Tenth Centuries*, No. XXIII.

1. **Ēadgifu** was the third wife of King Edward the Elder.

6 f. **man bēonn ealle Cantware tō wigge, tō Holme.** Edward the Elder's kingdom was threatened in 902 by a rival claimant, his cousin Æthelwold, who had obtained the support of many of the Danes in the Danelaw, and arriving in Essex, made a raid across Mercia into Wessex. Edward took his army and ravaged between the Cambridgeshire dykes and the Ouse. When he gave orders to return, the men of Kent lingered and were overtaken. The battle which resulted is called 'the Holme' in a set of Mercian annals inserted into MSS. B, C, and D of the Anglo-Saxon Chronicle. Two Kentish ealdormen, one of them Eadgifu's father, are mentioned among the slain. Though the Danes held the field, their side lost a Danish king and the claimant Æthelwold, and the danger threatening Edward was removed.

16. **þæs ǣgiftes** 'with regard to the repayment'.

be xxx punda āþe. According to his rank and his class, a man was entitled to swear an oath of a certain value, expressed sometimes in money, as here, sometimes in hides of land. Eadgifu was able to produce a sufficient number of oath-helpers for the total value of their oaths to reach thirty pounds.

25. **sulungum.** In Kent the unit of assessment was the *sulung* or ploughland, land which could be cultivated by one plough, whereas in most of England it was the hide, the amount of land which was originally considered adequate for one family.

32. **twelfa sum.** Goda swore with eleven oath-helpers.

40. **þām cilde Ēadwiġe.** *Cild* was sometimes used as a title for an atheling or young nobleman. Eadwig was about fifteen at his accession.

B. A Family Dispute in Herefordshire

This document was long known only from an inaccurate text in Hickes, *Thesaurus*, but was corrected from the MS. in the 1956 reprint of A. J. Robertson's *Anglo-Saxon Charters*, where it is No. LXXVIII. There is a facsimile of the second part (beginning *þær ðær*, l. 14) in *New Palaeographical Society*, Series 1, vol. ii, pl. 234. The document is translated by D. Whitelock in *English Historical Documents c. 500–1042*, No. 135. See also C. B. Judges, 'Anglo-Saxonica in

Hereford Cathedral Library', *Harvard Studies and Notes in Philology and Literature*, xvi, 1934. Since a document (Robertson, No. xcix) concerning the brother of Leofflæd, one of the persons here concerned, can be dated 1042–6, and is added in the same Hereford Gospels in what may be the same hand, we should probably date the present text late in Cnut's reign.

2. **Ægelnōðesstāne**, not Aylton near Ledbury (which was earlier *Æthelgifu's tūn*) but Aylestone Hill, just outside Hereford (see Judges, op. cit.).

Æthelstān was bishop of Hereford, 1012–56.

3. **Rānig ealdorman.** He signs charters from 1018 to 1031. Florence of Worcester, describing his part in a punitive raid against Worcestershire in 1041, calls him *comes Magesetensium*, i.e. of the people of Herefordshire.

Ēdwine may be Ealdorman Leofwine's son, who was killed by the Welsh in 1039.

4. **Þurcill Hwīta.** Both he and his wife Leofflæd occur as landowners in 1066 in Domesday Book. Thurkil held Wellington, one of the estates in dispute here. The other, Cradley, was held by the canons of Hereford.

5. **Tōfig Prūda** ('the Proud') was one of Cnut's Danish followers, and the reputed founder of the first church at Waltham. It was at his wedding with the daughter of Osgod Clapa that King Hardacnut died.

8. **Enneawnes sunu.** Dr. O. von Feilitzen (*Modern Language Notes*, lxii, 1947, pp. 155–65) shows that this is not a corruption of an English feminine name *Ēanwēn*, but is Welsh *Enniaun* (from Latin *Annianus*), a masculine name. Edwine seems to have been of mixed ancestry.

12. **hē sceolde.** This probably means 'it was his business to', as the husband of her kinswoman, seeing that her son, being the plaintiff, could not act as his mother's advocate.

19. **eorlīce** 'angrily', a non-West-Saxon form; *irlic* 'angry', occurs in *Apollonius of Tyre*.

Lēofflǣde. See note to l. 4. The document of 1042–6, mentioned above, is witnessed by her husband Thurkil, and concerned a certain Leofwine, 'Leofflæd's brother'.

24. Robertson takes **wel** with the following **ābēodað**, but the MS. (an original) has a stop after *wel*.

33. **Sancte Æðelberhtes mynstre**, Hereford Cathedral, dedicated in honour of the East Anglian king executed by Offa's orders in 794.

āne Crīstes bōc, i.e. the eighth-century gospels still at Hereford which contain this record, entered on a blank space at the end of the last quire.

C. Þurstan

Two contemporary texts of this bequest survive, the one printed here, which is facsimiled in E. A. Bond, *Facsimiles of Ancient Charters in the British Museum*, iv, pl. 33; the other in the Red Book of Canterbury, with a facsimile in *Ordnance Survey Facsimiles*, i, pl. 25, printed by D. Whitelock, *Anglo-Saxon Wills*, No. 30. This second version allows the community of Christ Church to pay two hides instead of twelve pounds, if they prefer, and omits two of the witnesses. It may be slightly later, after Christ Church had secured a further concession.

2. **Lēofware** was granddaughter of Ealdorman Byrhtnoth, the hero of Maldon.

3. **Æðelġȳðe**, Thurstan's wife.

8. **Ælfġyfu sēo hlǣfdiġe**, mother of Edward the Confessor, widow of Ethelred II and of Cnut.

9. **Godwine eorl**, earl of Wessex and Kent, father of King Harold, Earl Swegn, Earl Tosti, etc. See No. XVII. By the mid-eleventh century the term *eorl* had ousted the native title *ealdorman*.
　　Lēofrīc eorl, earl of Mercia.

11. **Stiġand** became bishop of Elmham in 1043, of Winchester in 1047, archbishop of Canterbury in 1052.

D. Eadward

Edited by F. E. Harmer, *Anglo-Saxon Writs*, Manchester, 1952, No. 55, with a facsimile, pl. 2.

1. **Wulfwīġ**, bishop of Dorchester-on-Thames, 1053–67.
　　Raulf eorl, King Edward's nephew, son of his sister Gode and Drogo, count of the Vexin. This writ shows that Oxfordshire was in his earldom. We find him taking action in Herefordshire in 1055. He died in 1057.

6. **mid sace and mid sōcne**, a legal formula denoting a right to hold a court for one's tenants, from *sacu* in its sense of legal action, and *sōcn*, the act of attending a court.
　　swā full and swā forð, a common formula, meaning 'as fully and completely'.

8. **wīte hē wið God** 'let him render account to God'; *witan* is not recorded in this sense, but from the noun *wīte* 'punishment', 'fine' one could get a verb 'be liable', etc.

9. **bōc** refers to a royal diploma, and it is of great interest that it is the bishop who is to draw it up. There survives what is probably a later copy (*c.* 1100) of this *bōc*, and the present writ has been attached to it.

XIII. ÆLFRIC'S HOMILY ON THE PARABLE OF THE VINEYARD

On the works of Ælfric, the author of this and the two following texts, the most important studies are: K. Sisam, 'MSS. Bodley 340 and 342: Ælfric's *Catholic Homilies*', *Review of English Studies*, vii–ix, 1931–3, reissued in his *Studies in the History of Old English Literature*, 1953; P. A. M. Clemoes, 'The Chronology of Ælfric's Works', in *The Anglo-Saxons. Studies in some Aspects of their History and Culture*, which he edited in honour of Bruce Dickins in 1959; idem, introduction to *Ælfric's First Series of Catholic Homilies. British Museum Royal 7 C. XII, fols. 4–218*, ed. Norman Eliason and Peter Clemoes (Early English Manuscripts in Facsimile, xiii, Copenhagen, 1966); idem, 'Ælfric' in *Continuations and Beginnings: Studies in Old English Literature*, ed. E. G. Stanley, 1966. J. C. Pope, *Homilies of Ælfric; a Supplementary Collection*, E.E.T.S., vol. I, 1967, vol. II, 1968, contains a valuable introduction on the work of this author.

On Ælfric's sources see M. Förster, 'Ueber die Quellen von Ælfrics exegetischen Homiliae Catholicae', *Anglia*, xvi, 1894, and C. L. Smetana, 'Aelfric and the Early Medieval Homiliary', *Traditio*, xv, 1959, and 'Aelfric and the Homiliary of Haymo of Halberstadt', ibid. xvii, 1961. Father Smetana shows that Ælfric had access to the homiliary of Paul the Deacon.

Ælfric's homily on the Parable of the Vineyard is edited by B. Thorpe, *The Homilies of the Anglo-Saxon Church: the Sermones Catholici*, ii, 1846, pp. 72–84, omitting the passage from the gospel, and, complete, in his *Analecta Anglo-Saxonica*, 1868, pp. 73–80. The Bodmer fragment is edited by N. R. Ker, in *English and Medieval Studies presented to J. R. R. Tolkien*, ed. Norman Davis and C. L. Wrenn, London, 1962, pp. 77–83. The two homilies of St. Gregory used for this homily are No. 19 (Migne, *Patrologia Latina*, 76, col. 1154–9) and No. 34 (ibid., col. 1246–59, especially col. 1252); both are in Paul the Deacon's homiliary. Four Biblical quotations, which are not in these homilies of Gregory, occur in Haymo's homily for the same feast-day, and some comments may also have been taken from this; see notes below.

2. The gospel is Matthew xx. 1–16.

6 f. **gewearð þām hlāforde . . . peninge.** On the impersonal use

of *geweorðan* 'to agree', with either accusative or dative of person, see notes to 20/348 and 22/142. The Bodmer fragment replaces with *worhton hig foreweard se hlaford and þa wirhta(n) wið anum penege.*

9. **on ðǣre strǣt.** On the absence of inflexion see note to 8/26. *Strǣt* renders *forum.*

12. **hand swā ġelīce** 'exactly the same', renders *similiter.* The same phrase occurs in the *Rule of St. Benedict;* cf. also Anglo-Saxon Chronicle 1052 E, *dydon hand þæt sylfa.*

22 f. **underfēngon hī ǣnlīpiġe penegas** is replaced in the Bodmer fragment by *underfeng heora ælc anne pening.*

33. **ġecīġede** is replaced by *gelaðode* in O and by *geclepode* (*-clypode*) in C, D, and the Bodmer fragment.

35. **tiġe,** a rare word which is replaced by *rædinge* in the Bodmer fragment, comes from *tēon* 'to draw', and is used of the inferences or deductions which can be drawn from a passage.

43. **Isaias,** i.e. v. 7, quoted also by Haymo.

46 f. **Ic secġe . . . wyrcað.** Matthew xxi. 43, quoted by Haymo.

67. **ǣlice lārēowas** renders *legis doctores; ǣlice* is glossed *vel lahlice* in F and misunderstood by C, N, and O, which have *ecelice, æðelice,* and *æðele* respectively.

90. **mislīcnyssa,** *diversitates.*

92–100. **cildhād . . . cnihthād . . . fulfremeda wæstm . . . yld . . . sēo forwerode ealdnyss.** The Latin terms are *pueritia, adolescentia, juventus, senectus, ætas vel decrepita vel veterana.*

130 f. **ðurh yfelnysse wīte.** The Latin *per poenam* shows that the omission of *wīte* in K is an error.

134 f. **Dryhten . . . rīce.** Neither this quotation (Luke xxiii. 42) nor the next (ibid. 43) is in Gregory; Haymo quotes verse 43 only.

138. **þone pening.** M adds in the text and F interlines *þæt ys seo ece med.* It is unlikely that this addition is Ælfric's. Haymo explains at length that the penny means eternal life, and that there is no contradiction between the parable and texts which speak of graded rewards within the eternal life. Apparently Ælfric did not choose to enter into this discussion.

163. **ġif wē ǣr . . . rihtlīce leofodon** is not from Gregory's homily, but Haymo says *si justi sunt* and *si perfecte vivamus.*

170. **cēas,** *quaestio.*

182–5. **Drihten cwæð on ōðre stōwe . . .,** i.e. Matthew viii. 11, a text quoted by Haymo.

186. **sumes ōðres godspelles trahtunge**, i.e. Homily 34. Gregory quotes in support of his view Deuteronomy xxxii. 8. Cf. 32d/15 f.

192. **gegaderode bēoð**. M adds *on heofonan rice swa swa se witega cwæð, þæt hyra getæl byð mare þonne sandceosles gerim* (Psalm cxxxviii. 18). **Ne gedafenað**. . . . Ælfric now returns to his main source, Homily 19.

XIV. THE NATIVITY OF THE INNOCENTS

Edited by B. Thorpe, op. cit. i, pp. 76–90. For a facsimile of the Royal MS. of the first series of the *Catholic Homilies*, and for studies on Ælfric's works, see p. 249.

For this homily Ælfric combined four Latin homilies for Holy Innocents' Day: I. a homily attributed to Severianus (Migne, *Patrologia Latina*, 95, col. 1174 f.; II. a pseudo-Augustine homily (No. CCXVIII in Migne, 39, col. 2150); III. another pseudo-Augustine homily (No. CCXX in the same volume, col. 2152 f.); IV. a homily of Haymo (No. XII in Migne, 118, col. 75–82). Ælfric probably had the first three of these in a version of the homiliary of Paul the Deacon.

6 34. This passage (Matthew ii. 1–12) is not the gospel appointed for Holy Innocents, but for Epiphany, and hence, in his homily for the latter festival (Thorpe, i, pp. 104 ff.), Ælfric refers back to the present homily and repeats his translation exactly. The gospel for Holy Innocents, verses 13–18 of the same chapter, Ælfric translates in ll. 34–41, 48–57, inserting in ll. 42–48 a passage from Haymo.

42. **wyrdwrīteras**. Haymo, to whom Ælfric is indebted for the historical parts of this homily, names them as Josephus and Hegesippus.

68 f. **ne him nāht tō þām cynecyne ne gebyrode** 'nor was he connected in any way with the royal family'. The verb is impersonal, with dative of the person concerned.

70. **swā swā Moyses . . . āwrāt**. The reference is to Genesis xlix. 10: 'The sceptre shall not be taken away from Judah . . . till he come that is to be sent.'

82 f. **Nis nān wīsdōm . . . God**. From Proverbs xxi. 30: *Non est sapientia, non est prudentia, non est consilium contra Deum.* Haymo quotes this text.

88–92 are dependent on source II. At l. 94 Ælfric returns to Haymo.

87. **hū hē ymbe wolde**. A verb 'to be' is understood: *ymbe bēon* means 'to take action', 'to set about'.

102–23. It may be of interest to see how this passage is made up from a selection of sentences from three Latin sources:

Christus non despexit suos milites, sed provexit, quibus ante dedit triumphare quam vivere . . . ante coelum possidere quam terram (I). Quam beata aetas quae necdum Christum potest loqui, et jam pro Christo meretur occidi (II). Immaturi quidem videntur ad mortem, sed feliciter moriuntur ad vitam (II). Quam feliciter nati, quibus in primo nascendi limine aeterna vita obvia venit (II). Rapiuntur quidem a complexibus matrum, sed redduntur gremiis angelorum (II). Ecce profanus hostis nunquam beatis parvulis tantum prodesse potuisset obsequio, quantum profuit odio (III). Jure dicuntur martyrum flores, quos in medio frigore infidelitatis exortos, velut primas erumpentes Ecclesiae gemmas quaedam persecutionis pruina decoxit (III). Beati ventres qui portaverunt tales; beata ubera quae se talibus infuderunt (I). In martyrio filiorum matres passae sunt. Nam gladius filiorum pertransiens membra, ad matrum corda devenit, et ideo necesse est ut sint praemii consortes, quae fuerunt sociae passionis (I).

128. **Rachel beweop hire cildra.** From here until the beginning of the final paragraph Ælfric uses Haymo, often closely translated, but with some rearrangement.

142 f. **mid nānum ǣtum . . . gefyllan ne mihte.** Haymo, however, is describing an aversion to food and drink.

174. **scyllinga** replaces *argenti drachmas*.

184–96. Matthew ii. 19–23.

203 ff. Based on Revelations xiv. 3–5.

XV. ÆLFRIC'S LIFE OF KING OSWALD

Edited by W. W. Skeat, *Ælfric's Lives of Saints*, ii. (E.E.T.S., 114, 1900). For works on Ælfric see p. 249.

The material is drawn from Bede's *Historia Ecclesiastica Gentis Anglorum* (*H.E.* with page references to vol. I of edition by C. Plummer), Book III, cc. 1–3, 5–7, 9–12, with occasional use of other parts of the work. It is greatly rearranged to make a consecutive narrative, and many matters are omitted, such as references to the Easter controversy, the history of Iona, and some miracles. The translation is usually free.

3–10. *H.E.* iii, c. 1.

4. **Scotlande on sǣ,** i.e. the Irish kingdom of Dalriada. Bede says *apud Scottos sive Pictos*, but in c. 3 he implies that Oswald was converted actually at Iona.

5 f. **wearð ofslagen Ēadwine his ēam.** *H.E.* ii, c. 20; the relationship to Oswald is mentioned in *H.E.* iii, c. 6. Ælfric passes over the fact that Oswald was fleeing from Edwin.

10–35. *H.E.* iii, c. 2 (rearranged).

19. **on ǣrne mergen.** MS. L correctly renders *incipiente diluculo.*

36–43. *H.E.* iii, c. 3.

38 f. **tō Scotlande . . . ðā hēafodmenn,** *ad majores natu Scottorum.*

43–47. *H.E.* iii., c. 5 (p. 135).

48–55. *H.E.* iii, c. 3 (p. 132), omitting the establishment of the see of Lindisfarne.

51 f. **his witan** 'his counsellors' = *suis ducibus ac ministris,* i.e. 'his ealdormen and thegns'.

55–65. *H.E.* iii, c. 5 (shortened and rearranged).

58 f. **sylf swā leofode swā swā hē lǣrde ōðre,** *non aliter, quam vivebat cum suis, ipse docebat.*

61. **sume rǣdinge,** *legendis scripturis.*

66–83. *H.E.* iii, c. 6, except that ll. 67–69 are from *H.E.* iii, c. 3 (p. 132).

72. **cynelice þēnunge,** *regalibus epulis.*

74. **geond þā strǣt,** *per plateas.*

76. **sande,** *dapes.*

82. **him** 'for him', 'on his behalf'. Ælfric then leaves the account of what happened to the hand until he deals later on with the rest of the relics.

84–88. *H.E.* iii, c. 6, the passage preceding the one used for ll. 66–83.

88 f. **Hē fulworhte . . . begunnen hæfde.** It shows how well Ælfric knew his Bede that he could bring in this clause from a different context in *H.E.* ii, c. 14.

89–96. *H.E.* iii, c. 12 (p. 151).

92 f. **æfter ūhtsange . . . of sunnan upgange.** Bede says *a tempore matutinae laudis saepius ad diem.*

95. **upāwendum handbredum.** Bede describes his sitting with his hands on his knees, palms turned upwards.

97–115. From the first part of *H.E.* iii, c. 7.

103 f. **tō Westseaxan, þe wæs ðā gȳt hǣþen.** The singular verb shows that the plural name of the people by this time was felt as a territorial designation. See note to 6/1.

114. Ealdanmynstre. Winchester Cathedral, *ecclesia beatorum apostolorum Petri et Pauli*, became known as the Old Minster after the New Minster was founded in the early tenth century.

116–26. The beginning of *H.E.* iii, c. 9.

121. him wann on Penda; *on* governs *him*, and *Penda* is nominative. The death of Edwin is related in *H.E.* ii, c. 20.

126–35. *H.E.* iii, c. 12 (p. 151).

130 f. his swiðran earm. Bede speaks of hands and arms, in the plural, but Ælfric brings the account closer to the anecdote of Aidan's prophecy.

138–41. *H.E.* iii, c. 6. Ælfric has gone back because he is assembling references to the relics; he then jumps to c. 11.

141–59. *H.E.* iii, c. 11.

149. þā scīre, i.e. the province of Lindsey.

159–75. *H.E.* iii, c. 9 (pp. 145 f.).

174. band þā hire hēafod, *crines conposuit.*

175–89. *H.E.* iii, c. 10.

190–211. *H.E.* iii, c. 13.

191. Franclande, for *Germaniae partes,* shows the intervening change in political geography.

sum mæsseprēost. Actually he was no less a person than St. Willibrord, missionary to the Frisians.

205. Ic hæbbe of þām stocce, an elliptical partitive construction, 'I have (some wood) from the stock'.

215. cwæð . . . Bēda, i.e. in *H.E.* iii, c. 9, just before the miracle of the cure of the horse.

220. se hālga Cūðberht. Ælfric wrote a homily on this saint, and referred to this incident, which is told in the anonymous *Life* and in both of Bede's *Lives* of Cuthbert.

225. intō Glēawceastre. This translation was carried out by King Alfred's daughter Æthelflæd, Lady of the Mercians, and her husband Ethelred in 909.

XVI. WULFSTAN'S ADDRESS TO THE ENGLISH

This homily is edited by D. Whitelock, *Sermo Lupi ad Anglos* (Methuen's Old English Library), 3rd edition, 1963. For Wulfstan's genuine homilies, see D. Bethurum, *The Homilies of Wulfstan*, Oxford,

1957. A. S. Napier, *Wulfstan: Sammlung der ihm zugeschriebenen Homilien*, Berlin, 1883, includes with these some pseudo-Wulfstan texts. See also A. McIntosh, 'Wulfstan's Prose', *Proceedings of the British Academy*, xxxv, 1949.

RUBRIC: SERMO LUPI. Wulfstan used the *nom de plume* Lupus already between 996 and 1002, when he was bishop of London. He became archbishop of York and bishop of Worcester in 1002, relinquishing Worcester in 1016 to Leofsige, perhaps as his suffragan. He died at York 23 May 1023. He wrote many homilies and treatises, and also played a prominent part in public affairs, writing several law-codes for Ethelred II and Cnut. He was a good scholar, particularly well versed in continental canonical authors.

ANNO MILLESIMO XIIII. Since Ethelred was not expelled (see l. 75) until the end of 1013, C's reading VIIII can only be an error. An addition in the C text alone, which says the work was written four years before Ethelred died, which would give 1012, has no authority; it is probable that *feower* is an error for *fēawa* 'a few'.

3 f. **Antecrīstes tōcyme.** The legend of Antichrist was well known from the writings of the Fathers, and Wulfstan used also the *Libellus Anticristi* written by Adso in 954. It was believed that the end of the world would be preceded by the reign of Antichrist, a combination of devil and man, who would delude many men by false signs and miracles to believe him to be the Messiah, and would force others to submit by cruel persecution. God would send Elias and Enoch to strengthen the faith of true believers. Though they would be slain, God would 'shorten the days' of Antichrist, and forty days after his slaying would come the Last Judgement.

6. **dēofol.** The use of this without article is one of Wulfstan's characteristics.

fela (originally a neuter noun) is used with a singular verb by Wulfstan.

17. **sceal . . . gōdiende weorðan** 'is to start to improve'.

35. **fornȳdde . . . tō ceorle** 'forced into marriage'. By law a widow was 'to choose what she herself wishes'.

40 f. **ūt of þysan earde wīde gesealde.** The sale of one's countrymen abroad was forbidden in the laws of Ine (see 11/45 f.) and in the codes which Wulfstan drafted for Ethelred and Cnut; yet it proved impossible to suppress this abuse (see *Vita Wulfstani*, ed. R. R. Darlington, Book II, c. 20).

42 f. **cradolcild geþēowede . . . for lȳtelre þȳfþe.** Cf. 11/42 f.

44. Addition in MS. C: **agon . . . gewunnen** 'have gained'. This use of *āgon* as a perfect auxiliary is rare. It occurs also in 27/27.

45. **þæs** 'through it', 'therefore'.

53. **strīc**, perhaps 'plague', but the Middle English gloss *sekenes* may be a guess; *gestric* occurs with a gloss *seditionem*.

58–60. **Ne bearh nū foroft ᵹesib ᵹesibban . . . ne brōþor ōþrum.** This is based on Matthew x. 21, though Wulfstan here takes it from one of his earlier homilies (Napier, No. XIII, Bethurum, No. v).

62. **worhtan lust ūs tō laᵹe.** A subject, 'we', has to be supplied from *ūre ǣniᵹ* above.

65. **wordes, dǣde**, instrumental genitives. Cf. ll. 129 and 20/189.

68. **for Gode and for worolde** 'in matters of Church and State'. Cf. 17/32.

73 f. **Ēadweard.** Edward the Martyr, who was murdered at Corfe on 18 March 978. No other source mentions any burning of the body.

75. **And Æþelred . . . his earde.** This clause, in B and H only, is a necessary part of the sentence, seeing that it was Ethelred who had been 'driven living from the land'. He took refuge in Normandy after Christmas 1013, and returned the following spring.

83 f. **scēotað tōgædere** 'club together'. See B.–T. s.v. *scēotan* vii.

102. **licᵹe ǣᵹylde ealre his mǣᵹðe.** No wergild was paid to his kinsmen.

103. **þeᵹenᵹylde**, i.e. the wergild of a man of the upper class, 1,200 shillings. The grievance is that the Danes, who had by treaty the right to demand this for a Danish freeman, were doing so even for an English slave who had run away to join their armies.

137. **syndan.** The subject is *mā þonne scolde* in l. 139, 'more people than should be'.

157. **for heora prȳtan lēwe nellað beorgan** 'because of their pride will not seek a cure for their infirmities'.

164. **wælcerian** are presumably some kind of witch. The word is cognate with ON. *valkyrie* 'chooser of the slain'. Apart from Wulfstan's writings and Cnut's letter of 1019–20, it occurs in Old English only as a gloss to classical names, the Furies, a Gorgon, Bellona, and once Venus.

169. **þæs þe** is dependent on the preceding *micel*.

176. **Gildas**, a Welshman who wrote in the early or mid-sixth century a tirade against the sins of his countrymen, the *Liber Querulus de Excidio Britanniae*.

179. þæt wæs geworden . . . hȳ forwurdan. This passage is translated from one in a letter of Alcuin (ed. Dümmler, No. 17).

XVII. THE MARTYRDOM OF ÆLFHEAH

For bibliography see p. 220.

1. se cyning. Ethelred II, 'the Unready'.

8. Hāmtūnscīre is Northamptonshire; in l. 10 Hamtūnscīre with short a is Hampshire (from hamm, not hām).

8 f. Kentingas, Sūðsexe, Hæstingas were originally names of peoples, but by this time they can be listed with territorial names. See note to 6/1.

13. tō yfele is here adverbial, but is practically the object of gedōn 'done injury'.

17. Natiuitas Sanctæ Mariæ, 8 September. Cf. 18/26.

18. Sancte Michaēles mæssan 'Michaelmas', 29 September.

20. þe . . . æt his līfe 'whose life Archbishop Ælfheah had saved'. The reading in D and E, without æt, is the more normal expression.

22. Lēofrūne abbudissan, abbess of St. Mildred's, Thanet. The reading in E and F is an error.
   Godwine, bishop of Rochester.

23. Ælfmær abbod, abbot of St. Augustine's, Canterbury.

29–32. Wæs ðā ræpling . . . worolde. Rhythmical prose was in favour at this period, and so this rhetorical passage should not be regarded as verse.

32. for Gode and for worolde. Cf. 16/68.

33 f. swā lange oð þæne tīman þe hī . . . 'all the time till (the time when) they . . .'.

35. Ēadrīc, the notorious ealdorman of Mercia, known as Strēona ('the Grasper'?). In 1015 and 1016 he is sometimes on the Danish side. Many crimes are attributed to him, especially by late writers. Cnut had him killed in 1017.

38. Idus Aprilis, 13 April.

45. hūstinge, a Scandinavian word, húsþing 'house-meeting', i.e. a meeting of the immediate followers of a king, etc., as opposed to the alþingi, the general assembly.

45 f. Sunnanæfen Octobas Pasce, the eve of the Sunday after

Easter (i.e. the eighth day, counting both Sundays), Saturday 19 April.

48. **ȳre.** A passage in *Leechdoms* (ed. Cockayne, iii, p. 14), *cnocie þa ban mid æxse yre*, suggests that *ȳre* is a blunt instrument and supports the rendering 'back of an axe', as ON. *öxarhamarr*.

50. **and . . . āsende.** The subject is to be taken from *ān hiora*, l. 48: 'and he sent forth his holy soul to God's kingdom'.

52. **Ēadnōþ and Ælhūn,** bishops of Dorchester and London, respectively.

54. **and þær nū . . . mihta.** This shows that the passage was written before the translation of Ælfheah's remains to Christ Church, Canterbury, in 1023.

56. **wīde swā,** in all MSS., though one would expect *swā wide swā*.

56 f. **Đā bugon . . . scypa.** These ships were led by a renowned Viking chief, Earl Thorkel the Tall. According to the account of Ælfheah's martyrdom in the Chronicle of Thietmar of Merseburg (translated by D. Whitelock as No. 27 in *English Historical Documents c. 500–1042*) Thorkel had tried in vain to prevent it. He deserted to Cnut in 1016.

XVIII. EUSTACE AT DOVER, AND THE OUTLAWRY OF GODWINE

For bibliography see p. 220.

Some confusion of endings, such as that between *-an*, *-on*, *-um*, is common in late Old English and was probably in the original version, and some spellings, such as *e* for *æ*, may represent the dialect rather than the date of the text. There are, however, features in this early-twelfth-century copy which are likely to be due to later copyists: (i) a tendency to weaken back vowels in unstressed position to *e*, thus giving *-en* for *-on* in *gewundoden* l. 16, *wrohten* l. 28, and *gerædden* l. 44, *-e* for *-a* in *māre* l. 22, *harme* l. 28, *bismere* l. 29, and *-e-* for *-o-* in *stefnede* l. 53, and *sceawede* l. 61; as a result of this development, one gets back-spellings with *-a* for *-e*, as in the past participles *cuman* l. 39 and *unswican* l. 54, and in *unfriða* l. 20 and *Sancta* l. 26; (ii) an occasional absence of inflexion, as in *biscop* l. 2, *ægþer* l. 44, and *ælc* l. 59; (iii) the use of the strong form of the adjective where the weak is called for, e.g. *wēlisce* ll. 27, 35 and *æftre* l. 26; (iv) the metathesis of *or* to *ro* in *gewroht* l. 27 and *wrohten* l. 28. The forms *husbunda* and *Byferesstane* go back at least to the shared exemplar of E and F.

1. **MS. E** got one year behind by misplacing the annal for 1040

opposite 1039; it repeated the numbers 1043 and 1046, so it is now three years behind the true date.

Eustatius, count of Boulogne, who had married King Edward's sister, Gode.

2. þām biscop is Spearhafoc, whom the king had made bishop of London; the annal has just related how Robert, archbishop of Canterbury, a Norman, had refused to consecrate him. The chronicler reveals his sympathies by calling him bishop.

5 f. sume mīla oððe māre is a peculiar expression, and it is probable, as Miss S. I. Tucker suggests, that a numeral has been omitted before *mila*.

8. innian. F reads *herebeorgian* with the same sense, 'lodge'.

9. his unðances 'against his will'.

16. þæt serves as a loose connective particle.

18. cȳdde be dǣle 'gave a one-sided, partial account'. F reads *sæde ðam cinge wyrs ðonne hit wære.*

22. sceolde bēon; this is an idiomatic use of *sceolde* to show the writer's own disbelief of Eustace's claim. Cf. note to 3d/11 f.

24. his āgenne folgað. Godwinc was earl of Kent as well as of Wessex. From meaning 'office', *folgað* has come to mean 'sphere of office', 'district'.

26. þǣre æftre Sancta Marīa mæssan, the Nativity, 8 September.

27. þā wēlisce menn 'the foreign men' meaning here and in l. 35 'Normans', though usually the word refers to the Welsh. MS. D refers to them as *þa Frencyscan* and the Latin version of F as *quidam de Normannis*. Other Germanic languages use this designation for the French and also for the Italians, as well as the Roumanians; e.g. OHG. *Wal(a)hisc.*

ǣnne castel, Richard's Castle, Herefordshire; *castel* is an early loan from French.

28. Swegenes eorles folgoðe. Godwine's son Swegn held an earldom which included Oxfordshire, Gloucestershire and Herefordshire, Somerset and Berkshire.

30. Harold eorl, Godwine's son, later King Harold II, held at this time the earldom of East Anglia, plus Essex, Cambridgeshire, and Huntingdonshire.

33. þæt hī þæs cynges rǣd hæfdon. In D's account, on the contrary, they assembled a great force and were prepared to attack the king unless Eustace and his men, and the Frenchmen in the castle (Dover?), were surrendered to them.

39. **Sīward eorl**, of Northumbria.
   Lēofrīc eorl, of Mercia.

42. **rǣdon on hī** 'take action against them'. Cf. ON. *rðða d.*

45. **ġeswāc**. Normal Old English syntax would require *geswice*, past subjunctive.

64. **Baldewines ġrið** 'the protection of Baldwin'. This is Baldwin V, count of Flanders.

66. **þes cynġes**, i.e. of Diarmaid, king of Leinster.

67. **þā hlǣfdīan**, King Edward's wife, Eadgyth, who was Earl Godwine's daughter.
   his swyster. D says she was abbess of Wherwell.

II. POETRY

The bulk of Old English poetry is preserved in four MSS.: (i) the Codex Vercellensis or Vercelli Book (Cathedral Library at Vercelli, near Milan), written in the latter part of the tenth century, containing *Andreas, Fates of the Apostles, Address of the Soul to the Body, The Dream of the Rood*, and *Elene*; (ii) the Codex Exoniensis or Exeter Book (Chapter Library of Exeter Cathedral) of about the same period, containing *Christ, Guthlac, Azarias, Juliana, The Wanderer, The Seafarer, Widsith, Gnomic Verses, Address of the Soul to the Body, Riddles, The Wife's Complaint, The Husband's Message, The Ruin* and several small pieces; (iii) Cotton Vitellius A. xv (British Museum) written round about 1000, containing *Beowulf* and *Judith*; (iv) Junius 11 (Bodleian Library) containing *Genesis, Exodus*, and *Daniel* in a hand of about 1000, and *Christ and Satan* in a rather later hand, of the first half of the eleventh century. For facsimiles see *Il Codice vercellese*, ed. M. Förster, Rome, 1913; *The Exeter Book of Old English Poetry*, ed. R. W. Chambers, M. Förster, and R. Flower, London, 1933; *Beowulf*, ed. J. Zupitza, 2nd edition with note by Norman Davis, E.E.T.S., 1959; *The Nowell Codex* (*Cotton Vitellius A. xv, second MS.*), ed. K. Malone (Early English Manuscripts in Facsimile xii, Copenhagen, 1963); *The Cædmon Manuscript of Anglo-Saxon Biblical Poetry*, ed. Sir Israel Gollancz, O.U.P., 1927.

The main body of Old English poetry is published in C. W. M. Grein's *Bibliothek der angelsächsischen Poesie*, ed. by R. P. Wülker, 1881–98 (to which Grein's *Sprachschatz der angelsächsischen Dichter*, revised by J. J. Köhler, 1912, supplies a glossary) and in *The Anglo-Saxon Poetic Records*, ed. G. P. Krapp and E. Van Kirk Dobbie,

London and New York, 1931–53. See also *The Exeter Book* ed. for the E.E.T.S., Part I by I. Gollancz, 1895, Part II by W. S. Mackie, 1934. For studies of the MSS., in addition to the introductions of the above-mentioned works, see N. R. Ker, *Catalogue of Manuscripts containing Anglo-Saxon*, Oxford, 1957; M. Förster, 'Die Beowulf-Handschrift', *Berichte über die Verhandlungen der Sächsischen Akademie der Wissenschaften*, lxxi, No. 4, 1919; K. Sisam, *Studies in the History of Old English Literature*, Oxford, 1953 ('The Beowulf Manuscript', 'The Compilation of the Beowulf Manuscript', 'The Exeter Book', 'Marginalia in the Vercelli Book').

XIX. CHARMS

See G. Storms, *Anglo-Saxon Magic*, The Hague, 1948, especially pp. 132–51.

A. 1. **Wiþ ymbe.** A charm for use when bees swarm.

6. **wiθ þā micelan mannes tungan** probably refers to the possibility of counter-charms by an enemy.

B. 1. **þurh ærn**, usually taken as 'through (the wall of) a house', implying that the nettle acquires magic properties in such a position, but F. P. Magoun (in *Archiv*, clxxi, p. 19) connects *ærn* with the second element in the month-name *Rugern* 'rye-harvest' and would render 'through the grain'.

14. No certain sense can be made of this line, and recent editors assume a lacuna. Sweet emends *iserna* to *iserne* and refers the phrase to the knife—'wounded with iron', that is 'beaten with an iron hammer'.

23. **ēsa**, genitive plural of *ōs* 'god', which survives in Old English only as a personal-name element; cf. ON. *áss*, plural *æsir*, which could be used of the gods in general, but sometimes described the branch which included Óðinn and þórr, distinguishing it from the *vanir*, to which belonged Freyr, Freyja, etc.

27. For other emendations and interpretations of this line see Storms, pp. 148 f.

XX. BEOWULF AND GRENDEL'S MOTHER

Since the first edition of *Beowulf* in 1815 by the Dane, G. J. Thorkelin, whose transcripts of the MS. are available in facsimile in *The Thorkelin Transcripts of Beowulf*, ed. K. Malone (Early English Manuscripts in Facsimile i, Copenhagen, 1951), there have been many editions, the first English edition being by J. M. Kemble in 1833. Current editions include those of A. J. Wyatt and R. W. Chambers, F. Klaeber, E. Van K. Dobbie, C. L. Wrenn, and E. von Schaubert (a revision of Heyne–Schücking).

These editions include full bibliographies. An essential companion to *Beowulf* studies is *Beowulf, An Introduction*, by R. W. Chambers, 3rd edition, revised by C. L. Wrenn. Mention may also be made of W. W. Lawrence, *Beowulf and Epic Tradition*, Cambridge, Mass., 1928; J. R. R. Tolkien, 'Beowulf: the Monsters and the Critics', *Proceedings of the British Academy*, xxii, 1936; A. Bonjour, *The Digressions in Beowulf*, Blackwell, Oxford, 1950; D. Whitelock, *The Audience of Beowulf*, Oxford, 1951 (corrected reprint, 1958); A. G. Brodeur, *The Art of Beowulf*, Univ. of California Press, 1960: K. Sisam, *The Structure of* Beowulf, Oxford, 1965.

See also *An Anthology of 'Beowulf' Criticism*, ed. by L. E. Nicholson, Univ. of Notre Dame Press, Indiana, 1963.

2. him 'them', i.e. the Danes.

3. Grendel. The name may be connected with *grindan* 'to grind'.

7. lange þrāge is a conventional phrase. Only a single day is meant here.

9. ides āglǣcwīf 'a woman, a monster woman'. This type of apposition, in which the notion expressed by one word is repeated in the other with a qualification, is common in *Beowulf*; cf. *eard ēðelriht* (l. 2198) 'homeland, hereditary domain'.

1c. sē. Masculine pronouns refer to Grendel's mother also in ll. 142, 144, 247. If they go back to the poet they may perhaps indicate her giant and demon nature; but note that *sē* refers to the feminine noun *hand* in l. 94. Scribal error cannot be outruled.

11. Cāin. Near the beginning of the poem the poet has derived all monstrous broods from Cain, an explanation of their origin found elsewhere, especially in Ireland; but the scribe must have been familiar with a tradition which brings them from Noah's son Ham (Vulgate *Cham*) for here he wrote *camp*, and in *Beow.* l. 107 *cames*, which he corrected to *caines*.

14. flēon. The circumflex over diphthongs or vowels is to show that the metre requires a dissyllable, *flēo-an*; cf. ll. 25, 284, 394.

19. āglǣca probably = Grendel, but in l. 262 it seems to refer to Beowulf.

28. dēað. It has been suggested that the error *þeod* goes back eventually to a Northumbrian form *deoð*.

41. **þe hine** 'whom', with the unexpressed subject of *gemunde* as its antecedent. If the MS. reading *þā* 'when' is retained, *ne gemunde* must mean 'nobody remembered'.

47. **on ġesīðes hād.** In poetry a *gesið* is normally a companion, a member of a comitatus, but here it could have its technical sense of such a member who is in control of a household of his own (the *comes* of Bede); this would account for the reference to Æschere as *sincgyfan* in l. 92.

49. **Bēowulf.** The name is usually explained as 'Bee-wolf', 'ravager of the bees', i.e. 'bear', and compared with *beorn* 'hero', originally 'bear'. See Chambers, *Introduction to Beowulf*, pp. 365–9.

53. **cūþe folme.** Beowulf had placed Grendel's arm up under the roof of the hall.

54 f. Literally 'the exchange was not good, which they had to pay for on both sides with the lives of their friends (or relations)', an allusion to the Germanic legal practice in which fixed pecuniary compensations might be offered for every injury, including loss of life; it was open for the injured party to refuse them, and exact vengeance.

62. **eorla sum** 'one of warriors' = 'accompanied by warriors'.

69. **frēan Ingwina** = Hroðgar. The Danes are called 'friends (i.e. worshippers) of Ing', i.e. the god Freyr. Cf. the Ingaevones of Tacitus.

71. **Scyldinga**, the descendants of Scyld, the mythical ancestor of Hroðgar's line.

85. **þurh hǣstne hād** 'violently'. For this use of *hād* in the sense of 'manner' see also *þurh lēohtne hād* (30/10). Cf. Gothic *allaim haidum* 'in every way', etc.

94. **sēo þe ēow welhwylcra wilna dohte** 'which availed [i.e. was able to procure] for you nearly all joys'.

106 f. **hwæþer him ǣniġ wæs ... dyrnra gāsta** 'whether he had had any (father), born of the secret spirits', i.e. they did not know whether Grendel's father was of supernatural descent.

113. **hrīnde bearwas.** In a passage at the end of the seventeenth Blickling Homily, drawn from some lost 'Vision of St. Paul', which has too many agreements with the description of the mere in *Beowulf* for the resemblance to be accidental, we get *hrimige bearwas*. But *hrinde* 'frosted' is a possible word (cf. dialect *rind* 'frost') and if it stood in the common source, it may have been replaced by the homilist with a more ordinary expression.

120 f. **ǣr ... ǣr.** In this correlation, the first *ǣr* is an adverb and is

redundant in modern English: '(sooner) he will give up his life, before he will . . . .'

121. wille. A verb of motion is probably to be understood before *wille*: 'before he will plunge in, to hide his head'.

129. sinnigne secg. Professor Pope (*Modern Language Notes*, lxvii, p. 505) has an attractive suggestion that the metrically objectionable *felasinnigne secg* in the MS. is a corruption of *seldsienne secg* 'rarely-seen man'; ∫ and *f* are easily confused.

132. wundnum. Some editors interpret the MS. reading as *wundini*, and take it as an old instrumental form.

167 f. wæs . . . weorce on mōde. This impersonal construction, with the instrumental *weorce* used adverbially, is paralleled in 23/93.

189. nīða, gen. pl. used instrumentally, 'by force'.

206. ðyle Hrōðgāres, i.e. Unferth, son of Ecglaf, who had accosted Beowulf rudely soon after his arrival, and who is implied to have played some part in the feud which later arose between Hroðgar and his nephew Hroðulf. The meaning of *þyle* is not certain; the gloss *þelcræft: rethorica* suggests 'orator', 'spokesman'; ON. *þulr* supports 'sage', 'wise man'.

207. hæftmēce. In the *Grettissaga*, where a story is told of a fight with monsters which is clearly an analogue of the *Beowulf* tale, a weapon called *heptisax* plays a part; *hepti-* is equivalent to *hæft-* and is unique. The saga-writer says the weapon had a wooden handle, but this may be his guess. There must, however, have been something distinctive about the hilt.

209. ātertānum 'with twigs of venom', is assumed to refer to the wavy pattern produced by the use of some corrosive.

216. þæt = þæt þæt 'that which'.

224. se is similarly used with the vocative in 25/78.

252. nō þȳ ǣr 'none the sooner'.

258. nō hē þæs mōdig wæs 'was he never so brave', i.e. 'no matter how brave he was'. This emendation with *þæs* for *þǣm* is by comparison with *Beow.*, l. 968, *nō ic him þæs georne ætfealh*.

307. on searwum could mean 'among the armour', or 'in the battle'.

348. ðæs monige gewearð, an impersonal use of *geweorðan* with acc. of person and gen. of thing to mean 'agree'; for other examples of this impersonal verb see 13/6, 22/142, 23/259 f.

354. wȳscton. Editors who retain the MS. *wiston* usually interpret it as a form of *wȳscton*.

366. **brōdenmǣl**, probably '(sword) ornamented with a wavy pattern'; *-mǣl* 'having ornamentation of such and such a kind' occurs in other epithets of weapons, *grǣgmǣl, hringmǣl* (l. 314), *sceādenmǣl, wundenmǣl* (l. 281). There are two parallel formations with *-mǣled, hringmǣled, scirmǣled* (23/230). The precise significance of these terms is conjectural.

375. **þāra** may be a late form of *þǣre*, genitive singular, which is required.

393. **meodowongas** 'plains where the mead-hall stands'.

394. **cōm in gān**. The infinitive is often used after *cuman* where modern English uses the present participle. Cf. 23/11 f., 291 f.

399. **þǣre idese**, Wealhtheow, Hroðgar's wife.

XXI. THE BATTLE OF MALDON

First edited by T. Hearne, *Johannis Confratris et Monachi Glastoniensis Chronica*, Oxford, 1726, ii, pp. 570–7. The best recent edition is that by E. V. Gordon in Methuen's Old English Library, 1937, revised 1957. This gives a bibliography, to which may be added two studies in *Studies in Old English Literature in Honor of Arthur G. Brodeur*, ed. by S. B. Greenfield, University of Oregon, 1963, namely: J. B. Bessinger, '*Maldon* and the *Óláfsdrápa*: An Historical Caveat' and R. W. V. Elliott, 'Byrhtnoth and Hildebrand: A Study in Heroic Technique'.

There is not, as often supposed, any contradiction between the versions of the Anglo-Saxon Chronicle on the date of this battle, for, as first recognized by A. Campbell, the scribe of the Parker MS. put a caret mark to show that his entry was meant to go at 991. His version reads:

> Hēr on ðissum gēare cōm Unlāf mid þrim and hundnigentigon scipum tō Stāne, ond forhergedon þæt on ȳtan; and fōr ðā ðanon tō Sandwīc and swā ðanon tō Gipeswīc and þæt eall oferēode, and swā to Mǣldūne. And him ðǣr cōm tōgēanes Byrhtnōð ealdorman mid his fyrde, and him wið gefeaht; and hȳ þone ealdorman þǣr ofslōgon and wælstōwe geweald āhtan.

The writer then adds as happening 'afterwards' the peace made with Olaf in 994, but this is clearly a later addition, partly in the margin. The entry in the C, D, and E version is as follows (quoted from C):

> 991. Hēr wæs Gypeswīc gehergod, and æfter þon swīðe raðe wæs Brihtnōð ealdorman ofslegen æt Mǣldūne. And on þām gēare man gerǣdde þæt man geald ǣrest gafol Denescum mannum,

for ðām miclan brogan þe hī worhton be ðām sǣriman; þæt wæs ǣrest x ðūsend punda. þene rǣd gerǣdde ǣrest Sȳric arcebisceop.

Since E. D. Laborde's article on the site in *English Historical Review*, xl, 1925, it has been usually assumed that the Danes were on Northey Island, in the estuary of the Blackwater, and that the bridge or ford mentioned in the poem was a causeway to the mainland where one exists now; there may, however, have been geographical changes in almost a thousand years, so this view is not certain.

1. **brocen wurde.** The subjunctive mood and the word-order show that this is the end of a subordinate clause, perhaps a final clause, or a statement of indirect speech. On events before the fragment begins, see note to l. 198.

6. **se eorl.** In early poetry this would mean 'noble', 'warrior', but here it probably means 'ealdorman' since it was used in that sense in Danelaw areas at this date. See note to 6/2. Byrhtnoth was ealdorman of Essex and (perhaps only at an earlier date) of Huntingdonshire.

22. **folc** here and in ll. 45, 227, 241, etc., means 'army', but in l. 54 it means 'nation'.

31. **wið ġebeorge** 'in exchange for security', i.e. to buy off attack.

34. **spēdaþ tō þām** 'are wealthy enough'; *spēd* often has the sense 'means', 'wealth'. Cf. 2/62.

38. **on hyra sylfra dōm.** Cf. *hiera āgenne dōm* (1/30) and ON. *sjálfdœmi*, meaning the right to assess one's own damages.

47. **ǣttrene,** probably only 'deadly', though a poisoned weapon is mentioned in Bede, *Historia Ecclesiastica*, Book II, c. 9.

48. **hereġeatu** 'heriot'. Though literally 'wargear', it describes the payment due to a lord on his man's death, often paid in horses and weapons. Its use here is ironical.

52. **ġealgean** is a late form of *ealgian.*

61. **ġofol.** This form occurs in a Kentish text in Old English, and in Middle English *-of-* is found for *-af-* in Essex and the East Midlands. Cf. *gouel* in Whitelock, *Anglo-Saxon Wills*, p. 88.

76. **cāfne mid his cynne** 'a bold man of a bold stock'. Wulfstan may be the Wulfstan whose son Leofwine bequeathed land in Essex (Napier and Stevenson, *Crawford Charters*, No. IX).

87. **upgangan.** Though *upgang* is the usual form, *upgangan* occurs in Anglo-Saxon Chronicle 1009 C.

89. **for his ofermōde.** The poet regards Byrhtnoth's action as arising from pride, though it may have been sound generalship, for,

had he refused, the Danes would presumably have sailed away and ravaged out of reach of his army. The defeat was caused by Byrhtnoth's death and the cowards' flight, not by his pride. See Laborde, op. cit., and W. A. Samouce, 'General Byrhtnoth', *Journal of English and Germanic Philology*, lxii, 1963.

109. [grimme] gegrundene. *Grimme* is supplied by Gordon on the analogy of *Ruin*, l. 14, and of Middle English usage.

115. his swustersunu. Whether there was still felt to be a specially close relationship between a man and his sister's son as in early times (cf. Tacitus, *Germania*, c. 20) is doubtful.

130. wīges heard. Since *þæs beornes* in l. 131 is Byrhtnoth (for the demonstrative implies someone already mentioned), the 'brave one in war' must be one of the Vikings, who is called contemptuously *þām ceorle* in l. 132.

134. sūþerne probably means 'of southern workmanship'.

136–7. By this action, whatever is the precise meaning of scēaf, Byrhtnoth got rid of the spear sticking into him. He is the subject of sprengde 'broke'.

163. brād and brūnecg. Cf. 20/296.

183. This line has no alliteration and is probably corrupt.

190. þēh, accepting the emendation by E. Suddaby in *Modern Language Notes*, lxix, 1954, pp. 466 f.

194. Compare the almost identical line in *Elene* (l. 134): *flugon on fæsten ond feore burgon*.

198. on dæg. This normally means 'that day'; see, e.g., Anglo-Saxon Chronicle 1066 D: *þær wearð on dæg swiðe stranglic gefeoht*, where *on dæg* is 'on that day', when King Harold reached Stamford Bridge. Cf. also 963 A, 1083 E and Wulfstan's *Homilies* (ed. Bethurum, No. VII, l. 112) and elsewhere. Hence *ær on dæg* is 'earlier that day', and presumably refers to events in the lost beginning of the poem. It suggests that Byrhtnoth called a meeting and Offa doubted whether all the speakers would live up to their words (as Eadric did; cf. l. 15).

203 f. Ealle gesāwon heorðgenēatas . . . læg. While the retainers saw that Byrhtnoth was dead, the rest of the army thought he had gallopped away; cf. ll. 239 f.

218. mīn ealda fæder Ealhelm. This ealdorman attests charters from 940–51. There is no certainty that Ælfwine's father Ælfric was the ealdorman of Mercia who succeeded Ælfhere in 983, or that the Ælfwine in the poem can be identified with a sister's son of Ealdorman Ælfheah mentioned in his will (but not called Ælfric's son). These names are far too common for safe identification.

265. se gȳsel. The English kings could not count securely on the loyalty of the heavily Scandinavianized North, and the most likely explanation of the presence of a Northumbrian hostage with Byrhtnoth is that Ethelred's government, like Alfred previously (cf. 8/16 ff.), had taken hostages from Anglo-Scandinavian families in the Danelaw. It is natural that such hostages should be quartered in the households of trusted officials. A hostage fights for his host also in 1/23.

271, 282. These lines are connected by rhyme, instead of alliteration.

284. bordes lǣrig. Cf. *linde lærig*, *Exodus*, l. 239. The meaning 'rim' is suggested by a gloss *ambiuntur: syn emblærgide*. On the etymology see M. Förster in *Festgabe für Felix Liebermann*, Halle, 1921, pp. 171 f.

300. Wīgelmes bearn. If this is another reference to Wistan, his father must have been known by two names. Though this is not unparalleled, it is rare, especially for a layman. One of Offa's ealdormen was known both as Hildegils and Brorda, but the latter is likely to have been a nickname. Since it is unlikely that a new character in the poem should be introduced by a patronymic alone, Gordon suggested that Wigelm is the name of Offa's father, and that Wistan slew three men before Offa was finally dispatched.

310. genēat originally meant 'a member of one's household', but by the eleventh century the term denotes men who held their land at a rent and by performing honourable services, usually riding duties.

XXII. THE FALL OF THE ANGELS

Recent editions are by F. Klaeber, *The Later Genesis*, new ed., Heidelberg, 1931, and B. J. Timmer, Oxford (Scrivener Press), 1948. Sievers's famous study is *Der Heliand und die angelsächsische Genesis*, Halle, 1875, and the fragments of the Old-Saxon poem found in the Vatican were published by Zangemeister and Braune, *Bruchstücke der altsächsischen Bibeldichtung*, Heidelberg, 1894. On the difference from *Genesis A*, see H. Bradley, 'The "Cædmonian" Genesis', *Essays and Studies*, vi, 1920. Important textual comment is found in K. Sisam, 'Notes on Old English Poetry', *Review of English Studies*, xxii, reprinted in his *Studies in the History of Old English Literature*, Oxford, 1953, pp. 29–44. The possible sources of the unusual elements in this version of the Fall are well discussed by J. M. Evans, '*Genesis B* and its Background', *Review of English Studies*, N.S. xiv, 1963, and both this author and R. Woolf, in 'The Fall of Man in *Genesis B* and the *Mystère d' Adam*' in *Studies in Old English Literature in Honor of Arthur G. Brodeur*, ed. S. B. Greenfield, 1963, consider the poet's individual handling of the Fall of Man, reaching different conclusions. J. W. Lever, '*Paradise Lost* and the Anglo-Saxon Tradition', *Review of English Studies*, xxiii, 1947, brings evidence for contact between Junius and Milton and reviews the question of Milton's debt to this poem. On the *Heliand* in England see R. Priebsch, *The Heliand Manuscript Cotton Caligula A vii in the British Museum*, Oxford, 1925.

3. **tēne.** Ælfric also knew a tradition of ten orders of angels, of which one order fell.

4. **fullgān.** The MS. *fyligan* spoils the alliteration.

9. **tō him** 'next to him'. On this idiom see Sisam, op. cit., p. 76.

13. **lēohte.** In this poem *lēoht* is used with the Old-Saxon sense, 'world'.

his, as in ll. 168, 187, is the genitive of *hit*; *wealdan* governs the genitive.

27. **ofermōdes** is perhaps an instrumental genitive 'in his pride', but could depend on *feala worda*, giving 'many words of pride' (Klaeber).

38. **ġeonġordōmes** is apparently an instrumental genitive, but the Old-Saxon original may have had some verb such as *gehan* 'avow', which takes the genitive, in place of *būgan*.

42. **fōn** is parallel to *geþencean*: 'devise a plan, and grasp it' (i.e. carry it out).

62. **þurh [swā] longe swā.** One could retain the MS. reading *þurhlonge* and compare words like *þurhbeorht*, *þurhhālig* where *þurh-* is an intensive; *þurhlonge swā* would be 'for a very long time thus'.

71. **fȳr ōðe gār.** In this passage referring to the alternating torments of heat and cold, one would expect *gār* to refer to the latter, and in that case its normal meaning 'spear' is inadequate, and the suggested meanings 'prodding with spears' (Krapp) or 'ravaging' (Cross, *Neophilologus*, xxxix, 1955, pp. 203 f., taking 'fire and spear' as equivalent to the common phrase 'fire and sword') hardly fit the context. Unless *gār* here is a different word (Malone, *English Studies*, xxviii, pp. 42 ff., suggests 'storm' from the same root as ON. *geisa* 'to rage'), Klaeber's suggestion 'piercing cold' seems preferable. For the contrast of heat and cold in hell compare the poem on *Judgement Day* (Dobbie, *Anglo-Saxon Minor Poems*, p. 63, ll. 191 ff.) which is based on Bede's *De die iudicii: Ðǣr synt tō sorge ætsomne gemenged | se þrosma lig and se þrece gicela, | swiðe hāt and ceald helle tomiddes.* The Old-Saxon poet may have known Bede's poem, but the idea is not uncommon.

72. **sum heard geþwing,** 'one hard torment'; accepting Sisam's emendation of MS. *gewrinc.*

74. **fylde** seems dependent on the preceding *man, hyra woruld wæs gehwyrfed* being parenthetical.

83. **engles oferhygd.** Some editors emend *engles* to *engla.* Sisam suggests reading *egle* 'pernicious' since scribes tend to confuse these words, and *oferhyd egle* occurs in *Daniel,* l. 679. Retaining the MS. reading, we must take *engles* as referring to Satan.

111. **ænga.** This spelling of *enga* 'narrow' has caused the corrector to alter to *æniga* 'any'.

112. **þām ōðrum.** Since this half-line is short, some editors add *hām*; but Timmer points out that in Old Saxon it would be adequate, as *thesumu oðrum.*

115. **rōmigan,** OS. *rōmon* 'to strive after'.

122. **him** is pleonastic—'be for himself'.

125. **winterstunde** 'winter-hour'. As the day was divided into twelve hours from sunrise to sunset, the length of an hour varied with the season. Satan means 'even an hour when it is at its shortest'.

þonne ic mid þȳs werode. There is no lacuna here; Satan breaks off, realizing the futility of saying what he would do, since 'iron fetters lie round' him.

142. **þæt sceolde unc Ādām yfele gewurðan.** When used impersonally as 'to agree', *geweorðan* governs either accusative or dative; cf. 13/6 f., 20/348, 23/259 f. The corrector has altered to *Adame.* With the expression *unc Ādām,* in which *unc* asserts 'I' and implies someone else who is defined by a word in apposition, cf. *uncer Grendles* (*Beow.,* l. 2002) and *wit Scilling* (*Widsith,* l. 103).

154. **andan gebētan** 'obtain compensation for our injury'.

161. **āhwēt,** preterite of a verb not otherwise recorded. Klaeber compares OS. *forhwātan* 'curse' and suggests 'proscribe, banish'; Timmer assumes an *āhwettan* 'drive away with a curse'.

168. **his,** genitive of *hit,* is governed by *geþafa* in the next line.

172. **feðerhoman,** 'feather-form' or 'feather covering', is used in Old English for 'wings', and thus the illuminator of the MS. interpreted it.

173. **geworht,** probably neuter plural, since it agrees with a compound subject in different genders.

XXIII. JUDITH

See editions by A. S. Cook, 1889, and B. J. Timmer, 1952.

11 f. cōmon . . . fēran 'came travelling'. See note to 20/394.

27. gebǣrdon wel, 'should conduct themselves well', probably in this context 'ply themselves well'; but Timmer accepts a suggestion by Schücking and renders 'cry out in joy'.

34. nīða is instrumental genitive 'with malice' or 'with evil'.

45. inne goes with the preceding þǣr.

55. stercedferhðe is sometimes altered to sweorcendferhðe (cf. l. 269) since st- does not normally alliterate with sn-; but this gives a poor sense, for why should they be 'gloomy' at this point?

65. swylcne hē ǣr æfter worhte 'such a one as he had worked for'.

79. scūrum heardne, like the adjective scūrheard (Beowulf, Andreas), probably means 'hard in the storm of battle'.

93 f. torne . . . hāte. With this use of adverbs instead of adjectives cf. rūme, l. 97. See also note to 20/167 f.

98. hāligre refers to Judith.

129. þēawum geðungen 'distinguished for virtues'.
on goes with þe, l. 127.

135. mægð is nominative plural of a dental stem.

158. þāra lǣðða, adverbial genitive 'for the afflictions'.

181. monna mǣst morðra gefremede. This construction, in which both monna and morðra seem dependent on mǣst, is paralleled in Beow., l. 2645: hē manna mǣst mærða gefremede.

223. stedehearde, no longer clearly legible in the MS., is a unique word, and its precise meaning is uncertain. Jiriczek (Englische Studien, lxiv, pp. 212–18) suggests that stede is connected with ON. steði 'anvil'.

249. wērigferhðe, accepting Grein's emendation.

259 f. ðone cumbolwigan . . . hæfde geworden 'the warrior . . . had fared'. On the impersonal use of geweorðan see notes to 13/6 f., 20/348 and 22/142.

268. gebylde. The normal meaning 'emboldened' is at variance with the following sweorcendferhðe 'gloomy in spirit'. Cosijn's emendation geblyde (= geblygde) 'dismayed' is tempting.

272. þā wæs hyra tīres æt ende; wæs is used impersonally, like

wære and *is* in 10/105, 108. Cf. *Judgement Day I*, ll. 2 f.: *Fēores biδ æt ende / ānra gehwylcum* 'Life will come to an end for everyone'.

287 f. Timmer accepts Kluge's arrangement:

> mid nīðum nēah geðrungen,   þe [wē] sculon [nū] losian,
> somod æt sæcce forweorðan.

So also Dobbie, but with *nȳde* supplied instead of *nū*.

291 f. **ġewitan him . . . sceacan** 'hurried away'. Cf. ll. 11 f., and for reflexive *him* cf. 21/300.

298. **lāðra lind[wīg]** 'forces of the enemy', accepting K. Malone's reading.

313. **wælscel** 'carnage'. With the second element of this unique word cf. Corpus gloss No. 564 *concisium: scelle.*

330. **mǣrra mādma [mā]**. Timmer supplies *mā* to govern the genitive.

XXIV. THE HAPPY LAND. FROM THE PHŒNIX

The most recent edition, by N. F. Blake (Manchester Univ. Press, 1964) includes a full discussion of the poem and its sources, and gives the text of the Latin source. See also O. F. Emerson, 'Originality in Old English Poetry', *Review of English Studies*, ii. 1926.

The relevant part of the Latin poem is printed below the text for comparison. The whole may conveniently be consulted in *Minor Latin Poets* (Loeb edition), ed. J. W. Duff and A. M. Duff, 1934.

5. **folcāgendra** 'rulers'. Some editors emend to *foldāgendra* 'possessors of earth'.

28 f. **twelfum . . . fæðmrīmes**, literally 'by twelve of fathom-measure', i.e. twelve fathoms.

41–49. These lines illustrate the poet's handling of classical allusions in his source, which declares the place to have been unharmed by Phaeton's flame and Deucalion's flood. The English poet says it was untouched by the Flood and will remain unharmed until the fire of the Last Judgement.

56. **ne sorg ne slæp.** For the linking of sorrow and sleep cf. 26/39, and see A. S. Cook, *Modern Language Notes*, xiv, 1899, pp. 450 f. The alteration from the Latin *curae insomnes* is doubtless deliberate: sleep is unnecessary in a paradise where strength remains unimpaired.

76–78. **telgan . . . stondaþ**; *telgan gehladene* and *ofett edniwe* are parallel subjects to *stondaþ*.

XXV. THE DREAM OF THE ROOD

This title was presumably evolved from Thorpe's 'The Holy Rood—
a Dream'. The poem is edited by B. Dickins and A. S. C. Ross
(Methuen's Old English Library, 4th edition, reprinted with additions
and corrections, 1963). For editions of the Vercelli Book see pp. 260 f.
On the Ruthwell Cross see G. Baldwin Brown, *The Arts in Early
England*, v; T. D. Kendrick, *Anglo-Saxon Art to A.D. 900*; F. Saxl,
'The Ruthwell Cross', *Journal of the Warburg and Courtauld Institutes*,
vi. 1943.

In the lines from the runic version, at the foot of pp. 155 f., italicized
letters are those of which only uncertain fragments survive and which
have to be interpreted with the aid of the Vercelli text; except that
letters which have the authority of early drawings are not distinguished
from those still legible. The transliteration follows the system set out
by Dickins and Ross, p. 5, that is: *g* = the rune *giefu*, a front conso-
nant, *ḡ* = the rune *gār*, a back consonant, *ȝ* = the rune *iw*, which here
represents *h* after a front vowel, *c* = the rune *cēn*, a front consonant,
k = the rune *calc*, a back consonant, whereas *k̆* = a rare rune standing
before the secondary front vowel in *kyniŋc* and before *e* in *uŋket*,
ŋ = the rune *ing*, a back nasal, and *ēa* = the rune *ēar*, representing a
diphthong which could be either *ea* or *eo*.

4. syllicre. On this absolute use of the comparative see F. Klaeber,
Modern Philology, iii, pp. 251 f.

8. æt foldan scēatum. Since *scēat* can mean either 'surface' or
'corner', this has been interpreted 'at the surface of the earth' (i.e. 'at
the foot of the cross') or 'at the corners of the earth', in which case
one visualizes the cross in the vision spreading over the sky. In l. 43
foldan scēatum can only mean 'surface of the earth'.

9. engeldryhta feala. This is J. C. Pope's improvement of a sug-
gested emendation by Dickins and Ross.

10. fægere þurh forðgesceaft 'fair through the future' or, 'created
fair'. In *Riddle* 83 (84) *fyrn forðgesceaft* refers to the creation, but the
usual meaning of *forðgesceaft* is 'future'.

15. wǣdum. The usual meaning of *wǣd* is 'garment', 'clothing';
here some sort of streamer or banner may be meant.

21. þæt fūse bēacen. Since *fūs* means 'eager', the sense here may be
'ever-changing'; in the parallels cited by Dickins and Ross in defence
of a rendering 'shining', *fūs* can bear its normal sense, for motion is
involved in them.

37 f. mihte . . . gefyllan 'could have felled'. Old English had no
perfect infinitive.

39. In the runic version it is uncertain whether the first letter was *o* or *a*.

42. **ymbclypte.** The idea of the crucified embracing the cross or the cross embracing the crucified is familiar. Cf. St. Andrew's address to the Cross, *Salve tropaeum gloriae*, attributed to Bede:

> En ludus est credentium
> Tuis frui complectibus
>
and > Te charitatis brachiis
> Complector.

44–48. The inscription on a reliquary cross in Brussels (see H. Velge, *La Collégiale des saints Michel et Gudule à Bruxelles*, 1925, pp. 363 and pl. 93) is reminiscent of these lines:

> ROD IS MIN NAMA GEO IC RICNE CYNING
> BÆR BYFIGYNDE BLODE BESTEMED.

52. **þenian,** passive in sense.

54. **forðeode** can be preterite of *forþēon* 'to oppress' or of *forðgān* 'to go forth'. If one takes the latter, one must put a stop after **scīrne scīman** and take it as a parallel to **Wealdendes hrǣw** in l. 53.

58. **tō þām æðelinge** is a weaker line than the runic version, which means 'noble ones, to him in his solitude'.

63. **hēafdum.** This use of the plural occurs elsewhere in Old English (e.g. *æt his heafdum læg, Cura Pastoralis*, ed. Sweet, 101/16), and is used in OHG. *ze Kristes houbitun.*

66. **banan.** This refers to the cross as the agent of death. It is unnecessary to emend to *banena* 'of his slayers', who were no longer present, or to make drastic changes and read the half-line as *on beorges sidan*.

69. **mǣte weorode** 'with a scanty company' is shown to be litotes for 'alone' by l. 124, where it is in apposition to *āna* 'alone'.

70. **wē.** The first reminder that there were three crosses on Calvary.

75–77. A reference to the finding of the cross by St. Helena, which is the theme of the Old English poem *Elene*.

78. **se** is used with the vocative also in 20/224.

79. **bealuwara** 'of wicked men', though unique, is a likely formation and makes good sense, but is odd as a parallel to *sārra sorga* as dependent on *weorc*. Perhaps one should read *sāra sorga*, accusative, parallel to *weorc* as object of *gebiden hæbbe*.

86. **ǣghwylcne ānra þāra þe him bið egesa tō mē** 'everyone who fears me'; *þe him* 'to whom' (cf. 26/10 and *þe . . . his* 'whose' 17/20).

117. **anforht**. Though the MS. reading *unforht* has been defended as containing *un-* in an intensive sense, and rendered 'very frightened', it seems unlikely that the poet would use it in the opposite sense from its meaning in l. 110.

148–56. This passage describes the triumphant return to Heaven after the Harrowing of Hell.

XXVI. THE WANDERER

For editions of the Exeter Book see pp. 260 f. This poem occurs in most readers, and there are numerous studies and notes on it, including W. W. Lawrence, 'The Wanderer and the Seafarer', *Journal of English and Germanic Philology*, iv, 1902; B. F. Huppé, 'The Wanderer: Theme and Structure', ibid. xlii, 1943; S. B. Greenfield, '*The Wanderer*: a Reconsideration of Theme and Structure', ibid. l., 1951; I. L. Gordon, 'Traditional Themes in *The Wanderer* and *The Seafarer*', *Review of English Studies*, N.S. v, 1954; J. E. Cross, '"Ubi Sunt" Passages in Old English', *Vetenskaps-Societetens i Lund Årsbok*, 1956; E. G. Stanley, 'Old English Poetic Diction and the Interpretation of *The Wanderer, The Seafarer* and *The Penitent's Prayer*', *Anglia*, lxxiii, 1955–6; G. V. Smithers, 'The Meaning of *The Seafarer* and *The Wanderer*', *Medium Ævum*, xxvi, 1957, xxviii, 1959; S. I. Tucker, 'Return to *The Wanderer*', *Essays in Criticism*, viii, 1958; J. E. Cross, 'On the Genre of *The Wanderer*', *Neophilologus*, xlv, 1961; J. C. Pope, 'Dramatic Voices in *The Wanderer* and *The Seafarer*', in *Medieval and Linguistic Studies in Honor of F. P. Magoun, Jr.*, ed. by J. B. Bessinger and R. P. Creed, 1965.

4. **hrēran mid hondum** 'stir with his hands', i.e. row over.

7. **hryre** cannot be dependent on *gemyndig* and is probably instrumental.

10. **þe . . . him** 'to whom'. Cf. 25/86.

17. **drēorigne** qualifies *hyge* to be supplied from the previous line.

24. **waþema gebind** 'binding of the waters', is sometimes rendered 'surface' or 'expanse of the waters', but *isgebind* (*Beow.*, l. 1133) can be adduced in support of 'the frozen waters'.

25. **drēorig** agrees with *ic*.

27. **[mīn] mine wisse**; *min* was supplied by Klaeber, as the line is too short. Cf. *ne his myne wisse* (*Beow.*, l. 169).

32. **waraðÞ hine** 'is his portion', literally 'holds him'.

44. **giefstōles brēac** 'enjoyed (the gifts dispensed from) the throne'.

51–55. An obscure passage, variously interpreted and punctuated: secga geseldan have been taken either as his former companions, seen in a dream or reverie, or as men he meets in his exile; ferð, if it means 'spirit', can be singular or plural, but it has also been taken as 'company', a word recorded in late Old English. If so, flēotendra is dependent on it, though otherwise it could be dependent on cwidegiedda; flēotendra has been referred to sailors, to the vanishing ghosts of his companions, or even to the sea-birds of l. 47.

80–84. The change from the plural sume referring to the men killed in war, to the singular sumne of the following list, suggests that the poet was thinking of what happened to the corpses of the slain and that his mind turned to the birds of prey and the wolf. J. E. Cross (Vetenskaps-Societetens i Lund Årsbok, 1958–9, pp. 75–110) compares this section with passages in homilies based on Christian Latin authors, on the favourite theme of the destruction of the body. The similarity with passages like the following has often been noted: swā hwæt manncynnes swā eorðe ær forswealh oððe fȳr forbærnde and sæ besencte and wilde dēor frǣton and fugelas tōbǣron (Napier's edition of Wulfstan, No. xl, a pseudo-Wulfstan homily referring to those who rise at Doomsday). The main difficulty in this interpretation lies in dēaðe gedǣlde (l. 83) which should mean 'consigned to death' (cf. Andreas, ll. 955, 1217); an emendation to dēadne gedǣlde 'divided when dead' has been suggested.

87. enta geweorc 'work of giants' was used of the products of ancient times, including Romano-British buildings. Cf. 29/2.

98. wyrmlīcum fāh 'ornamented with serpent-forms'; the precise meaning is uncertain.

XXVII. THE SEAFARER

For editions of the Exeter Book see p. 260 f. The best edition of The Seafarer is that by I. L. Gordon (Methuen's Old English Library) 1960. For the view that the poem is a dialogue see M. Rieger in Zeitschrift für deutsche Philologie, i, 1869, pp. 334–9; a dramatic monologue see W. W. Lawrence (cited on p. 275); an allegory see O. S. Anderson (Arngart), The Seafarer: an Interpretation (K. Humanistiska Vetenskapssamfundets i Lund Årsberättelse, 1937–8); a poem about a peregrinus see D. Whitelock in The Early Cultures of North-West Europe (H. M. Chadwick Memorial Studies), ed. Sir Cyril Fox and B. Dickins, 1950, pp. 259–72. See also works cited on p. 275.

After l. 108, at which the present selection ends, the text continues as follows:

Stīeran mon[1] sceal strongum mōde   and þæt on staþelum healdan,
and gewis wērum   wīsum clǣne.   110
Scyle monna gehwylc   mid gemete healdan
wiþ lēofne and wiþ lāþne bealo.
þēah þe hē hine wille fȳres fulne
oþþe on bǣle forbærnedne
his geworhtne wine.   Wyrd biþ swīþre[2],   115
Meotud meahtigra,   þonne ænges monnes gehygd.
Uton wē hycgan   hwǣr wē[3] hām āgen,
and þonne geþencan   hū wē þider cumen;
and wē þonne ēac tilien   þæt wē tō mōten,
in þā ēcan   ēadignesse,   120
þǣr is līf gelong   in lufan Dryhtnes,
hyht in heofonum.   þæs sȳ þām Hālgan þonc
þæt hē ūsic geweorþade,   wuldres Ealdor,
ēce Dryhten,   in ealle tīd. *Amen.*

For the interpretation of these lines, especially ll. 112–14 which are very corrupt, see Gordon's edition.

13. **þe him . . . fǣgrost limpeð** 'to whom it befalls most fairly', i.e. 'who has the happiest lot'.

16. Apparently a half-line is missing. Ettmüller supplied *wynnum beloren*, as the first half of the line.

19–25. In '*The Seafarer* and the Birds', *Review of English Studies*, N.S. v, 1954, M. E. Goldsmith discusses the identification of the various species of sea-birds and concludes that the poet probably knew the habits of the birds he introduces.

25. This line has no alliteration. Something may have been lost.

27 f. **āh . . . ģebiden.** See note to 16/44 (addition in C).

42. **sǣfōre** is genitive, depending on **sorge**; 'anxiety concerning his voyage'.

43. With this line cf. *An Exhortation to Christian Living* (ed. Dobbie, *Anglo-Saxon Minor Poems*), l. 60 f.: *Uncūð bið þē þænne / tōhwan þē þin drihten gedōn wille.*

49. **woruld ōnetteð.** This is usually taken as referring to the quickening of life in the spring, but J. E. Cross (*Medium Ævum*, xxviii, 1959, pp. 104 f.) takes it to refer to the world hastening to its end.

56. **sēftēadiġ** is better metrically than the alternative emendation

---

     1 mod   2 swire   3 se

ēstēadig; in either case the meaning is 'happy in luxury', 'living in comfort'.

þā sume is not partitive 'some of those', but 'those persons'.

62. ānfloga is perhaps best taken, with Mrs. Gordon, as the cuckoo, rather than as the man's spirit.

63. hwælweg. The emendation improves the alliteration. The Exeter scribe omits *h-* before *w* elsewhere. G. V. Smithers wishes to retain the MS. *wælweg* and take it to mean 'road taken by the dead'; but since *wæl* means 'slaughter' or 'the slain', this introduces a jarring note into a poem not dealing with death in battle.

69. ǣr his tīddege, accepting, with Mrs. Gordon, this as the best interpretation of the MS. corruption; *tiddeg* would be a Mercian form of *tiddæg*, 'span of life'.

75. fremum. The emendation is Dr. Sisam's.

90. swā nū monna gehwylc. J. E. Cross, 'Aspects of Microcosm and Macrocosm in Old English' (*Studies in Old English Literature in Honor of Arthur G. Brodeur*, ed. S. B. Greenfield, 1963), brings material to illustrate the belief that the world was ageing just as man aged.

97–102. This passage was taken to refer to heathen burial customs until K. Sisam (*Review of English Studies*, xxi, 1945, pp. 316 f.) noted the echo of Psalm xlviii. Tentatively reading *þæt hine mid ne wile* (or *nile*) in l. 99, he renders the passage: 'Although a brother will strew with gold the grave of his brother born, bury (him) beside the dead with all kinds of treasures,—*that* will not go with him; nor can gold be a help to the sinful soul against the dread (judgement) of God, when he hides it beforehand while he lives here (on earth).'

103. for þon hī sēo molde oncyrreð. Mrs. Gordon renders 'before which the earth will turn aside', comparing Revelation xx. 11: *a cujus conspectu fugit terra*.

106. An almost identical line occurs in the Exeter Gnomic Verses, l. 35.

XXVIII. SELECTIONS FROM THE RIDDLES

For editions of the Exeter Book see pp. 260 f. See also the editions of riddles by F. Tupper (1910) and A. J. Wyatt (1912).

A. A SWAN. Exeter Book, Riddle No. 7.

B. A CUCKOO. Exeter Book, Riddle No. 9.

4. If we assume *ē* for West-Saxon *ǣ* in **mēge** and **wēdum,** little emendation of this line is necessary. It means 'a well gracious kins-woman covered me with garments'.

8. ungesibbum 'among no relatives of mine' (Mackie), but it can go with *gǣste,* giving 'with a spirit unrelated (to her)'.

C. A HORN. Exeter Book, Riddle No. 14. On this see A. E. H. Swaen, 'The Anglo-Saxon Horn Riddles', *Neophilologus,* xxvi, 1941.

9 f. bordum sceal . . . licgan. The meaning is disputed: *bordum* can be from *borda* 'fringe', and the phrase rendered 'stripped of my fringes', or from *bord* 'board' in the sense of 'lid'; some editors supply *on* before *bordum,* thus giving 'on the tables'; others emend *behlȳþed* to *behlȳwed,* to give 'protected by boards'.

10. hēafodlēas, probably 'without a lid'. Swaen takes it as 'without the head which bore me at one time'; but this would apply equally to all the uses of the horn, not merely the one concerned here.

D. A SACRED CODEX. Exeter Book, Riddle No. 26.

9. brūnne brerd probably refers to the rim of the ink-horn or ink-pot.

16. wuldorgesteald 'glorious possessions', 'treasures', as in *Exodus,* l. 588, where it is paralleled by *gold and godweb.* The gold and the rich illumination are to glorify the contents of the book. St. Boniface commissioned the epistles of St. Peter in gold letters 'to secure honour and reverence for the Holy Scriptures when they are preached before the eyes of the heathen'.

17. nales dol wīte. The meaning is obscure. Suggestions are 'not a stupid penance' (Wyatt) or 'Let no fool find fault' (Mackie); *wite* could be noun or verb.

E. SUN AND MOON. Exeter Book, Riddle No. 29.

F. BOOK-WORM. Exeter Book, Riddle No. 47.

5. þæs strangan staþol 'its strong foundation' (Mackie), i.e. the parchment on which the words were written.

G. SOME SORT OF BIRDS OR GNATS. Exeter Book, Riddle No. 57. See C. Brett, *Modern Language Review,* xxii, 1927, pp. 257 f.

3. sanges rōpe 'liberal in song'; *roopnis* is the gloss to *liberalitas* in the Corpus Glossary. Some emend to *rōfe* 'bold'.

6. Nemnað hȳ sylfe. Brett takes this as 'they name themselves', and suggests 'jackdaws', since this bird, as well as fitting the other indications, is called *cēo,* presumably in imitation of its cry.

XXIX. GNOMIC VERSES

See E. Van K. Dobbie, *The Anglo-Saxon Minor Poems*, 1942, pp. 55–57.

1. **sceal.** The general notion of *sceal* in these verses is 'bound by nature, custom or law to . . .'; hence it is often equivalent to 'must'. Often a verb 'to be' has to be supplied.

2. **enta ǵeweorc.** See note to 26/87. Here it describes *ceastra* 'Roman cities'.

13. **wēa.** Dobbie, after Cosijn, reads *weax*.

19. **earm ānhaga.** For the emendation see *Beow.*, l. 2368. The scribe may have had in mind the wolf and bird of prey motif when he wrote *earn*.

40. **scēote,** usually taken as a noun from the base represented by *scēot* 'quick' (ON. *skjótr*) and *scēotan* 'to shoot', thus meaning 'rapid motion'. But a suitable sense is obtained by equating it in meaning with OE. *scēota*, or *scēote* 'trout', of a different declension. Cf. modern dialect *shote, shoat, shoot, shot*.

43. **dyrne cræfte** 'secretly', clandestinely'.

45. **bēaǵum ǵebicǵe** 'buy with rings', i.e. pay the price necessary for a legal marriage. Cf. 11/56.

47. **firǵenstrēamas.** Here, as in *Andreas* l. 390, this word refers to the sea, not as in 20/109, to mountain streams.

54. **synne stǣlan** 'institute hostility' or 'start a crime'. For this sense of *stǣlan* see *Genesis*, ll. 1351 f.: *Fēowertig daga fǣhðe ic wille | on weras stǣlan.* But 'avenge', suggested by Kock (*Anglia*, xxvii, p. 229), is possible; cf. *Beow.*, l. 2485.

XXX. THE EPILOGUE OF CYNEWULF'S *ELENE*

For a comprehensive discussion of Cynewulf and the works to be attributed to him, see K. Sisam, 'Cynewulf and his Poetry', *Proceedings of the British Academy*, xviii, 1932 (reprinted in *Studies in the History of Old English Literature*, 1953), which includes a translation of ll. 1–41a of this text. The most recent edition of *Elene* is by P. O. E. Gradon (Methuen's Old English Library, 1958). See also R. W. V. Elliott, 'Cynewulf's Runes in *Christ II* and *Elene*', *English Studies*, xxxiv, 1953.

1–15. These lines, except 11 and perhaps 12, have rhyme or assonance if one restores the Anglian forms *reht, gepæht* (l. 5), *mæht, æht* (l. 6), *onwrāh* (l. 7).

1. **þæt fǣcne hūs.** The 'treacherous' or 'vile' house is the body. Sisam renders 'the body's frailty'.

2. **wordcræftum.** This usual emendation improves metre and sense.

3. **reodode** is unique. Cook suggested *hreodode*, which he took as 'sifted', comparing *hridrian* 'sift'; Holthausen postulates a verb *redian*, comparing *āredian* 'to arrange'.

6. **on mōdes eaht** 'to the counsels of my heart' (Sisam). Some editors print *þeaht*, but the *þ* in the MS. is an afterthought, and *þeaht* repeats at too close distance the *geþeaht* in l. 5; *eaht* 'deliberation', 'counsel' makes good sense.

9. **bitrum.** Klaeber (*Englische Studien*, lv, p. 284) takes this as the neuter of the adjective, used substantively, whereas Ekwall (*Anglia Beiblatt*, xxxiii, p. 65) regards it as the plural of an unrecorded noun *bitru*.

10. **þurh lēohtne hād.** See note on 20/85.

12. **begeat.** The preterite of *begēotan* 'to pour upon', 'infuse' makes good sense, but *begēat* will not rhyme with *āmæt*; the Anglian preterite *begæt* of *begietan*, which can mean 'procure (for another)', will rhyme.

20. **wyrda gangum** 'in the course of things' (Sisam).

21–35. The runes in this passage are, in order, those for C, Y, N, E, W, U, L, F. Runic letters could be used in MSS. to stand for their names, and those for N, E, W, L, F, namely *nied* 'need', *eoh* 'horse', *wynn* 'joy', *lagu* 'sea' or 'water', and *feoh* 'wealth', fit easily into the context. But the names of the runes C, Y, and U, *cēn*, *ȳr*, and *ūr*, do not occur in ordinary use. Dr. Sisam has pointed out that this was convenient for the poet, who wished his hearers to recognize his name in order that they could pray for him. These names seem to have meant 'torch', 'bow', and 'bison'. Dr. Sisam suggests that, since 'torch' and 'bow' do not make good sense in the context, they each stand for the full name of the poet; but, as the word *ūr* 'bison' has a synonym *ūr* 'ours', he accepts the use of this in l. 30. Yet a passable sense is given by 'torch' in l. 22, where *drūsende* qualifies it: the poet compares himself in old age to a 'sinking torch'; it is possible that 'the bow mourned' in l. 24 because it is no longer used by its owner (see W. Keller, *Anglia*, lx, p. 147). Alternatively, if we allow that the poet used a synonym of the rune-name *ūr*, may there not have been one for *ȳr* that has not survived? Recent claims that the bison was a symbol of manly strength seem unsupported by firm evidence.

If one accepts the above suggestions for C and Y, but otherwise retains Dr. Sisam's rendering, one can read: 'Till then the man was buffeted by cares, a sinking *torch*, although he received precious gifts of bossed gold in the mead-hall. The *bow* mourned (its neglect). The journeyer by *necessity* suffered anxiety, an oppressive secret, where before his eyes the *horse* strode over the mile-paths and galloped in its pride, decked with woven metal. *Joy* and delight are vanished with the years; youth is changed and former pride. *Ours* was once the radiance of youth. Now after a little while the old days are gone; the joys of life have departed, as *water* glides away—the driven floods. For every man worldly *wealth* is transitory.'

But no rendering is quite certain: *gefēra* (l. 25) is usually a companion, rather than a journeyer.

24. **æplede gold,** an expression of uncertain meaning also used in *Juliana* and *Phœnix*. It is usually rendered 'bossed gold', though Gradon suggests 'round', perhaps referring to coins or circular objects such as rings, annular or saucer brooches.

III. EXAMPLES OF NON-WEST-SAXON DIALECTS

A. Campbell, *Old English Grammar*, Oxford, 1959, should be used as a reference-book on the dialect features in phonology and accidence in the texts in this section.

XXXI. EARLY NORTHUMBRIAN TEXTS

All three texts have been edited by A. H. Smith, *Three Northumbrian Poems* (Methuen's Old English Library, 1933) and by E. Van K. Dobbie, *The Anglo-Saxon Minor Poems*, 1942, pp. 105–109.

A. CÆDMON'S HYMN

The Moore MS. is published in facsimile by P. Hunter Blair, Early English Manuscripts in Facsimile ix, Copenhagen, 1959, and the Leningrad MS. by O. Arngart (ibid. ii, 1952). See also E. Van K. Dobbie, *The Manuscripts of Cædmon's Hymn and Bede's Death Song*, New York, 1937, and O. S. Anderson (Arngart), *Old English Material in the Leningrad Manuscript of Bede's Ecclesiastical History*, Lund, 1941.

2. **maecti.** This appears to be plural, 'powers', but Bede took it as singular.

5. **aelda barnum** 'children of men' is the reading of the two oldest MSS. and of the version known to Bede, and it occurs in six MSS. of the West-Saxon version; but the Northumbrian versions in the Dijon and Paris MSS. support the *eorðan bearnum* 'children of earth'

of some other West-Saxon MSS., and this was in the text used by the Old English translator of Bede.

9. **foldu**, a Northumbrian form of the accusative singular.

B. BEDE'S DEATH SONG

On the various versions see Dobbie (cited under A). The version in the Hague MS. is printed by N. R. Ker, *Medium Ævum*, viii, 1939, pp. 40–44, and by R. Brotanek, *Anglia*, lxiv, 1940, pp. 159–90.

1. **Fore thēm neidfaerae.** It is hazardous to interpret the St. Gall reading *the* with a mark like an apostrophe as *thēre*, seeing that the Hague MS. reads *ðaem*. Though *-faerae* could be the dative of either *fær* 'journey' or *fǣr* 'danger', only the former agrees with the *exitu* in Cuthbert's letter and the *necessarium exitum* of Symeon of Durham's translation. There is no metrical objection to a short syllable as the second lift of a C-type line.

3. **hiniongae.** The form *iong, geong*, is Northumbrian; cf. the verb *inngeonges* 38/1. 13. See *yong* sb. and v. in the *Oxford English Dictionary*.

C. THE LEIDEN RIDDLE. The answer is a corslet.

On the text see R. W. Zandvoort in *English and Germanic Studies*, iii, 1949–50; on the meaning E. von Erhardt-Siebold, 'The Old English Loom Riddels', in *Philologica: The Malone Anniversary Studies*, ed. T. A. Kirby and H. B. Woolf, 1949.

The following is the text of the West-Saxon version in the Exeter Book, Riddle 35:

> Mec se wǣta wong,   wundrum frēorig,
> of his innaþe   ǣrist cende.
> Ne wāt ic mec beworhtne   wulle flȳsum,
> hǣrum þurh hēahcrǣft,   hygeþoncum mīn.
> Wundene mē ne bēoð wefle,   ne ic wearp hafu,   5
> ne þurh þrēata geþrǣcu   þrǣd me ne hlimmeð,
> ne æt mē hrūtende   hrīsil scrīþeð,
> ne mec ōhwonan sceal   āmas cnyssan.
> Wyrmas mec ne āwǣfan   wyrda crǣftum,
> þā þe geolo godwebb   geatwum frætwað.   10
> Wile mec mon hwæþre seþēah   wīde ofer eorþan
> hātan for hæleþum   hyhtlic gewǣde.
> Saga sōðcwidum,   searoþoncum glēaw,
> wordum wīsfæst,   hwæt þis gewǣdu sȳ.

The original is Aldhelm's riddle:

DE LORICA

Roscida me genuit gelido de viscere tellus;

Non sum setigero lanarum vellere facta,
Licia nulla trahunt nec garrula fila resultant
Nec crocea seres texunt lanugine vermes
Nec radiis carpor duro nec pectine pulsor;
Et tamen en vestis vulgi sermone vocabor.
Spicula non vereor longis exempta faretris.

4. hygiðoncum mīn 'in my thoughts', to be taken with uaat ic.

6. ðerih ðrēatun giðraec. The -un in ðrēatun is strange, and Smith suggests that the continental scribe misread a round a of the genitive plural as u with a nasal mark. As ðrēat can be 'army', Erhardt-Siebold translates 'the pressing of the many', which would presumably refer to the threads of warp or weft; but it can mean 'violence' and hence Tupper renders 'through the force of many strokes'. Yet it may be a word for some part of a loom (Ekwall suggests 'weight'). See also J. Gerritsen, English Studies, xxxv, 1954, pp. 259–62.

9. uyrdi cræftum 'with fateful skill'. Sweet read uyndicræftum and glossed it 'art of embroidery'; but compare wyrda cræftum of the West-Saxon version.

11. This line seems to have an example of hw- alliterating with w.

13 f. 'I do not fear the terrible dangers of the arrows' flight, though they be drawn eagerly from quivers.' The West-Saxon version has replaced these lines with a completely different conclusion.

XXXII. MERCIAN HYMNS

The Vespasian Psalter and Hymns, with the gloss, are printed in H. Sweet, Oldest English Texts, E.E.T.S., 1885, though with some inaccuracies, especially in the Latin text. This can now be corrected from the facsimile by David H. Wright (Early English Manuscripts in Facsimile, xiv, 1967), which contains a contribution on the gloss by Alistair Campbell. The detailed study by R. Zeuner, Die Sprache des kentischen Psalters (Vespasian A. i), Halle, 1881, is still useful, although his attribution to Kent has not been accepted. For glossaries see C. Grimm, Glossar zum Vespasian-Psalter und den Hymnen, Heidelberg, 1906, and P. Mertens-Fonck, A Glossary of the Vespasian Psalter and Hymns, Part One: The Verb (Bibliothèque de la Faculté de Philosophie et Lettres de l'Université de Liège, Fascicule cliv, 1960).

The Canterbury provenance of the MS., defended by K. Sisam in Review of English Studies, N.S. vii, 1956, pp. 1–10, 113–31, against S. M. Kuhn's claim for Lichfield in Speculum, xxiii, 1948, pp. 591–629, is upheld by D. H. Wright in his introduction to the facsimile edition.

In this MS. the 150th psalm is followed by one which survives only in the Septuagint, and then by nine canticles of the Roman use, the first six of which are assigned by their titles to the days from Monday to Saturday. The selection in this Reader consists of the psalm from the Septuagint, and of the second, fifth, sixth, eighth, and ninth canticles.

The Latin text is printed here with the corrections made by various scribes before the gloss was added. Abbreviations have been expanded, and consonantal *u* and *i* replaced by *v* and *j*. The common medieval variations between *e* and *i* (e.g. *discendunt* b/2), *u* and *o* (e.g. *botyrum* d/26, *prumptuariis* d/53) and *b* and *v* (e.g. *exacervatus* d/38, *privavit* d/53) have been retained.

A. This psalm is described as *extra numerum* because it is only in the Septuagint, and not included in the normal number of 150 psalms.

3. **wȳsctun** 'wished' is an error; *aptaverunt*, which renders ἥρμοσαν 'tuned', has presumably been confused with *optaverunt*.

B. This canticle is from the Vulgate text.

7. **gehefeldad**, glossing *ordirer*, is perhaps for *ic wæs gehefeldad*, as in the Lambeth Psalter.

16. **weolerum** must gloss a misreading *labiis*, though *talibus* is quite clear in the manuscript.

C. This canticle is from the 'Old Latin' text.

16 f. **ðīnes earres** does not agree in case with the Latin *ira tua*, though this is correct.

26. **nēoweste** 'neighbourhood' suggests that the glossator did not understand *comminatione*, but connected it with *comminus* 'hand to hand', 'near'.

27. **Ðū gestōde** as a rendering of *existi* is an error, presumably by confusion with *exstitisti*.

D. This canticle is from the 'Old Latin' text. The title, which is indistinct in the MS., has been recovered by D. H. Wright.

10. The error (i.e. *ðu earð*), where *ðin* is required, must be from a misreading of *tuus* as *tu es*.

15. **tōstrigdeð**. Though *dispersit* is correctly rendered *tōstregd* in f/7, it is here taken as present (for future).

25. **cennende** glossing *nascentias* 'produce' occurs also in l. 47, and in l. 11 of Hymn 8 this word is glossed *acennende*. Otherwise, apart from the closely related Cambridge Psalter, *cennend* only occurs in the meaning 'parent'.

26 f. **ġeclystre** 'bunch of grapes'. The glossator has been misled by the spelling *botyrum* for *butyrum* 'butter'.

29. **Drinceð**, present tense, though *bibit* is here perfect.

33. **Onscunedon** 'feared' is a misunderstanding of *exacerbaverunt* 'they irritated'. Cf. l. 38.

36. **tō ðǽm** looks like a gloss to *ad eos*, which occurs in the Royal Psalter but not in the Vespasian Latin text. For evidence that the Vespasian gloss was copied in from another book see K. Sisam, *Studies in the History of Old English Literature*, p. 4, n. 2.

38. **wreocende wes** 'was avenging' is inexact for *zelatus est* (cf. *he æfstgode* Royal), and **onscunad wes,** for *exacervatus est*, repeats the error of l. 33.

47. **born,** preterite, for *ardebit* is probably influenced by the preceding *exarsit.*

50. **wērun;** *erunt* has been misread as *erant.*

52. **tēlendra** 'detractors' glossing *trahentium* 'creatures that trail upon the ground' (Douai version) suggests confusion with *detrahentium.*

54. After *virgine* the word *lactans* has been erased, and then added by a corrector in the margin before the next line (only *ctans* is left). It is unglossed.

61. Over the *quo* of *quomodo* there is an *h*, perhaps what is left of *hu* as an alternative gloss to *swe* which is written over *modo.*

67. After *fellis*, *botrus* has been erased, and then added by a corrector in the margin before the next line. It is unglossed. The gloss to *fellis* is misplaced over *ipsis.*

81. **āfirru.** The glossator has taken *tollam* in a wrong sense, as 'remove', instead of 'raise up'.

92 f. The original *i* in the endings of *defendet*, *retribuet*, and *reddet* has been altered to *e.*

E. This canticle is from the 'Old Latin' text.

7 f. **ðone swerġendan āð,** for *jusjurandum*, is in accordance with the common practice of rendering the Latin gerundive with the present participle. The Royal gloss has *ryhtne að vel apswering.*

15. The glossator wrote *minra* instead of the required *heara*, because he attached the *m* of *peccatorum* to the next word, *eorum.*

F. This canticle is from the 'Old Latin' text.

10. **Onfōeð** translates *suscipit*, which has been altered by a corrector from *suscepit.*

XXXIII. KENTISH CHARTERS

A. Oswulf

Facsimile in E. A. Bond, *Facsimiles of Ancient Charters in the British Museum*, i, pl. 15; edited by W. de G. Birch, *Cartularium Saxonicum*, No. 330, and by F. E. Harmer, *Select English Historical Documents of the Ninth and Tenth Centuries*, No. 1.

9. **unce.** With this form for *uncre* compare *uncum* 34/10, for *uncrum*.

19. **clēnra.** This probably refers to a particularly fine flour. The same sort of loaves may be meant by the term 'white loaves' in another Kentish chartei (Harmer, No. 11, p. 5, l. 5).

duḡunde. This, from *dēah* 'avail', describes anything efficacious for the purpose for which it is required. Here, as the *hriðer* is meant for food, it could mean 'suitable for eating'. However, Dr. Harmer's suggestion 'full-grown' can be supported by the inclusion of *tū eald hriðeru* in a food-rent in Ine's laws (70. 1) and by *eald hriðer* in c/5 below.

23. **Uuēlesces aloð.** This is mentioned in Ine's laws (70. 1), in other charters and in medicinal recipes, but how it differed from other ale is unknown. Late Middle English records speak of *bragget*, which is Welsh *bragawd*, a drink with a mixture of ale and honey.

26. **ḡesuflra.** This unique word is from *sufl* (cf. l. 34) 'what is eaten with bread'. It presumably means 'provided with *sufl*'.

42. **fíftiḡ,** i.e. psalms. The psalter was frequently divided into three sets of fifty for devotional purposes.

B. Abba

Facsimile in Bond, op. cit. ii, pl. 23; edited by Birch, op. cit., No. 412, Harmer, op. cit., No. 11.

19. **sūð tō faranne** 'to go south' is used of pilgrimage to Rome.

20. **Aeðelwald.** This name has been recovered by Katharine Garvin by means of ultra-violet ray and an infra-red photograph.

37. **mīn wærḡeld twā ðūsenda.** When the monetary unit is unexpressed, 'pence' are normally meant. In that case, Abba's wergild is only 100 Kentish shillings, that of a *ceorl*.

C. Rents due to Christ Church, Canterbury

Facsimile in Bond, op. cit. ii, pl. 21; edited by Birch, op. cit., No. 403 and Harmer, op. cit., No. v.

These memoranda cannot be exactly dated, but some of the persons concerned occur in other documents about the middle of the ninth century.

1. **Êadwealdes.** Eadweald is probably the man mentioned in Harmer, No. VII (859–70), as great-nephew of Æthelmod, a Kentish ealdorman who attests charters in 853 and 858.

5. **eald hrīðer.** See note to a/19.

9. **ðā hwīle ðe hit crīsten sē.** This type of clause is particularly common during the period of Viking raids. Cf. 34/42, 47 f., 35/12 f.

10. After **Sunnandege** a verb of granting is to be understood.

XXXIV. EALDORMAN ALFRED'S WILL

Facsimile in *Ordnance Survey Facsimiles*, iii, pl. 20. Edited by Harmer, op. cit., No. X; translated by D. Whitelock, *English Historical Documents c. 500–1042*, No. 97.

3. **gefēōrum.** The spelling *eo* for *oe* occurs also in *feo* ll. 18, 19, *-meodrencynn* l. 47, and *beoc* 35/5, 16.

10. **uncum.** See note to 33a/9.

14. **sancte Petre,** i.e. at Rome.

15. **mīn twā wergeld.** This suggests that he had a wergild on account of his office as well as the normal wergild of a man of his class.

15 f. **þet fereld āge** 'carry out the journey', an unusual use of *āgan*.

19. **rehtfederen.** Probably the word *cynne* has been omitted after this word. Cf. 1/44.

21. **hine tō ðan gehagige** 'has sufficient means'; *gehagian* is an impersonal verb, with the accusative of person.

29. **folclondes.** This refers to land which had not been granted by charter and thus freed from some royal dues and placed at the owner's free disposition; it is used in contrast to *bōcland*, which was so granted and could be alienated from the kindred. It is unsafe to argue from the present context that royal consent was always necessary to a bequest of *folcland*, for the son to whom Alfred wishes to leave it cannot be legitimate, for, if he were, Alfred would not be hoping for a nearer male heir (ll. 51 ff.). There can be no heir nearer than a legitimate son.

41 f. **þā hwīle þe fulwiht sīo** 'as long as baptism (= Christianity) may last'. Cf. ll. 47 f., and 33c/9, 35/12 f.

44. **geearnian** is here used in a technical sense, of holding land under someone.

51 ff. See note to l. 29.

XXXV. CODEX AUREUS INSCRIPTION

Facsimiles in J. Belsheim, *Codex Aureus*, Christiania, 1878, pl. 1; J. O. Westwood, *Facsimiles of the Miniatures and Ornaments of Anglo-Saxon and Irish Manuscripts*, 1868, pl. 2; and E. H. Zimmermann, *Vorkarolingische Miniaturen*, Berlin, 1916, pl. 284.

2. ġeféra. This seems the only instance of the use of this word as 'wife'.

5. beōc. On the spelling here and in l. 16 see note to 34/3.

5 f. in ðǽre hǽðenesse 'in heathen possession'. Elsewhere in Old English *hǽðennes* is abstract, 'heathenism'. In Middle English it means 'heathen lands'. Even if it is taken to mean that here, it need only mean that the donors did not wish the heathens to remove the book to their own settlements.

12. fulwiht here and in l. 17 means 'Christianity'. See 34/42, 48 and note to 33c/9.

13. *dux* is one of the normal renderings in Latin texts of the native term *ealdorman*.

XXXVI. SUFFOLK CHARTER

Facsimile in Bond, op. cit. iii, pl. 35; edited by Birch, op. cit., No. 1288, and, with translation, by D. Whitelock, *Anglo-Saxon Wills*, No. XIV.

9. mīre. Cf. *ǽrǽ*, l. 37. Forms which omit *n* before *r* occur already in a document of the reign of Edward the Elder (899–924), ed. by Harmer, op. cit., No. XVIII. They are numerous in texts of the twelfth and thirteenth centuries.

12. Bæorhtnōðe. This is the *Byrhtnōð* of *The Battle of Maldon*.

XXXVII. KENTISH PSALM

Edited by E. Van K. Dobbie, *The Anglo-Saxon Minor Poems*, 1942, pp. 88–94.

17. wītgan, i.e. Nathan. The rubric to this psalm calls it a psalm of David *cum venit ad eum Nathan propheta quando intravit ad Bethsabee.*

23. Bezabē, Bathsheba, a name with various spellings in Latin MSS., *Betsabee* being perhaps the nearest to this form.

32. [ðā maniġfaldan]. This conjectural suppletion is based on *þā maniġfealdan mine geþōhtas*, l. 9 of the poem, known as 'An Exile's Prayer' or 'Resignation', in the Exeter Book.

39. **sennum** seems to render the *iniquitate* of the Gallican Psalter rather than the Roman reading *injustitia* which is quoted in the poem.

43. **oncwāwe.** For other instances of *cw* for *cn* see C. Sisam and K. Sisam, *The Salisbury Psalter*, pp. 31 ff.

52. **mē forġefene ġāstes wunde.** As Professor Dobbie suggests, this seems an accusative absolute, 'the wounds of the spirit having been forgiven me'; *ic* needs to be supplied in l. 53.

97 f. **ðane gōdan fram mē ġāst hāliġne āferredne;** unless with some editors we amend *āferredne* to *āferre dñe*, this seems another instance of an accusative absolute. See previous note.

103. **ġāste ðīne,** instrumental, 'with thy spirit'.

104. **aldorlīce.** The adjective *principali*, usually rendered *aldorlic* in Old-English versions of the Psalter, is here replaced by an adverb in an appended clause.

106. **lǣrde** is the wrong tense to render either *doceam* (as here) or the variant *docebo*.

120. **secġende wæs** renders *adnuntiauit*, which here, as in several MSS., replaces *adnuntiabit*.

XXXVIII. LATE NORTHUMBRIAN AND MERCIAN GLOSSES

There is a facsimile edition of the Lindisfarne Gospels, *Evangeliorum quattuor Codex Lindisfarnensis*, edited by T. D. Kendrick and others, Oltun and Lausanne, 1956–60, to the second volume of which A. S. C. Ross has supplied a complete concordance. But this beautiful and expensive book is not easily accessible. In spite of some inaccuracies, one cannot dispense with A. S. Cook's *Glossary of the Old Northumbrian Gospels*, Halle, 1894, nor with W. W. Skeat's edition of the *Holy Gospels in Anglo-Saxon, Northumbrian and Old Mercian Versions*, Cambridge, 1871–87, which includes both the Lindisfarne and the Rushworth texts. On the Lindisfarne gloss see N. R. Ker, 'Aldred the Scribe', *Essays and Studies by Members of the English Association*, xxviii, 1943, and A. S. C. Ross, *Studies in the Accidence of the Lindisfarne Gospels*, 1937. A list of specialist studies being issued by Professor Ross and others in various journals, under the title *Aldrediana*, is contained in *Zeitschrift für vergleichende Sprachforschung*, lxxvii, 1961, pp. 258 f.; No. x, 'Manifesta', by G. C. Britton and A. S. C. Ross, in *Anglia*, lxxviii, 1960, is the one of most general interest. On the Rushworth gloss to Matthew see R. J. Menner, 'Farman Vindicatus', *Anglia*, lviii, 1934.

In this section the abbreviations in the Latin text have been expanded, and consonantal *u* and *i* replaced by *v* and *j*; in the English gloss *ꝥ* has been expanded to *þæt*.

v. 2. The Lindisfarne glossator has not understood *mensi fueritis*. He glosses them separately, *fueritis* with his present indicative plural (for future) of the verb 'to be', and *mensi* as if it were *messis* 'reaping, harvest' which he renders *hripes* elsewhere (e.g. Matthew ix. 37). For *metietur* Rushworth reads *remittietur*; its Latin text has several examples of *i* for *e*, e.g. *vidis fistucam* v. 3, *trabis* v. 4.

v. 4. **būta** in Lindisfarne is because *sine* has been taken as the preposition 'without', when it is the imperative of *sino*.

v. 10. For *petet*, Rushworth has *petierit*.

v. 12. The Lindisfarne Latin omits *bona ita* after *homines*, but it is in Rushworth, and is glossed *god swa*.

v. 14. Rushworth has *est* before *via*.

SOME ADDITIONAL BIBLIOGRAPHY

Only a selection can be given of the numerous articles which have appeared in recent years. For fuller lists see the bibliographies in the editions mentioned, and F. C. Robinson, *Old English Literature. A Select Bibliography*, University of Toronto Press, 1970; also the bibliographies in *The Year's Work in English Studies*, published for the English Association, London, and in the periodical, *Anglo-Saxon England*, ed. P. Clemoes *et al.*, Cambridge University Press.

GENERAL WORKS

S. B. Greenfield, *A Critical History of Old English Literature*, New York, 1965; *Continuations and Beginnings. Studies in Old English Literature*, ed. E. G. Stanley, London and Edinburgh, 1966 (cited as *Continuations*); *England before the Norman Conquest. Studies in primary sources presented to Dorothy Whitelock*, ed. P. Clemoes and K. Hughes, Cambridge, 1971 (cited as *Whitelock Festschrift*); *Medieval Literature and Civilisation. Studies in Memory of G. N. Garmonsway*, ed. D. A. Pearsall and R. A. Waldron, London, 1969 (cited as *Garmonsway Festschrift*). Convenient collections of articles are *Old English Literature. Twenty-two Analytical Essays*, ed. M. Stevens and J. Mandel, University of Nebraska Press, 1968, and *Essential Articles for the Study of Old English Poetry*, ed. J. B. Bessinger, Jr., and S. J. Kahrl, Hamden, Connecticut, 1968.

I. PROSE

I. C. Clark, 'The Narrative Mode of *The Anglo-Saxon Chronicle* before the Conquest', *Whitelock Festschrift*, pp. 215–35.

II. D. Whitelock, 'William of Malmesbury on the Works of King Alfred', *Garmonsway Festschrift*, pp. 78–93; D. M. Horgan, 'The Relationship between the O.E. MSS. of King Alfred's Translation of Gregory's *Pastoral Care*', *Anglia*, xci, 1973, pp. 153–69.

III. F. A. Payne, *King Alfred and Boethius. An Analysis of the Old English Version of the Consolation of Philosophy*, Madison, Wisconsin, 1968; Milton McC. Gatch, *Loyalties and Tradition: Man and his World in Old English Literature* (Pegasus Backgrounds in English Literature), New York, 1971, pp. 103–15; see also Whitelock, under II.

IV. René Derolez, 'The Orientation System in the Old English Orosius', *Whitelock Festschrift*, pp. 253–68.

V. J. M. Bately, 'King Alfred and the Old English Translation of Orosius', *Anglia*, lxxxviii, 1970, pp. 433–60; id., 'The Classical Additions in the Old English Orosius', *Whitelock Festschrift*, pp. 237–51; id., 'The Relationship between Geographical Information in the Old English Orosius and Latin Texts other than Orosius', *Anglo-Saxon England*, i, 1972, pp. 45–62; E. M. Liggins, 'The Authorship of the Old English *Orosius*', *Anglia*, lxxxviii, 1970, pp. 289–322; see also Whitelock, under II.

IX. S. M. Kuhn, 'The Authorship of the Old English Bede Revisited', *Neuphilologische Mitteilungen*, lxxiii, 1972, pp. 172–80 (argues for Alfredian authorship, leaving me unconvinced).

X. Edited by J. C. Pope (see under POETRY); B. Mitchell, 'Postscript on Bede's "Mihi Cantare Habes"', *Neuphilologische Mitteilungen*, lxx, 1969, pp. 369–80.

XVI. D. Bethurum, 'Wulfstan', *Continuations*, pp. 210–46.

II. POETRY

C. Sisam, *The Vercelli Book* (Early English Manuscripts in Facsimile, xix, Copenhagen, forthcoming); D. G. Scragg, 'The Compilation of the Vercelli Book', *Anglo-Saxon England*, ii, 1973, pp. 189–207.

T. A. Shippey, *Old English Verse*, London, 1972; G. Shepherd, 'Scriptural Poetry', *Continuations*, pp. 1–36; S. B. Greenfield, 'The Old English Elegies', ibid., pp. 142–75; *Old English Poetry: Fifteen Essays*, ed. R. P. Creed, Providence, Rhode Island, 1967 (cited as Creed, *Essays*); J. C. Pope, *Seven Old English Poems*, New York, 1966.

XIX. H. D. Chickering, Jr., 'The Literary Magic of *Wið Færstice*', *Viator*, ii, 1971, pp. 83–104.

XX. D. K. Fry, *Beowulf and the Fight at Finnsburh: A Bibliography*, Charlottesville, Virginia, 1969; id., *The Beowulf Poet. A Collection of Critical Essays*, Englewood Cliffs, New Jersey, 1968; A. Bonjour, *Twelve Beowulf Papers 1940–60, with Additional Comments*, Geneva, 1962; E. G. Stanley, '*Beowulf*', *Continuations*, pp. 104–41; G. N. Garmonsway and J. Simpson, *Beowulf and its Analogues*, London, 1968; R. E. Kaske, 'Beowulf', *Critical Approaches to Six Major English Works*, ed. R. M. Lumiansky and H. Baker, Philadelphia, 1968, pp. 3–40; E. B. Irving, Jr., *A Reading of Beowulf*, New Haven,

1968; J. C. Pope, 'Beowulf's Old Age', *Philological Essays. Studies in Old and Middle English Language and Literature in Honor of Herbert Dean Meritt*, ed. J. L. Rosier, The Hague, 1968, pp. 55–64; G. V. Smithers, 'Destiny and the Heroic Warrior in *Beowulf*', ibid., pp. 65–81; A. G. Brodeur, 'Beowulf: One Poem or Three?', *Medieval Literature and Folklore Studies: Essays in Honor of Francis Lee Utley*, ed. J. Mandel and B. A. Rosenberg, New Brunswick, 1970, pp. 3–26; Larry Benson, 'The Originality of Beowulf', *Harvard English Studies*, i, 1970, pp. 1–43.

XXI. Edited by J. C. Pope (see under POETRY); E. B. Irving, Jr., 'The Heroic Style of *The Battle of Maldon*', *Studies in Philology*, lviii, 1961, pp. 457–67; N. F. Blake, 'The Battle of Maldon', *Neophilologus*, xlix, 1965, pp. 332–45; J. E. Cross, 'Oswald and Byrhtnoth: A Christian Saint and a Hero who is a Christian', *English Studies*, xlvi, 1965, pp. 93–109; G. Clark, 'The Battle of Maldon: A Heroic Poem', *Speculum*, xliii, 1968, pp. 52–71; M. J. Swanton, '*The Battle of Maldon*. A Literary Caveat', *Journal of English and Germanic Philology*, lxvii, 1968, pp. 441–50; O. D. Macrae-Gibson, 'How Historical is The *Battle of Maldon?*', *Medium Ævum*, xxxix, 1970, pp. 89–107; T. D. Hill, 'History and Heroic Ethic in *Maldon*', *Neophilologus*, liv, 1970, pp. 291–6.

XXIII. J. J. Campbell, 'Schematic Technique in *Judith*', *E.L.H.*, xxxviii, 1971, 155–72; J. F. Doubleday, 'The Principle of Contrast in *Judith*', *Neuphilologische Mitteilungen*, lxxii, 1971, pp. 436–41.

XXIV. J. E. Cross, 'The Conception of the Old English *Phoenix*', Creed, *Essays*, pp. 129–52; D. G. Calder, 'The Vision of Paradise: a Symbolic Reading of the Old English *Phoenix*', *Anglo-Saxon England*, i, 1972, pp. 167–81.

XXV. Edited by J. C. Pope (see under POETRY); and by M. Swanton, in Old and Middle English Text Series, Manchester, 1970.
    J. V. Fleming, '"*The Dream of the Rood*" and Anglo-Saxon Monasticism', *Traditio*, xxii, 1966, pp. 43–72; R. Burlin, 'The Ruthwell Cross, *The Dream of the Rood* and the Vita Contemplativa', *Studies in Philology*, lxv, 1968, pp. 23–43; J. Canuteson, 'The Crucifixion and the Second Coming in *The Dream of the Rood*', *Modern Philology*, lxvi, 1969, pp. 293–7; N. A. Lee, 'The Unity of "The Dream of the Rood" ', *Neophilologus*, lvi, 1972, pp. 469–86; M. D. Cherniss, 'The Cross as Christ's Weapon; the Influence of Heroic Literary Tradition on *The Dream of the Rood*', *Anglo-Saxon England*, ii, 1973, pp. 241–52.
    On the Ruthwell Cross, see R. I. Page, *An Introduction to English Runes*, London, 1973, pp. 148–53.

XXVI. Edited by R. F. Leslie, Manchester University Press, 1966; J. C. Pope (see under POETRY); T. P. Dunning and A. J. Bliss, Methuen's Old English Library, 1969.

B. Mitchell, 'An Old English Syntactical Reverie: "The Wanderer"', ll. 22 and 34–36', *Neuphilologische Mitteilungen*, lxviii, 1967, pp. 139–49; id., 'More Musings on Old English Syntax', ibid., lxix, 1968, pp. 53–63; id., 'Some Syntactical Problems in *The Wanderer*', ibid., lxix, pp. 172–98; P. Clemoes, '*Mens absentia cogitans* in *The Seafarer* and *The Wanderer*'. *Garmonsway Festschrift*, pp. 62–77; S. B. Greenfield, '*Min*, *Sylf* and "Dramatic Voices" in *The Wanderer* and *The Seafarer*', *Journal of English and Germanic Philology*, lxviii, 1969, pp. 212–20; F. N. M Diekstra, 'The Wanderer, 65b–72. The Passions of the Mind and the Cardinal Virtues', *Neophilologus*, lv, 1971, pp. 73–88; P. J. Frankis, 'The Thematic Significance of *enta geweorc* and Related Imagery in *The Wanderer*', *Anglo-Saxon England*, ii, 1973, pp. 253–69.

XXVII. Edited by J. C. Pope (see under POETRY).

M. D. Cherniss, 'The Meaning of *The Seafarer*, ll. 93–102', *Modern Philology*, lxvi, 1968–9, pp. 146–9; F. N. M. Diekstra, '*The Seafarer* 58–66a: the Flight of the Exiled Soul to its Fatherland', *Neophilologus*, lv, 1971, pp. 433–46; see also under XXVI.

XXVIII.E. F. H. Whitman, 'The Christian Background to Two Riddle Motifs', *Studia Neophilologica*, xli, 1969, pp. 93–8.

XXIX. R. McGregor Dawson, 'The Structure of the Old English Gnomic Poems', *Journal of English and Germanic Philology*, lxi, 1962, pp. 14–22.

XXX. H. L. Rogers, 'Rhymes in the Epilogue to *Elene*; a Reconsideration', *Leeds Studies in English*, N.S. v, 1971, pp. 47–52; R. I. Page, *An Introduction to English Runes*, pp. 205–12.

XXX.C. M. B. Parkes. 'The Manuscript of the Leiden Riddle', *Anglo-Saxon England*, i, 1972, pp. 207–17.

XXXII. Edited by Sherman M. Kuhn, University of Michigan Press, 1965.

C. J. E. Ball, 'The Language of the Vespasian Psalter Gloss: Two Caveats', *Review of English Studies*, N.S. xxi, 1971, pp. 462–6.

GLOSSARY

m., *f.*, *n.* = masculine, feminine, neuter (noun).
Cases: *nom.*, *a.*, *g.*, *d.*, *inst.*
w.g.d. = with genitive of person and dative of thing, &c.

aj. = adjective	*obj.* = object
anom. = anomalous	*ON.* = Old Norse
art. = article	*OS.* = Old Saxon
aux. = auxiliary	*pers.* = person
av. = adverb	*pl.* = plural
cf. = compare	*pres.* = present
cj. = conjunction	*pron.* = pronoun
correl. = correlative	*prp.* = preposition
cp. = comparative	*prt.* = preterite
def. = definite	*ptc.* = participle
demon. = demonstrative	*rel.* = relative
imp. = imperative	*rfl.* = reflexive
impers. = impersonal	*sb.* = substantive
ind. = indicative	*sbj.* = subjunctive
indecl. = indeclinable	*sg.* = singular
indef. = indefinite	*sp.* = superlative
infin. = infinitive	*tr.* = transitive
int. = intransitive	*vb.* = verb
interj. = interjection	*w.* = with
interr. = interrogative	*wk.* = weak
L. = Latin	

The parts of speech are not marked for adjectives or weak verbs, except where confusion might occur. Verbs are entered under infinitives except in the few instances of anomalous or preterite-present verbs (e.g. *beneah*, *eom*, *mōt*, *sceal*) where the infinitive is not recorded. Strong verbs are distinguished by the accepted numbers (Class VII being divided into the subdivisions used in A. Campbell, *Anglo-Saxon Grammar*). Parts of strong verbs occurring in the texts, and those of weak verbs where the stem differs from that of the infinitive, are placed in brackets, but are cross-referenced only when likely to cause difficulty. Similar treatment is accorded to oblique cases or plurals of nouns when these differ in stem from the nominative singular.

The keywords are arranged in alphabetical order in the form in which they occur in the texts. When they occur in more than one form, variants are given (e.g. *fierd* (*i*, *y*) means that *fird*, *fyrd* also occur). In most cases cross-references are given, but to have included every variant would have made the Glossary inordinately long, and a few occasional forms with *e* for *æ*, *ē* for *ǣ*, *œ*, *y* for *i*, and *io*, *īo* for *eo*, *ēo* have not been cross-referenced. In the key-words *ð* has been replaced by *þ*. It follows *t*, and *æ* and *œ* are placed as if spelt *ae*, *oe*. The prefix *ge-* is ignored (e.g. *gebed* will be found under *b*). When verbs occur both with or without *ge-*, this is shown by (*ge*), except where the prefix changes the meaning of the verb, which is then given a separate entry. The Glossary ignores the merely graphic distinction between *æ*, *ae*, and *ę*, or between *œ* and *oe*, and the expression of length by doubling a vowel.

Keywords in which a final double consonant may be simplified (such as those ending in *-full*, *-ness*) are given with the double consonant unless in the texts they occur only with a single consonant.

Occurrences are quoted by number of text and line, except in 38, where the number of the verse is given instead of the line; *l* stands for Lindisfarne, *r* for Rushworth. An *n.* after a line number means that the form is recorded only in a textual note.

‡ marks words not recorded outside poetry, (‡) those only occasionally recorded in prose or glosses. Words marked with an asterisk refer to emendations in the text, excluding instances where the manuscript form is obviously a mere slip.

Words in square brackets are related Old English words or the originals of loan-words.

A

ā (17/12) = an, on.

ā, āwa (23/120; 27/79), ō (24/25, 72) *av.* ever, always 4/26; 14/207; 15/35; 16/2; &c.

abbod *m.* abbot 17/23. [L. abbātem]

abbudisse *f.* abbess 10/1, 52, 64; 17/22. [L. abbātissa]

ā-belgan III anger: -bolgen angry 22/185.

ā-bēodan II (*prt.* -bēad) announce 12b/24; 21/27; *int.* 21/49.

ā-bīdan I await 32d/2; 38r/4: remain alive 15/199.

ā-biddan V (*prt.* -bæd) demand, pray for 11/69; 13/134.

ā-bisgian occupy, employ 8/78.

ā-blendan blind 3b/36.

ā-blinnan III cease 13/54.

ā-borgian borrow 12a/4.

ā-brecan IV (*prt.* -bræc, *pl.* -bræcon, *ptc.* -brocen) take by storm 3b/3; 5a/89; b/22, 43; 8/10, 60; &c.

ā-bregdan III (*prt.* -brǣd) draw 23/79.

ā-brēotan II (*prt.* -brēat, *ptc.* -broten) destroy 20/48, 349.

ā-brēoþan II fail 21/242: *ptc.* -broþen (*for* -den) degenerate 16/141.

ā-būton (= onbūton) round about 18/29.

ac *cj.* but 1/22; 2/45; 3b/9, 35; c/17; &c.: and 20/198; 23/209.

ā-cennan bear (a child) 13/49; 14/7; 20/106; 34/53.

ā-cennednyss *f.* birth 13/64; 14/3, 58, 109.

ā-ceorfan III (*prt.* -cearf) cut off 32a/10; b/7: 'of ∼' cut off 5b/81.

ā-cerran turn 32d/40.

ā-cræftan devise 5a/61.

ācsian *see* āxian.

ā-cweccan (*prt.* -cwehte) shake *tr. and int.* 14/181; 21/255, 310.

ā-cwelan IV (*ptc.* -cwolen) die 3e/9; 8/94.

ā-cwellan (*prt.* -cwealde) kill 9/53; 14/3, 79; 16/74.

ā-cwencan quench, extinguish 16/19.

ā-cweþan V (*pres.* -cwiþ, *prt.* -cwæþ) speak *tr.* 23/82; 26/91: reject 22/59.

ā-cwylman kill 17/46.

ād *mn.* pyre 4/135: fire 30/55.

ā-dīl(e)gian (ȳ) destroy 14/88: erase 37/37, 88.

ādl *f.* disease 14/139; 27/70.

ādlian be diseased 14/157.

ādlig sick, ill 15/30, 161, &c.

ā-dōn put 19b/29.

ā-drǣfan drive out 1/4, 8; 7/3.

ā-drēogan II (*prt.* -drēah) pass, spend 14/153; 15/194: practise 16/85: endure 30/56.

ā-drīfan I drive off, expel 9/38; 32d/45.

ā-dwǣscan extinguish, end 15/10.

ā-dȳlgian *see* ā-dīl(e)gian.

ǣ(w) *f.* law 2/50; 11/7, 14; 13/142, 143; 38/12.

ǣa-lā *see* ēa-lā.

ǣ-bēre open, notorious 16/161 n.

ā-ebbian ebb 8/187.

ǣc (33a/11, &c.) = ēac.

ǣc (37/89) *see* īcan.

ǣce (33a/4; 37/157) *see* ēce.

æcer *m.* acre, sown land 11/66.

æd- *see* ed-.

ǣdre *av.* quickly, forthwith 23/64, 95, 246.

ǣ-fæst religious, pious 10/11, 17, 88.

ǣ-fæstness, -niss *f.* religion, piety 10/3, 16.

æfenn (ē) *mn.* eve, evening 3c/7; 10/99; 22/68; 32b/8, 10.

†ǣfen-ræst *f.* evening rest 20/2.

æfen-tīd *f.* evening time 25/68.

†ǣfnan perform 20/4, 214.

ǣfnung *f.* evening 13/17, 20.

æfre *av.* ever 2/46; 3b/38; 12a/33; &c.

æftan *av.* from behind, in the back 16/66.

æfter *prp. w. d.* after 2/39; 3e/51; f/28, 29; 5a/14; &c.: in search of 3c/22: along 7/5; 8/25; 20/66, 322; 23/18: *w. vb. of sending, enquiring, striving* for, about 12b/9, 17; 18/25; 20/72; 23/65: *prp. w. a.* for 26/50: **æfter þæm** *av.* afterwards 8/13.

æfter *av.* afterwards 10/45; 20/139; 22/191; 27/77; 31a/8.

‡æfter-cweþende speaking in after-days 27/72.

æfter-fylgan (efter-) pursue 5b/47, 79; 32d/61.

æfter-fylgend *m.* successor 33a/32.

æfter-genga *m.* successor 15/7.

æftra *cp. aj.* later 18/26.

æf-þonca *m.* grudge 23/265. [of-þyncan]

æg *n.* (*g. pl.* ægera) egg 33a/22.

æg-hwā *pron.* each 20/134; 30/34.

æg-hwær *av.* everywhere 16/24, 58, 143.

æg-hwæs *av.* entirely, in every respect 24/44.

æg-hwæþer *see* ægþer.

æg-hweder *av.* in all directions 17/15.

æg-hwilc (-hwylc) *pron.* each, everyone 4/54; 20/136; 23/50, 166; 30/46; &c.: '~ ānra' everyone 25/86: *aj.* each, every 16/34; 25/120.

æ-gift *n.* repayment 12a/11, 16.

ægþer, æg-hwæþer *pron.* each, both 3d/24; 4/57; 5a/30; 8/24; 16/73; 21/133: '~ . . . ge . . . (ge)' both . . . and 2/3, 7; 3a/5; e/13; 4/31; &c.: '~ . . . and' both . . . and 21/224.

æ-gylde receiving no wergild,

unpaid for 16/102. [*cf.* æ-menne]

æht *f.* possessions 4/43; 12b/26. [āgan]

ælc *pron.* each, everyone 2/78; 3a/11; d/16; 4/146; &c.: *aj.* each, every 2/77; 3a/13; b/37; c/2; &c.: any 8/38.

æld *see* yld(u).

‡ælde *mpl.* men 26/85; 27/77; 31a/5. [eald]

ældran *see* ieldran.

æl-fremede foreign 14/73.

‡ælf-scīne beautiful as a fairy 23/14.

æ-lic of the law, legal 13/67.

ælmes-georn charitable 15/66.

ælmes-gifu *f.* charity 16/44 n.

ælmes-riht *n.* charitable obligation 16/44.

ælmesse (-ysse) *f.* alms, charity 15/73, 75; 33a/11, 15, &c. [L. eleēmosyna]

æl-mihtig (-mehtig 37/34, -meahtig 37/86, ællmæhtig 34/51, almahtig 34/59, all-mectig 31a/9) almighty 2/21; 10/46; 14/206; 15/15; &c.

‡æl-wiht *f.* alien creature, monster 20/250.

æ-menne deserted 5b/66. [*cf.* æ-gylde]

ge-æmetigan *w. a. g.* free, disengage 2/23.

æmetta *m.* leisure 3a/14.

‡æ-minde *n.* forgetfulness, ingratitude 19a/5.

æm(et)tig empty 5a/94: unoccupied, idle 13/15.

ænde *see* ende.

æne *av.* once 3c/7; 14/132; 30/17. [ān]

ænga (22/111) *see* enge.

ænig *pron.* any 12a/18; 16/25, 60; 24/59; 25/47; 33b/7: 'ænig ōðer' anything else 16/125: *aj.* 2/21; 4/8, 90; 5a/98; &c. [ān]

ænlic peerless, excellent 3e/4; 15/88; 24/9. [ān]

ǣn-līpig see ān-līpig.
ǣnne see ān.
‡ǣplede bossed?, curved? 30/
24.
appel m. apple 14/180.
ǣr prp. w. d. before (time) 2/67;
5a/94; 16/3; 20/138; 27/69:
ǣr þon, ǣr þan cj. until 5a/61;
24/40, 83; 25/88: ǣr þǣm þe,
ǣr þon þe cj. w. sbj. before
2/31; 5a/1; 15/14; 23/252: ǣr
þām av. previously 16/78.
ǣr aj. early 13/5, 21, 51; 15/19:
cp. ǣrra former 3e/60; 13/219;
sp. ǣrest first 4/146; 5b/35;
10/76; &c.: 'et ērestan' first of
all' 34/6.
ǣr av. formerly, before 2/36;
3b/28; c/23; d/17; &c.: to de-
note pluperfect 1/27, 36; 8/57;
9/9; &c.: correl. w. ǣr cj.
20/120 f.: 'nō þȳ ǣr' none the
sooner 20/252: cp. ǣrur for-
merly 25/108: sp. ǣrest (-ist
31a/5, -ost 21/124) first 2/50;
3c/22; 4/86, 110; 5b/22; &c.
ǣr cj. before: w. sbj. 1/12; 4/98;
8/32; 16/114; 23/76; 26/64, 69;
27/74: w. ind. 12a/17; 30/5:
until 16/157.
ǣrce-biscep see arce-
-bisc(e)op.
ǣr-dæg m. early dawn 20/61.
ǣrende n. errand, business
12b/5: message 12b/24; 21/28.
ǣrend-fæst bound on an errand
15/176.
ǣrend-gewrit n. letter 2/17;
3b/21.
ǣrend-raca m. messenger 5a/5,
19; 9/11.
ǣrend-wreca m. messenger 2/6.
ǣrest, -ist, -ost see ǣr.
ǣrfe(-) see ierfe, erfe-.
‡ǣr-gewin n. former strife 25/19.
‡ǣr-gewyrht n. former deeds
30/66.
‡ǣr-gōd good from old times,
or pre-eminent 20/79.

‡ǣrig-faru f. flight of arrows
31c/13.
ǣ-rist mfn. resurrection 14/126.
[risan]
ǣr-merigen m. early morning
13/61.
ǣrn n. house 19b/1.
ǣrnan gallop 4/144, 155; 21/191.
[irnan]
geǣrnan to reach by galloping
4/148.
ǣrra see ǣr.
ǣs n. food, carrion 20/82; 21/107.
[etan]
ǣsc see ǣx.
ǣsc m. ash: warship (ON. askr)
8/168, 170: ‡spear(shaft) 21/
43, 310; 26/99.
‡ǣsc-here m. Viking army
21/69.
‡ǣsc-holt n. spear 21/230.
‡ǣsc-plega m. spear-play, battle
23/217.
‡ǣsc-rōf brave in battle 23/337.
ǣstel m. book-marker, pointer
2/78, 80. [L. hastula]
ǣ-swic m. offence, fraud 16/134.
[swican]
æt (ot 32d/41) prp. w. d. at 1/5,
43, 44; 2/83; &c.: at the hands
of, from 2/72, 73; 5a/92, 99;
12a/4; 16/16; 34/23: to 'ge-
brengan ∼' 34/14: by 'stōd
him . . . ∼' 10/27 f.: at point of
(death) 10/97.
ǣt m. food 14/142; 23/210. [etan]
æt-beran IV carry 20/311.
æt-berstan III (prt. -bærst, prt.
sbj. -burste) escape 14/81;
18/17.
æt-bregdan III (ptc. -brōden)
w. d. withdraw from 13/46.
æt-ēowian appear 14/21, 34,
184.
æt-foran prp. w. d. before
14/204; 21/16: av. beforehand
18/36.
æt-gædere av. together 8/80;
9/52; 10/104; 15/70; &c.

‡æt-grǽpe grasping, to grips: '~ wearþ' laid hold of 20/19.
æt-hléapan viib w. d. run away from, escape 16/99.
aeththa (31b/4) = oþþe.
æt-reccan w. a. d. deprive of 12a/20.
æt-sacan vi (prt. -sóc) w. g. deny 12a/10.
æt-somne av. together 10/98; 23/255; 29/31.
æt-standan vi (prt. -stód) remain 15/185.
ǽttren, ǽtterne poisonous 20/367; 21/47, 146. [ǽttor]
æt-windan iii (prt. pl. -wundon) w. d. or a. escape 14/134.
æt-wītan i w. d. reproach 21/220, 250.
æt-ȳwan display 23/174. [éowan]
æþel-boren noble-born 14/68.
æþele noble 15/1; 20/62; 23/176; 24/9; 37/2; &c.: excellent 4/36: sp. æþelast 24/2.
æþeling m. prince 1/8, 15, &c.; 5a/23, 30; 14/100, 182; 25/58: noble 20/44, 79, &c.; 27/93; 29/14.
æþelo f. noble origin 21/216.
ǽ-þrȳt tedious 14/201. [ā-þréotan 'be irksome']
ǽw see ǽ(w).
ǽwan despise 37/130.
ǽw-breca m. adulterer 16/162 n.
ǽw-bryce m. adultery 16/136.
ǽ-werdla m. damage 11/68. [wyrdan]
æx, æsc f. axe 11/77; 17/48.
ā-fandian test 13/178.
ā-faran vi (prt. -fōr, ptc. -faren) go away 5b/63; 8/59.
ā-feallan viic (ptc. -feallen) fall (in battle) 12a/10; 21/202: fall off, decay 2/67.
ā-fellan fell see ā-fyllan.
ā-firran (e, y) remove 24/5; 32a/12; d/81; 37/98: w. d. a. deprive 3b/19; 22/134.

ā-flíeman (ȳ) put to flight 21/243: banish 5a/23.
ā-flígan put to flight 15/158. [fléon]
āfor fierce 23/257.
ā-frempung f. alienation 32c/30.
ā-fyllan fill 5b/82.
ā-fyllan (e) fell 11/74; 15/16; 16/101, 103.
ā-fyrht (prt., ptc. of āfyrhtan) frightened 14/74; 15/150, 183.
ā-fȳsan drive away 21/3: impel, urge 25/125.
ā-galan vi (prt. -gōl) sound, chant 20/271.
āgan prt.-pres. vb. (pres. āh, 2 pers. āht 10/33, pl. āgon, prt. āhte) have, possess 6/8; 11/18, 28, 80; 12a/20; b/23; &c.: be responsible for 11/67: must 10/33: carry out 34/16: as aux. of tense have 16/44 n.; 27/27.
ā-gān anom. vb. (ptc. -gān) go 8/181.
āgen n. property 16/44 n.
āgen own 1/30; 2/35; 4/24; 5a/78; b/47; 11/45; &c.
ā-géotan ii pour out: ptc. pl. āgotene w. g. drained, exhausted 23/32.
ā-giefan (e, eo, i, y), -giaban (33c/3) v (prt. -ge(a)f, pl. -géafon, ptc. -gifen (y)) give, render 3e/20; 8/66; 11/36; 23/130, 342; 33a/28; &c.: give back 3e/44; 8/70; 11/56; &c.
ā-ginnan (16/167) = on--ginnan.
āg-lǽca m. monster 20/19: warrior? 20/262.
āg-lǽc-wīf n. monstrous woman 20/9.
geāgnian possess 13/41.
ā-gyldan iii pay 13/18, 138.
ah av.: in questions = L. numquid 32c/16; 38r/9, 10: ahne = L. nonne 32d/10, 68.
āh see āgan.

ā-hēawan VII*b* (*ptc.* -hēawen)
cut down 25/29.
ā-hebbad *see* ā-ebbian.
ā-hebban VI (*prt.* -hōf, *pl.*
-hōfon, *ptc.* -hafen, -hefen)
raise, lift 3*b*/2; 14/93; 21/106,
130; 22/18, 49; &c.
ā-hlēapan VII*b* (*prt.* -hlēop)
leap up 20/147.
ā-hlūttrian make pure 37/74.
[hlūt(t)or]
ā-hōn VII*d* (*prt.* -hēng, *ptc.*
-hangen (o)) hang *tr.* 15/179,
185; 23/48: kill by hanging
8/199.
ā-hreddan rescue, save 8/37;
15/16, 18; 28e/9.
*ge*āhsian *see* -āxian.
āht *see* āwiht, āgan; āhte *see*
āgan.
‡ā-hwǣtan? (*prt.* -hwēt) ba-
nish? 22/161.
ā-hwār *av.* anywhere 16/188.
ā-hwerfan turn away *tr.* 37/84.
ā-hyrdan harden 20/210. [heard]
al- *see also* ǣl-, eal-.
ā-lǣdan bring away 8/146.
ā-lǣtan VII*e* (*prt.* -lēt) relinquish
12a/19.
ald *see* eald; aldor(-) *see also*
ealdor(-).
‡aldorlēas lifeless 20/337.
aldorlīce *av.* chiefly 37/104.
ā-lecgan lay down 4/138, 140;
23/101; 25/63: suppress 13/
112: lay low, defeat 15/21.
ā-lēogan (*pres.* -līhþ) *w. d. a.*
deny 15/214.
ā-lēsniss *f.* redemption 32e/2.
ā-licgan V (*prt.* -læg) fail 20/
278.
ā-līesan (ē, ȳ) redeem 5a/7, 103;
11/49, 53: loosen 20/380.
ā-līhþ *see* ā-lēogan.
all *see* eall.
aloþ (33a/23) = *g. of* ealo.
altare *m.* altar 12a/47. [L. altar,
altāre].
‡Al-walda *m.* the Almighty,

ruler of all 20/64; 22/1; &c.;
23/84.
‡al-wihta *fpl.* all creatures
37/101.
ā-lȳfan *w. d. a.* allow, yield
21/90.
ām *m.* weaver's reed 31c/8.
amber (o) *f.* a measure 4/56;
33a/23; b/33; c/4; 34/45. [L.
amphora]
‡ambyht-scealc *m.* official, at-
tendant 23/38.
ambyre favourable 4/84.
ā-merian purify 30/77.
ā-metan V (*prt.* -mœt) mete
out, bestow 30/12.
ā-myrran mar, injure 18/24;
21/165: *w. g.* prevent 22/133.
an(-) *see also* on(-).
ān (*a. m.* ǣnne, *g. f.* ārǣ 36/37)
one (*always strong*) 1/22, 41;
2/17, 19; 3d/8, 16; 4/55, 83;
&c.: *indef. art.* a, an 1/5; 3d/1,
9; e/1; 4/20, 81; &c.: one and
the same 4/34: alone, only
(*strong and weak*) 2/28; 3d/38;
5a/15; 10/16 (*npl.*); 21/94;
25/123; &c.: 'his ānes' of him
alone 22/27: ānra = 'singu-
lorum' *in* 'ānra gehwylc' 25/
108; 30/52.
and- *see also* ond-.
and, ond (end 31a/2) and *passim*:
but 12a/25: 'gelīce ond' as if
5b/37.
anda *m.* malice 3e/15; 19a/5:
injury 22/154; 26/105.
and-bīdian wait 13/151.
andefn *f.* proportion 4/138. [*cf.*
*ge*dafenian]
(*ge*)and(h)ettan (ond-) confess
13/129, 132; 14/106; 32b/20,
22; 37/29. [= and-hātan]
and-fenga *m.* receiver, defender
13/210, 213. [fōn]
and-giet (-git) *n.* meaning 2/72;
3a/3: understanding 3a/13: in-
tellect 13/92: consciousness
14/162. [ongietan]

and-gitfullīce *av.* intelligibly: *sp.* 2/76; 3a/4.

‡and-lēan *n.* requital 20/291.

and-lyfen *f.* sustenance 9/17, 40, 57. [libban]

(‡)and-saca *m.* adversary 22/75. [sacan]

and-swaru *f.* answer 10/35; 20/243; 21/44. [*cf.* swerian]

and-weard (ond-) present 10/54; 13/38, 109, &c.; 14/103, 110; 34/57: opposite 20/37.

and-weorc *n.* material 3f/4; &c.

and-wyrdan (ond-) *w. d.* answer 2/46; 5a/9; 13/15; &c. [word]

‡ān-floga *m.* solitary flier 27/62. [flēogan]

*an-forht very afraid 25/117.

ān-forlǣtan VIIe (*prt. sbj.* -lēte) abandon 10/66.

ānga *wk. aj.* only 20/12, 297.

angan (5b/22) = *prt. of* on--ģinnan.

angeald (20/1) = *prt. of* on--ģyldan.

angeat (20/41) = *prt. of* on--ģietan.

an-ģinn *n.* beginning 13/150: enterprise 21/242.

ang-sumlīce *av.* painfully 14/143. [enge]

ang-sumnyss *f.* pain 14/176.

(‡)ān-haga *m.* lone dweller, solitary man 26/1, 40; 29/19. [*cf.* haga 'dwelling']

āninga *av.* at once 23/250.

ģeān-lǣcan (*prt.* -lǣhte) unite 15/87.

ān-lēpe single 2/19.

an-līcness (on-) *f.* likeness, appearance 3d/39; 20/101; 22/151.

ān-līpiġ (ǣn-) single, individual 6/37; 13/23: private 9/49.

ān-mōd resolute 19b/4.

(ģe)ann *see* (-)unnan.

an-œgnan fear 31c/13. [ōga 'fear']

‡ān-pæþ *m.* narrow *or* single path 20/160.

ān-rǣd resolute 20/279, 325; 21/44, 132.

ansendan (37/16) = on-sendan.

ansīon (37/86, 96) *see* on-sīen.

ān-streces *av.* continuously? 8/105.

an-sund (on-) whole, incorrupt, undamaged 15/140, &c.; 24/20, 44.

an-sundran *av.* severally 33b/23, 29. [sundor]

Anticrīst *m.* Antichrist 16/3.

an-þrācian fear 14/74.

anw(e)ald *see* on-w(e)ald.

an-w(e)alda *m.* ruler, God 20/22; 25/153.

an-wedd *n.* pledge, security 12a/5.

apostata *m.* apostate 16/140, 161 n. [L.]

apostol *m.* apostle 10/81; 13/68, 140, 141. [L. apostolus].

‡ār *m.* messenger 21/26.

ār *f.* honour 34/60: mercy, favour 3e/30; 9/51; 20/22; 26/1, 114; 27/107; 37/99: income 4/51: property, estate 9/17; 12a/21; &c.

ār *f.* oar 8/171.

ā-rǣcan reach 14/179.

ā-rǣd inexorable, fixed 26/5.

ā-rǣdan (ē) read 2/68; 33a/41; 35/10.

ā-rǣran raise up, rear 15/13, &c.; 25/44.

arce-bisc(e)op, -ep *m.* archbishop 2/73; 12a/1, &c.; 17/20; &c. [L. archiepiscopus]

ardlīce *av.* quickly 14/22, 100. [arod]

ā-reccean (*prt.* -rehte) translate, interpret 2/18, 76: raise up 32e/2.

ā-rētan cheer, gladden 23/167. [rōt]

ār-fæst merciful 23/190.

ār-fæstlīce *av.* mercifully, graciously 13/216.

ār-fæstniss, -nyss *f.* virtue, piety 10/3: mercy, grace 13/220.

ā-riht *av.* aright, properly 16/121.

ā-rīsan I (*prt.* -rās) arise 10/22, 47; 14/35, 38; 15/167; 20/140; 25/101; 32d/77.

ār-lēas impious 9/47; 14/3, 99, &c.; 30/66; 37/107.

ār-lēaslīce *av.* impiously, wickedly 14/177, 183.

ār-līce *av.* honourably, kindly 28b/6.

arod bold 23/275.

aron *see* eom.

Arriānisc Arian 3b/7.

‡ār-stæf *m.* honour 28d/24.

ār-wurþ venerable 15/42.

ār-wurþfull honourable 14/169.

ār-wurþian honour 15/118.

ār-wurþlīce *av.* honourably 15/48, 138, 153.

ār-wurþnyss *f.* honour, reverence 15/135, 151; 17/53.

ār-wyrþe venerable 3b/26.

‡ā-sǣlan fetter 30/8. [sāl]

ā-scacan VI (*prt.* -sceōc) shake 21/230.

ā-sceādan VIIa (*ptc.* -sceāden) separate 30/78.

ā-scerpan sharpen 32d/83. [scearp]

geāscian *see* -āxian.

ā-scrēadian prune, lop 13/56.

ā-scūfan II launch 8/195.

ā-scunian avoid, eschew 16/191 n.

ā-scyrian separate 30/78. [scieran]

ā-secgan (*prt.* -sǣde) say, tell 21/198; 23/331; 26/11.

ā-sellan give away 35/16.

ā-sendan send 5a/6; 13/54, &c.; 14/22, &c.; 17/50.

ā-settan set, place 4/160; 25/32, 142; 28e/6; 37/139: 'sīþas ∼'

travel 28b/11: *int.* 'hīe āsetton him ofer' they crossed 8/3.

ā-sīgan I (*pres.* -sīhþ, *prt.* -sāh) sink, decline 13/98; 17/49.

ā-singan III (*prt.* -song) sing 10/63.

ā-sittan V (*prt. pl.* -sǣton, *ptc.* -seten) run aground 8/184; &c.

ā-slīdan I (*ptc.* -sliden) slip 32d/70.

ā-smēagan (*prt.* -smēade) investigate 16/170; 17/27.

ā-smiþian forge, work 15/139.

ā-soden (*ptc. of* āsēoþan smelt) purified 30/73.

ā-solcenness *f.* sloth, laziness 16/182.

ā-spendan spend 4/151; 13/119.

ā-springan III (*prt.* -sprang, *pl.* -sprungun, *ptc. pl.* -sprungne) spring up, spread 15/190: fail 32c/39; d/74.

ā-standan VI (*prt.* -stōd) stand up 12b/30; 20/306.

ā-stellan (*prt.* -stelidæ 31a/4, *ptc.* -steald) place, establish 5b/38.

ā-stīgan I (*pres.* -stīhþ, -stīgeþ, *prt.* -stāh, -stāg) mount, ascend 13/93; 20/123; 25/103; 30/37; 32c/18, 36: descend 13/145; 32d/3.

ā-stīþian become strong 12a/42. [stīþ]

ā-streccan (*prt.* -strehte, *ptc.* -streht) stretch, extend 3b/31; 15/147.

ā-styrian move, agitate 14/13; 25/30: incense 17/41.

ā-sundrian separate 30/74.

‡ā-swāmian cease 22/131.

ā-swebban (*ptc. pl.* -swefede) put to sleep, kill 23/322. [swefan]

ā-swerian VI (*ptc. pl.* -sworene) swear 17/55.

ā-swindan III waste away 32d/49.

ā-tǣsan injure 19b/22.
ā-tēon II (*prt. sbj.* -tuge) draw,
  entice 10/86: deal with 12a/22;
  16/44 n.
ā-tēorian fail, give out 14/71,
  72.
‡āter-tān *m.* poison-twig 20/209.
ā-timbran build 28e/5.
atol dire terrible 20/82, 252;
  23/75, 246; 27/6.
āttor *n.* poison 14/146.
ā-tȳdran procreate 30/44.
āþ *m.* oath 7/22; 8/18, 68; 12a/14;
  16/196; 32e/8.
āþ-brice *m.* breaking of oaths
  16/137.
ā-þenc(e)an contrive, devise
  5a/61; 22/155.
ā-þenenes *f.* extension 32d/50.
ā-þenian extend 32c/20; d/22.
ā-þēodan remove, separate 35/
  16.
āþer either: '∼ oððe ... oððe'
  either ... or 4/60.
ā-þwēan VI (*imp.* -þweah, *prt.*
  -þwōh) wash 15/156; 37/39.
āwa *see* ā.
ā-wacan VI (*prt.* -wōc) awake
  15/173.
ā-wǣgan (ē) annul 15/212;
  33c/16.
ā-weaxan VIIc (*prt.* -wēox)
  grow up 28b/10.
ā-weccan (*prt.* -wehte, *2 pers.*
  -waehtes 32c/29) awake, in-
  cite 10/87; 23/258, 273; 32d/
  34, 43.
ā-wefan (*prt.* -uēfun) weave
  31c/9.
ā-weg *av.* away 8/99; 13/60;
  15/183; 17/23. [on weg]
ā-weg-gewiten *ptc.* departed
  5b/40.
ā-wendan turn, direct 15/50,
  200: alter 11/10: pervert 12a/
  49; 22/14: translate 2/77.
ā-weorpan (ea) III (*prt.*
  -wearp, *2 pers.* -wurpe, *ptc.*
  pl. -worpene) cast away 15/44;

22/175; 32b/19; 37/95: remove
  38r/5.
ā-wēstan lay waste 5a/15, 76;
  b/4.
āwiht, āht, ōwiht *n.* anything
  27/46: 'tō āhte' at all 16/19: *av.*
  at all 12b/18; 22/45.
ā-wildian become wild 13/58.
ā-wrecan V avenge 18/35.
ā-wrītan I (*prt.* -wrāt, *ptc.*
  -writen, -wreoten) write,
  compose 2/36; 14/5, 16; 16/
  176; 34/49.
ā-wyrgan curse 12a/49; 30/64.
  [wearg]
āxian, ācsian ask 12b/10, 16;
  14/59.
geāxian (-sc-, -hs-) learn, dis-
  cover 1/10; 5b/60; 14/53, 60;
  15/142.

B

bā *see* bēgen.
bæc (e) *n.* back 3b/39; 32d/50:
  'on bec ðin' behind you 32b/
  19: under ∼ *av.* behind, back
  3e/46, &c.: ofer ∼ *av.* back-
  wards 21/276.
bæc-bord *n.* port, left side of a
  ship 4/10; &c.
bæftan *see* be-æftan.
(‡)bǣl *n.* fire 24/47.
(‡)bælc *m.* pride 23/267.
bændan bind 16/124 n. [bindan]
gebǣran behave, conduct one-
  self 23/27. [beran]
gebǣre *n.* bearing, cry 1/18.
bærnan (e) burn *tr.* 9/43, 45;
  16/124; 32d/48.
bærnett *n.* burning 11/70.
bǣtan bridle 20/149. [bītan]
bæþ *n.* bath 14/157.
bala- *see* beala-.
baldlīce *av.* boldly 21/311; *sp.*
  21/78.
‡baldor *m.* lord 23/9, 32; &c.
bān *n.* bone 4/156; 15/113, &c.;
  17/47; 19b/21; 32b/9; c/34;

37/82: ivory 4/36: whalebone 4/53.

bana *m.* slayer 1/33; 21/299; 25/66.

‡**bān-cofa** *m.* body 20/195; 30/14.

‡**bān-hring** *m.* vertebra 20/317.

bannan (o) *vii d* (*prt.* **bēonn**) summon 12a/6; 18/49; 28c/4.

barn *see* **bearn, birnan.**

baþian bathe, dip 26/47.

be, bi(g), bī *prp. w. d.* near, by 8/49; 26/80: by, by means of 3d/45; 22/140: *motion alongside* 4/9; 8/38; &c.: *temporal* in 12b/2: among 30/38: up to 5b/12: according to 14/53: in proportion to 3a/13; e/31; 4/54; 12a/14: in comparison with 20/34: concerning, about 10/76; &c.: 'forþ ∼' past 4/22: 'bī wrītan' copy 2/85: 'be fullan' fully 2/43: 'be sūþan (norþan, &c.)' south (north) of 2/20; 4/8, 81; 5a/16; 6/36; 7/16; 8/86 f.

bēacen *n.* beacon, sign 25/6; &c.

‡**beado-lēoma** *m.* 'light of battle', sword 20/273.

‡**beado-mēce** *m.* sword 20/204.

‡**beado-rinc** *m.* warrior 23/276.

‡**beadu** *f.* battle 20/289; 21/185; 23/175, 213; 29/15.

‡**beadu-lāc** *n.* battle 20/311.

‡**beadu-ræs** *m.* onslaught 21/111.

be-æftan, bæftan *prp. w. d.* behind 1/25, 27; 13/195: *av.* behind 5a/55; b/63; 13/168; 23/112.

bēag *m.* ring, armlet 20/237; 21/31, 160; 23/36, 341; 29/29, 45; 36/3. [būgan]

bēag (-h) *see* **būgan.**

‡**bēag-gifa** *m.* ring-giver, lord 21/290.

‡**bēag-hroden** *ptc.* ring-adorned 23/138; 28c/9. [hrēodan]

‡**bēah-gifu** *f.* giving of rings 29/15.

‡**beala-nīþ (bala-)** *m.* wickedness 37/112, 152. [bealu 'evil']

beald bold 23/17.

ge**bealh** *see* **-belgan.**

(‡)**bealo-full** evil, wicked 23/48; &c.

‡**bealo-sīþ** *m.* hardship *or* dangerous journey 27/28.

‡**bealu-ware** *mpl.* wicked men 25/79.

bēam *m.* tree 11/71; 24/35; 25/6; &c.; 30/19: beam in the eye 38/3; &c.

‡**bēam-telg** *m.* wood-dye, ink 28d/9.

bearh *see* **beorgan.**

bearhtm *m.* din, clamour 20/181; 23/39. *See* **breahtm.**

bearm *m.* bosom, lap 29/25.

bearn (a) *n.* child, son 5a/41; 8/62; 10/42; 11/40; 16/59; 20/117; &c.: Son (of God) 23/84; 25/83.

bearn-myrþra *m. or* **-myrþre** *f.* infanticide 16/163.

‡**bearo-næss** *m.* wooded headland 28g/5.

bearu *m.* grove 20/113; 24/67; &c.; 27/48; 29/18.

bēatan *vii b* (*prt. pl.* **bēotan**) beat 27/23.

be-bēodan (īo) *ii* (*prt.* **-bēad**, *pl.* **-budon**, *ptc.* **-boden**) *w. d.* bid, command 2/22, 79; 3e/45; f/5, 20; 10/59; &c.: entrust, commit 10/26, 131.

be-bod *n.* command 9/7; 14/170; 15/194.

be-bycgan sell 11/44, 45.

be-byrgan bury 15/112; 17/53.

be-byrignyss *f.* burial 9/53.

be-ceorfan *iii* (*prt.* **-cearf**) *w. a. inst.* cut off 20/340.

be-clȳsan shut up, imprison 14/166, 171. [clūse 'prison' *from* L. clausum]

be-cuman *iv* (*pres.* **-cymþ**, *prt.* **-c(w)ōm**, *pl.* **-cōmon**) come, arrive 10/128; 13/154, 156;

14/69, &c.; 15/46; 20/4; 21/58;
&c.: come upon, befall 2/26:
'~ on' befall 3a/7.
be-cweþan v (*prt.* -cwæþ) *w. a.
d.* bequeath 12a/9.
be-cyrran betray 17/20.
*ge*bed *n.* prayer 15/19, &c.;
32c/34.
be-dǣlan (bi-) *w. g.* deprive of
16/28: *w. inst.* 20/25; 26/20.
bedd *n.* bed 15/27; 23/48; &c.
be-delfan III (*prt.* -dealf) bury
25/75.
be-dīglian conceal 14/98. [dīgel]
*ge*bed-men *mpl.* those whose
duty is to pray, the clergy
3f/12.
‡bed-rest *f.* bed 23/36.
be-drīfan I (*prt.* -drāf, *ptc.*
-drifen) drive 28e/9: sprinkle
25/62.
be-dyrnan conceal 22/16.
[dyrne]
be-ebbian strand 8/190.
be-ēode *see* be-gān.
‡be-fǣllan cast down 22/116.
be-fæstan apply 2/25: entrust
3f/7; 30/65: make secure 8/103,
148.
be-faldan VIIc (*ptc.* -falden)
fold, roll up 32b/5.
be-feallan VIIc (*ptc.* -feallen)
fall 13/206; 22/85.
be-fēolan III apply oneself to
2/62.
be-fōn (bi-) VIId (*ptc.* -fongen
(a)) seize 20/45: encompass
20/201; 22/129; 28d/14: pro-
vide, furnish 13/35.
be-foran (bi-), before (38l/6)
prp. w. d. before, in front of
3e/42; 5b/77; 12b/20, 25; 14/
26; 26/46; &c.: *w. a.* 38l/6: *av.*
before 5b/1: ahead, in front
5a/5; 20/162; 37/45.
be-frēon free, deliver 37/111.
be-frīnan I (*prt.* -frān) inquire
14/9; &c.
be-gān *anom. vb.* (*prt.* -ēode)

surround 1/12: practice 3c/6;
37/67: cultivate 13/66, &c.:
attend to 33b/13.
begeattas (38l/7) *see* be-gietan.
bēgen *m.*, bā *f.* būtū *n.* (*g. pl.*
bēgea 23/128, bēira 12c/15,
bēga 33a/14) both 6/17, 24;
8/79; 20/55; 21/182; &c.
be-geondan (io) *prp. w. d.*
beyond 2/18; 12d/4; 18/64.
be-geotan (33a/23, 25) = be-
-gietan.
be-gēotan II (*ptc.* -goten) cover
25/6; suffuse 25/49.
be-gietan (ea, eo) v (*pres. pl.*
begeattas 38l/7, *prt.* -ge(a)t
(æ), bigeat, *pl.* -gē(a)ton
(ǣ)) obtain 2/14, 37; 5a/100;
8/154; 12a/3; 33b/4, &c.:
occupy 27/6: beget 33b/8:
procure 30/12 (*see* note).
be-ginnan III (*prt.* -gan, *ptc.*
-gunnen) begin 15/89, 171.
be-gong *m.* circuit, compass
20/247.
bēgra, bēira *see* bēgen.
‡be-grindan III (*ptc.* -grunden)
polish 28d/6.
be-hāt *n.* promise 13/11, 171.
be-hātan VIIa (*pres.* -hǣt, *prt.*
-hēt, *pl.* -hēton) *w. d.* promise
13/221; 15/101, 213; 16/193;
17/3; &c.
be-hēafdian behead 23/290.
be-healdan (a) VIIc (*prt.* -hēold,
pl. -hēoldon) behold, see,
gaze on 13/106, &c.; 15/148;
25/11, &c.; 32d/1: possess,
hold 22/121: guard 20/248;
38/15.
be-helian conceal 3c/24.
be-heonan (i, io) *prp. w. d.* on
this side of 2/16; 7/18; 18/6.
be-hindan *av.* behind 8/44.
‡be-hlȳþan *w. inst.* deprive,
strip 28c/10.
be-hōfian require 3f/18.
be-hrēowsung *f.* repentance
13/216.

‡bēhþ f. sign, proof 23/174. [bēacen]

be-hȳdan hide 3c/23.

be-innan see binnan.

be-lādung f. excuse 13/88.

be-lēan vɪ (prt. sbj. -lōge) reprove 13/84.

‡be-lēosan ɪɪ (prt. -lēas) w. inst. lose 28d/4.

gebelgan ɪɪɪ (prt. -bealh) become angry 12b/18: ptc. -bolgen angry 5b/11; 20/181, 289; 22/54.

be-līfan ɪ (prt. pl. -lifon) remain 13/188. [lāf]

be-limpan ɪɪɪ (prt. pl. -lumpon) belong 4/114; 10/4, 16; 34/12.

‡be-līþan ɪ (ptc. -liden) w. g. deprive of 23/280.

be-lūcan ɪɪ (ptc. -locen) lock 1/29; enclose 3b/26.

be-murcian murmur at 5a/87.

bēn f. request, prayer 15/40; 37/69.

be-nǣman (ē) w. g. or inst. deprive 5a/68; 23/76; 37/21. [niman]

benc f. bench 21/213; 23/18.

‡benc-sittend m. bench-sitter, guest 23/27.

bend mfn. bond, fetter 20/359; 32c/29. [bindan]

be-neah pres. sg. of prt.-pres. vb. (pres. sbj. -nuge) w. g. enjoy, possess 33b/24.

be-neoþan prp. w. d. below, beneath 14/145.

be-niman (bi-) ɪv (prt. -nam, binōm, ptc. -numen) w. g. deprive 1/1; 4/119; 8/116; 28d/2: w. inst. 22/117.

‡benn f. wound 26/49. [bana]

(ge)bēodan ɪɪ (prt. bēad, ptc. geboden) w. d. offer 1/21, &c.; 17/12: command 16/144; 18/25: announce 27/54; 33a/37.

bēon (īo, īa 33b/51) anom. vb. (1 pers. bēom 28a/8, 2 pers. bist, 3 pers. biþ (y), pl. bēoþ, bīoþ, bīaþ 31c/5, biþon 38l/2, sbj. bēon, imp. sg. bēo, pl. bēo gē 19a/10) be passim. See also eom, wesan.

bēonn see bannan.

gebēor m. drinker 15/179, &c.

beorg (-h) m. hill, mountain 24/21, 31; 25/32, 50; 29/34.

gebeorg (-h) n. protection 21/31, &c.; 29/38.

(ge)beorgan ɪɪɪ (prt. bearh, pl. burgon) w. d. protect, save 16/173, 199; 20/43, &c.; 21/194: spare 16/58: w. obj. understood 16/48: seek a cure for 16/157.

‡beorg-hliþ n. hill-slope 28g/2.

beorht bright 23/58, &c.; 24/35; 25/66; &c.: sp. 24/80; 25/6.

beorhte av. brightly 20/267; 24/31; 29/49.

‡beorn m. man, warrior 20/49; 21/17, 92, &c.; 23/213, &c.; 25/32, 42, 66; 26/70, 113; 27/55.

gebēorscipe m. drinking-party 10/20, &c.; 11/37.

bēot n. vow, boast 21/15, 213; 26/70: threat: 'on bēot' threateningly 21/27. [behāt]

gebēotian vow, boast 5b/8, 10; 21/290.

bēotung f. threat 9/42.

be-pǣcan (ptc. -pǣht) deceive 14/49.

bera m. bear 4/55; 29/29.

be-rǣdan deliberate on 19b/8.

beran ɪv (pres. byrð 4/151, prt. bær, pl. bǣron, ptc. boren) bear, carry, bring 4/77, 135; 10/109; 13/26; 15/152; 20/155, 256; &c.

geberan ɪv (prt. -bær, pl. -bǣron) bear (a child) 14/118; 37/63: ptc. -boren born 5a/102; 12a/33; 14/104; 27/98.

be-rēafian w. g. deprive 3b/37.

beren of bear-skin 4/56.

berg m. pig, hog 38l/6.

be-rīdan I (*prt.* -rād) overtake
(by riding) 1/11.

‡berne-lāc *n.* burnt-offering
37/124.

be-rōwan VIIƒ row past 8/197.

berstan III (*prt.* bærst) burst,
break 25/36: resound, crash
21/284.

be-rȳpan *w. g.* strip, despoil
12a/37; 16/37.

be-scēawian contemplate, con-
sider 13/208, 220.

be-scerwan *w. g.* deprive 37/99.

be-scyrian, bi-scerian *w. g.*
deprive, separate 22/149; 32d/
53, 55.

be-sēon (īo) v (*prt.* -seah, *prt.
sbj.* -sāwe) look 3e/46, &c.:
rfl. 3e/52.

be-serode (37/22) *see* be-syr-
wan.

be-settan beset, encompass 20/
203.

be-sittan v (*prt.* -sæt, *pl.*
-sǣton, *ptc.* -seten) besiege
8/39, 76, &c.

be-smītan I (*ptc.* -smiten)
infect, defile 3c/14; 23/59.

‡be-snyþian *w. inst.* deprive
28d/1.

be-sprecan v speak about, com-
plain of 5a/87; b/48.

be-standan (big-) VI (*prt. pl.*
-stōdon) stand by 21/68;
22/39.

be-stelan IV (*prt.* -stæl) *int. and
rfl.* steal, move stealthily 5a/66;
7/1.

‡be-stēman make wet, drench
25/22, 48. [stēam]

be-strȳpan *w. g.* strip, plunder
16/37.

be-swīcan I (*prt.* -swāc, *prt.
sbj.* -swicen, *ptc.* -swicen)
deceive, betray 5a/63; b/59, 72;
16/40, 71; 21/238; 22/82, 188.

‡be-swyllan drench 25/23.

be-syrwan (*prt.* -syrede,
-serode, *ptc. pl.* -syrwde)

ensnare 5b/69: defraud 16/40:
w. a. inst. 37/22.

bet *av.* better 16/14: *sp.* betst
best, most 3b/38.

be-tǣcan (*prt.* -tǣhte, *ptc.*
-tǣht) entrust 12a/5, 46;
14/112; 15/128; 16/26; 18/70.
(*ge*)bētan, *tr. and int.* amend,
atone for 3e/60; 4/157; 15/199;
16/50, 156, 191: pay com-
pensation 11/17, &c.: obtain
compensation for 22/154. [bōt]

be-tellan (*prt.* -tealde) clear,
excuse oneself 14/45; 18/59.

bet(e)ra better 2/56; 21/31: *as
sb.* lord 21/276: *sp.* betst best
4/40; 10/62: of highest rank
18/50.

be-twēonum, -an *prp. w. d.*
between 5a/104; 16/197; 28e/2:
among 4/126: *divided* 'be sǣm
twēonum' 20/47.

be-tweox, -t(w)ux, -twih,
t(w)uh, -twyh *prp. w. d.*
between 3b/4; 4/87, 94; 5a/25;
8/22; 9/26; 17/17: among 9/15,
50; 13/190; 15/63; 32a/1:
'~ þisum', '~ þām' mean-
while 14/42; 15/5.

be-tȳnan close, end 10/91, 131.
[tūn]

be-þeccan (*ptc.* -þe(a)ht) cover
23/213; 30/63.

be-þencan call to mind 16/169:
take thought for 16/189.

‡be-þenian cover 28d/12.

ge-beþian *tr.* bathe 14/159. [bæþ]

‡be-þringan III (*ptc.* -þrungen)
oppress 30/9.

beþung *f.* bath 14/159.

be-weaxan VIIc (*ptc.* -weaxen)
overgrow 15/29.

be-weorpan III (*ptc.* -worpen)
throw 5b/82; 22/148.

be-wēpan VIIƒ (*prt.* -wēop)
weep for 14/56, &c.

be-windan III (*prt.* -wand, *ptc.*
-wunden) brandish 20/211:
surround 22/175; 23/115; 25/5.

be-witan *prt.-pres. vb.* (*prt.* -wiste) be in charge of 15/73.

be-witian (io) observe, undertake 20/178: watch over 33b/13.

be-wrēon (bi-) 1 (*prt.* -wrāh, *ptc.* -wrigen) cover 25/17, 53; 26/23.

be-wyrcan (bi-) (*ptc.* -worht, biuorhtæ) cover, surround 5b/34; 31c/3.

bi(g), bī, bi- *see* be, be-.

biaþ *see* bēon.

bīdan 1 (*prt.* bād) *w. g.* wait 4/15; 20/18, 63, 244; 24/47; 27/30; 32b/21.

gebīdan 1 (*prt.* -bād, *pl.* -bidan, *ptc.* -biden) wait, stay 9/58; 26/70: experience 16/12, 13; 20/136, 368; 21/174; 23/64; 25/50, &c.; 26/1; 27/4, 28; 29/12, 17.

biddan v (*pres.* bit, *prt.* bæd, *pl.* bǣdon) ask, bcg 3a/10; b/23; e/19; 5a/93, 99; 10/98; &c.

gebiddan v (*prt.* -bæd) *often rfl.* pray 3a/12; 10/122; 14/12, 24; 15/82, 92; 25/83, 122; &c.

‡bi-drēosan 11 (*ptc.* -droren) *w. inst.* deprive 26/79; 27/16.

bifian tremble 3e/14; 25/36, 42; 16/192 n.

gebīgan convert, turn 15/37, 54, &c. [bēag, būgan]

big-gencg *f.* cultivation 13/69, 76.

‡bi-giellan 111 (*prt.* -geal) scream around 27/24.

big-spel *n.* parable 13/1.

bi-hōn v11d (*ptc.* -hongen) hang round 27/17.

bi-hrēosan 11 (*ptc.* -hroren) cover 26/77.

bi-lecgan surround 28d/25.

‡bill *n.* sword 20/307, 317; 21/114, 162.

bil(e)-wit innocent, kind 10/125; 37/82, 100.

gebind *n.* binding, expanse 26/24 (*see note*), 57.

(ge)bindan 111 (*prt.* bond, band, *ptc.* gebunden) bind 3e/36; 15/174; 22/134; 23/115; 26/13, &c.; 27/9, 32; 30/9: *ptc.* bunden (*of a sword*) bound (*with gold*) 20/35, 281.

binn *f.* stall 32c/40.

binnan, be-innan *prp. w. d.* inside, within 3b/29; 5b/59; 8/147; 11/16; &c.: *av.* inside 8/61.

bīon, bīoþ *see* bēon.

birhtu *f.* brightness, splendour 32c/8, &c.

birnan (y) 111 (*prt.* barn, born) burn *int.* 3c/18, 20; 14/140; 32d/46, 47.

bisceop-hām *m.* episcopal estate 36/16.

bisc(e)op, -ep *m.* bishop 2/1, 73; 6/27; 8/160; 9/51; 11/3; &c. [L. episcopus]

biscop-stōl (-ep-) *m.* see, bishopric 2/77; 15/109.

bisen *f.* example 5b/38.

bisgian *see* bysgian.

bisigu *f.* occupation, care 2/69; 3a/6; 27/88; 30/9. [bysig]

bismer, bysmor *mn.* insult, disgrace 16/12, 46, &c.; 18/29, 35.

bism(e)rian (y) insult 5b/50; 25/48; 32d/46.

bist, biþ, biþon *see* bēon.

bītan 1 bite, cut 20/204, 273.

bit(t)er bitter, fierce 20/181; 21/85, 111; 22/80; 25/114; 27/4: *as sb.* bitterness 30/9: *sp.* 32b/18.

bitternis *f.* bitterness 32b/15, 17.

‡bi-wāwan v11e (*ptc. pl.* -wāune) blow upon 26/76.

bī-wist (big-) *f.* sustenance 3f/15, 16; 15/218.

blāc pale 23/278: bright 20/267. [blīcan]

‡blāc-hlēor fair-cheeked 23/128.

blācian grow pale 27/91.

blæc black 28g/2.
blæd (ē) m. prosperity, fame
  23/63; 26/33: glory 23/122;
  25/149; 27/79, 88. [blāwan]
blæd (29/34) see blēd.
‡blæd-fæst famous 20/49.
blæst m. blast, flame 24/15.
  [blāwan]
blandan (o) VIId (ptc. geblan-
  den (o)) mix, 23/34; 29/41.
blāwan VIIe blow 11/52.
blēd (æ) f. fruit 24/35, &c.;
  29/34. [blōwan]
bledu f. bowl, dish 36/4.
blēo n.(d. pl. blēawum, blēom)
  colour 3c/10; 25/22.
bletsian (-ds-) bless 15/81;
  32e/1. [blōd]
blīcan 1 shine 23/137.
blind blind 3b/37.
blindlīce av. blindly 5a/95.
bliss (y), bliþs f. bliss, joy
  10/20; 15/79; 17/31; 25/139,
  &c.; 37/47, &c. [bliþe]
blissian (-ts-) w. g. rejoice
  13/179; 14/28, 168; 15/180;
  32d/88, 90; 37/115: gladden
  24/7; 33a/43.
bliþe blithe, glad 15/53, &c.;
  23/58, 159; 25/122: kindly dis-
  posed, gracious 10/111, 114;
  23/154; 30/82; 37/73: cp.
  21/146.
bliþe-mōd kindly disposed,
  friendly 10/113, 116.
bliþness f. joy 5b/67.
blōd n. blood 3c/14; 5b/82;
  14/175; 17/49; &c.
blōd-gyte (-gete) m. bloodshed
  16/52; 37/112.
blōdig bloody 21/154; 23/126,
  174.
‡blonden-feax grey-haired 20/
  344.
blōstma m. flower 14/115, 116;
  24/21, 74; 27/48. [blōwan]
blōwan VIIf bloom, flourish 29/
  34: ptc. geblōwen blooming
  24/21, 27, 47.

bōc f. (d. sg., nom. a. pl. bēc,
  bēoc 35/5) book 2/32, &c.;
  3a/1, 8; 10/76; 12b/34; &c.:
  title-deed 12a/3, &c.; d/9.
bōc-cræft m. learning, literature
  3b/13.
bōcere m. scholar 10/5; 14/15.
Bōc-læden n. Latin 3a/1. [L.
  Latīnum]
bōc-lond n. land granted by
  charter 34/4, 27, &c.
gebod n. command 24/68.
  [bēodan]
boda m. messenger 16/144;
  21/49.
bodian w. d. preach 13/86;
  15/56, &c.: announce 23/244,
  251.
‡gebodscipe m. commandment
  22/185.
bodung f. preaching 15/52.
bōg m. bough 13/55.
boga m. bow (weapon) 21/110;
  32c/20. [būgan]
bogeht crooked 38l/14. [būgan]
bohte see bycgan.
gebolgen see -belgan.
bolla m. cup, bowl 23/17.
bolster n. pillow 10/123.
bonnan see bannan.
‡bord n. shield 21/15, &c.; 23/
  192, &c.
borda m. fringe 28c/9.
‡bord-weall m. shield-wall, pha-
  lanx 21/277.
borg-bryce m. breach of surety
  11/58.
born see birnan.
bōsm m. bosom 14/112; 28c/9,
  15.
bōt f. healing, remedy, repair
  15/158; 16/9, &c.; 19b/25;
  26/113: atonement 16/167.
botm m. bottom 20/256; 22/85,
  116.
brād broad, wide 4/65, &c.;
  5b/13, 28; 8/8; 20/296; 21/15,
  163; &c.: cp. 4/66, 90: sp. 4/64.
gebræc n. clash, crash 21/295.

brǣdan (ē) dilate, extend 26/47; 32d/31. [brād]

brand (o) *m.* fire 22/80: sword 20/204.

breahtm *m.* revelry 26/86.

brecan (eo 34/59) IV (*prt.* **brǣc,** *pl.* **brǣcan,** *ptc.* **brocen)** break 20/261, 317; 21/1, 277; 22/185; 37/82: transgress 16/50, 192: infringe 34/59: destroy 24/80: *int.* burst forth 24/67.

‡*ge*bregd *n.* change 24/57.

(*ge*)bregdan, brēdan III (*prt.* **brægd, brǣd,** *pl.* **brugdon,** *ptc.* **gebrogden)** drag, draw 20/289, 314; 21/154, 162; 23/229; 32a/10: *ptc.* **brōden** woven 20/193, 298.

‡brego (æ, eo) *m.* prince 23/39, 254; 37/2, 50.

brēme famous 23/57.

(*ge*)brengan bring 8/139, 142; 34/14; 37/124.

brēost *n. often pl.* breast 5a/44; 14/111, 118; 21/144; 23/192; 25/118; 26/113.

‡brēost-cearo *f.* sorrow of heart 27/4.

‡brēost-cofa *m.* breast, heart 26/18.

‡brēost-hord *n.* feelings of the heart 27/55.

‡brēost-loca *m.* breast, heart 30/14.

‡brēost-net *n.* breast-mail, corslet 20/298.

brēowan II (*ptc.* **gebrowen)** brew 4/127.

brerd *m.* rim 28d/9.

bricg *f.* bridge, causeway 21/74, 78.

‡bricg-weard *m.* guardian of the bridge 21/85.

bridd *m.* chick 32b/10; d/22.

(‡)brim *n.* sea 20/344; 29/45.

‡brim-cald cold as the sea 24/67.

‡brim-fugel *m.* sea-bird 26/47.

‡brim-lād *f.* sea-path 27/30.

‡brim-līþend *m.* seafarer 21/27.

‡brim-man *m.* seaman 21/49, 295.

‡brim-wylf *f.* she-wolf of the sea 20/256, 349. [wulf]

‡brim-wylm *m.* ocean surge 20/244.

(*ge*)bringan (*prt.* brōhte, *ptc.* brōht) bring, lead 3b/20, 25; e/27; 4/37; 8/62, 148; 15/142; &c.

broc *n.* affliction 5a/80; 15/174.

brocian afflict 8/156; 15/28, 170

brōden *see* (*ge*)bregdan.

‡brōden-mǣl *n.* inlaid *or* damascened sword 20/366. [bregdan]

brōga *m.* terror, danger 20/41; 23/4; 31c/13.

brond *see* brand.

brosnian crumble, decay 5b/49; 24/38.

brosnung *f.* decay 15/80, 137.

brōþor (-ar, -ur) *m.* brother (*literally and figuratively*) 1/10, 6/5; 10/1, 115; 15/132; 16/60, 90; &c.

*ge*brōþru, -ra *mpl.* brothers, *in literal sense* 9/28; 21/305: *in ecclesiastical sense* 13/37, &c.

brūcan II (*prt.* **brēac)** *w. g.* enjoy, use 12a/17; 14/135; 20/237; 25/144; 26/44; &c.

brūn shining 23/318: brown, dark 28d/9.

‡brūn-ecg shiny-edged 20/296; 21/163.

bryce *m.* breach, offence 16/18. [brecan]

bryne *m.* burning, conflagration 16/19, 52, 199; 25/149. [birnan]

brytnian distribute 33a/29.

(‡)brytta (e) *m.* distributor, giver 20/237; 23/30, 93; 26/25; 37/123: 'morðres ∼' murderer 23/90.

(*ge*)bū(g)an (*prt.* būde, *ptc.* gebūd, gebūn) dwell 4/2, 8,

80; 5a/25; 8/46: *tr.* settle,
inhabit, cultivate 4/23, 27;
28a/2.
bucca *m.* he-goat 32d/28.
bufan *prp. w. d.* above 4/132;
5b/33; 8/131; 14/26.
būgan II (*prt.* bēag, *pl.* bugon)
bend, bow 4/13, 18; 25/36, 42:
submit 22/38: come over to
17/56: flee 21/185, 276.
gebūgan II (*prt.* -bēah) bow,
submit 16/190: sink, fall 20/
290.
būgian inhabit 3f/16.
būnda *m.* householder 18/9.
[ON. bóndi]
būne *f.* cup 23/18; 26/94.
būr *m.* bower, chamber 1/11;
20/60; 28e/5. [bū(g)an]
gebūr *m.* peasant who rendered
services for his land 11/33, 34.
burg *f.* (*d. sg., nom. a. pl.*
byr(i)g) fortress, borough 8/
28, &c.; 15/109: city 3b/3;
5a/51, 76; b/5, 17; 14/9, 18;
17/26; &c.: king's *or* noble-
man's house 1/28; 4/122;
27/28, 48. [beorgan]
‡**būr-ġeteld** *n.* pavilion 23/57,
&c.
‡**burg-sæl** *n.* hall 28g/5.
burg-ware *mpl.*, **bur(u)h-waru**
f. sg. citizens 8/54, 125, 132;
14/13; 17/52; 18/19, 22; 26/86.
burh-lēode *mpl.* citizens 23/175,
187.
burh-mann *m.* citizen 18/15.
burh-scīr *f.* district adminis-
tered by a city 14/79.
‡**burh-sittend** *m.* citizen 23/159.
būr-þēn *m.* chamberlain 21/121.
butere *f.* butter 19b/2; 33a/22.
[L. butyrum]
būton, -an *prp. w. d.* without
3f/8, 13; 8/38; 9/51; 11/17;
32d/52: except 1/2, 22, 41;
3d/37; 5a/15; b/7; 7/4; 8/51,
183; &c.: besides 6/36; 8/30:
outside 8/110: off 11/50, 51.

būton, -an *cj. w. sbj.* unless 2/83;
3e/60; 5a/99, 101; 16/48: *w. ind.*
except that 3c/6; d/14; f/4; 4/4,
14; 20/310: *without vb.* 20/364.
būton, -an *av.* outside 8/109.
būtū *see* bēgen.
(*ge*)**bycgan** (i) (*prt.* -bohte) buy
11/56; 16/84, 88; 20/55; 29/45;
34/22.
bydel *m.* messenger 13/54; 16/
182. [bēodan]
‡**byht** *n.* dwelling 28a/3. [bū-
(g)an]
byldan encourage 21/169, 209,
&c.; 29/15. [beald]
bȳne cultivated 4/63, 64. [bū-
(g)an]
*ge*byrd *f.* birth, rank 4/54.
[beran]
byrde of high rank: *sp.* 4/54.
*ge*byrd-tīd *f.* time of birth 14/6.
byre *m.* opportunity 21/121.
byr(i)g *see* burg.
byrgan bury 27/98. [beorgan]
byrgea *m.* surety 11/57. [borg
'surety']
*ge*byrian happen 3d/1: *w. d.* be-
long, befit 12b/18; d/5; 14/68;
16/145.
byrigan taste 25/101.
byrnan *see* birnan.
byrne *f.* corslet 18/6; 20/41, 379;
21/144, &c.; 23/328, 338.
‡**byrn-hom** *m.* corslet 23/192.
(‡)**byrn-wiga** *m.* warrior in ar-
mour 23/39; 26/94.
‡**byrn-wiggend** *m.* warrior in
armour 23/17.
byrst *m.* loss, injury 16/12, 47.
[berstan]
byrþ *see* beran.
byrþen *f.* burden 13/26, 149.
[beran]
bysgian (i) occupy 3a/6: trouble,
stir 24/62.
bysiġ busy 21/110.
bysmor *see* bismer.
bysmorlīce *av.* disgracefully
17/46: shamefully 23/100.

*ge*bysnian set an example 15/57.
[bisen]

C

cændæ *see* cennan.
cǣse *see* cēse.
cāf brave 21/76.
cāflice *av.* bravely 21/153.
caid *n.* cold 27/8.
c(e)ald cold 20/11; 21/91; 22/71;
24/59; 27/10: *sp.* caldast
27/33, cealdost 29/5.
(*ge*)camp *mn.* strife, battle 14/
132; 21/153; 23/200. [L. cam-
pus]
campian (o) fight 9/8, &c.
candel *f.* candle 20/322. [L. can-
dēla]
cann *see* cunnan.
canōn *m.* canon: 'canōnes bēc'
canonical books 10/78. [L.]
carcern *n.* prison 3b/26, 30.
[L. carcer | ærn]
carfullīce *av.* carefully 13/203.
carian (ea) care about, be
anxious for 13/114; 20/286.
[cearu]
cāsere (k-) *m.* emperor 3b/21;
d/2, 3; 5a/85; 9/2, 4; 14/43;
27/82; 37/11. [L. caesar]
castel *m.* castle 18/27. [O. French
castel]
ceafl *m.* jaw 16/183.
cealf *n.* calf 37/138.
‡ceallian call 21/91.
cēap *m.* cattle 8/109, 116, 157;
11/69: slave 11/82: purchase,
bargain 16/84, 88. [L. caupō]
cearian *see* carian.
‡cear-seld *n.* abode of care 27/5.
cearu *f.* care, sorrow 20/53; 26/9,
55; 27/10.
‡cear-welm *m.* surge of care
30/22.
cēas *f.* contention 13/170. [L.
causa]
ceaster *f.* city 5a/76, 78: Romano-
British city 8/106; 9/48; 29/1.

[L. castra]
gecēd, gecēgu *see* (*ge*)cīegan.
‡cellod concave?, embossed?
21/283.
cempa *m.* champion, warrior
13/189; 14/102, 173; 20/62,
301; 21/119. [camp]
cēne keen, brave 21/215, 283;
23/200, 333: *cp.* 21/312: *sp.*
cȳnost 37/3.
cēnlīce *av.* bravely 15/11.
cennan (*prt.* cændæ 31c/2) give
birth to, produce 5a/42; 29/28;
32d/37.
cennende produce? 32d/25, 47.
cenning-stōw *f.* birthplace 14/
15, 60.
cēol *m.* ship 27/5; 29/24.
ceorfan III (*prt. pl.* curfon)
carve 25/66.
ceorigan mutter, grumble 13/24,
155, 160.
ceorl *m.* peasant 11/63, 64;
21/256: husband 16/38: man
20/341; 21/132.
ceorung *f.* grumbling 13/153,
&c.
(*ge*)cēosan II (*prt.* cēas, *pl.*
curon, *ptc.* gecoren) choose
5a/62; 13/33, 182; 21/113;
22/40: *w. g.* 5a/21: elect 12a/40:
decide 10/55: gecoren the
elect (of God) 13/40, 48.
cēpa *m.* trader 3c/12. [cēap]
cēse (ǣ) *m.* cheese 33a/20, 22;
b/34; c/5. [L. cāseus]
gecīdan quarrel 11/37.
(*ge*)cīegan (ē, ī, ȳ) (*1 pers. pres.*
-cēgu 32d/5, *prt.* cȳgde (i),
ptc. gecīged, gecēd 32e/12)
call, name 13/212, 217; 14/196;
15/7; 32e/12: summon, invoke
9/36; 13/33; 32d/5.
cierran (e, i, y) turn *int.* 3d/6;
4/21; 23/312; 37/57: *tr.* 30/29.
gecierran (e, i, y) turn *int.*
13/124; 14/32; 15/200; 37/65;
38l/6: *tr.* return to 14/61, 78:
unite 5a/37: make subject 7/4.

cild *n.* (*g. pl.* **cildra**) child 11/15, 16; 14/2, &c.: young nobleman 12a/40.
cild-cradol *m.* cradle 13/89; 14/97.
cild-hād *m.* childhood 13/102, &c.
cin(in)g *see* **cyning**.
cir(i)ce (y) *f.* church 2/32; 12a/1, 46; c/2, 5; 15/35, &c.; 33a/2, &c. [Vulgar L. cyrīca]
cirlisc rustic, of the peasant class 8/11. [ceorl]
cirman cry out, call 23/270; 28g/4.
cirr *m.* occasion 4/7; 8/174.
clǣne clean, pure 10/71; 33a/19; 35/3; 37/89: free from claim 12b/31.
clǣne (ā) *av.* entirely 2/14; 16/27, 36; 33b/45.
geclǣnsian (ā) (-clāsnian 32d/93) cleanse, clear 12a/14, 15; 16/196; 30/76; 37/40, &c.
clamm (o) *m.* grip 20/85, 252; 27/10: fetter 22/128, 163.
clāþ *n.* cloth 15/177: *pl.* clothes 3f/17.
clēnniss *f.* chastity 33b/10, 15; 34/13.
clēofan II (*prt. pl.* clufon) split, cleave 21/283.
(ge)cleopian (i, y) call out, cry 3e/43; 15/14, 79, 129; 16/184, 192 n.; 21/25, 256; 32b/11: call, summon 12b/19; 13/17, 79; 14/19, 41; 15/196: say 13/174.
‡clibbor clinging 29/13. [clifian 'cleave to']
clif *n.* (*d. pl.* **cleofum**) cliff 9/59; 27/8.
clūdig rocky 4/61.
clumian mumble 16/183.
(‡)clūstor *n.* barrier 22/171. [L. claustrum]
clypian *see* (*ge*)**cleopian**.
clyppan embrace 26/42; 28d/26: accept 10/64.
geclystre *n.* bunch of grapes

32d/26.
clȳsung *f.* enclosure 13/151. [clūse *from* L. clausum]
cnapa *m.* boy 15/221.
gecnāwan VIIe know, perceive 16/1, 46, 96.
cnēo *n.* (*d. sg.* **cnēowe**) knee 5b/12; 26/42.
gecneordlic diligent 13/76.
gecneordnyss *f.* diligence 13/113.
cnēoriss *f.* tribe 23/324: generation 32b/4; c/38; d/41; f/4: nation 32d/9, 12, 41. [cnēo]
cniht (e) *m.* boy 8/70; 11/43; 32e/12: youth 21/9, 153: servant 32e/3; f/10.
cniht-hād *m.* youth, adolescence 13/93, 103.
‡cnossian *int.* dash, drive 27/8.
cnyllan knock, ring 38l/7, 8.
cnyssan bε at, buffet 24/59; 26/101; 27/33; 30/22; 31c/8: knock 38/7, 8: crash together 20/78.
cnyttan bind 16/115. [cnotta 'knot']
cocer *m.* quiver 31c/14.
‡cohhettan make a noise, cough 23/270.
cōlian grow cold 25/72. [cōl 'cool']
‡collen-fer(h)þ bold-hearted 23/134; 26/71.
compian *see* **campian**.
‡comp-wīg *n.* battle 23/333.
consul *m.* consul 3b/12. [L.]
gecōplīce *av.* fittingly 3b/34.
gecoren *see* **cēosan**.
corn *n.* corn 8/111, &c.; 34/45: grain 27/33.
cosp *m.* fetter 3d/31.
(‡)gecost chosen, excellent 23/231. [cēosan]
coþu *f.* illness 15/155.
cradol-cild *n.* infant 16/42.
cræft *m.* power, virtue 3d/45, 46: skill, craft 3f/8, &c.; 22/171; 31c/9: strength 5a/63, 90;

20/33; 22/24, 27: force, host 22/157 (OS.): 'dyrne cræfte' secretly 29/43.

cræftig, -eg (ea) strong 5a/85; 20/216; 37/11 : *sp.* **cræftgestan** 5a/74.

Crēcisc Greek language 5a/45.

crēopan II creep, kneel 16/192 n.

(‡)(*ge*)**crin(c)gan, -crincan** III (*prt.* **-crang, -crong, -cranc,** *pl.* **cruncon**) fall, perish 20/87, 318; 21/250, 292, 302, 324; 26/79.

crism-lising *f.* removal of the baptismal robes 7/28. [L. chrisma]

Crīst *m.* Christ 10/122; 12a/48; d/3; 25/56, 116; 29/4; 37/3, &c: **cristes bōc** gospel 12b/34; 14/5: *pl.* the anointed (= L. christos) 32c/28.

cristen Christian 2/28, 55; 3b/7; 5b/48; 8/96; 15/125; 16/31, &c. [L. christīnus]

cristen-dōm *m.* Christianity 3b/15, 23; 5a/88, 96; b/51; 16/99; 17/30, 32.

cū *f.* (*pl.* **cȳ**) cow 33b/14, &c.

culfre *f.* dove 32b/11. [Vulgar L. *columbra]

cuman IV (*pres.* **cym(e)þ,** *prt.* **c(w)ōm,** *pl.* **cōmon,** *ptc.* **cumen**) come 2/2; 3e/20, 50; 4/28, 88; 6/1, 28; &c.: *w. infin.* 'cōm swymman' came swimming 20/373: spring, take one's origin 9/19, 23, 24: come to, recover 14/162: go 26/92, 93: 'forþ ~' come off, take place 11/56.

‡**cumbol** *n.* standard 23/333.

‡**cumbol-wiga** *m.* warrior 23/243, 259.

‡**cumbul-gebrec** *n.* crash of standards, battle 37/11.

cumpæder *m.* godfather (*in relation to co-sponsors or parents*) 8/72. [L. compater]

cunnan *prt.-pres. vb.* (*pres.* **cann,**

conn, *pl.* **cunnon,** *prt.* **cūþe**) know 2/49; 12b/12; 14/108; 15/53, 123; 20/105, 127; &c.: be able, know how to 2/16, 39, &c.; 3c/9; 5a/97; &c.

(*ge*)**cunnian** *w. g. or a.* explore 20/176, &c.; 27/35: test 21/215: experience 26/29; 27/5.

cuppe *f.* cup 36/4. [Late L. cuppa]

cūþ known, familiar 20/53, 384; 26/55; 28e/8; 32b/23.

cūþian be known 32c/3.

cwaecung *f.* trembling 32c/34.

cwalu *f.* slaying 14/199; 16/53. [cwelan]

cweartern *n.* prison 14/166, 171.

cwellan (*prt.* **cwealde**) kill 20/84. [cwalu]

cwellere *m.* killer, assassin 14/50, 61.

*ge***cwēmlice** *av.* satisfactorily, pleasingly 13/143.

cwēn *f.* queen 5a/47, &c.; b/23, &c; 15/142; 18/68.

cwene *f.* woman 16/84, 112.

(*ge*)**cweþan** V (*prt.* **cwæþ,** *pl.* **cwǣdon,** *ptc.* **-cweden**) say, speak 1/32, &c.; 2/36, 46; 3e/44; 5a/9; &c.: *ptc.* called 13/38: reputed 14/157: **cuiþestū** = L. numquid 38l/9, 10.

cwic living 23/235, &c.; 26/9: 'cwice ærfe' livestock 34/10.

cwide (y) *m.* saying 28f/4: bequest, will, 12c/7; 36/1, 5. [cweþan]

‡**cwide-giedd** *n.* speech, saying 26/55.

cwild *f.* death 8/157. [cwalu]

cwiþan lament 25/56; 26/9.

cwōm see **cuman.**

cwyde-lēas speechless 14/161.

cwylman kill 9/51 : afflict 14/176. [cwealm 'death']

cwylmian *int.* suffer 14/139.

cȳgan see (*ge*)**cīegan.**

cyle *m.* cold 4/158, 160; 14/117. [ceald]

‡cyle-ġicel *m.* icicle 24/59.

cylle *m.* vessel 5b/82. [L. culleus]

cyme *m.* coming 10/81; 15/48; 24/47, 53. [cuman]

*ge*cynd *fn.* nature, natural function 3c/6.

cyne-cynn *n.* royal race 3d/13; 14/68, 71.

cyne-dōm *m.* kingdom 15/116; 37/150: royal law 11/8.

cyne-hlāford *m.* royal lord 18/32, 43.

cynelic royal 9/45, 49; 14/70, 72; 15/72.

cyne-rīce (k-) *n.* kingdom 2/70; 6/36; 14/135; 15/84.

‡cyne-rōf royally brave 23/200, 312.

cyne-setl *n.* throne 14/93.

cyne-stōl *m.* throne, royal dwelling 3b/22.

cyne-þrym *m.* majesty 32c/20.

cyn(in)ġ (k-), cin(in)g, cyncġ *m.* king 1/10, &c.; 3b/2, &c.; d/1; 4/1, 109; &c. [cynn]

‡cyning-bald royally brave 20/384.

cyning-cynn *n.* royal race 9/31.

cynlic suitable 33a/46.

cynn *n.* race 9/25; 23/226, &c.; 32a/9: family 21/76, 217, 266; 32f/6; 33b/6, 45: kind 37/60: 'monna ～' mankind 22/180; 23/52; 29/57: 'wifa ～' womankind 25/94.

cȳnost *see* cēne.

cynren *n.* kin 3d/25: progeny 29/28.

cyrce *see* cir(i)ce.

cyric-hata *m.* persecutor of the church 16/141.

cyrm *m.* cry, uproar 21/107.

*ge*cyrrednyss *f.* conversion 15/107. [cierran]

cyssan kiss 26/42; 28c/3. [coss 'kiss']

cyst *m.* best, pick 20/309; 25/1. [cēosan]

cystiġ excellent, virtuous 15/67.

(*ge*)cȳþan (*prt.* cȳþde, cȳdde) reveal, make known, inform 1/31; 2/2; 3f/8, 14; 5b/66; 9/40; &c. [cūþ]

cȳþere *m.* witness, confessor 13/198.

cȳþniss *f.* testament 32e/7.

cȳþþ(u) *f.* native land 23/312.

D

dǣd (ē) *f.* deed, act 1/2; 5b/13, 74; 9/42; 10/87; &c. [dōn]

dǣd-bētan atone, make amends 13/221.

‡dǣd-cēne brave 20/395.

dæġ (e) *m.* day 1/50; 4/11, 13; 8/27; &c.: lifetime 12a/36; b/2, 23; c/3, 15; d/7; 33b/2; c/8, &c.: 'on ～' that day 21/198: 'æne on ～' once a day 3c/7: 'longe on ～' far on into the day 6/24, 33: dæġes by day 3e/13; 8/105: 'þȳ dæġe' that day 11/24: *see also* tō-dæg.

dæġ-hwāmlīce *av.* daily 16/9, 123; 35/9.

dæġ-red *n.* dawn 23/204.

dæġþerlic: 'on ðysum ～um dæge' on this very day 14/64.

dæġ-weorc (deġ-) *n.* day's work 21/148; 23/266.

dæl *n.* (*pl.* dalu) dale 22/60, 176; 24/24.

dǣl *m.* part, share 2/44, 55; 4/139, &c.; 5a/3, &c.; 7/4; 8/52; &c.: 'be ǣnigum (suman) dǣle' to any (some) extent 16/150, 191: 'cȳdde be dǣle' gave a partial account 18/18.

dǣlan divide 30/51: distribute 15/47; 29/29: 'hilde ～' join battle 21/33.

*ge*dǣlan (ē) distribute 33a/34; b/35; 34/35: receive as one's share 22/51; 26/83?

*ge*dafenian befit 10/17; 13/192.

*ge*dāl *n.* separation 9/39. [dǣl]

*ge*dāl-land *n.* land divided into strips 11/65.

‡daroþ *m.* dart, javelin 21/149, 255; 29/21.

dēad dead 4/128, 141; 11/17; 20/59, 73; &c.: *as sb.* 27/98.

*ge*deafian (32d/57) = -þafian.

dēah *see* dugan.

dear *see* durran.

dēaþ *m.* death 10/127; 11/48; 13/100, 146; &c.

‡dēaþ-dæġ (dēoþ-) *m.* day of death 29/60; 31b/5.

‡dēaþ-reced *n.* grave 24/48.

‡dēaþ-wīc *n.* abode of death 20/25.

dēaw *m.* dew 28e/12; 32d/3.

*ge*delf *n.* digging 5b/17.

delfan III dig 3c/22.

dēgulnis *f.* secrecy 32c/32. [digel]

dēma *m.* judge 13/178; 23/4, 59, 94; 30/48.

dēman (œ) judge 25/107; 31b/5; 32d/72; 38/1, 2: decree 10/20: condemn 23/196. [dōm]

‡dēmend *m.* judge 29/36.

Denisc Danish: 'on ∼' on the Danish pattern 8/173: 'þā Deniscan' the Danes 6/7, &c.; 8/44, 98, &c.

denu *f.* valley 24/24.

deodan (35/4) *see* dōn.

dēofol *mn.* devil 15/158; 16/6; 22/60, 64; 27/76; 32d/34. [L. diabolus]

‡dēofol-cund diabolical 23/61.

dēofol-ġeld *n.* idol 32d/44.

dēop deep 22/60, 176; 25/75: heinous 30/79.

dēop *n.* deep water, channel 8/185.

dēope *av.* deeply 26/89.

dēoplīce *av.* deeply 11/46 n.

dēor (īo) *n.* animal 3d/37, 39; e/6; 4/52: deer 4/45.

‡dēor bold 27/41, 76.

deorc dark 25/46: gloomy 26/89.

dēor-cynn *n.* species of animal 3d/35, 37.

dēore (ȳ) costly, precious 4/47, 150; 20/278; 23/319: beloved 22/16, 95: *sp.* dearest 20/59: most precious 29/10.

dēore *av.* at great cost 16/88.

*ge*deorf *n.* labour, trouble 13/211.

dēorwurþ, -wyrþe (īo) precious 3c/3; 15/177.

dēorwyrþness *f.* treasure 3c/23.

derian *w. d.* harm, injure 3d/47; 16/54, &c.; 21/70. [daru 'injury']

derne *see* dyrne.

diacon *m.* deacon 33a/40. [L. diāconus]

dīc *m.* ditch 5b/31, 32.

dīgel, -ol (ȳ) secret 5b/63; 20/107; 29/62.

dīgellīce *av.* secretly 3b/20.

(*ge*)dihtan compose, draw up 12d/9; 15/215. [L. dictāre]

dimm dark 3b/37.

‡dīor-mōd brave 37/1.

disc *m.* dish 15/72, &c. [L. discus]

dōgor *mn.* day 20/145; 23/12; 26/63; 33b/25. [dæg]

dohte *see* dugan.

dohtor *f.* (*d. sg.* dehter (œ)) daughter 3d/10, 17; 5a/56; 12a/9; 15/141; 16/113; 28b/12; 32d/39; 33c/13.

dol foolish 22/95; 27/106; 28d/17. [*cf. ge*dwola]

dolg *n.* wound 25/46.

‡dolh-wund wounded 23/107.

dollīce *av.* foolishly 22/50.

dōm *m.* law 11/1, 10, 14; 37/92: award 1/30; 21/38: judgement, decision 10/55, 85; 11/28; 25/107; 32d/6, &c.; 38/2: last judgement, doom 10/82; 14/124; 16/198; 24/48; 29/60; 30/45, 79: fame, reputation 20/138, 220, &c.; 21/129; 23/196, &c.; 27/85; 29/21.

dōm-dæg *m.* Day of Judgement 25/105.

dōm-ġeorn eager for glory 26/17; 30/56.

dōmlīce *av.* gloriously 23/319.

dōn *anom. vb. (prt.* dyde, *pl.* deodan 35/4, *ptc.* ġedōn) do, perform, act 2/12, 22; *and passim: in place of another verb* 8/139; 10/12; 23/95; 35/4: put, place 13/25; 18/6: take 2/80; 28d/3: bring 2/66: carry on 9/60: 'dyde mē tō gomene' took for my pleasure 27/20.

gedōn (-dōan) *anom. vb. (1 pers. pres.* -dōm 32d/80, *prt.* -dyde) do, cause 8/176; 32d/80; 38l/12: bring to pass 2/59; 4/161; 22/159; 37/131: bring 27/43: arrive 8/82, &c.

dorste *see* durran.

draca *m.* dragon 29/26; 32d/67. [L. dracō]

drǣfan drive 16/75. [drāf]

drāf *f.* drove, band 16/118. [drīfan]

drēam *m.* joy 20/25; 22/12; 23/350; 25/133, &c.; 26/79; 27/65, &c.; 37/157.

(ge)dreccan (*prt.* drehte) afflict 8/166; 14/152, 154; 15/159; 16/55.

drēfan (ōe) make turbid 20/167; 28a/2: trouble, disturb 3b/28; 5a/29; 23/88; 25/20, 59; 32c/5, &c.

drencan (*prt.* drencte) give to drink, drench 23/29. [drincan]

dreng *m.* Viking warrior 21/149. [ON. drengr]

drēogan II (*prt.* drēah, *pl.* drugon) perform 16/83; 20/220: suffer 3d/42; 23/158; 27/56; 30/25.

‡drēorig bloodstained 20/167: dreary, sad 26/17, 25. [drēor 'blood'; *cf.* drēosan]

‡drēorig-hlēor sad-faced 26/83.

(‡)(ge)drēosan II (*prt.* drēas,

ptc. ġedroren) fall 24/34; 26/36, 63; 27/86.

‡drepe *m.* stroke, blow 20/339. [drepan 'strike']

drīfan I drive 16/73, 118.

driht- *see also* dryht-.

‡driht-scype *m.* valour 20/220.

drinc *m.* drink 3c/3.

drincan (y) III (*prt. pl.* druncon) drink 3c/8, 11; 4/124; 5b/68, 84; 20/398; 28c/12; 32d/29, 76.

drohtnian live, conduct oneself 13/143.

drohtnung *f.* way of life, conduct 13/196; 15/44.

druncen (*ptc.*) drunk 17/43; 20/217; 23/67, 107.

‡drūsian grow calm 20/380: languish, grow low 30/22.

drȳ-cræft *m.* sorcery 3d/29, 43. [O. Irish drūi]

drȳ-cræftiġ skilled in sorcery 3d/19.

drȳġe dry: 'on drȳgum' on dry land 8/180.

‡gedryht *f.* company 30/55. [drēogan]

dryhten (i) *m.* lord 20/234; 23/21; 27/41: God, the Lord 9/2; 10/41, &c.; 13/1, 45, &c.; 15/118; 19b/28; 20/148, 304; &c. [dryht]

‡dryht-folc *n.* nation 28d/17.

‡dryht-guma *m.* retainer, warrior 20/138; 23/29.

‡dryhtlic (i) noble 29/26: *sp.* 27/85.

drync *m.* drink 5b/62. [drincan]

gedrync *n.* drinking 4/134, 137.

‡dryre *m.* fall 24/16. [drēosan]

‡drysmian become overcast 20/125.

dugan *prt.-pres. vb. (pres.* dēah, *prt.* dohte) avail 20/94; 21/48: 'ne dohte hit' nothing has prospered 16/51, 106.

dugunde suitable, full-grown? 33a/19.

duguþ *f.* excellence 5a/57: honour, benefit 21/197: nobility, body of followers 16/179; 23/31; 26/79, 97; 27/86: heavenly host 23/61; 27/80; 30/56. [dugan]

dulmun *m.* war-ship 5a/64 (*see note*).

dūn *fm.* hill 37/133.

‡**dūn-scræf** *n.* ravine 24/24.

durran *prt.-pres. vb.* (*pres.* **dear**, *sbj.* **durre**, **dyrre**, *prt.* **dorste**) dare 4/21, 28; 5a/63; b/66; 12a/23; 14/191; 16/22, 24; 20/129; &c.

duru *f.* door 1/14; 24/12; 29/36; 38l/13.

dūst *n.* dust 15/158, &c.; 28e/12.

dwǣs foolish, stupid 16/157.

dwelian lead astray 16/6. [dol]

*ge*dwimor *n.* phantom, illusion 14/154.

*ge*dwola *m.* heresy 3b/7. [dwelian]

*ge*dwol-god *n.* false god 16/23, 26, 29.

*ge*dwyld *n.* error 13/84; 15/144. [dwelian]

dyde *see* **dōn**.

dȳfan dip 28d/3. [dūfan]

dȳgel *see* **dīgel**.

dyhtiġ strong 20/37. [dugan]

dynian resound 20/67; 23/204: clamour 23/23. [dyne 'din']

dynt *m.* blow 17/49.

‡**dȳran** esteem, praise 22/12. [dēore]

dȳre *see* **dēore**.

dyrne (e) secret 20/107; 29/43, 62; 37/71.

dyrre *see* **durran**.

‡**dȳrsian** glorify 23/300. [dēore]

dyrstelīce *av.* boldly, presumptuously 13/204. [durran]

*ge*dyrstiġ presumptuous 35/15.

dysiġ foolish 3d/12; 16/143; 32d/10.

dysiġ *n.* folly, error 3f/25.

dyslic foolish 13/169; 15/195.

E

ēa *fm.* (*g. sg.* **ēas**, **īe**, **ē**, *d. sg.* **ēæ** 8/138, *a. pl.* **ēa** 5b/14) river 3e/14; 4/20, 23, 113; 5a/16; b/6, &c.; 8/8, 91, 95, 140; 29/30.

ēac *av.* also 2/8, 10; 3d/15, 21; e/23; f/14; &c.: ~ **swelce** (i) also 10/10; 15/25; &c.

ēac *prp. w. d.* besides 8/164; 21/11: ~ **þan** *av.* also 37/61, 71.

ēaca *m.* reinforcement 8/81.

‡**ēacen** great, mighty 20/371: increased 28b/8. [*ptc. of* ēacan 'increase']

ēacnian conceive 37/62.

‡**ēad** *n.* happiness, prosperity 22/157; 23/273; 28d/23.

‡**ēad-hrēþiġ** triumphant 23/135.

ēadiġ blessed, happy 14/2, &c.; 15/10; 23/35; 24/11, 20; &c.

ēad-mēdan humble 37/129.

ēad-mōd *see* **ēaþ-mōd**.

‡**ēad-wela** *m.* prosperity 30/81.

‡**ēafera** *m.* son, child 20/297; 22/154.

‡**ēafoþ** *n.* strength 20/216.

ēage (**ēgo** 38l/4) *n.* eye 13/31, 172; 14/160; 18/37; &c.

eaht *f.* deliberation, counsel 30/6.

eahta (e) eight 4/40; 15/120; 17/39.

eahtian guard 20/157.

ēa-lā (**ǣa-**) *interj.* oh! 3c/1, &c.; d/45; 13/142; 14/17; 16/168; 26/94, 95.

ēa-land (o) *n.* island 3b/4; c/12; 9/6, 22; 34/48.

eald (a) old in years 3e/55; 5a/76; 6/16; 21/310; &c.; ancient, of long ago 13/74; 16/37; 20/238, 308; 21/47; 23/265; 26/87; &c.: full-grown? 33c/5: 'ealda fæder' grandfather 21/218: *as sb.* old man 32d/54: *cp.* **yldra** 20/74: *sp.* **ieldsta**, **yldesta** oldest, chief 11/5; 17/36; 23/10, 242.

eald-dōm *m.* age 5b/52.

eald-fæder *m.* patriarch 13/156, 164.

‡eald-fēond *m.* ancient enemy 23/316.

‡eald-genīþla *m.* ancient enemy 23/228.

eald-gestrēon *n.* ancient treasure 20/131, 208.

‡eald-gewyrht *n.* deed done of old 25/100.

‡eald-hettende *mpl.* ancient enemies 23/321.

eald-hlāford *m.* hereditary lord 3b/17.

eald-hlāford-cynn *n.* hereditary lordship 3b/23.

ealdian grow old 13/98; 27/89.

ealdnyss *f.* old age 13/100, 104.

ealdor (a) *m.* lord, prince 14/18, 165; 20/394; 21/11, 53; 23/38, 58; 25/90; 37/26, 70; &c.: ‘hiredes ∼’ = L. paterfamilias 13/4, &c.

(‡)ealdor (a) *n.* life 20/88, 121, &c.; 23/76, 185; 28b/3; 37/21: vitals 20/184: ‘tō (e)aldre’ for ever 22/182, 191; 23/120; 24/40, 83; 27/79: ‘on aldre’ ever 22/157; 37/41: ‘tō wīdan aldre’ for ever 23/348.

ealdor-biscop *m.* chief bishop, high-priest 14/14.

‡ealdor-duguþ *f.* chief nobility 23/310.

ealdor-man (aldor-) *m.* earl 1/3, 6; 6/3, 7; 8/67, 84; 11/3, 9; 12b/3; 17/35; 21/219; &c.: prince, leader 32d/88: superior 10/50.

(‡)ealdor-þegn (aldor-) *m.* chief thegn 20/58; 23/242.

eald-riht *n.* ancient privilege 3b/9, 16, 24.

ealdung *f.* age 5b/49.

eall (a) all 1/16, 22; *and passim:* mid ∼e entirely 3b/39; 5a/76; b/69; 8/4; &c.: ∼es *av.* entirely 3f/3; 8/155; 14/193;

&c.: eal(l) *av.* entirely 4/22, 29; 16/108, 117, &c.; 26/60: ∼es swīþost especially 8/157: ‘ealne weg’ always 3c/6, 10; 4/9, &c.

eall-gylden all-golden 23/46.

eallunga entirely 3d/50.

Eall-wealdend *m.* the Omnipotent 15/20.

ealneg *see* weg.

ealo *n.* (*g.* (e)aloþ) ale 3f/17; 4/127, 161; 33a/23.

eam *see* eom.

ēam *m.* maternal uncle 15/6.

eard *m.* land, country 3d/27; 5a/27; 14/100, 193; 15/203; 16/40, 56; 20/127, 250; 21/53, 58; 27/38.

‡eard-geard *m.* habitation 26/85.

eardian dwell 4/63, 100; 14/194.

eardiend *m.* dweller, inhabitant 32b/4.

eard-stapa *m.* wanderer 26/6.

eardung-stōw *f.* dwelling-place 9/6, 15.

ēare *n.* ear 37/78.

earfoþ *n.* hardship, distress 26/6, 30/57: toil 16/44 n.

‡earfoþ-hwīl *f.* time of hardship 27/3.

earfoþlic difficult, full of hardship 26/106.

earfoþlīce *av.* with difficulty, laboriously 13/196; 14/144, 150; 20/386.

earfoþ-rīme difficult to count 3a/6.

eargian shun 16/150 n.

earh cowardly 21/238.

earhlic shameful, cowardly 16/103.

earm *m.* arm 15/27, &c.; 21/165; 32f/7.

earm poor 5a/11; 16/39: wretched 5a/73, 81; 9/54; 16/168; 17/15, 31; 25/19, 68; 26/40; 29/19.

‡earm-cearig wretched, distraught with care 26/20; 27/14.

earmlic wretched 15/198.
earmlīce *av.* wretchedly 16/170.
earm-sceapen wretched, miserable 20/101.
earn *m.* eagle 21/107; 23/210;
27/24; 32d/21.
(*ge*)**earnian** deserve, gain 3e/45;
12a/24; 15/223; (*w. g.*) 16/13,
15, 200; 25/109; 37/157: '~ tō'
hold land under 34/44.
earnung *f.* merit 16/14, 16.
*ge*carnung *f.* desert, merit 15/31,
&c.: favour 21/196.
earre *see* yrre.
eart, earþ *see* eom.
earþ *m.* crop, produce 34/11.
ēast *av.* eastwards 4/16; 8/55;
18/4.
ēastan *av.* from the east 4/116,
118; 23/190: be ~ east of 7/16;
8/86: wiþ ~ to the east 4/62.
ēast-dǣl *m.* the east 5b/4; 9/6;
13/183; 14/8, &c.; 24/2.
ēast-ende *m.* eastern end 8/6.
Ēaster-dæg *m.* Easter Day
15/71; 17/37.
ēasterne eastern 22/70.
‡**ēa-steþ** *n.* river bank 21/63.
ēasteweard, -werd eastern 8/5:
av. 4/64, 65.
ēasteweardes *av.*eastwards 8/52.
ēast-healf *f.* east side 8/95.
ēast-lang *av.* extending east 8/7.
ēast-rīce *n.* East Frankish kingdom 8/2, 17.
Ēastron *fpl.* Easter 6/29; 7/11,
15; 17/37, 39.
ēast-ryhte *av.* due east 4/14.
ēast-sǣ *fm.* eastern sea 9/43.
ēaþe *av.* easily 2/59; 16/169;
30/57: *sp.* 23/75, 102.
ēaþ-mēde humble 37/153.
ēaþ-mēdu *f.* reverence 23/170.
ēaþ-mēttu *npl.* humility 12a/32.
ēaþ-mōd (**ēad-**) humble 15/66;
25/60; 27/107; 32f/9.
ēaþ-mōdlīce *av.* humbly 10/88.
ēaþ-mōdnis *f.* humility 32f/3;
33a/6.

ēawu *f.* ewe 33b/21, 23.
eaxl *f.* shoulder 20/297; 25/32.
‡**eaxl-gespann** *n.* intersection
(*of a cross*) 25/9.
(‡)**eaxl-gestealla** *m.* close comrade 20/76.
ebba *m.* ebb-tide 21/65.
Ebr(e)isc Hebrew 13/74: 23/306.
Ebrisc-geþīode *n.* Hebrew language 2/50.
ēce (**ǣ**) eternal 9/56; 10/41;
13/80, 115; 14/104, &c.; 27/67,
79; 30/81; &c.
ēcelic eternal 32c/14.
ēcelīce *av.* eternally 14/139.
ecg *f.* edge 23/231; 28d/6:
‡sword 20/37, &c.; 21/60;
23/231; 29/16.
‡**ecg-bana** *m.* slayer 20/12.
‡**ecg-hete** *m.* violence 27/70.
‡**ecg-plega** *m.* battle 23/246.
ēcness, -niss, -nyss *f.* eternity
12a/47, 49; 15/35, 227; 32c/14;
d/83.
ed-gift *n.* repayment 12a/29.
ed-hwyrft *m.* reversal 20/31.
[hweorfan]
ed-lēan (**aed-**) *n.* reward, recompense 13/126; 14/122; 33a/4.
*ge*edlēanian reward, repay 32d/
9, &c.
ed-nīwe, -nēowe renewed 22/
69; 24/77.
edor *m.* fence, rampart 26/77.
‡**ed-wenden** *f.* change 24/40.
ed-wīt *n.* reproach 23/215; 32a/
11. [witan]
ēfen (32b/8, 10) = ǣfenn.
efen-eald of equal age 14/88, 182.
efenēhþ *f.* neighbourhood 8/112.
efen-hlytta *m.* equal sharer,
partaker 14/122. [hlot 'share']
*ge*efen-lǣcan emulate 13/193.
efes *f.* fringe, edge 8/26.
efne *av.* even 20/33, 321: just
10/16: lo! behold! 13/176;
14/8, &c.
efstan hasten 20/243; 21/206;
25/34. [ofst]

eft *av.* again, 2/51, 53; 3a/9; d/6;
e/20, 27; 8/2, 66; 10/32; &c.:
afterwards 2/45; 3e/60; 5a/41;
b/22; &c.: 'eft siððan' after-
wards 15/141, 175.

‡eft-sīþ *m.* return journey 20/82.

ege *m.* fear 3e/16; 5a/59; 9/35;
10/81; 16/150; 32d/53; e/9.

egesa, egsa *m.* terror, fear
23/252; 27/101, 103; 31c/13:
awe 25/86.

egesful terrible 23/21, 257; 29/30.

egeslic awful, dreadful 3e/24;
15/174; 16/4, 82, 91; 20/399;
25/74.

egeslīce *av.* terribly 14/143.

ēghwylc (33c/10; 35/10) = ǣg-
hwilc.

eglan molest, afflict 23/185.

ehta *see* eahta.

ēhtan persecute 13/201; 20/262:
pursue 23/237. [ōht 'persecu-
tion']

ēhtere *m.* persecutor 14/113.

ēhtnyss *f.* persecution 14/3, 88,
&c.

elcung *f.* delay 13/146, &c.

eld *see* yld(u); eldran *see*
ieldran.

ele *m.* oil 14/158; 32d/26. [L.
oleum]

‡ēled *m. (g. *ēldes)* fire 30/59.

ele-trēo *n. (g. -trēs)* olive
32c/39.

ellen *n.* courage, zeal 20/243,
279; 23/95; 25/34, 60, 123; 26/
114; 29/16: 'on ellen' bravely
21/211.

‡ellen-dǣd *f.* deed of courage
23/273.

‡ellen-mǣrþ *f.* fame for courage
20/221.

ellen-rōf courageous 23/109,
146.

‡ellen-þrīste courageous 23/
133.

‡ellen-weorc *m.* deed of courage
20/214.

ellen-wōdniss *f.* zeal 10/90.

elles (æ) *av.* else, otherwise
27/46: '∼ hwæt' anything else
33b/42, 43.

ellor *av.* elsewhere 23/112.

‡ellor-gǣst, -gāst *m.* alien
spirit 20/99, 367, 371.

elmesse (33c/12; 34/41) = æl-
messe.

eln *f.* ell 4/39, &c.; 5b/28, 33.

el-þēod *f.* foreign people 23/237.

el-þēodig foreign 5a/73; 23/215:
as sb. foreigner 27/38.

emb(e) *see* ymb(e).

emn even, level 5b/25.

emn-lange *prp. w. d.* along 4/62.

emn-niht *f.* equinox 18/49.

em-sārig *w. d.* equally sorry
5a/35.

end (31a/2) = and.

ende (æ) *m.* end 10/91; 13/49,
64; 14/207; 16/2; &c.: district
8/72; 16/35, 52, 107: border
25/29.

ende-byrdan arrange in order
13/180.

ende-byrdnes *f.* order 10/21,
37; 13/168; 32c/24.

ende-nēxt last, latest 13/18, &c.

endian end *tr.* 24/83.

*ge*endian end *int.* 3b/10: die
12a/38; 15/198; 16/35 n.: *tr.*
end, finish 5a/57; b/24; 10/91,
124; 32b/8, 10.

end-lyfta eleventh 13/53, &c.

*ge*endung *f.* ending 13/54, 101,
181; 15/127; 32c/42.

enge (æ) narrow 20/160; 22/111;
24/52; 30/26.

engel *m.* angel 13/188; 14/34,
&c; 15/221; 21/178; 22/17, 27;
&c. [L. angelus]

‡engel-cynn *n.* order of angels
22/1.

*engel-dryht *f.* host of angels
25/9.

engellic angelic 14/112.

Englisc English 2/64, 68; 3a/9;
8/193; 11/79: English language
2/17, 70, 77; 3a/2; 5a/46.

Englisc-ġereord *n.* English language 10/7.
ent *m.* giant 5a/62; b/22; 26/87; 29/2.
ēode *see* **ġān**.
eodorcan chew the cud 10/71.
eofer-sprēot *m.* boar-spear 20/187. [sprēot 'stake']
eofor, efor *m.* boar 3d/33; 29/19: boar-crest 20/78.
‡**eoh** *m.* horse 21/189: *expressed by rune* 30/26.
eom, eam *anom. vb.* (*2 pers. sg.* **eart, earþ** 32d/37, *3 pers.* **is** (y), *pl.* **aron** 38l/11, 14, **sint** (y), **sindon** (y), **siondan** (eo), *syn* 16/67, 69, &c., *sbj.* **sīe, sȳ, sē** 33c/16; 38l/1, **sēo** 34/15, 16; 35/15, **sīo** 34/21, &c., **sīæ** 31c/14, *pl.* **sīen, sēon** 34/50) am, *passim. See also* **bēon, nis, wesan.**
ēored *n.* mounted troop 32c/19. [eoh-rād]
eorfeþe difficult 38r/14.
eorl *m.* Danish jarl 6/2, 12, &c.: English ealdorman 12c/9, 10; d/1; 18/20, &c.; 21/6, &c.: (‡)warrior, nobleman 20/31, 62, &c.; 23/21, 257; 26/12, 60, &c.; 27/72; 29/16, 32.
‡**eorl-ġewǣde** *n.* armour 20/192.
eorlīce *av.* angrily 12b/19. [= eorrelīce]
eornost *f.* earnest: 'on ~' *av.* seriously 16/120.
eornoste *av.* resolutely 21/281; 23/108, 231.
eornostlīce *av.* in truth, indeed 13/61, 101; 14/135.
eorre *see* **yrre**.
‡**eorþ-būend** *m.* inhabitant of earth 28e/8.
eorþe *f.* earth, world 3c/2, 14; 10/42; 22/66; 23/65; &c.: ground 4/132; 15/164; 17/49; 19a/8; 20/282; &c.: soil, earth 15/160; 19a/1, 4; 22/120.
eorþlic earthly 3f/2, 3; 14/90.

eorþ-rīce *n.* earthly kingdom 22/174.
eorþ-scræf *n.* grave 26/84.
eorþ-tyrewe *f.* bitumen 5b/30.
‡**eorþ-weġ** *m.* earth 25/120.
eorþ-welan *mpl.* worldly prosperity 27/67.
‡**eotenisc** of giants, gigantic 20/308. [eoten 'giant']
ēow, ēowic *see* **ġē**.
ēowan reveal 23/240.
ēowcr, ēwer (38r/11), **īuer** (38l/6, 11), **īower** (5a/89, 91) your 1/37; 13/106; 23/195.
ēower of you: *see* **ġē**.
ercnan-stān *m.* pearl 38r/6.
erfa *m.* (*d. pl.* **erbum**) heir 33c/9.
erfe *see* **ierfe.**
erfe-weard (**ærfe-**) *m.* heir 33b/40, 50; 34/40, &c.
erfe-wordnis *f.* inheritance 32d/17.
erian plough 4/50, 60.
crmþ(u) *see* **yrmþ**(u).
‡**ēsa** *g. pl. of* **ōs** god 19b/23, 25.
esne *m.* man, fellow 3e/44.
ēst *f.* grace, favour 16/44 n.; 24/46; 28d/24.
ē-suica *m.* hypocrite 38l/5. [swīcan]. *Cf.* **ǣ-swic.**
etan (eo) v (*prt.* **ēt**, *pl.* **ǣton**) eat 3c/7, 8; d/38, 39; 32c/31; 32d/29, &c.
ettan graze on 4/60; 11/66. [etan]
ēþe easy, pleasant: *sp.* 30/59.
ēþel *m.* native land, homeland 9/8, 16, 58; 14/33; 19a/11; 21/52; 23/169; 25/156; 26/20; 27/60; 29/20: territory 2/8.
‡**ēþel-weard** *m.* guardian of the country 23/321.
ēþness *f.* ease, pleasure 3b/16.
ēþre *fpl.* kidneys 32d/28.

F

ġefā *m.* foe, adversary 11/84. [fāh]
fācenfull treacherous 14/86.

fāc(e)n *n.* crime, treachery 5a/80; 29/56.

fadian arrange, order 16/60, 195.

fæc *n.* space of time 10/5, 124.

fǣcne vile, treacherous 30/1.

fæder (a 38l/11) *m.* (*g.* feadur 32a/6, *pl.* feddras 32d/36, *d. pl.* feadrum 32f/11, fedrum 32e/7) father 3d/15; 9/29; 11/2; 12a/2; 14/190; 16/59; 20/105, 229; &c.: God the Father 20/359; 23/5; 26/115; 29/61; 37/111.

fæderen-mǣg (fedren-) *m.* paternal kinsman 20/13; 34/21.

(‡)fǣge doomed to death 20/277, 318; 21/105, &c.; 23/19, &c.; 27/71.

fægen glad 15/107; 20/383; 26/68. *ge*fægen glad 7/18.

fæger ` fair, beautiful 5b/26; 10/91; 23/47; 24/64; 25/8, &c.: *sp.* 24/8.

fægnian *w. g.* rejoice at 14/173; 15/48, 168; 20/83.

fæg(e)re *av.* fairly, suitably 21/22; 23/301; 29/56: *sp.* fægrost most happily 27/13.

fægrian grow fair *or* make fair 27/48.

*ge*fæh *see ge*fēon.

fǣhþ *f.* hostility, feud 20/83, 90, &c.; 21/225; 28e/11. [fāh]

(‡)fǣlsian cleanse 20/370.

fǣmne *f.* virgin, maiden 29/44; 32d/54.

fær *n.* journey 8/42; 14/63. [faran]

fǣr *m.* danger 22/89.

fǣreld *n.* journey 34/15.

‡fǣr-gripe *m.* sudden grip 20/266.

fǣringa *av.* suddenly 20/164.

fǣrlice *av.* suddenly 15/183; 26/61.

‡fǣr-sceaþa *m.* sudden enemy 21/142.

‡fǣr-spel *n.* sudden tidings 23/244.

fǣr-stice *m.* sudden pain 19b/1. [stician]

fæst secure, strong 5b/42; 20/40, 114; 29/38: tight 22/163: *sp.* 5b/37.

fæste (e) *av.* securely, strongly 10/48; 20/45; 21/21, &c.; 22/129; 23/99; 25/38, 43; 26/13, 18; &c.: tightly 16/115.

fæsten-bryce *m.* non-observance of fasts 16/139.

‡fæsten-ġeat *n.* fortress gate 23/162.

fæstenn *n.* fortress 8/11n., 91; 13/145; 23/143: fastness, safe place 21/194.

fæstlice *av.* stoutly, strongly 12a/12; 18/42; 21/82, 254.

fæstness *f.* stability 5b/27.

(*ge*)fæstnian fasten 15/134: make secure, establish 11/8; 21/35; 25/33.

fæstnung *f.* security 26/115.

fǣt fat 32d/30.

fǣtels *m.* vessel 4/160: bag 23/127.

fǣttian grow fat 32d/31.

fæþm *m.* bosom, embrace 20/143; 28d/25; 29/61.

‡fæþm-rim *n.* measure, cubit 24/29.

fāg (-h) stained 20/36, 209, &c.; 23/194; 25/13; 30/7: adorned 20/365; 26/98; 29/22: marked, branded? 20/13.

fāh (*g. pl.* fāra) hostile 20/213.

fandian test 4/7. [findan]

faran VI (*1 pers. pres.* fearu 32b/1, *prt.* fōr, *pl.* fōron, *ptc.* ġefaren) go, journey 3d/5; 4/9, 12; 5a/4, 49; &c.: 'on fareð' assails 27/91.

*ge*faran VI (*prt.* -fōr, *pl.* -fōran, *ptc.* -faren) go 4/103: die 6/29: conquer 5a/24: attack 5a/64: fare 18/18: *tr.* 'swā hī hit gefaren mihton' as they could make it (*the journey*) 18/52.

faru *f.* journey 14/41.
fēa, fēawa (*g.* fēara 20/162) few
2/15, 19, 28; 4/5; 5a/90; &c.
gefēa *m.* joy 37/80. [gefēon]
feadur *see* fæder.
gefeah *see* -fēon.
fealdan vIIc (*prt. pl.* fēoldan)
fold 28d/7.
fealh *see* fēolan.
(*ge*)feallan vIIc (*pres.* fylþ 4/89?,
prt. fēol(l), *pl.* fēollon) fall
3b/30; 9/49; 14/29, 74; &c.:
fall in battle 15/125, 128; 21/54,
105, 111; 23/308; &c.
fealo(*pl.* fealwe) yellow, withered
24/74: dark 26/46.
fealo-hilte golden-hilted 21/166.
fearr *m.* bull 32d/28.
fearu *see* faran.
fēa-sceaftig destitute, desolate
27/26.
feax *n.* hair 20/287, 397; 23/99,
281.
(*ge*)feccan, -feti(ȝ)an (*prt.* fette,
pl. -fetodon, *ptc.* -fetod)
fetch 8/146; 15/28, 188; 20/60;
21/160; 23/35; 25/138.
fēdan (œ̄) feed 17/58; 32d/25,
37: pasture 32a/2: rear 5a/42;
28b/9. [fōda 'food']
feddras, feder(-) *see* fæder(-).
fefer-fūge *f.* feverfew 19b/1.
[L. febris]
gefēgon *see* -fēon.
fēhþ *see* fōn.
fe(a)la (eo) *w. g.* many 4/31, 99;
6/18, 27; 8/91, 168; 11/76; &c.:
much 16/50, 80.
fela *av.* much, greatly 20/135.
‡fela-mōdig very brave 20/387.
gefēlan feel 27/95.
feld *m.* field 32c/11, 39: open
country 8/24; 11/35; 12d/6;
15/163, 165: plain 24/26:
battlefield 21/241.
fell *n.* skin, pelt 4/52, &c.;
19b/20.
gefellan *see* -fyllan.
feng *m.* clutch, grasp 30/52. [fōn]

‡fengel *m.* prince 20/150, 225.
‡fen-gelād *n.* marsh-track 20/
109.
fen-lond *n.* fenland 5a/15.
fenn *n.* fen, marsh 8/11; 20/45;
29/42.
feoh (fiah 33c/15) *n.* (*g.* fēos,
d. fēo) money, property 1/21,
30; 4/136, &c.; 5a/101; 7/30;
8/61, &c.; 11/57; &c.: cattle
29/47.
‡feoh-gīfre avaricious 26/68.
feohlēas without property 8/153.
gefeoht (io) *n.* fight, battle 1/7;
3c/13; d/5; 5a/8, 71; 6/28;
8/45; &c.
feohtan III (*prt.* feaht, *pl.* fuh-
ton) fight 1/7, 17; 5a/12; b/76;
6/18; 9/8; 15/11; 21/16, 254;
&c.
gefeohtan III (*prt.* -feaht, *pl.*
-fuhton, *ptc.* -fohten) fight
6/3, &c.; 7/20; 8/36, 96, 190;
11/27; &c.: win by battle
21/129; 23/122.
‡feohte *f.* fight 21/103.
feola *see* fe(a)la.
fēolan III (*prt.* fealh, *pl.* fulgon)
burst in, penetrate 1/39; 20/31.
‡fēol-heard hard as a file 21/108.
fēon (*prt. pl.* fīodun) hate 32d/
85, 93; e/6.
gefēon (īo) v (*prt.* -fe(a)h, -fæh,
pl. -fēgon) *w. g. or inst.* rejoice
10/104; 20/319, &c.; 23/205.
[gefēa]
fēond *m.* (*pl.* fȳnd, fēondas)
enemy 9/17, 55; 15/12, &c.;
16/87; 20/26; 21/82, 103;
23/195; &c.: fiend 20/23;
22/61, 69, &c.; 27/75. [fēon]
‡fēond-sceaþa *m.* enemy 23/
104; 28c/19.
feor *av.* far 4/11, 12; 9/38; 20/90,
111; 21/3, 57; &c.: *w. inst.*
26/21: afar back 26/90: *sp.*
firrest 4/11.
feor-cund of distant origin,
strange 11/51.

‡feorg-bold *n.* body 25/73.
feorh (-ġ) *mn.* life 1/21, 42;
11/81; 14/187; 20/43, &c.;
21/125, &c.; 27/71; &c.: 'on
widan fēore', 'tō widan fēore'
for ever 30/53, 86.
‡feorh-ġenīþla *m.* deadly foe
20/290.
‡feorh-hūs *n.* body 21/297.
feorm-fultum *m.* contribution
to a food-rent 34/26.
feorran *av.* from afar 20/120;
23/24; 25/57; 29/1.
feorran-cumen come from afar
11/50.
fēorþa fourth 23/12.
fēower four 4/16; 5b/14; 8/134;
&c.
fēower-scȳte square 5b/26.
[scēat]
fēowertiġ forty 4/41; 8/48; 9/1;
17/40, 57: 'syxta ēac fēower-
tigum' forty-sixth 9/3.
fēowertȳne fourteen 10/93; 20/
391.
fer(-) *see* for(-).
ġefēra (ēo) *m.* companion 1/36,
38; 7/29; 14/122; 15/5, 14;
18/7, 11; 21/170, &c.; 22/61;
26/30; 34/3: wife 35/2.
fēran go 5a/22, 41; b/47; 13/4;
14/24; 15/3, &c.; 17/15; 18/12;
20/140, 382; 21/41; &c.: *pres.
ptc.* fērende travelling 28a/9.
ferd- *see* fyrd-.
‡ġefēre accessible 24/4. [fōr
'journey']
fērende ravaging 38l/15.
‡ferhþ, ferþ *mn.* heart, spirit
20/383; 26/54, 90; 27/26, 37;
28d/21; 37/94, &c. [feorh]
‡ferhþ-glēaw prudent 23/41.
(ġe)feri(ġ)an carry, take 8/34, 46;
14/39, &c.; 15/113, 135; 17/51;
20/388; 26/81; 28c/7: *int.* go
21/179. [faran]
fers *n.* verse, line 10/36. [L.
versus]
fersc fresh 4/76; 5b/7, 16.

geſērscipe *m.* company, com-
munity 3d/36; f/15, 18; 35/8.
‡ferþ-loca *m.* breast 26/13, 33.
fēsan *or* fēsian drive away
16/110.
festen-dæġ *m.* fast day 33a/21.
‡fetel-hilt *n.* hilt with ring *or*
chain? 20/313.
(ġe)fetian *see* (ġe)feccan.
fetor *f.* fetter 26/21.
fēþa *m.* foot-troop 20/77, 174;
21/88.
fēþe *n.* power of movement
22/134.
‡fēþe-cempa *m.* fighter on foot
20/294.
‡fēþe-lāst *m.* track 20/382;
23/139.
feþer *f.* feather 4/52, 56: wing
26/47.
feþer-homa *m.* feather-form *or*
-coat 22/172.
fiah (33c/15) = feoh.
fīc-trēo *n.* fig-tree 32c/37. [L.
ficus]
fierd (i, y) *f.* army 5a/4, 64; b/4,
&c.; 29/31, 52: *especially* Eng-
lish army 6/5; 8/21, &c.;
21/221: campaign 22/163.
[faran]
fierdian campaign 8/42.
fierdlēas undefended 8/26.
fīf five 4/20, &c.; 8/183; 17/57;
25/8; 33b/29.
fīftiġ fifty 2/79; 4/41; 14/174:
division of the psalter with
fifty psalms 33a/42.
fīf-tȳne, -tēne fifteen 4/55, 116;
5a/18; 20/332.
filde level 5b/25. [feld]
filgan *see* fylgan.
findan III (*prt.* fand, funde, *pl.*
fundon, *ptc.* funden) find
3b/35; c/23; 4/157; 9/42;
19a/3; 20/17, 128; &c.: com-
pose 2/51: '∼ æt' obtain from
12a/17.
finger *m.* finger 20/255; 28d/7;
29/38; 32a/3.

fīodun *see* fēon.

fiorm *f.* sustenance, benefit 2/33.

‡fīras *mpl.* men 10/46; 22/163; 23/24, 33; 24/3; 31a/9. [feorh]

firen (y) *f.* sin, crime 30/79: fyrnum excessively 22/71.

‡firen-dēd *f.* crime 37/45.

firgen- *see* fyrgen-.

firrest *see* feor.

first *m.* time, space of time 2/64; 3d/26; 12a/19; 15/111; 23/325: interval, respite 15/201.

fisc *m.* fish 29/27; 33a/22; 38/10.

fiscaþ *m.* fishing 4/6, 124.

fiscere *m.* fisher 4/25, 29.

fiþre *n.* wing 32d/22. [feþer]

flā *f.*, flān *mf.* arrow 19b/11; 21/71, 269; 23/221.

flǣsc *n.* flesh 15/137; 19b/20; 32d/87.

(‡)flǣsc-hama, -homa *m.* body 20/318; 27/94; 37/144.

flǣsclic fleshly, carnal 13/116, &c.

‡flān-boga *m.* bow 20/183.

flēam *m.* flight 8/100; 14/95; 21/81, &c.; 23/292. [flēon]

flēdu in flood 5b/13. [flōd]

flēogan II (*prt.* flēag, flēah) fly 19a/9; b/11; 21/7, 109, 150; 22/172; 23/209, 221; 27/17: flee 21/275.

‡flēoh-net curtain 23/47.

flēon (īo) II (*imp.* *flēoh, *prt. pl.* flugon) flee 3e/54; 5b/65, 78; 8/38; 14/36; 15/183; 19b/27; 20/14; 21/194, 247: 23/297.

flēotan II float 26/54.

flet *n.* floor, hall 20/290, 318, 397; 26/61.

‡flet-sittend *m.* guest 23/19, 33.

flicce *n.* flitch 33a/20.

(*ge*)flīeman (ȳ) put to flight 5a/14: 6/17, &c.; 7/21; 8/37, &c.; 20/120; 28c/19. [flēam]

flīus *n.* fleece 31c/3.

flocc *m.* band, troop 8/27.

floc-mǣlum *av.* in bands 17/15.

floc-rād *f.* mounted band 8/26.

flōd *m.* tide 8/194; 21/65, 72: flood 20/111, &c.; 28a/9; c/7; 30/34; 32c/16, &c.

flōde *f.* channel 1/5.

‡flōd-grǣg sea-grey 29/31.

‡flōd-weg *m.* ocean-path 27/52.

‡*flōd-wylm *m.* stream 24/64.

flōr *f.* floor 3b/31; 20/66; 23/111.

flot *n.* deep water, sea 21/41. [flēotan]

flota *m.* seaman 21/72, 227. [flēotan]

flot-man *m.* sailor, pirate 16/109.

flōwan VIIf (*prt.* flēow) flow 14/147; 21/65; 29/47.

flyht *m.* flight 21/71. [flēogan]

fnǣst *m.* breath 24/15.

folc *n.* people 2/6; 3d/12; 5a/11; 8/52; 9/19; 13/45; 20/172; 21/54, 322; 25/140; &c.: army 5b/71, 75; 21/22, 45, 227, &c.

‡folc-āgende *m.* ruler 24/5.

folc-gefeoht *n.* general engagement 6/35.

‡folc-gestealla *m.* companion in war 22/26, 42.

folcisc of the people, secular 3e/29.

folc-lagu *f.* public law 16/35.

folc-lond *n.* land subject to public dues 34/29.

‡folc-stede *m.* battlefield 20/213; 23/320.

‡folc-toga *m.* leader 23/47, 194. [tēon]

‡folc-wiga *m.* warrior 28c/13.

‡fold-būend *m.* dweller on earth 20/105.

(‡)folde *f.* (*a.* foldu 31a/9) earth 10/46; 20/111, 143; 21/166, 227; 23/281; 24/3, &c.; 25/8, 43; &c.: land, country 21/54; 24/29, 64; 27/13. [feld]

‡fold-weg *m.* road 20/383.

folgaþ, -oþ *m.* province 18/24, 28.

folgere *m.* follower 13/197.

folgian *w. d.* follow 5a/14; 14/203: serve 1/34.

(‡)folm f. hand, palm 20/53;
21/21, &c.; 23/80, 99.
fol-nēah see ful-nēah.
(ge)fōn VIIc (*1 pers. pres.* fō,
3 pers. fēhþ, *pl.* fōþ, *sbj.* fō(e),
fō(e)n, *imp.* fōh, *prt.* fēng, *pl.*
fēngon, *ptc.* ġefangen (o))
seize, take 4/47; 8/34, 181;
19a/3; 20/251, 287: capture,
take prisoner 5b/48; 9/54;
11/47: '~ on' begin with
13/18: '~ tō' succeed to 1/48;
2/20; 3b/6; &c.: 'him tōgēanes
fēng' clutched at him 20/292:
'tō wǣpnum fēng' took up
arms 21/10: 'fēngon tōgædere'
engaged in battle 15/125: 'fēng
on fultum' helped 23/300.
for (fer 34/34 *prp.*) *w. d.* (*inst.*)
before, in front of 20/399;
23/192: in the presence of
25/112; 30/37: in respect of
2/26; 16/68; 17/32: on account
of 1/2; 3a/4; e/16; 5b/49; &c.:
w. a. on behalf of 3a/11;
12b/11: in comparison with
3d/45: as 3d/14, 16: **for hwon
(hwan)** why 10/101; 26/59:
for þon, for þǣm therefore,
so 2/22, 39; 5a/34; 10/15, 20;
22/57; 26/17, &c.: **for þon
(þǣm), for þon (þǣm) þe**
because 2/34, 35, 40; 3a/13;
b/22; 10/2, 87; 16/14; 27/108;
&c.: **for þon . . . for þon**
because . . . for that reason
22/64 f.: **for that reason . . .**
because 10/30 f.; 27/58 . . . 64:
for þy̆, for þī therefore 2/56,
82; 4/120, 149; 8/184, 195;
&c.: **for þy̆ þe** because 8/116:
for þy̆ þæt because 14/89, 95:
forþon truly 38l/1, 8, 12;
38r/12, 13.
foran(e) *av.* in front 5a/44: from
in front 19b/11: beforehand
33a/37: ~ **forrīdan** intercept
8/36, 110: ~ **forfaran** obstruct
8/178.

for-bærnan *tr.* burn up 2/31;
3c/21; 4/134, 152; 8/63, 111;
11/71; 15/187; 16/74.
for-bēodan II (*prt.* -bēad) *v. d.
a.* forbid 3e/49; 12a/18; 17/42.
for-beran IV put up with 11/38.
for-bīgan abase 23/267.
for-birnan III (*prt.* -barn, *ptc.*
-burnen) burn, be consumed
15/184; 20/366.
for-brēdan III transform 3d/29.
for-būgan II (*prt.* -bēah) avoid
14/62, 95; 21/325.
for-ceorfan III (*prt.* -cearf,
2 pers. -curfe, *ptc.* -corfen)
cut through, off 23/105; 32b/6;
c/30.
for-cyrran (e) avoid 14/33: *ptc.*
forcerred perverted, perverse
32d/9, 41.
ford *m.* ford 8/38; 21/81, 88.
for-dōn *anom. vb.* (*prt.* -dyde)
destroy 5a/8, 67; 14/38, 137;
16/179.
for-drifan I (*prt.* -drāf, *ptc.*
-drifen) sweep away 5b/9:
drive from one's course 3d/9,
20, 22; impel 23/277.
fore *prp. w. d.* before (*place*)
30/26; 32c/14: (*time*) 31b/1:
on behalf of 32b/13; 33a/31,
&c.: on account of 32d/56:
w. a. or d. instead of 27/21,
22.
for-ealdian wear out, become
obsolete 3f/23.
fore-cuaeden *ptc.* aforesaid 33a/
12, &c.
fore-gān *anom. vb.* (*2 pers. pres.*
-gǣst) go before 32e/12.
‡fore-genga *f.* attendant 23/127.
fore-gesellan buy off 11/82.
fore-gīsl *m.* preliminary hostage
7/22; 8/19.
fore-mǣre very illustrious 23/
122.
fore-secgan (*prt. pl.* -sǣdon,
ptc. -sǣd) mention before
13/65, 90; 15/28, &c.

fore-speca, -spreoca *m.* advocate 33b/50: sponsor 16/194.

fore-sp(r)ecen *ptc.* aforesaid 3b/5; 8/130; 9/5; 12a/39.

fore-sprēc *f.* aforesaid provisions 34/48.

fore-steppan VI (*3 pers. pres. sg.* -stæpþ, *prt.* -stōp) precede 13/196, &c.

foreweard early 8/127 n.

for-faran VI (*prt.* -fōr, *pl.* -fōron) obstruct 8/178: destroy 16/77 n.

for-flēon II (*prt. sbj.* -fluge) flee from 14/95.

for-gefeness *f.* forgiveness 37/38.

for-giefen (e, eo) v (*prt.* -geaf, *pl.* -gēafon, *ptc.* -giefen (i, y, eo)) give 9/17; 10/58; 12a/22; 13/47; 20/269; 21/139; &c.: remit 33b/39: forgive 37/52, 146.

for-gieldan (y) III (*prt.* -geald, *ptc.* -golden) pay for 11/46, 75: buy off 21/32: pay compensation for 11/57: give, render 20/291: repay 20/327, 334; 23/217.

for-gitan v (*ptc.* -giten) forget 3f/22.

for-gȳman disregard, neglect 22/82.

for-gȳmelēasian neglect 13/79.

for-hæfednyss *f.* temperance, continence 15/59. [habban]

for-healdan VIIc withhold 16/22, 23, 44 n.

‡for-heard very hard 21/156.

(‡)for-hēawan VIIb (*ptc.* -hēawen) cut down 21/115, 223, &c.

for-helan IV (*ptc.* -holen) conceal 3f/22.

for-hergian, -herigan ravage 2/31; 5a/8; 9/48.

for-heriung *f.* devastation 5b/50.

for-hogdniss *f.* contempt 10/8.

for-hogian scorn 21/254.

for-hradian anticipate 13/226; 14/98. [hræd]

for-hraþe *av.* very quickly 13/68.

forht afraid 25/21; 26/68.

forhtian fear 9/58; 21/21; 25/115; 32c/2, &c.

forhtlīce *av.* in fear 23/244.

for-hwæga *av.* about 4/138, 143.

for-hwerfan transform 3d/36.

for-lætan VIIe (*prt.* -lēt, -leort 32d/31, 37, *pl.* -lēton, *ptc.* -lǣten) leave 3b/36: desert, abandon 3d/25, 28; e/58; 5a/21; 8/143; 16/191; 21/2, 187; &c.: leave undone 2/48: leave off 3e/40: lose 2/40; 3e/48; 21/208: allow 21/149, &c.: 'in ~' let in 23/150, 170: 'upp ~' divide 5b/14, 18.

for-lēogan II (*ptc.* -logen) perjure oneself 16/94, 138.

for-lēosan II (*pres.* -lȳst, *prt.* -lēas, *ptc.* -loren, ferloren 22/56) lose, 3e/60; 20/220; 22/56; 23/63: *ptc.* lost, abandoned 16/138; 32d/59.

for-lētnis *f.* remission 32e/14.

for-licgan v (*ptc.* -legen) commit fornication 16/163.

for-liger *n.* fornication 16/136, 162 n.

for-lor *m.* destruction 38r/13.

for-loreniss *f.* destruction 32d/71.

forma first 3c/1, 21; 13/198; 14/5; 20/213, 277; &c.: *sp.* fyrmest first, foremost 13/19, &c.: *av.* foremost 21/323.

for-moni too many 21/239.

for-nēah *av.* very nearly, almost 5a/75.

for-niman IV (*prt.* -nam, -nōm, *pl.* -nāman, -nōmon, *ptc.* -numen) destroy 9/46, 52; 20/186; 26/80, 99: take away 16/43.

for-nȳdan force, compel 16/38.

for-oft *av.* very often 16/55, &c.

for-rǣdan betray 16/74: 'of life ∼' kill treacherously 16/72.

for-rīdan I (*prt.* -rād) intercept (by riding) 8/36, 110.

for-rotian decay 15/80.

for-sacan VI (*prt. pl.* -sōcon) refuse, reject 15/152.

for-sceoppan VI (*prt.* -sceōp) transform 3d/31; 22/63.

for-sēon V (*prt.* -seah, *pl.* -sāwon, *ptc.* -sawen) despise 13/193; 14/102; 16/45: renounce 30/83.

for-sēoþan II (*ptc.* -soden) wither 14/118. [sēoþan 'boil']

‡for-sīþian perish 20/300.

for-slēan VI (*prt.* -slōg) slay 5a/67.

for-spanan VI, VIId(*prt.* -spēon) seduce, mislead 22/105.

for-spendan squander 4/153.

for-spillan destroy 16/76.

forst *m.* frost 14/117; 20/359; 22/71; 24/15, 58; 27/9. [frēosan 'freeze']

for-standan VI (*prt.* -stōd) understand 2/76: resist 20/299.

for-stelan IV (*ptc.* -stolen) steal 28c/18.

for-swǣlan inflame 14/141.

‡for-swāpan VIIa(*ptc.*-swāpen) sweep away 22/146.

for-swelgan III (*prt.* -swealg) swallow, devour 27/95; 28f/3.

for-swerian VI swear falsely: *ptc.* -sworen perjured 16/93.

for-swīþe *av.* very greatly 3f/3; 8/155.

for-swugian pass over in silence 3f/23.

forsyngian sin greatly: *ptc.* forsyngod corrupted by sin 16/130, 162 n., 168, 171 n.

for-tendan burn off, cauterize 5a/43, 46.

forþ *av.* forwards, forth 8/53; 13/29; 15/169; 21/3, 205; &c.: 'forð . . . cume' come off, take place 11/56: '∼ bī' past 4/22:

'∼ healdan' continue to hold 22/75, 103: 'tō ∼' too much 16/152: too far 21/150: 'swā ∼' to such a degree 12d/6; so on 33b/6.

forþ-bringan (*prt.* -brōhte) produce 3f/24; 10/7.

forþ-cuman IV (*pres.* -cymeþ) be born 34/52.

for-þearle *av.* very grievously 15/28.

‡for-þēon(*prt.*-þēode) oppress, overcome 25/54. [þȳwan 'press']

forþ-faran VI die 14/187, 197.

forþ-fēran die 8/158.

forþ-fōr *f.* death 10/92, &c.: 'æt ∼e' at point of death 10/97.

‡forþ-georn eager to advance 21/281.

‡forþ-gesceaft *f.* future 29/61: future life 37/53: future *or* creation 25/10.

forþ-gewiten *ptc.* dead 20/229.

forþian accomplish 21/289.

‡for-þolian *w. inst.* forgo, do without 26/38.

for-þrǣstan crush 32b/9.

for-þryccan oppress 30/41.

forþ-sīþ *m.* death 13/162; 14/138, &c.

forþ-weard *av.* henceforward 34/50; 37/80.

‡forþ-weg *m.* departure 25/125; 26/81.

for-þyldgan be patient, endure 13/215.

for-þylman enwrap, envelop 23/118.

‡for-wegan V (*ptc.* -wegen) destroy 21/228.

for-wel *av.* very, very well 3f/2; 13/126, 195.

for-weorpan III throw 19a/7.

for-weorþan III (*prt.* -wearþ, *pl.* -wurdon) perish 8/200; 14/200; 16/175, 186; 23/289: deteriorate 16/77.

for-werod worn out, very old 13/99, 104.
for-wiernan w. d. g. resist, refuse 5b/57: prevent 8/137.
for-wrēgan accuse 18/36.
for-wundian wound 8/200; 25/14, 62.
for-wyrcan (*prt. pl.* -worhtan, *ptc.* -worht) obstruct 8/138: forfeit 16/185: *rfl.* do wrong, sin 16/155.
for-wyrd *f.* destruction 23/285; 38r/13. [forweorþan]
for-yrman impoverish 16/39. [earm]
fōster-fæder *m.* foster-father 14/35, 100.
fōstor *n.* food 12c/3; 16/40 n. [fōda 'food']
fōt *m.* (*d. sg., nom. a. pl.* fēt, fœt) foot 14/147; 15/63; 19a/2, 3; 21/119, 171; 27/9; 32c/12; e/ 18.
fōt-mǣl *n.* footstep 21/275.
fōþor *n.* load 33c/6.
fracod wicked 15/198: worthless 20/325: *as sb.* wicked man 25/10.
gefrǣge famous 24/3. [fricgan]
frǣgn *see* frignan.
frǣmsum beneficial 37/131. [fremu]
frǣtw(i)an adorn 23/171, 329; 28c/11; 31c/10.
frǣtwe *fpl.* ornaments, trappings 24/73; 28a/6; c/7; 29/27; 30/35.
fram *see* from.
frān *see* frignan.
franca *m.* javelin 21/77, 140.
‡frēa *m.* lord 20/69; 21/12, &c.: the Lord, God 10/46; 23/301; 25/33; 30/72; 31a/9; &c.
‡frēa-wrāsn *f.* splendid chain 20/201.
‡freca *m.* warrior 20/313.
frēcne dangerous 3c/23; 20/109, 128.
gefrēdan feel 14/178. [frōd]
frēfran, frēfrian (œ̄) comfort,

cheer 14/56, &c.; 26/28; 27/26; 32d/73. [frōfor]
fremde, fremþe strange, foreign 4/154; 11/51; 32a/8; d/24, 33: *as sb.* foreigner 16/41, 59, 90.
fremi(g)an *w. d.* advance, benefit 13/113; 14/114.
(ge)fremman (æ) do, commit 13/176; 15/101; 22/147; &c.: effect, bring about 20/65, 302; 26/16, 114; 27/84: 'tiðe ∼' grant 23/6. [fram]
fremsumness *f.* benefit 10/84.
fremu *f.* benefit, profit 16/40 n.; 22/192: good action 27/75. [fram]
frēo(h) (īo) (*pl.* frīge) free 2/61; 11/21, 46, 78; 12c/15; 16/44 n.: 'se frīgea' the freeman 11/24.
‡frēod *f.* peace, friendship 21/39.
gefrēogean, -frēon (ēa) set free 11/83; 32e/5, 10.
gefreogum *see* -frige.
(‡)frēolic noble 28c/13.
frēols-brice *m.* non-observance of church festivals 16/139. [frēols 'freedom', 'festival']
frēols-tīd *f.* festival 14/2.
‡frēo-mǣg *m.* noble kinsman 26/21.
frēond *m.* (*pl.* frīend (ȳ), frēondas) friend 3b/40; 4/129; 12a/17; 20/56, 135; 25/76, 132; &c.: lover 29/44. [frēon 'love']
frēondlēas friendless 26/28.
frēondlīce *av.* in a friendly manner 2/1; 12d/2.
frēondscipe *m.* friendship 3b/8; 18/46.
‡frēorig cold 23/281; 26/33; 31c/1. [frēosan]
frēo-riht *npl.* rights of freemen 16/43.
frēot *m.* freedom 11/25.
freoþian *see* friþian.
Frēsisc Frisian 8/193: 'on ∼' on the Frisian pattern 8/173.
fretan v (*prt.* frǣt, *ptc.* freten)

eat, devour 8/94; 20/331. [*for-
etan]
frettan graze 8/111. [fretan]
(‡)fricgan v (imp. frige) ask
28c/19; d/26. [frignan]
(‡)gefricgan v (ptc. -frigen)
learn 37/5.
‡gefrige (inst. pl. -freogum)
information 24/29. [fricgan]
frige, frigea see frēo.
frignan III, frīnan I (prt.
fræng) ask 10/106, 110; 20/69,
72; 25/112; 32d/13.
gefrignan III, -frīnan I (prt.
-fræg(e)n, -frān, pl. -frū-
non, ptc. -frugnen) discover,
learn 14/189; 23/7, 246; 24/1;
25/76; 28f/2.
frimþ(u) see frymþ(u).
friþ n. peace 5a/39, 92, &c.; 6/40;
17/2, 13; 21/39, &c.
friþ-āþ m. peace-oath 17/55.
‡friþe-mǣg f. protecting kins-
woman 28b/9.
(ge)friþian (eo) protect 23/5;
28b/5.
(‡)frōd old 21/317; 29/27; 30/1:
ancient 24/84: wise 20/56, 116;
26/90; 29/12: experienced 21/
140: cp. 28d/21.
frōfor f. comfort 3b/29; 20/23;
23/83, 297; 26/115; 37/131,
149.
from bold 20/391; 37/22.
from (a) prp. w. d. (inst.) from
1/32; 2/80; 3d/7; &c.: by
(agent) 5a/27; 9/5, 47; 10/12;
14/49; 15/6; &c.
from (a) av. away 1/35; 21/317.
fromlīce av. boldly 23/41, 220,
302.
from-weard about to die 27/71.
fruma m. beginning 10/75:
origin 9/20, 31: chieftain 37/20.
[forma]
‡frum-gār m. leader 23/195.
[frum- 'first', gār 'spear']
frum-sceaft f. creation 10/34.
gefrūnon see -frignan.

frymdi desirous: '∼ bēon tō'
entreat 21/179.
frymþ(u) (i) f. beginning 13/53,
74; 24/84: pl. creation 23/5,
83, 189. [fruma]
frȳnd see frēond.
fugel m. bird 4/52; 23/207, 297;
26/81; 28d/7; &c.
fugelere m. fowler 4/25, 30.
fugul-dæg m. day on which
poultry could be eaten 33a/
21.
ful(l) av. fully, very 12d/6; 16/17,
&c.; 20/2; 21/153; &c.
fūl foul, vile 16/163, 184;
23/111.
ful-fremed ptc. perfect, com-
pleted 13/94, 96.
fulgon see fēolan.
fūlian rot 4/159. [fūl]
full w. g. full, complete 3e/57;
4/161; 12d/10; 13/97; &c.: 'be
fullan' completely 2/43f.
full-fremman perfect, complete
3c/56, 58.
*full-gān carry out, perform
22/4.
fullian fulfil 33a/13. [full]
fullīce av. fully 3e/56, 59; 16/101,
103.
fulluht, fulwiht m. baptism
7/24, 28; 11/18; 15/56, 107;
16/193; 34/42, 48; 35/12, 17.
[full + wiht 'consecration']
ful-mannod fully manned 3f/12.
ful-nēah, fol- av. almost 5a/79,
80; 8/170.
fultum m. help 2/60; 5a/35, 93;
b/45; 8/54; 18/34; 20/23; 23/
186; &c. [full + tēam]
(ge)fultum(i)an help 3b/24; 10/
14; 13/228; 32d/77.
fulwian (ptc. gefullod) baptize
11/16; 15/4.
ful-wīte n. full fine 11/72.
ful-wyrcan (prt. -worhte) com-
plete 15/88.
fundian hasten, intend 15/178;
25/103; 27/47.

furlang *n.* furlong 8/188. [furh
'furrow']

furþor, -ur *av.* further 2/65;
3e/28, 33; 21/247; 22/156.

furþum, -on *av.* even 2/17, 19;
3c/13, 15; e/51: just 8/141.

fūs *w. g.* ready, eager 20/225;
21/281; 25/57; 27/50: ready to
depart 30/1: ever-changing?
25/21. [fundian]

fūslic ready 20/174.

gefylce *n.* division, troop 6/11,
24. [folc]

fylgan (i) (*pres. sg.* fyligþ, *pl.*
filiaþ 13/196) *w. d.* follow
3e/39; 13/196, &c.: obey 16/
192: serve (guests) 23/33.

fyll *m.* fall 15/129; 20/294: death
25/56: death in battle 15/10;
21/71, 264. [feallan]

(*ge*)fyllan fell, strike down 23/
194; 25/38, 73. [feallan]

(*ge*)fyllan (e) *w. g.* fill 2/32;
22/71; 32d/30: satisfy 14/142;
32f/9: fulfil 14/40, &c.; 15/136;
37/54: use up 32d/49. [full]

fyllu *f.* fill, feast 5b/84; 20/83;
23/209. [full]

gefylsta *m.* helper 13/209, 212.

(*ge*)fylstan *w. d.* help 13/229;
15/12, 122; 21/265.

fylþ *see* feallan, fēolan.

fȳlþ *f.* filth 16/86: foul sin 16/85.
[fūl]

fȳnd *see* fēond.

fȳr *n.* fire 3c/18; 9/46; 11/73;
15/181; 16/19; 20/116; 22/69;
&c.

fyrd *see* fierd.

‡fyrd-hom *m.* corslet 20/254.

‡fyrd-hrægl *n.* corslet 20/277.

‡fyrd-hwæt bold in war 20/391.

‡fyrd-lēoþ *n.* warsong 20/174.

fyrd-man *m.* soldier 3f/12.

‡fyrd-rinc (ferd-) *m.* warrior
21/140; 37/22.

‡fyrd-sceorp *n.* war-ornament
28c/13.

fyrd-wīc *n.* camp 23/220.

‡fyrd-wyrþe distinguished in
war 20/66.

fyren *see* firen.

fyren-lust *m.* sinful desire, lust
3c/6.

‡fyrgen-bēam *m.* mountain tree
20/164.

‡*fyrgen-hēafod *n.* mountain
top 19b/27.

‡fyrgen-holt *n.* mountain wood
20/143.

‡fyrgen-strēam (firgen-) *m.*
mountain stream 20/109:
mighty stream 29/47.

fyrhtu *f.* terror 10/82. [forht]

fyrlen distant 15/103. [feor]

‡fȳr-lēoht *n.* firelight 20/266.

fyrmest *see* forma.

gefyrn *av.* formerly 8/1; 15/175.

(‡)fyrn-dagas *mpl.* days of old
20/201.

(‡)fyrn-gēar *npl.* former years
29/12.

‡fyrn-geflit *n.* former quarrel
23/264.

‡fyrn-geweorc *n.* ancient work
24/84.

fyrnum *see* firen.

fyrst *sp.* first, principal 4/48.
[fore, forma]

fyrst-mearc *f.* appointed inter-
val 30/32.

fyrþrian further, advance 13/
113. [forþ]

fȳsan impel 21/269; 30/34: *rfl.*
hasten 23/189. [fūs]

G

gegaderian *tr. and int.* gather,
assemble 8/21, &c.; 13/192;
17/56; 18/33.

gegaderung *f.* gathering, assem-
bly 13/39.

gǣfu *see* gifu.

gǣlsa *m.* pride, wantonness
16/184. [gāl]

gǣrs *n.* grass, pasture 11/66.

gǣrs-tūn *m.* meadow 11/63, 64.

gǣst see gāst.

‡gǣstlic terrible, fearful 26/73. [*cf*. gǣstan 'persecute', 'terrify']

gafol (o) *n*. tribute 4/51; 5a/12, 17; 17/2, &c.; 21/32, 46, 61. [giefan]

gafol-gelda *m*. rent-payer 11/33.

gāl *n*. wantonness, pride 22/82.

galan VI chant, sing 20/182; 25/67.

‡gāl-ferhþ lascivious 23/62.

(‡)galg-mōd sad in mind 20/27.

galla *m*. gall 32d/67.

‡gāl-mōd wanton, licentious 23/256.

gālscipe *m*. pride, wantonness 22/96.

‡gamel, gomol old 20/147, 345; 29/11; 30/11.

gān *anom. vb*. (*3 pers. pres.* gǣþ, *pl*. gāþ, *prt*. ēode, īode) go 1/45; 3e/28; *and passim*: walk, march 14/28; 20/394: come 21/93.

gegān *anom. vb*. (*prt*. -ēode) gain, conquer 5a/50, 74; 20/285; 23/332: accomplish 27/20, 212: arrive at, reach 23/140, 219: *impers. w. d*. befall 15/81; 37/13.

ganet *m*. gannet 27/20.

gang (o) *m*. path, track 20/141, 154: flow 25/23: course 30/20: bed of river 5b/18.

gangan (o) (*prt*. gang 20/45, 66) go 10/25, 99; 11/42, 52; 21/3; &c.: walk 10/95: 'ūs . . . ~' betake ourselves 21/40.

gegangan go 23/54: win 21/59.

(‡)gār *m*. spear 19b/9; 21/13, &c.; 23/224; 29/22: piercing cold? 22/71.

‡gār-berend *m*. spear-bearer, warrior 21/262.

‡gār-gewinn *n*. battle 23/308.

‡gār-rǣs *m*. attack 21/32.

gāst (ǣ) *m*. spirit, soul 10/131; 20/107; 21/176; 23/112, 279; 25/11, 49; 28a/9; b/8: the Holy Ghost 10/80; 23/83; 37/97.

gāstlic spiritual 13/192; 14/131.

gatu see geat.

gē, gīe (38l/2, 12) *pron*. (*a*. ēow, ēowic 32d/78; 38r/6, īuh 38l/6, 11, *g*. ēower, *d*. ēow, īow, īuh 38l/2, 7) you *passim*.

ge *cj*. and 4/129; 20/90: 'ge . . . ge' both . . . and 8/28, 86 f.; 10/95: 'ǣgþer ge . . . ge' both . . . and 2/3 f., 7, &c.

gēac *m*. cuckoo 27/53.

gealga *m*. gallows 25/10, 40.

gealgean defend 21/52. [= ealgian]

gealg-trēow *n*. gallows, cross 25/146.

gēap broad 29/23.

gēaplīce *av*. deeply, cunningly 14/46.

gēar (ē) *n*. year 1/46, 49; 3d/6; 4/132; &c.: summer 29/9: 'þæs ~es' during the year 6/35, 39; 14/65.

gēara *av*. of yore, formerly 22/165; 25/28; 26/22; 30/30.

gearcian prepare 13/228, 229. [gearo]

gēar-dagas *mpl*. days of yore 20/104; 26/44; 30/31.

gear(w)e *av*. well 3e/46; 15/17; 26/69, 71; 30/4.

gearo (*a. sg*., *nom. a. pl*. gear-r(o)we) ready 1/20; 21/72, &c.; 22/190; 23/2; 32d/72.

‡gearo-þoncol ready-witted, wise 23/342.

(ge)gearwian (eo) prepare 10/100, 118; 16/201; 22/186; 23/199; 32e/13; 33a/33.

geat (e, æ) *n*. (*pl*. gatu) gate 1/28, 39; 23/151; 32b/1; 38/13, 14: gap 11/67.

‡geatolic splendid 20/151, 312.

geatwa *fpl*. ornaments: geatum splendidly 31c/10.

geat-weard *m*. gate-keeper 3e/24.

‡gegnum *av.* straight 20/154; 23/132.

geldan *see* gieldan.

gelt *see* gylt.

gēman, gēn *see* gīeman, gīen.

gengan ride 20/151, 162. [gangan]

geō *see* iū.

‡gēoc *f.* help 27/101; 30/11.

geofu *see* gifu.

geogoþ, -uþ (gio-, iu-) *f.* youth 13/93, 124; 15/3; 26/35; 27/40; &c.: young men 2/61. [geong]

geogoþ-hād *m.* youth 30/31.

geolu yellow 31c/10.

‡geōmor sad, gloomy 23/87; 27/53.

‡geōmor-mōd sad-hearted 23/144.

geond (io, i, y) *prp. w. a.* through, throughout 2/3, 5; 4/76; 14/1; 15/56; 16/43; 20/30; &c.: '∼ eall' everywhere 15/68: '∼ ðā eorðan' over the ground 15/164.

geondan (18/1) = be-geondan.

geond-faran VI traverse 24/67.

‡geond-hweorfan III pass through 26/51.

‡geond-lācan VIIa flow through 24/70.

geond-scēawian scan, scrutinize 26/52.

*geond-sprengan sprinkle over 28d/8.

‡geond-þencan consider 26/60, 89.

geong (io, iung) young 5b/55, 6/16 (gioncga); 14/102; 15/59; 21/155; 32d/53 (gunge); &c.: *cp.* iungra 32a/1.

geongor-dōm *m.* allegiance 22/22, 38. [OS.]

geongra (io) *m.* subordinate 22/32, 46, 162. [*cf.* gingre]

georn (io) *w. g.* eager 2/10; 21/73, 107; 22/42; 23/210; 26/69.

geornan *see* giernan.

georne *av.* eagerly 15/60; 21/123, 206; 22/152; 26/52; &c.: well 16/5, &c.; 21/84; 23/8: *sp.* 16/174.

geornful eager 21/274.

geornfulness, -nyss *f.* eagerness, zeal 10/87; 15/69.

geornlīce *av.* eagerly 10/85; 14/76, 85; 21/265: *cp.* geornliocar 33b/13.

‡geōsceaft-gāst *m.* demon sent by fate 20/16.

gēr *see* gēar.

gēsne *w. g.* deprived 23/279: dead 23/112.

gest-hūs *n.* inn 14/27.

gēt *see* gīet.

gied *n.* word 28f/3.

giefan v (*prt.* geaf, *pl.* gēafon) give 9/15; 15/108; 18/45; 23/343.

‡gief-stōl *m.* gift-throne 26/44.

gieldan (e, i, y) III (*prt. pl.* guldon) pay 4/51, 54; 5a/13, 17; 11/72, &c.; 16/103, 122: repay 22/168; 23/263; 32d/70, &c.

‡giellan (y) yell, shriek 19b/9; 23/25; 27/62.

gielp *m.* boast, vow 26/69.

gīeman (ē, ȳ) *w. g. or a.* pay heed to 3c/5, 10; 10/85; 15/193; 16/21; 21/192: take charge of 22/101, 104.

gīen (ē) *av.* yet 22/168; 28b/2.

giernan (eo, y) *w. g.* desire 3c/4; f/3; 17/2; 18/54, 58; 23/347. [georn]

gierwan (i, y) (*prt.* gierede (y), *ptc.* gier(w)ed (y)) prepare 20/191, 222; 22/36: adorn 25/16, 23, 77; 28d/13; e/3: '∼ ūp' serve up 23/9. [gearo]

gīet (ē, ī, ȳ), gȳta (25/28) *av.* yet, still 2/38; 5b/51; 10/118; 12a/16: 'þā ∼' still 3c/4, 12; 4/12, 44; 20/6, 26.

gif (y) *cj. w. ind. or sbj.* if 1/30; 2/14; *and passim.*

gíferness (ȳ) *f.* greed, gluttony
3e/39; 14/142; 16/132.

(‡)gífeþe granted 23/157; 33b/8,
45. [giefan]

‡gífre useful, salutary 28d/28.

gífre greedy 3e/38; 20/27: eager
27/62.

gift (y) *f.* gift 3f/16: marriage
11/54, 56. [giefan]

gifu (æ, eo) *f.* gift, grace 10/2,
14, &c.; 11/2; 12a/49; 15/46;
20/21; 23/2; 27/40; &c. [giefan]

gígant *m.* giant 20/312. [L.
gigantem]

gimm *m.* gem 3c/22; 25/7, 16;
29/22. [L. gemma]

gind *see* geond.

‡gin-fæst spacious, ample 20/21.

gingre *f.* handmaid 23/132.
[*cf.* geongra]

‡ginn (y) spacious 20/301; 23/2,
149.

gíō *see* iū.

gioguþ *see* geogoþ.

giond, giong *see* geond, geong.

giongorscipe *m.* allegiance 22/4.
[OS.]

giorn *see* georn.

giscian sob 3b/35.

gísel (ȳ) *m.* hostage 1/23; 8/68;
18/54, 59, 61; 21/265.

gist (y) *m.* guest, stranger
20/191, 272, 352; 21/86.

gít *see* gíet.

gítsere *m.* miser 3c/21.

gítsung (ȳ) *f.* covetousness,
avarice 3c/18; f/2; 13/111;
16/132, 180; 37/24.

giū *see* iū.

giwian ask 38l/7, 8, &c.

glædlíce *av.* cheerfully 10/109.

glæd-mōd cheerful 23/140.

‡glæm *m.* radiance 30/31.

glēaw prudent, wise 23/13, &c.;
26/73: *cp.* 28f/6.

‡glēaw-hȳdig prudent, wise
23/148.

glēd *f.* coal, fire 30/67.

geglengan (æ) adorn 10/6, 62.

glēowian jest 10/105. [glíw,
glíg 'mirth']

glídan 1 (*prt.* glād) glide 14/26:
glide away 37/146.

‡glíwian adorn 28d/13.

‡glíw-stafas *mpl.* joy 26/52.

glōf *f.* glove 29/17.

gnornian mourn 21/315; 27/92;
30/24.

gnornung *f.* sorrow, lamentation
5b/73; 13/157.

god *m.* God 2/6, 12, &c.; 3a/10;
e/54; 9/46; &c.: *mn.* heathen
god 3d/12, 14; e/18; 32d/35,
64, 75.

gōd good 2/43; 3f/29; 4/38;
10/87; 20/236; 21/4, 13; &c.:
important, stout 6/27: generous
27/40: 'gōde hwíle' a long time
25/70: *see also* betra, betst.

gōd *n.* good, goodness 3e/60;
13/176; 21/176: benefit, good
thing 19a/10; 22/46; 31b/4;
32f/9; 33a/10, 15; 38/11: *pl.*
goods 10/67; 33a/26; 34/55:
virtues 23/32.

god-bearn *n.* godchild 16/76.

god-cund divine 2/4, 10; 10/2,
4, 59, 84; 16/142; 33a/10, 15;
35/8.

god-cundlic divine 13/118; 14/
137.

god-cundlíce *av.* divinely 10/14.

gōd-dæd *f.* good deed 16/147,
148.

god-fyrht, -ferht God-fearing
16/148; 37/14. [forht]

gōdian improve 16/17.

gōdlic goodly, excellent: *cp.*
gōdlecran 22/36.

gōdnyss *f.* goodness 13/152, &c.;
15/220.

god-sibb *m.* sponsor 16/75.

god-spell *n.* gospel 13/34, &c.:
14/128.

god-spellic evangelical 14/4.

god-sunu *m.* godson 1/41; 8/66.

god-web *n.* fine cloth 31c/10.

gofol *see* gafol.

gold *n.* gold 3c/22; 5a/100; 14/30; 20/132, 234; 21/35; &c.

‡**gold-ġiefa, -ġifa** *m.* gold-giver, lord 23/279; 27/83.

gold-hord *mn.* treasure, treasury 32d/69.

‡**gold-sele** *n.* hall where gold is distributed 20/3, 389.

‡**gold-wine** *m.* lord, giver of gold 20/226, 352; 23/22; 26/22, 35.

‡**gomel-feax** grey-haired 27/92.

gomen *n.* game, pleasure 27/20; 30/29.

gomol *see* **gamel**.

gung(-) *see* **gang(-)**.

gōs *f.* (*pl.* **gēs**) goose 33a/20; c/6.

grǣdiġ greedy 20/249: fierce 20/272: full of longing 27/62.

grǣf *n.* grave 27/97.

‡**grǣs-wong** *m.* grassy plain 24/78.

gram (o) angry, fierce 3e/29; 5b/11; 18/19; 21/262; 22/57; 23/224, 238: *as sb.* enemy 21/100.

‡**gram-heġdiġ** hostile-minded 37/50.

grāp *f.* grasp 20/292. [grīpan]

grāpian grasp 20/316.

grēat stout, great 22/139.

grēd *m.* grass 32d/4.

(*ġe*)**gremian** (æ) anger, infuriate 14/50; 16/178; 21/138, 296; 23/306. [gram]

grēne green 24/13, &c.; 29/35.

grēot *n.* grit, earth 19a/7; 21/315; 23/308.

‡**grēotan** II weep 20/92; 25/70.

(*ġe*)**grētan** greet 2/1; 10/28; 12d/1; 20/396; 26/52: accost, attack 16/149.

grimlic cruel, terrible 16/5.

grimm fierce, cruel 16/141; 20/249, 292; 21/61; 22/145, 162.

*grimme *av.* cruelly 21/109.

grindan III (*ptc.* **ġegrunden**) grind, sharpen 21/109.

‡**grindel** *m.* bar 22/139.

grīpan I (*prt.* **grāp**, *ptc.* **ġegripen**) seize 14/111; 20/251.

gripe *m.* grip 30/67.

grist-bitian gnash the teeth 23/271.

griþ *n.* truce 17/14; 18/61; 21/35: peace, sanctuary 16/79: special peace, protection 18/45, 54, &c. [ON.]

griþian protect 16/32.

griþ-lēas without sanctuary, violated 16/36. [*cf.* ON. griða-lauss]

grom *see* **gram**.

grund *m.* bottom, depths 20/117, 144, 301; 22/57, 101; 30/64, 70: ground 20/154; 21/287: land, earth 23/2, 349; 30/54: *pl.* foundations 27/104.

grund-lēas bottomless 22/145.

‡**grund-wong** *m.* bottom (*of the mere*) 20/246.

‡**grund-wyrġen** *f.* female monster of the deep 20/268.

grūt *f.* groats, coarse meal 33b/33.

grymetian grunt 3d/34. [grimm]

gryre *m.* terror 20/32.

‡**gryre-lēoþ** *n.* terrible song 21/285.

‡**gryrelic** terrible 20/191.

‡**gryre-sīþ** *m.* terrible journey, dangerous expedition 20/212.

‡**guma** *m.* man 20/117, &c.; 21/94; 23/9, &c.; 25/49, 146; 26/45; 29/11.

‡**gum-cyst** *f.* munificence 20/236.

‡**gum-dryhten** *m.* lord 20/392.

‡**gum-fēþa** *m.* band of men on foot 20/151.

gunge (32d/53) *see* **ġeong**.

‡**gūþ** *f.* war, battle 20/222, 285; 21/13, &c.; 23/123, 306.

‡**gūþ-caru** *f.* distress of war 20/8.

gūþ-fana *m.* battle-standard 7/10 n.

‡gūþ-freca *m.* warrior 23/224.
‡gūþ-horn *mn.* war-horn 20/182.
‡gūþ-lēoþ *n.* battle-song 20/272.
‡gūþ-plega *m.* battle 21/61.
‡gūþ-rǣs *m.* onslaught 20/327.
‡gūþ-rinc *m.* warrior 20/251; 21/138.
‡gūþ-sceorp *n.* armour 23/329.
‡gūþ-wērig battle-weary 20/336.
gyden(e)*f.*goddess 3d/18;e/29 n. [god]
gyf(-) *see also* gif(-).
‡gyfen *m.* ocean 20/144.
gyhþa *m.* itch 14/147.
gyldan, gyllan *see* gieldan, giellan.
gylt (e) *m.* sin 13/215, 220; 37/14, 40, &c.: guilt 18/22.
gȳman *see* gīeman.
gȳmelēast *f.* heedlessness 13/119.
gynd *see* geond.
gynn *see* ginn.
gyr- *see also* gier-.
gyrdel *m.* girdle 14/145.
gyrla *m.* robe 14/203.
gȳsel, gyst *see* gīsel, gist.
gyst-ern *n.* guest-chamber 23/40.
gystran-niht *av.* last night 20/84.
gȳt(-) *see* gīet(-).
gyte *m.* shedding 14/175. [gēotan 'pour']
‡gyte-sǣl *mf.* joy at wine-pouring 23/22.

H

habban (*prt.* hæfde, *ptc.* gehæfd) have, possess 1/3, 8; 2/14, 21, 28; 3b/17; &c.: hold 14/205; 16/197; 21/236: *w. ptc. prt. to form perfect tense* 1/18, 29; 2/6, 39; 3d/7; &c.: consider as, regard 3d/16: 'wǣron gehæfde' were situated 14/156. *See* nabban.

hacele *f.* coat, vestment 13/199.
hād *m.* order 2/4, 10, 66: rank 20/47: manner 20/85; 30/10.
hād-breca *m.* injurer of one in holy orders 16/162 n.
hād-bryce *m.* injury to one in holy orders 16/135.
gehādod, *ptc.* in holy orders, ecclesiastic 16/61; 17/24, 36.
‡hādre *av.* brightly 20/321.
hæftan chain, hold captive 22/135, 140; 23/116.
‡hæft-mēce *m.* hilted sword 20/207.
hægl *m.* hail 24/16, 60; 26/48; 27/17, 32.
‡hægl-faru *f.* hailstorm 26/105.
hægtesse *f.* witch, hag 19b/19, &c.
(ge)hǣlan (ē) heal 14/151; 15/25, &c.; 25/85; 32d/80; hēlende *aj.* Saviour 37/51. [hāl]
‡hǣle *m.* man 20/396; 26/73.
Hǣlend *m.* Saviour 13/161; 14/6, 107; 15/102, 202; 25/25; 32c/41; 37/33, 138.
‡hǣleþ (e) *m.* man, hero 20/46; 21/74, 214; 22/40; 23/51, 56; 25/39, 78, 95; 26/105; &c.
hǣlo (ē) *f.* health 15/188: salvation 11/6; 12d/8; 32c/19, 27; e/2, 14; 37/101, 114: prosperity 9/16. [hāl]
hǣnþu *f.* humiliation 37/83. [hēan]
hǣr-beforan *av.* here before 33a/47. [= hēr-]
hærfest *m.* harvest, autumn 8/135; 18/48; 29/8.
hǣs *f.* command 11/21, 24; 14/45, 62. [hātan]
‡hǣste violent 20/85.
‡hǣste *av.* violently 23/263.
hǣt *see* hātan.
hǣte *f.* heat 13/26, 150; 14/140. [hāt]
hǣto, -u *f.* heat 22/144; 24/17; 32d/19.
hǣþ *f.* heath 29/29.

hǣþen heathen 13/77, 83; 15/99, &c.; 16/22, 30, 133; 21/55, 181; 23/98, &c.; 35/2.

hǣþeness *f.* heathen possession 35/6.

‡**hǣþ-stapa** *m.* heath-stalker, stag 20/118. [steppan]

‡**hafela** *m.* head 20/77, 122, &c.

hafen *see* **hebban**.

‡**hafenian** lift, raise 20/323; 21/42, 309.

hafoc, -uc *m.* hawk 21/8; 29/17.

gehagian *impers. w. d.* afford, have the means 34/21.

hagosteald-man *m.* bachelor, young warrior 28c/2.

hāl whole, healthy, uninjured 15/137, &c.; 19b/28; 20/253; 21/292; 32b/24; c/28.

haldan *see* **healdan**.

hālettan salute 10/28. [hāl]

half *see* **healf**.

hālga *m.* saint 13/49; 15/202; 25/143, 154.

hālgian consecrate 18/68.

hālig, -eg holy 10/43, 58; 12d/4, 8; 14/81; 15/59, &c.; 20/303; 22/2, 6; &c.: *as n. sb.* what is holy 38/6.

hāligness, -niss *f.* holiness 32e/10: sanctuary 16/35.

hals *see* **heals**.

hālsian entreat, implore 3a/11; 35/14.

hālwende, -wynde salutary, saving 10/128; 14/157; 32f/2: *as sb.* Saviour 32d/33.

hām *m.* home, dwelling 4/24; 20/157; 25/148; 28e/4: estate 3c/3: *av.* home, homewards 3d/6; 5a/20, 52; 9/11; 10/23, 61; 14/48; 15/174; 20/351; 21/251; 23/131: 'æt ∼' at home 5a/48; 8/30, 59: 'tō ∼ (e)' home 21/292; 28e/9.

hām-cyme *m.* home-coming 14/67.

hamor *m.* hammer 20/35.

hām-weard *av.* homewards 5a/16, 21; 8/123; 18/3.

hām-weardes *av.* homewards 8/44.

hand *av.* just, exactly 13/12.

hand (o) *f.* hand 10/110; 12a/46; 14/175; 15/81; 19a/1; 20/40; &c.: possession 12d/7: side 6/7, 25; 21/112: 'tō ∼a' into the possession of 11/80; 18/57: within reach 25/59: 'sīo nēste ∼' the nearest heir 34/20: 'hire fæder ∼' her father's part 12a/13.

‡**hand-bana** *m.* slayer 20/80.

hand-bred *n.* palm of the hand 15/95. [brād]

hand-geweorc *n.* handiwork 37/33.

‡**hand-mægen** *n.* strength of hand 22/2.

‡**hand-scalu (-scolu)** *f.* retinue, attendants 20/67. [sceolu]

hangian (o) *int.* hang 20/113; 28c/11; 29/55.

hār hoary, grey-haired 20/57; 21/169: grey 20/165; 23/328; 26/82.

hara *m.* hare 3e/15.

hāt hot 14/156; 20/173, 366; 22/79, &c.; 27/11; 30/62: *cp.* more fervent 27/64: *sp.* 29/7.

hātan VIIa (*3 pers. pres.* hǣt, hāt 3d/36, hāteþ 2/1, *prt.* hēt, heht, *ptc.* (ge)hāten) command 2/1, 2; 3b/11, 25; 5a/6; 10/52, 69; 14/62; 21/2, 30; 23/9; 25/95; &c.: call 1/9; 3b/13; d/3, 36; e/29; 4/82, 94; 8/6; &c.: **hātte** *passive pres. and prt.* am (was) called 3c/19; 4/80; 14/129; 16/176; 29c/19; &c.: **hātan** *passive infin.* 22/99.

gehātan VIIa (*prt.* -hēt, *pl.* -hēton) promise 3b/8; e/27; 7/23; 9/56; 20/142; 21/246, 289.

hāte *av.* hotly 23/94.

hāt-heort passionate 26/66.

hāt-heortnis *f.* anger, passion 32c/17, 26; d/42, &c.

*ge***hāt-land** *n.* promised land 10/77.

hatung *f.* hatred 14/115. [hatian 'hate']

*ge***hāwian** observe, examine 8/ 138.

hē *m.*, **hēo** (**hīo**, **hīa**, **hīæ**) *f.*, hit (**hyt**, **hitt**) *n. pron.* (*a. sg. m.* **hine** (**ie**, **y**), *a. sg. f.* **hīe**, **hī**, **hȳ**, **hēo**, *g. sg. mn.* **his**, *g. and d. sg. f.* **hire** (**ie**, **y**), *d. sg. mn.* **him** (**y**)) he, she, it *passim. For pl. see* hī(e).

hēafod, -ud *n.* head 3e/22; 5b/ 81; 10/123; 15/130; 17/47; 20/340; 23/110; &c.: head, chief 17/29.

hēafod-ǵerīm *n.* number of heads 23/309.

‡**hēafod-lēas** headless 28c/10.

hēafod-mann *m.* leader 15/39.

hēafod-weard *m.* chief guard 23/239.

hēah high 5b/29; 9/59; 15/180; 22/55; 23/43; &c.: violent 3d/9: *cp.* **hīerra** 2/66; 8/172: **hēarra** 22/29, 37: **hērra** 24/ 28: *sp.* **hē(h)st** 3d/12; 22/9, 15; 23/4, 94; 32e/12: 'ðā hēan' the heights 32c/43.

hēah-burg *f.* capital 3b/22.

hēah-fæder *m.* patriarch 13/66, &c.: God the Father 25/134.

hēah-þungen of high rank 4/130.

(*ge*)**healdan** (**a**) VIIc (*3 pers. pres.* -**hylt** 13/217, *prt.* **hēold**, *pl.* **hēoldon** (**īo**), *ptc.* -**healden**) hold, grasp 3f/19; 13/199; 21/14, 20: keep, rule 1/48; 2/37; 20/98; 22/103; 27/87; 29/1; 33b/8: retain 22/75: guard, protect 5a/49; 8/31, 72; 17/58; 21/19; 28b/5; &c.: preserve 2/8; 13/217; 15/91; 24/45; 26/112; &c.: observe 11/13; 16/31, 63; 23/142;

33c/8; 34/56: be loyal to 12a/26: 'ēow friþes ～' keep peace with you 21/41: *int.* hold out 21/102.

(‡)**healdend** *m.* guardian, lord 23/290.

healf *n.* side 4/23, 72; 8/21, 90; 18/16, 44; 20/55; 21/152, 318; 25/20; &c.

healf (**a**) half 4/131; 5b/77; 8/30; 11/61; 17/7; 23/105; 33b/12.

hēalic lofty 15/148: haughty 22/49.

heall *f.* hall 13/42; 20/38; 21/214; 29/28, 36.

heals (**a**) *m.* neck 20/316; 21/141; 22/140.

‡**heal-wudu** *m.* hall-floor 20/67.

hēan despised, abject 20/24; 23/234; 26/23.

hēanlic low, despicable 21/55.

hēanyss, -niss *f.* height 14/55; 32b/12; c/23; e/16.

hēap *m.* band 20/377; 23/163; 28g/4.

hēap-mǣlum *av.* in crowds 9/32, 55.

heara *see* hī(e).

heard hard 20/85, &c.; 21/167, 214; 22/58, 138; &c.: bold 20/289; 21/33, 266; 23/225: *cp.* bolder 21/312: *sp.* harshest 25/87.

hearde *av.* severely, fiercely 20/188; 22/128; 23/116, 216.

‡**heard-ecg** hard-edged 20/38, 240.

heardlīce *av.* boldly 21/261.

heard-mōd brave-hearted 22/ 40.

hearm *m.* injury, damage 18/28; 22/123: grief 21/223.

hearm-scaru *f.* affliction 22/ 187. [OS.]

hearpe *f.* harp 3e/19; 10/21, 22; 27/44; 32a/3.

hearpere *m.* harper 3e/1, &c.; 37/4.

hearpian harp 3e/5, &c.
hearpung *f.* harping 3e/23, &c.
‡**hearra, herra** (22/18) *m.* lord
    21/204; 22/34, &c.
hĕarra *see* **hĕah**.
‡**theaþo-byrne** *f.* corslet 20/302.
    [heaþu 'battle']
‡**theaþo-rinc** *m.* warrior 23/179,
    212.
‡**theaþo-swāt** *m.* blood 20/210,
    356.
‡**theaþo-wylm, -welm** *m.* fierce
    flame 22/79; 30/70.
heaþrian confine, imprison 30/
    40.
hĕawan VIIb (*prt.* **hĕow,** *pl.*
    hĕowon, *ptc.* **gehĕawen**) hew,
    stab 16/66; 21/181, 324; 23/
    289, &c.
*ge*hĕawan VIIb kill 23/90.
hebban VI (*ptc.* **hafen**) raise, lift
    up 20/40; 25/31.
hēdan *w. g.* look after, deal with
    11/84.
hefeldian begin the web 32b/7.
    [hefeld 'thread for weaving']
hefen *see* **heofon**.
hefgian weigh down 10/94.
hefig heavy, grievous 25/61: *cp.*
    26/49.
hefig-tȳme oppressive, burden-
    some 13/36.
heft-nēd *m.* captivity 32d/88.
hēg *n.* hay 32d/4. [hēawan]
hegelēas thoughtless 37/145.
    [hyge]
‡**thēh-cræft** *m.* skill 31c/4.
hēhst *see* **hēah**.
heht *see* **hātan**.
hehtful joyful 37/79. [hyht]
hēhþu *f.* height 22/76. [hēah]
‡**thel-dor** *n.* gate of hell 22/135.
hell *f.* hell, Tartarus 3c/18; e/10,
    18; 15/198; 16/199; 20/24;
    22/59, &c.; 30/70; 32b/2, 20.
    [helan 'cover']
helle-bryne *m.* hellfire 23/116.
helle-wīte *n.* hell-torment 22/58.
hellic infernal 13/131, 151.

hell-w(e)aran *mpl.,* **-waru** *f.*
    inhabitants of hell 3e/34, &c.;
    32d/47.
helm *m.* helmet 20/36, &c.;
    23/193, &c.: ‡protector 20/71,
    373; 28d/17; 37/101: cover,
    protection 20/142. [helan]
help *f.* help 20/302; 23/96;
    25/102; 26/16; 37/51.
(*ge*)**helpan** III *w. d. or g.* help
    15/217; 16/202; 19b/24, 26;
    37/33.
helpend *m.* helper 37/114.
hel-sceaþa *m.* fiend 21/180.
hēmed *n.* marriage 33b/16.
    [hām]
*ge*hende *prp. w. d.* near, close by
    14/193; 21/294. [hand]
henn-fugol *m.* fowl 33a/20; c/6.
hēo *see* **hē, hī(e)**.
hēofian lament 3b/33; 14/169.
heofon, hefen (**-b-**) *m., often pl.*
    heaven, sky 10/43, 80; 13/154;
    15/95, 147; 20/321; 22/9, 29;
    31a/6; &c.
heofon-cyning *m.* King of
    Heaven 22/194.
heofone *f.* heaven 13/37, 127,
    139; 15/89.
heofonlic heavenly 10/9, 57;
    12a/48; 14/91, &c.; 15/147;
    25/148; &c.
heofon-rīce (hiofen-, hef(a)en-)
    n. heavenly kingdom 10/38;
    22/76, &c.; 24/12; 25/91;
    31a/1; 37/114.
‡**theofon-tungol** *n.* star, heavenly
    body 24/32.
hēofung *f.* lamentation 14/172.
‡**theolfor** *n.* blood 20/52, 173.
‡**theolfrig** bloody 23/130, 317.
heolstor *n.* darkness 26/23.
heolstor dark 23/121.
‡**theolstor-cofa** *m.* chamber of
    darkness, grave 24/49.
heom *see* **hī(e)**.
heonan *av.* from here 20/111;
    21/246; 22/170; 24/1; 25/132;
    27/37.

heonan-forþ *av.* henceforth 16/
17, 21.

heonu *interj.* lo!, behold! 38l/4.

heora *see* hī(e).

heorcnigend *m.* hearer 13/36.

heord *f.* charge, care 10/26.

heorde *see* hyrde.

‡**hēore** pleasant 20/122.

‡**theoro-gīfre** fiercely greedy 20/
248.

‡**theoro-grim** fierce 20/314.

‡**theoro-hōcyhte** hooked, barbed
20/188.

‡**theoro-sweng** *m.* sword-stroke
20/340.

‡**theoro-wearh** *m.* fierce outcast
20/17.

heort, heorot *m.* hart, stag 3e/
14; 20/119.

heorte (io) *f.* heart 13/223;
14/121; 15/44, 210; 21/145,
312; 22/109; &c.

heorþ *m.* hearth 18/13.

‡**theorþ-genēat** *m.* hearth-com-
panion, follower 20/330; 21/
204.

‡**theorþ-werod** *n.* body of house-
hold retainers 21/24.

‡**theoru** *m.* sword 20/35.

‡**theoru-wǣpen** *n.* sword 23/
263.

hēr *n.* hair 28d/5; 31c/4.

hēr *av.* here 2/38, 48; 9/47; &c.:
in this year 1/1; 6/1; 7/1; 8/1;
17/1, 35.

hēr- *see* hīer-, hȳr-.

hēr-beufan *av.* here above
34/49.

‡**thēr-būend** *m.* dweller on earth
23/96.

here *m.* (*g. sg.* **heres, heriges**,
d. sg. **here, her(i)ge**, *nom. pl.*
hergas) army 5a/48, 52; 18/49;
23/135, &c.: Viking army 6/1,
&c.; 7/1, 13; 8/19, &c.; 17/2,
&c.: devastation 16/51, 106:
battle 21/292.

‡**there-byrne** *f.* corslet 20/193.

‡**there-folc** *n.* army 23/234, 239.

here-geatu *f.* war-gear, heriot
21/48.

here-hȳþ *f.* plunder 5a/53; 8/34,
&c.

hereness, -niss *f.* praise 10/35,
130.

‡**there-net** *n.* corslet 20/303.

here-rēaf *n.* plunder 23/317.

‡**there-sīþ** *m.* military expedition
28e/4.

‡**there-strǣl** *m.* arrow 20/185.

‡**there-syrce** *f.* mail-shirt 20/261.

here-toga (-toha) *m.* leader
3b/12; 9/28; 14/19. [tēon]

‡**there-wǣþa** *m.* warrior 23/126,
173. [wǣþan]

herg *mf.* idol 32a/9.

hergaþ *m.* raiding 8/59, 73.

hergian harry, ravage 4/74;
5a/18; 8/71, 117; 9/41; 16/123;
17/15.

hergung *f.* harrying 17/3.

herian, hergan, herigean
praise 10/38; 16/152; 27/77;
31a/1; 32b/20.

hēr-inne *av.* herein 19b/6, &c.;
22/191.

gehērness *see* -hȳrness.

her-paþ *m.* war-path 23/303.

hērra, herra *see* hēah, hear-
ra.

hēr-tō-ēacan *av.* besides, in
addition 16/169.

hēst *see* hēah.

hete *m.* hate, malice 16/54, 107;
22/56.

hetelic violent 20/17.

hetelīce *av.* violently 16/95.

‡**thete-sprǣc** *f.* speech of hate
22/18.

‡**thete-þoncol** hostile-minded
23/105.

hetol hostile, fierce 16/141.

hī(e), hig, hȳ, hēo, hio, hēa
38l/12 *pron.* (*g.* hiera (eo, io,
i, y, ea), *d.* him, heom (io))
they *passim*.

hīd *f.* hide of land 11/60; 12c/4;
34/6, &c. [hīg-, hīw-, 'family']

hider (ie) *av.* hither 2/13; 4/100; 8/113; 9/7; &c.

hiene, hiere *see* **hē.**

hīeran (ē, ȳ) hear 8/50; 10/133: *w. d.* obey 37/57, 75: '∼ in', '∼ tō' belong to 4/95, 102, 107, 111.

gehīeran (ē, ȳ) hear 1/24; 3c/5, 12; 10/36; 14/12; 16/188; &c.

Hierde-bōc *f.* pastoral 2/71.

(ge)hīersumian (ȳ) *w. d.* obey 2/6; 13/191; 14/170. [hīeran]

hīgan, -on, hīwan *mpl.* community 33a/15, 26; b/23, 26; c/3.

hige *see* **hyge.**

‡**hige-ġeōmor** sad at heart 30/62.

‡**hige-rōf** brave 23/303.

‡**hige-þoncol** wise, thoughtful 23/131.

hiht *see* **hyht.**

‡**hild** *f.* war, battle 20/210, 231; 21/8, &c.; 23/251, 294; 28c/4; 29/17.

‡**hilde-bill** *n.* battle-sword 20/270.

‡**hilde-dēor** brave in battle 20/396.

‡**hilde-ġicel** *m.* 'battle icicle', drop of molten steel 20/356.

‡**hilde-grāp** *f.* hostile grasp 20/196.

‡**hilde-lēoþ** *n.* battle-song 23/211.

‡**hilde-nǣdre** *f.* 'battle-adder', arrow 23/222.

‡**hilde-rinc** *m.* warrior 20/57, 245; 21/169; 25/61, 72.

‡**hilde-tūx** *m.* battle-tusk 20/261.

hilt *n.* (*pl. often = sg.*) hilt 20/324, 364.

him *see* **hē, hī(e).**

hindan *av.* from behind 8/89, 107.

hine *see* **hē.**

‡**hin-iong** *m.* journey hence 31b/3. [heonan]

‡**hin-sīþ** *m.* journey hence, death 23/117.

hio, hiora *see* **hē, hī(e).**

‡**hīow-beorht** bright of colour 22/21.

hira, hire *see* **hī(e), hē.**

hīred (ȳ) *m.* household, family 11/42; 13/4, &c.: ecclesiastical community 12a/1, 47; c/3, &c. [hīw 'family' + rǣd]

hīred-man *m.* household follower 21/261.

his, hit *see* **hē.**

hīw *n.* hue, colour 24/81.

hīwan *see* **hīgan.**

hīw-rǣdcn *f.* household 13/44. [hīw 'family' + rǣden]

hlǣfdiġe *f.* queen 12c/8; 18/67. [hlāf]

hlǣstan load, adorn 23/36. [hladan]

hlǣw *m.* mound 19b/3; 29/26: hill 24/25.

hlāf *m.* (*g. pl.* **hlāba** 33c/5) loaf 33a/18, &c.; 38/9.

hlāford *m.* lord, master 1/33; 4/1; 11/20, 24, 80; 13/6, 8; 14/200; 15/9; 16/70, 99; 21/135, 189; &c. [= hlāfweard 'bread-guardian']

hlāford-dōm *m.* lordship, patronage 33b/50.

hlāfordlēas lordless 21/251.

hlāford-swica *m.* betrayer of a lord 16/69, 161 n. [swican]

hlāford-swice *m.* betrayal of a lord 16/70, 71.

hlanc lean 23/205.

hleahtor *m.* laughter 27/21. [hlihhan]

gehlēapan vii*b* (*prt.* -hlēop) *tr.* leap on 21/189.

‡**hlēo** *m.* shelter, protector 21/74.

‡**hlēo-bord** *n.* protective board, cover 28d/12.

‡**hlēo-mǣġ** *m.* protecting kinsman 27/25.

hleonian lean, incline 20/165; 24/25.

‡**hléo-sceorp** *n.* protective robe 28b/5.

hléoþor *n.* melody 24/12: sound, cry 27/20; 28c/4: hearing 37/78.

hléoþrian to make a noise, speak 25/26.

hlīfian tower 24/23, 32; 25/85.

hlihhan VI (*prt.* hlōh) laugh 21/147; 23/23.

‡**hlimman**III(*prt.pl.*hlummon) resound 23/205; 27/18; 31c/6.

hlinc *m.* ridge, terrace 24/25.

hlīsa *m.* fame 15/190.

hlīsfullīce *av.* gloriously 15/116.

hlōþ *f.* band 8/25.

hlūd loud 19b/3; 30/37: *sp.* 29/4.

hlūde *av.* loudly 23/205, &c.; 28a/7; g/4.

hlūt(t)or pure 3c/11; 10/125; 22/152.

hlȳdan clamour 23/23. [hlūd]

hlynnan roar, shout 23/23.

*ge*hlystan listen 21/92.

*ge*hnǣgan bring low 20/24; 27/88. [hnīgan]

hnæppian doze 14/153.

hnīgan I (*prt.* hnāg) bow, bend down 25/59.

hnītan I (*prt. pl.* hniton) clash 20/77.

‡*ge*hnyst contrite 37/128.

hocor *n.* derision 16/147.

hocor-wyrde derisive 16/143.

hof *n.* court 20/257.

hogian consider 15/90, 193; 21/123; 32d/60: intend 21/128, 133; 23/250, 273. [hycgan]

hol *n.* hole 3b/37.

hōl *n.* malice?, envy? 16/54.

*ge*hola *m.* confidant 26/31. [helan 'conceal']

hold loyal 22/43: gracious 27/41; 28b/4: *sp.* most loyal 21/24. [heald]

‡**tholm** *m.* sea 20/185, 342; 26/82; 27/64.

‡**tholm-clif** *n.* sea-cliff 20/171, 385.

holt *n.* wood 21/8; 24/73, 81; 25/29; 29/19.

‡**tholt-wudu** *m.* forest 20/119: trees of the forest 25/91.

hōn VII*d* hang *tr.*: *ptc.* gehongen *w. inst.* hung with 24/38, 71.

hond *see* hand.

‡**thond-gemōt** *n.* battle 20/276.

‡**thond-gesella** *m.* close comrade 20/231.

hongian *see* hangian.

hopian hope 23/117.

hord *mn.* hoard, treasure 37/28, &c.

hord-cofa *m.* treasure-chamber, heart 26/14.

hord-ern *n.* storehouse 32d/53.

hord-fæt *n.* coffer 14/30.

hōring *m.* fornicator 16/163.

horn *m.* horn, trumpet 11/52; 20/119, 173; 28e/2; 32c/9; e/2; 33b/15.

‡**thorn-boga** *m.* bow (*tipped with horn?*) 23/222.

hors *n.* horse 4/50, 143; 8/4, &c.; 15/163; 18/11; 20/149; 21/2; &c.

hors-hwæl *m.* walrus 4/35.

hors-þegn *m.* marshal 8/164.

hosp *m.* insult 14/93; 23/216.

hrā *see* hrǣw.

hrædest *see* hraþe.

hrǣding *f.* haste 16/170.

hrǣdlic short 5a/27: quick 14/97.

hrǣdlīce *av.* quickly 5a/32: *cp.* 13/127.

‡**thrǣd-wyrde** hasty of speech 26/66. [word]

hrægl, rægl *n.* raiment 3c/4, 9; 4/152; 12b/22; 23/282; 28a/1.

hrǣw, hrā *n.* corpse 20/338; 23/314; 25/53, 72.

hrān *m.* reindeer 4/46, &c.

hraþe (æ) *av.* quickly 15/47, 55; 20/44, 60, &c.; 23/37: *cp.* 13/126: *sp.* hraþost 3f/26, hrædest 16/44, 165. *See also* raðe.

hrēam *m.* clamour 20/52; 21/106.

hreddan rescue, recover 28c/18.

hrefn (æ), hremm *m.* raven 7/10 n.; 21/106; 23/206.

‡hrēodan II (*ptc.* gehroden) adorn 23/37; 24/79.

hrēoh (*g. pl.* hrēora, *wk.* hrēo) fierce, rough, troubled 20/57, 314; 23/282; 24/45, 58; 26/16, 105.

hrēosan II (*prt. pl.* hruron, *ptc.* gehroren) fall 5b/40, 52; 9/48; 24/60; 26/48, 102: plunge 20/180.

hrēowan II *impers.* grieve, distress 22/181 (mē *understood*).

‡hrēow-cearig sorrowful, troubled 25/25.

‡hrēowig-mōd sorrowful 23/290.

hrēowlīce *av.* cruelly 9/53; 16/40.

hrepian touch 15/168.

hrēran *tr.* stir, move 26/4.

‡hrēþ-ēadegost *sp.* most glorious 29/8. [hrēþ 'glory']

‡hreþer *m.* heart 20/196; 23/94; 26/72; 27/63.

‡hreþer-bealo *n.* sorrow at heart 20/93.

‡hreþer-loca *m.* breast 27/58.

hrīeman shout 11/52. [hrēam]

hrīm *m.* rime, hoar-frost 24/16, 60; 26/48, 77; 27/32.

‡hrīm-ceald rime-cold 26/4.

‡hrīm-gicel *m.* icicle 27/17.

hrīmigost *sp.* most frosty 29/6.

hrīnan I touch 20/265.

‡hrinde *pl.* covered with rime 20/113.

hring *m.* ring 20/257; 22/132; 23/37; 29/22: ring-mail 20/253; 21/161.

‡hring-locan *mpl.* linked rings of a corslet 21/145.

‡hring-mǣl ring-adorned: *as sb.* ring-sword 20/271, 314.

‡hring-þegu *f.* receiving of rings 27/44. [þicgan]

hrīpes (38l/2) *see note.*

hrīsil *m.* shuttle 31c/7.

‡hrīþ *f.* snowstorm 26/102.

hrīþer (ȳ) *n.* ox, cow, heifer 4/49; 17/47; 33a/19; b/34; c/5.

hrīþian be in a fever, shake 14/143.

hrōf *m.* roof, dwelling 10/43; 15/182; 23/67; 28e/7; 31a/6; 29/64.

‡hrōf-sele *m.* roofed-hall 20/265.

hrōr vigorous 20/379. [hrēran]

‡hrūse *f.* earth 26/23, 102; 27/32: ground 28a/1.

hrūtan II snore: resound 31c/7.

hryre *m.* fall 13/189; 24/16; 26/7. [hrēosan]

hrȳþer *see* hrīþer.

‡hryþig ruined?, storm-beaten? 26/77.

hū *av.* how 2/5, 7; 3b/40; &c.: *intensive w. aj. or av.* 2/4; 5a/95; 18/16; &c.: ~ lā 13/28, lā ~ 13/169 lo!

‡huilpe *f.* curlew 27/21.

hund *m.* dog 3e/8, 15; 16/86; 20/118; 23/110; 38/6.

hund, hunde (5a/1; 8/5) *n., w. g.* hundred 4/45, 92; 5b/14, 28; 8/47, 125; &c.

hund-eahtatig eighty 5a/2.

hund-nigontig ninety, p. 265.

hundred *n.* hundred 3d/5.

hund-seofantig seventy 5b/29.

hund-twelftig a hundred and twenty 8/7.

hungor *m.* hunger, famine 8/94; 9/55; 16/52; 27/11; 32d/50.

hunig *n.* honey 3c/9; 4/124; 32d/26; 33a/24.

hunta *m.* huntsman 4/26, 29.

huntoþ *m.* hunting 4/5.

(‡)hup-seax *n.* short sword 23/328. [hup = hype 'hip']

hūru *av.* indeed, truly 16/4, 66, 171; 20/215; 23/346; 25/10: at least 4/115.

hūru-þinga *av.* at least 13/124.
hūs *n.* house 4/133; 10/23, &c.;
11/27, 30, 33; &c.
hūs-būnda *m.* householder 18/
10, 12. [ON. húsbóndi]
hūsl *n.* Eucharist 10/106, &c.
hūsting *n.* meeting 17/45. [ON.
hús-þing]
hūþ *f.* plunder 28e/2, &c.
hūxlīce *av.* mockingly 13/193.
hwā, *mf.* hwæt *n., pron. (a. mf.*
hwæne, *d.* hwǣm) *interr.*
who, what 3c/21; 4/33; 10/33,
55; &c.: *indef.* anyone, any-
thing 2/84; 11/27, 29; 21/71;
23/52; &c.: each 21/2: swā
hwā swā, swā hwæt swā
whosoever, whatsoever 3e/57;
f/25; 10/4; 15/45; 22/193.
gehwā *mf.,* -hwæt *n., pron. (a.
mf.* -hwæne, *g.* -hwæs, *d.*
-hwǣm, -hwām) each, every-
one, everything 3f/17; 10/40;
16/172; 20/115, 170; 23/186;
&c.
gehwǣde slight, young 14/123.
hwæder *see* hwæþer, hwider.
hwæl *m.* whale 4/37, &c.; 27/60.
hwæl-hunta *m.* whale-hunter
4/11.
hwæl-huntaþ *m.* whale-fishing,
whaling 4/40.
‡*hwæl-weg *m.* path of the
whale, sea 27/63.
hwæne *see* hwā.
hwænne *cj. w. sbj.* until the time
when 21/67; 25/136.
hwǣr *av.* where 5a/97, 99;
8/138; 14/10; 16/89: anywhere
2/84: swā hwǣr swā wher-
ever 15/94.
gehwǣr *av.* everywhere 9/49;
37/44.
hwæt (*n. of* hwā) *av.* why 22/33:
interj. lo! 3d/42; e/49; f/1, 7;
5b/40; 13/21; 14/12; 19a/4;
21/231; 25/1; &c.
hwæt bold 20/351; 27/40: *cp.*
28d/20: *sp.* hwatest 5a/74, 83.

hwǣte *m.* wheat 32d/29.
hwǣten wheaten 33a/18.
hwæt-hwugu *pron.* something
10/29.
hwætscipe *m.* bravery 5a/56,
90.
hwæþer (-d-), hwaþer *pron.,
interr.* which (*of two*) 4/14, 19:
indef. aj. and pron. whichever:
'swā hwaþerre . . . swā' 8/26,
'swā ~ swā' 33a/25; b/25;
34/30.
hwæþer *cj.* whether 4/8; 10/106,
110; 20/64, 106.
gehwæþer, -hweder either,
both 6/6, 25; 21/112; 33a/47.
hwæþ(e)re *av.* yet, nevertheless
5a/67; 9/47; 10/11, 33; 20/20;
25/18, 24; &c.: 'huethrae suǣ
ðeh' nevertheless 31c/11.
gehwanon from all sides 15/74.
hwealf hollow, concave? 23/214.
‡hwearf *m.* crowd 23/249.
[hweorfan]
hwelc (i, y) *pron. and aj.,
interr.* which, what 2/3, 25;
5a/105; 10/51, 107; 12b/16;
13/177; &c.: *indef.* any 16/99:
correl. 'swelc . . . ~' such
. . . as 5a/73: 'swā ~ swā'
whoever 1/19.
gehwelc (i, y) *pron. and aj.* each,
every 1/20; 3e/53; 9/48; 13/
178; &c.: 'ānra ~' *w. g.* each
23/95; 30/52.
hwēne *av.* a little 4/65. [hwōn]
hwēol *n.* wheel 3e/36.
hweorfan III (*prt.* hwearf) turn
20/323; 26/72: journey 23/112;
27/58, 60; 29/58, 59.
hwēos *see* hwōsan.
gehwerfan *see* -hwyrfan.
hwettan whet, incite 27/63.
[hwæt]
hwī *see* hwȳ.
hwider (y, æ) *av.* whither 20/81;
26/72; 29/58: 'swā ~ swā'
whithersoever 14/204; 15/62,
211.

hwīl *f.* time, space of time 1/48;
4/85, 133; 20/245; 23/214;
25/24, 70; &c.: ~e for a time
25/64, 84; 37/83: ~um some-
times 2/71; 3a/2; b/34; 4/75;
16/59; &c.; in times past, once
26/43: þā ~e þe *cj.* while, as
long as 2/63; 3e/26; f/27; 8/39;
21/14; &c.
hwīlc *see* hwelc.
hwīlwendlic transitory 15/91.
hwīt white 14/203; 20/198; 22/9,
&c.: *sp.* 22/94: 'Hwīta' *by-name*
the White 12b/4, 12.
hwon (a) *inst. of* hwæt: 'for ~'
why 10/101; 26/59; 38r/3: 'tō
~' why 3b/39.
hwōn *av.* a little 4/15; 5a/89;
14/153: *pron. w. g.* few 27/28;
38l/14.
hwōnlīce *av.* moderately, slight-
ly 13/125; 15/91.
hwonne *av.* when 33a/37.
hwonon whence 10/56.
hwōsan VIIf (*prt.* hwēos) cough
14/143.
hwȳ, hwī, *instr. of* hwæt, *av.*
why 13/14; 22/37.
hwyder *see* hwider.
hwylc *see* hwelc.
gehwyrfan (e) turn, change
10/60, 72; 22/73; 38r/6: *int.*
return 14/132. [hweorfan]
hȳ *see* hī(e).
hycgan (i) think 21/4; 26/14;
29/54: *w. g.* 22/152, 187.
[hogian]
hȳd *f.* hide, skin 4/37, &c.;
11/23; 28d/12.
(ge)hȳdan hide 20/122; 26/84;
27/102.
hȳd-gyld *n.* fine to save one
from a flogging 11/25 n.
gehygd *fn.* thought 26/72. [hyc-
gan]
‡hyge (i) *m.* mind, thoughts,
heart 21/4, 312; 22/21, &c.;
23/87; 26/16; 27/44, 58, 96.
[hogian]

‡hyge-blīþe glad at heart: *cp.*
28d/20.
hygelēast *f.* folly 22/86.
hyge-sceaft *f.* mind, heart
22/43. [OS.]
‡hygi-þonc *m.* thought 31c/4.
hyht (i, e) *f.* hope 23/98; 25/148;
33a/4: joy 25/126; 27/45;
37/101. [hyge]
‡hyhtlic joyful, pleasant 31c/12.
(‡)hyhtlīce *av.* joyfully 24/79.
‡hyht-wynn *f.* joy 23/121.
hyldan *rfl.* incline, bow 25/45.
[heald 'bowed']
hyldo *f.* favour 22/37, 56, 159,
161; 23/4: allegiance, loyalty
22/76. [hold]
hyll *m.* hill 32c/14.
gehylt *see* -healdan.
hȳnan humiliate 16/39, 123;
21/180: bring low 21/324.
[hēan]
hyngran hunger 32f/9. [hungor]
hȳr *f.* hire 13/26.
hȳr(-) *see also* hīer(-).
hyra, hyre *see* hī(e), hē.
hyrde (eo, io) *m.* shepherd
32b/6: guardian 23/60; 37/102,
108.
hȳred *see* hīred.
(ge)hȳrian hire 13/5, &c.
hȳrig-mann *m.* hired man 13/6.
hȳr-mann *m.* hired man 13/9.
hyrne *f.* corner 15/157. [horn]
‡hyrned-nebba *wk. aj.* horny-
billed 23/212.
gehȳrness, -hērniss, -ness *f.*
hearing 10/70; 32c/1; 37/79.
[hīeran]
(‡)hyrst *f.* ornament, trappings
23/317; 28a/4; c/11.
hyrwan abuse, deride 16/148,
151.
‡hyse *m.* (*g.* hysses, *nom. pl.*
hyssas) young man, young
warrior 21/2, 112, 152, &c.
hyse-cild *n.* male child 5a/43;
14/51, 79.

I

ic *pron.* (*a.* mec, mic 32f/4, mē, g. min, *d.* mē) I *passim.*

ican (ǣ, ȳ) (*imp.* ǣc 37/89, *prt.* īhte) increase, pile up 16/10; 23/183; 28d/24. [ēac]

idel (ȳ) idle, unemployed 13/9, &c.: vain, empty 16/155; 26/87, 110.

idel-hende empty-handed 32f/10. [hand]

ides *f.* woman, lady 20/9, 101, 399; 23/14, &c.; 29/43.

ie *see* ēa.

ieg-land, īg-land, -lond *n.* island 3c/19; d/10, 19; 4/86, &c.; 8/121; 24/9. [ēa]

ieldra, ieldsta *see* eald.

ieldran (æ, e, y) *mpl.* elders, ancestors 2/36; 12a/3; 32d/13; 36/38; 37/66. [eald]

ierfe (æ, e, y) *n.* property 11/28; 33b/2, 35; 34/4, &c.: heritage 30/85: 'cwice ærfe' livestock 34/11.

iernan *see* irnan.

iggaþ *m.* small island, eyot 8/39.

ihte *see* īcan.

ilca (y) same 1/35, 46; 3b/6; e/39; 4/135; &c.

ilce *av.*: swā ∼ in the same way, likewise 3d/16.

in *prp. w. d.* (*inst.*) in, among 7/26; 8/46; 9/58; 10/5, &c.; 26/12; &c.: *w. a.* into 3b/4, 10/80.

in(n) *av.* in, inside 12d/5; 14/28; 19b/17; 20/121, 252, 394; &c.: in on into 4/18, 20, &c.

in-bryrdnis *f.* inspiration, compunction 10/6. [*cf.* on-bryrdnyss]

inca *m.* grudge 10/111, 112.

in-drencan saturate 32d/86.

(‡)in-dryhten noble 26/12. [dryht]

‡in-dryhto *f.* nobility 27/89.

in-faru *f.* inroad, invasion 18/23.

in-findan *see* on-findan.

in-gān go in 38r/13.

in(n)-gang, -gong *m.* entry 10/77, 118; 20/299; 33b/24.

‡in-gemynd *fn.* remembrance 30/17.

in-geþanc *mn.* thought, conscience 16/195; 37/129, 153.

in-innan *see* on-innan.

in-lǣdan bring in 10/97.

in-līhtan illuminate 32e/16. [lēoht]

inn *n.* inn, lodging 20/50; 23/70.

innan *prp. w. d. and a.* in, within 8/149; 16/34; 29/43.

innan *av.* inside 14/140; 16/37; 27/11: 'on . . . innan' inside 22/97.

innan-bordes *av.* at home 2/8.

inna-ueard within 38l/15.

inne *av.* inside 4/129, 133; 8/11, 107; 10/105; 16/25, 27; &c.

inn-geonga enter 38l/13.

innian *rfl.* lodge, take quarters 18/8.

innoþ *m.* womb 14/118: inside 14/148; 31c/2: '∼as mildheortnisse' bowels of mercy 32e/15.

in-sendan *see* on-sendan.

in-stæpe *m.* entrance, threshold 14/110. [steppan]

intinga *m.* cause 9/39; 10/20: sake 14/105.

intō *prp. w. d.* into 8/62; 13/5, &c.: into the possession of 12c/2, 6; d/3; 36/7, &c.

in-weard inward, sincere 13/222.

in-weaxan VIIc (*pres.* inwyxþ) grow in 19b/2.

‡in-widda *m.* wicked one 23/28.

‡inwid-hlemm *m.* wound of malice 25/47.

‡inwit-feng *m.* hostile clutch 20/197.

iow *see* gē, iower *see* ēower.

iren, īse(r)n *n.* iron 9/52; 19b/14, 18; 21/253; 22/138; 29/26.

īren of iron 20/209.

‡**īren-bend** *mf.* iron fetter 22/126.

irnan (**ie, y**) III (*prt. pl.* **urnon**) run 1/19; 3e/7, 33; 4/105: flow 5b/16, 31.

is *see* **eom**.

īs *n.* ice 15/27; 20/358.

‡**īs-c(e)ald** ice-cold 27/14, 19.

ise(r)n *see* **īren**.

‡**īsig-feþera** with icy feathers 27/24.

iū, giū, giō, geō *av.* formerly, ago 2/3, 43; 3b/32; d/1; e/1; 9/44; 20/226; 24/41: &c.

Iūdēisc Jewish 13/45; 14/7, &c.

īuer (38l/6, 11) *see* **ēower**.

iugoþ *see* **geogoþ**.

īuh *see* **gē**.

iung, iungra *see* **geong**.

‡**iū-wine** *m.* friend of former days 27/92.

K

kāsere *see* **cāsere**.

kyn fitting 11/69.

kyning *see* **cyning**.

kyrtel *m.* tunic, coat 4/56.

L

lā *interj.* lo! 3b/40; 13/28, 169; 16/17, &c.

lāc *n.* gift 14/30: offering 16/26; 37/137: booty 20/334.

‡**gelāc** *n.* play, tumult 27/35.

lācan VIIa sport 29/39.

gelād *n.* path 20/160. [līþan]

gelæccan (*prt.* **-læhte**) seize 14/139.

læce *m.* leech, physician 14/150, 158.

(*ge*)**lædan** lead, bring, carry 3e/10, 34; 5b/4; 6/5; 8/198; 10/52; &c.: bring forward 12a/14: lift 25/5: 'fruman lædde' took its origin 9/31 f. [līþan]

Læden *n.* Latin 2/17, 70; 3a/8. [L. Latīnum]

Læden-geþīode *n.* Latin language 2/65, 67.

læfan leave 1/27; 2/38; 3f/28: leave by will 12a/2, 4. [lāf]

læn *n.* loan 2/84: gift 34/52. [lēon]

læne transitory 20/372; 25/109, 138; 26/108; 27/66; 30/35; 37/15. [læn]

(*ge*)**læran** *w. a. a.* teach, instruct 2/64, 65; 3e/53; 10/13, 65; 13/55, 67; 21/311; &c. [lār]

gelæred *ptc.* learned 2/81; 16/180 n.: *sp.* 10/53.

‡**lærig** *m.* rim 21/284.

læs *av. and indecl. sb.* fewer 8/201; 16/110; 28b/11: *cj. w. sbj.* 'þȳ (*or* þē) læs (þe)' lest 14/201; 15/213; 16/174; 32d/56; 38l/6.

læssa *cp.* lesser, smaller 4/38; 5a/26, 52; 20/32: *sp.* **læst** 4/141, 147; 5b/36.

(*ge*)**læstan** (**ē**) carry out, perform 3b/9; 5a/13; b/14, 74; 7/24; 13/171; 16/193; 21/15; 22/76, 190: support 21/11: pay 12c/4; 16/21; 17/39, 55: last, suffice 34/37.

læt *w. g.* slow, slack 20/279.

lætan VIIe (*prt.* **lēt**, *pl.* **lēton**) allow 16/178; 20/238; 21/6, &c.; 22/8, &c.; 23/221: leave behind 4/9; 5a/53: relinquish 12a/31; 18/56: consider 16/113: *w. infin.* cause 12b/34; 18/68: '~ āweg' let escape 17/23.

læþþ(o) *f.* injury, wrong 23/158, 184. [lāþ]

læwed lay, unlearned 13/60; 15/64; 17/36: *as sb.* layman 16/61, 180 n. [L. lāicus]

lāf *f.* remainder, remnant 8/102; 9/54; 32b/2: 'tō ~e bēon' remain over 4/136: heirloom 20/238.

lagian appoint by law, ordain 16/23.

(‡)**lagu** *m.* water, lake 20/380: sea 27/47.

lagu f. law 16/20, 31, &c. [ON.
*lagu, lǫg]

‡gelagu npl. tracts, expanse of
ocean 27/64. [licgan]

(‡)lagu-flōd m. waters 24/70;
29/46.

‡lagu-lād f. waterway 26/3.

‡lagu-strēam m. stream, river
24/62: tidal stream 21/66.

lāh see lēon.

lah-bryce m. breach of law
16/134, 180 n.

lahlīce av. lawfully 16/61.

land (o) n. land, country 2/13,
49; 3d/7; f/16; 4/3, 4; 5a/7;
16/8, 68; 18/61; 20/107; &c.:
landed property 1/30; 3f/16;
12a/2; 18/69; &c.: earth 30/35.

land-bīgenga m. inhabitant 9/
35.

land-būend (lond-) m. inhabi-
tant 20/95; 23/226, 315.

landscipe m. country 22/131.
[OS.]

lang (o) long 4/4, 39; 8/7, 169;
13/34; 15/32, 111; 20/7; 21/66;
&c.: tall 21/273: as sb. 'embe
∼' after a long time 15/166:
cp. lengra 8/7; 23/184.

gelang dependent on 20/126.

lange (o) av. long 2/81; 3e/43;
4/7, 159; &c.: cp. len(c)g 3d/26;
4/131; 14/201; &c.: sp. lengest
1/3; 8/40; 29/6.

gelangian summon 14/166.

langsum (long-) long-lasting,
tedious 13/80, &c.; 14/63, 136;
20/286; 37/58.

‡langung-hwīl f. time of long-
ing or distress 25/126.

lār f. teaching, learning 2/11, &c.;
10/59, 81; 13/60; 15/60, &c.:
instruction 11/3; 23/334; 30/
10: precept 16/45, 63; 22/184,
196.

‡lār-cwide m. advice 26/38.

lārēow m. teacher 2/22; 10/73;
13/54, &c.; 15/40. [*lār-þēow]

lāst m. track 20/152; 23/298;
27/15: 'on ∼' w. d. behind
23/209, 292: 'on ∼e' after, as
a memorial 26/97.

‡lāst-word n. reputation after
death 27/73.

late av. late 23/275. [læt]

latest sp. last 13/30, 32.

latian w. g. delay, hesitate 16/172.
[læt]

lāttēow m. leader 9/28. [= lād-
-þēow]

lāþ n. injury, hostility 5a/81;
22/147, 149; 24/53.

lāþ hostile 20/125, 255; 21/86,
90: hateful, hated 16/45, 81;
18/24, 43: 21/50; 22/131;
23/45, 72, &c.: as sb. foe 20/7;
23/298; 29/53: cp. more hateful
22/184: sp. most hateful 23/178,
&c.; 25/88.

lāþettan hate, loathe 16/152.

‡lāþ-genīþla m. persecutor, foe
24/50.

(ge)laþian invite 9/4, 8, 36;
13/105, &c.; 14/164; 28c/16.

lāþlic hateful 20/334.

gelaþung f. congregation, church
13/38, &c.; 14/1, 130. [laþian]

lēaf f. permission 12a/45; b/33.

lēaf n. leaf 24/39.

gelēafa m. faith, belief 13/71, &c.;
15/12, &c.; 23/6, 89, &c.;
32d/42.

gelēafe f. permission 12d/10.

gelēaffull faithful, believing 13/
42; 14/92; 15/51, 106.

leahtor m. vice, fault 13/59, 206;
37/145.

lēan n. requital 20/334: reward
22/167, 190; 23/347: gift 22/13.

(ge)lēanian w. d. repay 12a/23;
22/149: reward 20/130.

lēap m. carcass, trunk 23/111.

lēas false, fictitious 3d/28; e/53;
30/65; 38/15.

lēas lacking, deprived of 22/88,
127; 23/121; 26/86.

lēasung f. lying, fable 3d/42;
10/15; 16/138.

leax *m.* salmon 29/39.
leccan water, irrigate 24/64.
lēce-dōm *m.* remedy 35/12.
lecgan (*prt.* **lēde**, *ptc.* **ġelēd**)
lay, place 12a/47; 14/159; 15/
128: **on ~** *w. d.* accuse of
18/60: enjoin on 12b/30:
'wræclāstas lecgað' journey in
exile 27/57. [licgan]
lēfan allow 2/27. [lēaf]
gelēfan *see* **-līefan**.
lēgan II lie, tell untruth 32c/38.
[= lēogan]
leġer *n.* lying (*unburied*) 4/153:
illness 24/56. [licgan]
leġer-stōw *f.* burial-place 33b/
28.
lēġitu *f.* lightning 32c/25; d/84.
[līg]
lēht *see* **lēoht**.
lehtrian blame, revile 16/148.
[leahtor]
lencten *m.* spring 29/6.
lendan go 8/73. [land]
leng, -ra, -est *see* **lang, lange.**
lēo (**lēa** 32b/9) *m.* lion 3d/32;
e/15. [L. leo]
‡**lēod** *m.* man, lord 20/182, 242,
288, 362.
gelēod *m.* fellow-countryman
11/45.
lēode (-a), **līode** *fpl.* people
14/10; 15/9, &c.; 16/30; 20/73,
86, 95; 21/23, &c.; 23/147, 178;
25/88; 37/119; &c.
lēod-hata *m.* tyrant 16/141;
23/72; 30/65.
lēof (**īo**) dear 10/115; 16/1; 20/
233; 21/7, 208; 22/94; &c.: *cp.*
dearer, 1/33; 5a/12; 22/167:
preferable 33b/16, &c.: *sp.*
dearest 20/46; 37/3 : most
pleasing 21/23; 34/54. [lufu]
leofian *see* **libban.**
lēoht (**ē, īo**) *n.* light 3e/50, 52;
15/147; 20/320; 22/88; 25/5;
&c.: world [OS.] 22/13, 65, &c.
lēoht light, radiant 22/11, 20;
23/191; 30/10.

lēoht light in weight 4/79; 19b/7.
‡**lēohtlīc** bright 28e/3.
lēoma *m.* ray of light 20/267,
320; 23/191: flame 30/59.
leomu *see* **lim.**
(**ġe**)**lēon** I, II (*pres.* **-līþ**, *prt.* **lāh**)
lend 20/206: grant 33b/3;
34/52.
leornere *m.* pupil 10/53.
(**ġe**)**leornian** (**īo**) learn 2/44, &c.;
3a/8; 10/5, &c.; 15/61: inquire
3b/18.
leorning-cniht *m.* disciple 13/1.
lēorniss *f.* passing over 32c/37.
[lēoran 'go']
lēoþ (**īo**) *n.* poem, poetry, song
3a/9; b/32; 10/3, &c.
lēoþ-cræft *m.* art of poetry
10/13; 30/15.
‡**lēoþo-syrce** *f.* mail-shirt 20/
255. [liþ]
lēoþ-song *m.* poem, song 10/8,
60.
lesan v (*prt.* **læs**) glean, gather
30/2.
lēstan *see* **lǣstan.**
gelettan *w. a. g.* hinder 5b/6;
21/164. [læt]
lēþre *see* **lȳþre.**
lēw *f.* blemish, injury 16/157.
lēwian blemish, injure 16/159.
libban (**y**), **leofian**, **lifgan** 32d/
80 (*prt.* **lif(e)de** (y), **leofode**)
live 3f/27, 28; 13/116, &c.;
14/207; 15/58; 20/7, 116;
23/297; 25/134; &c.: **lifgende**
pres. ptc. as sb. the living
27/73; 32b/3. [lif]
līc *n.* body, corpse 1/43, 47;
4/133; 6/30; 15/112; 20/253;
22/20; 25/63; &c.: form, shape
3d/30.
gelīc *w. d.* like 13/4, 25; 16/156;
22/11; 30/85: *sp.* **-līcost** 20/
358, **-līccast** 16/86.
gelīce *av.* like 10/12: alike 24/37:
~ ond just as if 5b/37: 'hand
swā **~**' just the same 13/13:
sp. **-līcost** 15/164; 30/36.

līcettan pretend 3d/11.
līcettere *m.* hypocrite 38r/5.
licg(e)an v (*3 pers. pres.* līgeþ,
  līþ, *prt.* læg (e), *pl.* lāgon) lie
  1/28; 4/61, 128; 13/117; &c.:
  lie dead 1/22; 20/93; 21/112,
  &c.: lie buried 1/43, 47; 6/30:
  stretch, extend 4/8, 20, 92:
  flow 4/114, 115, 119; 8/8.
līc-hama, -homa *m.* body 3a/6;
  d/40, 44; 13/148; 14/140, 148;
  17/51; 37/15, 42.
līc-hamlīce *av.* bodily, in person
  14/102.
līc-homlic bodily 10/93.
līcian *w. d.* please 3e/59; f/3;
  18/8.
gelīcnyss *f.* likeness, appearance
  14/145.
līc-rest *f.* bier, hearse 15/145.
līc-þēnung *f.* obsequies 14/169.
līc-werþe acceptable 37/127.
‡līd-mann *m.* sailor, shipman
  20/373; 21/99, 164. [līd 'ship']
gelīefan (ē, ȳ) *w. d. or g.* believe
  2/22; 3d/12, 43; 13/129, 140;
  15/206; 16/81; 22/156; 27/66:
  w. rfl. d. 27/27: trust 20/22;
  27/108: *ptc.* gelȳfed believing
  15/2, 6. [gelēafa]
līf *n.* life 3f/28; 5a/57; 9/58; &c.:
  '~es' alive 33b/43: 'on ~e'
  alive 15/218.
līf-dagas *mpl.* days of life 20/
  372.
lifer *f.* liver 3e/40.
gelīffestan vivify 32b/17.
lifgan *see* libban.
‡līf-wynn *f.* joy of life 30/33.
līg *m.* flame 9/52; 22/80, &c.;
  24/39; 30/65.
līhtan dismount 21/23.
lim *n.* (*pl.* leomu) limb 10/27;
  14/120; 15/168, 173.
gelimp *n.* occurrence, event
  16/125.
limpan III belong 33a/17: be
  equivalent to 33a/24: *impers.*
  w. d. happen 27/13.

gelimpan III (*prt.* -lomp,
  -lamp) happen 3b/26; e/1;
  12a/4; 14/78; &c.
gelimplic suitable 10/26.
gelimplīce *av.* suitably 13/172.
‡lim-wērig weary in limb 25/63.
‡lind *f.* lime-wood shield 19b/7;
  21/99, 244; 23/191, &c.
‡lind-hæbbende *m.* shield-
  bearer 20/152.
*lind-wīg *n.* shield-armed troop
  23/298.
‡lind-wiggende *m.* shield-
  armed warrior 23/42.
(‡)linnan III yield up, lose 20/228.
līod-, līof- *see* lēod-, lēof-.
līofwende pleasing, acceptable
  37/137.
līoht *see* lēoht.
‡līoht-fruma *m.* creator of light
  37/47.
liornung *f.* learning 2/11, 62.
līoþ *see* lēoþ.
‡līoþo-bend *m.* chain, shackle
  22/137.
liss *f.* favour, love 28d/25; 37/70.
  [līþe]
list *mf.* skill: ~um cunningly
  23/101; 28e/3.
līt-hwōn *see* lȳt-hwōn.
liþ *n.* joint, limb 19b/22.
līþ *see* licgan.
gelīþ *see* -lēon.
līþan I (*ptc.* geliden) go 30/33.
līþe gentle, pleasant 5b/44, 64.
līxan shine 20/320; 24/33.
(ge)lōcian look 1/15; 5b/26;
  16/113; 32b/3, &c.
lof *mn.* praise 10/120, 129;
  15/110; 20/286; 22/11; 27/73;
  32c/8; &c.: glory 27/78.
lof-sang *m.* song of praise
  14/206.
gelōgian place, put 13/212;
  15/114, 153; 16/78.
lomb *n.* lamb 32d/27.
gelōme *av.* often 13/37; 16/24,
  &c.; 23/18.
lond(-) *see also* land(-).

gelonda *m.* fellow-countryman 11/44.

lond-hæfen *f.* landed possession 11/59.

lond-lēode *mpl.* natives 5a/28.

lond-gemǣre *n.* boundary 5b/56.

long(-) *see* lang(-).

longung *f.* grief, anxiety, yearning 27/47.

los *n.* destruction 38l/13. [lēosan]

losian to be lost *w. d.* 3e/53; 22/189: fail 27/94: perish 15/214; 23/288: escape 20/142.

losing *f.* destruction 38l/13.

lūcan II (*prt. pl.* lucon, *ptc.* locen) lock, close 20/255; 21/66.

lufian love 2/27, 37; 3c/16; d/24; 10/64; &c.

luflice lovingly 2/1.

lufu *f. often declined wk.* love 3d/25; e/48; 10/86; 13/114; 28d/25; 33a/47; &c.

†lungre *av.* forthwith, quickly 20/380; 23/147, 280.

lust *m.* desire 14/142, 155; 16/62; 27/36: joy 23/161: lust 13/117, 191: ~um joyously 30/15.

lustbǣrlíce *av.* joyfully 3b/32.

lustbǣrnes *f.* pleasure 3b/38.

lustlice *av.* willingly 5a/92.

lybban *see* libban.

gelȳfan *see* -līefan; lyfde *see* libban.

gelȳfed advanced in years?, infirm? 10/19.

lyft *fm.* air 20/125; 23/348; 24/39; 28a/4; g/1; 29/3, 39: sky 30/35: wind 24/62: on ~ aloft 25/5.

†lyft-fæt *n.* air-vessel 28e/3.

‡lyft-helm *m.* mist, cloud 29/46.

lyge lying, false 38r/15. [lēogan]

lyre *m.* loss 24/53. [lēosan]

lȳsan redeem 21/37; 25/41. [lēas]

(ge)lystan *impers. w. a. g.* desire 3a/11; e/17; 23/307. [lust]

lȳt *indecl. sb.* few 26/31: *as av.* little 27/27.

‡lytegian use guile 21/86.

lȳtel little 1/10; 2/33; 4/50, 78; &c.

lȳt-hwōn (līt-) *av.* little 15/193; *as sb. w. g.* few 23/311.

lȳtlian grow less 21/313: *tr.* lessen 16/44 n.

lȳtling *m.* little one 14/113, 182.

lȳþre (ē) wicked, base 16/182; 37/42.

M

mā, mǣ *cp. av.* more 3d/47; 5a/36; b/52; 32b/4; 37/126; 38r/11: 'þē ~ þe' any more than 16/59: *as indecl. sb. w. g.* more 2/49; 3d/8; 4/49, 137; 8/171; 11/76; &c.: *aj.* 13/14.

gemacian make 13/202.

mādm- *see* māþ(þ)um.

mǣden *n.* maiden, girl 3d/22; 15/170, 172. [mǣgþ]

mǣden-cild *n.* female child 5a/42, 43.

mæg, mǣge(n) *see* magan.

mǣg (ē) *m.* (*pl.* māgas (ǣ)) kinsman 1/31, &c.; 4/129; 11/80, 83; 15/3, 89; 20/89, 280; 21/114, &c.; 33b/17; &c.

mǣg-burg *f.* kindred 11/84.

mǣgen (e) *n.* power 12a/49; 19b/8: strength 13/99; 20/20, 284; 21/313; 22/24; 32c/10, &c.: virtue 15/65: force, troop 23/253, 261; 30/58. [magan]

‡mǣgen-byrþen *f.* mighty burden 20/375.

‡Mǣgen-cyning *m.* King of might 30/12.

†mǣgen-ēacen mighty 23/293.

‡mǣgen-fultum *m.* powerful aid 20/205.

‡mǣgen-rǣs *m.* mighty impetus 20/269.

mǣg-rǣs *m.* attack on kinsmen 16/135.

mǣg-slaga *m.* slayer of a kinsman 16/160. [slēan]
(‡)**mægþ** *f.* maiden 23/35, &c.; 28c/8: woman 20/33. [mǣden]
mǣgþ *f.* race, tribe 3b/1; 4/158; 9/31; 14/72; 23/325: family, kindred 16/102. [mǣg]
*ge***mǣgþ** *f.* ambition 3f/2. [magan]
mægþ-hād *m.* virginity 5a/58.
mæht(-) *see* **miht(-)**.
(‡)**mǣl** *n.* season 20/361: occasion 27/36: speech 21/212.
(‡)(*ge*)**mǣlan** speak 21/26, &c. [maþelian]
*ge***mǣne** (ē) common, universal 11/64, 66; 16/47, 104; 33a/26: common to two persons 16/101; 34/5, 10: 'gemǣnum cēape bicgaδ gemǣne' buy as a joint purchase in common 16/84.
*ge***mǣnelic** common, general 14/124, 126.
mænig- *see* **manig**; **mænigu** *see* **menigu**.
mǣran make famous 10/2; 28d/16.
mǣre glorious, famous 5a/71; 15/35, 43; 20/51, 224, 348; 22/54; 25/12, 82, &c.: *cp.* **mærra** 23/330: *sp.* **mǣrast**, -ost 5b/37; 23/325; 37/4.
*ge***mǣre** *n.* boundary 3e/50; 5b/59; 14/52.
mǣrlic glorious 14/93.
mǣrsian celebrate, glorify 14/1. [mǣre]
mǣrþu *f.* glory 16/200; 20/280; 23/344; 27/84.
mæsse (e) *f.* mass 33a/40: festival 17/18; 18/26. [L. missa]
mæsse-prēost, -**prīost** (**messe**-) *m.* priest 2/74, 75; 9/50; 15/191, 207; 33a/39; b/35.
mæsser-bana *m.* slayer of a priest 16/161.
mæst *m.* mast 29/24.

mǣst *sp.* greatest 4/41, 139, 146; 5a/3, 50; b/7, 16; 7/4; &c.: *pl.* most 8/27.
mǣst *sp. av.* most 4/51: '~ ealne' almost all 5b/3: '~ ǣlc' almost everyone 16/65, 66: *as sb. w. g.* most 17/13; the greatest 21/223; 22/52, 119; 23/181; 27/84.
*ge***mǣtan** *impers.* dream 25/2.
mǣte measurable, small 25/69, 124: *sp.* 20/205. [metan]
mǣþ *f.* measure 3a/13: honour, respect 16/28, 79: fitness 21/195.
mǣw *m.* seagull 27/22.
‡**maga** *m.* son 20/224. [mǣg]
magan *prt.-pres. vb.* (*pres.* **mæg**, *pl.* **magon**, **mǣgon**, *prt.* **meahte**, **mihte**) be able, can 2/20, 24, &c.; 3a/4; b/19; *and passim*: '~ wiþ' avail against 19a/4.
māge (ē) *f.* kinswoman 12b/20, &c.; 20/141; 28b/4. [mǣg]
‡**mago** *m.* son 20/215: man 26/92. [mǣg]
‡**mago-þegn** *m.* retainer, thegn 20/155, 230; 23/236; 26/62.
*ge***mā(h)lic** shameful 5a/9.
malt *see* **mealt**.
man, **mon** *indef. pron.* one *passim*.
mān *n.* crime, wickedness 3b/10; 16/166; 22/54; 30/61, 82.
*ge***man** *see* -**munan**.
*ge***māna** *m.* community 33a/7. [gemǣne]
mancus *m.* weight of gold, *or* gold coin equated with 30 silver pence 2/79; 33b/36; 36/3.
man-cynn (**mon**-) *n.* mankind 5b/39; 10/44, 75; 14/98; 20/26; &c.
mān-dǣd *f.* evil deed 10/86; 13/131: crime 16/131.
‡**man-drēam** *m.* joy of men 20/14.

‡mān-fremmend *m.* evil-doer 24/6.

mānfull criminal, sinful 12a/43; 14/112.

mānfullīce *av.* wickedly 14/181.

gemang (o) *n.* troop, crowd 20/393; 23/193, &c.

(ge)manian (o) urge, admonish 10/65; 21/228, 231; 23/26; 27/36, 50, 53.

manig (æ, o) many 2/18, 68; 5a/51, 95; 15/158, 188; 16/39; 20/91; &c.: *w. sg. sb.* many a 3b/10; 4/92, 122; 20/39; &c.

manigfeald (monig-) manifold, various 2/69; 3a/5; b/14; 5a/57, 106; 13/201; &c.: *cp.* mænigfealdre 16/92.

manigu *see* menigu.

mann, monn *m.* (*d. sg., nom. a. pl.* menn) human being, man *passim.*

manna *m.* man 23/98, 101.

mann-slaga *m.* manslayer, homicide 16/160.

mann-sylen *f.* selling of men as slaves 16/133. [sellan]

‡mān-scaþa *m.* evil-doer 20/89.

man-slyht *m.* manslaughter 16/135. [slēan]

mān-swora *m.* perjurer 16/162. [swerian]

māra *cp.* more 2/48; 4/131; 16/67; 18/6: greater, bigger 5b/33; 9/13, 33, 40; 13/22; 14/47; &c.

marne *see* morgen.

martyr, -ir *m.* martyr 13/201; 14/115, 202; 17/54. [L.]

martyr-dōm *m.* martyrdom 14/120.

gemartyrian martyr 14/65; 17/34.

maþa *m.* worm 14/146.

(‡)maþelian make a speech 20/71; 4/124, 309; 22/102. [mæþel 'speech']

‡māþm-æht *f.* treasure 20/363.

‡māþþum-gifa *m.* treasure giver 26/92.

‡māþþum-gifu *f.* treasure giving 20/51.

māþ(þ)um *m.* (*pl.* mādmas) treasure 2/32; 20/232, 278; 23/319, &c.; 27/99; 30/24.

mē, mec *see* ic.

meaht(-), meahte *see* miht(-), magan.

mealt (a) *n.* malt 33b/33; c/4.

mearc *f.* border, district 28c/6.

(ge)mearcian mark 20/14: design 22/118, 150.

‡mearc-stapa *m.* wanderer in the border-lands 20/98.

‡mearh (-g) *m.* horse 21/188, 239; 26/92.

mearþ *m.* marten 4/55.

gemecca *f.* spouse, wife 33a/2; b/6.

(‡)mēce *m.* sword 21/167, 236; 23/78, 104.

mēd *f.* reward, wage 13/18, &c.; 23/335, 344.

med-micel small 10/5, 123. [midde]

medo (eo) *m.* mead 4/125, 127; 21/212.

‡medo-burg *f.* mead-city, rejoicing city 23/167.

‡medo-drinc *m.* mead-drinking 27/22.

‡medo-heall (meodu-) *f.* meadhall 26/27; 30/23.

‡medo-wērig overpowered by mead 23/229, 245.

‡medu-gāl drunk with mead 23/26.

mēg, mēge *see* mǣg, māge.

megen *see* mægen.

megen-þrym *m.* majesty 32c/7.

meht(-) *see* miht(-).

melda *m.* informer 11/77.

gemeltan III (*prt.* -mealt) melt 20/358, 365.

menen *f.* handmaid 32f/3.

mengan mix, mingle 3c/9;

26/48; 29/24; 30/61: stir up 20/199, 343.

menigu, mengeo (æ, a) *f.* multitude 2/33; 14/169; 25/112, 151; 37/36. [manig]

mennisc human 13/187, 211; 15/144. [mann]

menniscnes *f.* incarnation 9/2; 10/79; 13/84, 161.

meodo *see* medo.

‡**meodu-wong** *m.* plain round the mead-hall 20/393.

meolc, milc *f.* milk 4/125; 32d/27.

mēos *mn.* moss 15/29.

Meotod *see* Metod.

‡**mēowle** *f.* maiden 23/56, 261.

mere *m.* lake 4/76, &c.; 20/112, 353.

‡**mere-flōd** *m.* flood 24/42; sea-tide, ocean 27/59; 29/24.

meregrotta *m.* pearl 38l/6. [L. margarita].

‡**mere-grund** *m.* depth of the sea 20/199.

‡**mere-hengest** *m.* sea-stallion, ship 28c/6.

‡**mere-wērig** weary of the sea: *as sb.* 27/12.

‡**mere-wif** *n.* sea-woman 20/269.

mer(i)gen *see* **morgen**.

mergþ *see* **myrhþ**.

merigenlic *aj.* morning 13/72.

gemet *n.* measure, metre 10/49: scale 38r/2: 'tō ðǣm ∼e' to that degree 32d/15.

metan v (*prt.* **mæt,** *pl.* **mǣton,** *ptc.* **meten**) measure 38r/2: traverse 20/383; 30/27.

(*ge*)**mētan (ǣ)** meet, find 1/28; 3e/29; 4/23; 5b/66; &c.: meet in battle 6/2. [gemōt]

mete *m.* (*pl.* **mettas** 32c/39) food 3d/38; f/17; 8/40; 14/141; 19a/11; 32c/40; d/50.

meteliest *f.* want of food 8/93.

meten *f.* Fate 3e/29. [metan]

gemetgian be tempered 30/58. [gemet]

gemetgung *f.* moderation 5b/67.

gemetlice *av.* moderately 3c/6; 10/94.

‡**Metod, -ud (eo)** *m.* God, Creator 10/39; 20/361; 21/147, 175; 23/154; &c. [metan]

metsung *f.* provisions 17/2. [mete]

met-trum unwell, ill 15/155. [= med-]

met-trumnes *f.* infirmity 3d/49.

(‡)**mēþe** weary 25/65, 69.

‡**meþel-stede** *m.* meeting-place 21/199. [mæþel 'speech']

micel (y) big, great 1/7; 2/33; 3d/21; 4/20; &c.: *sb. w. g.* a large part 5a/38, 55; 7/3; 16/22, 169; 17/7, 10; 22/8.

micelnes, -niss *f.* greatness, size 5b/27; 32d/5.

micle *av.* greatly, much 3b/27; 4/38, 131; 5b/64; 8/156; &c.

miclian (y) increase 9/34: magnify 32f/1.

mic(c)lum *av.* greatly, much 1/16; 4/157; 7/29; 14/13, 74; &c.

mid (miþ 31c/12; 38l/11) *prp. w. d.* along with 1/12, 31; 2/83; 3b/10; c/10, 14; 7/8, 29; &c.: among 4/127, &c.: by means of 2/9, 41; 3e/45; &c.: *prp. w. a.* (*Anglian*) along with 10/6, 70; 27/99: *av.* therewith 3f/11, 21; 4/47; 20/392, 399; 25/106: **mid þām þe** whilst 15/165: **mid þǣm þæt** because 8/157 f.: **mid þȳ** whilst 10/103; when 38l/11: **mitte** (= mid þe) while 32b/7.

mid-dæg *m.* midday 13/62, 95.

middan-geard, -eard *m.* world, earth 3c/1; 5a/75, 102; b/38; 10/44, 74; 13/41, 53; 14/8, 43; 22/150; 24/4, 42; 25/104; &c.

midde the middle of, mid- 7/1; 11/35; 13/11, 52; 23/68; 25/2: **in midum** *w. g.* half way through 32b/1.

middel *n.* middle 24/65, 30/61: in **midle** *w. g.* in the midst of 32c/2.

midde-neaht *f.* midnight 10/106.

middeweard *aj.* the middle of 5b/16, 24; 14/116: *av.* in the middle 4/66.

miht, meaht (æ, e) *f.* might, power 10/39; 17/54; 22/91; 24/6, &c.; 25/102; 27/108; 31a/2; 32f/7; &c. [magan]

mihtiġ (ea, æ, e) mighty 19b/8; 20/89, 148; 22/8, &c.; 25/151; 32c/30; f/5, 8; 37/73; &c.

mil *f.* mile 4/65, &c.; 5b/13, 29; 8/7, &c.; 18/5.

milc *see* meolc.

milde merciful 21/175; 30/82; 37/73: *sp.* 37/8.

mild-heort merciful 13/217.

mild-heortnis (-heart-) *f.* mercy, compassion 13/207, &c.; 32c/5; e/6, 15; &c.

mildsung, milts- *f.* mercy 13/133; 37/87.

‡**mil-ġemearc** *n.* measure by miles 20/112.

‡**mil-pæþ** *m.* road with milestones? highroad? 30/27.

milts, milds *f.* mercy 3e/32; 16/192 n.; 23/85, &c.; 26/2; 37/36, 96.

(**ge**)**miltsian** *w. d.* have pity on 13/221; 15/129; 37/31.

mīn *g. see* ic.

mīn (*d. f.* **mīre** 36/9, &c., *g. pl.* **mīra** 36/37) my *passim.*

ġemindiġ *see* -myndiġ.

‡**mine** *m.* thought, affection 26/27. [gemunan]

mis-bēodan II *w. d.* ill-use, injure 16/29.

mis-dǣd (ē) *f.* misdeed 16/131, &c.; 37/85.

mis-fōn VIId *w. g.* fail to find 3b/35.

mis(t)lic (y) various 2/69; 3a/4; c/3, 10; d/37; 13/105; 14/126; &c.

mislicnyss *f.* diversity, difference 13/90.

mis-limpan III *impers. w. d.* go wrong 16/127.

missenlīce *av.* in various places 26/75.

‡**missēre** *n.* half year 20/248.

mist *m.* mist 22/146.

mis-weaxende growing improperly 13/55.

mitta *m. or* **mitte** *f.* a measure 33a/24.

mōd *n.* mind, heart 2/41; 3a/5; b/28; d/44, &c.; 5a/29; b/11; 9/59; 10/8, 104; 20/353; 21/313; &c.: pride 22/91; 32f/7.

‡**mōd-ceariġ** sad at heart 26/2.

mōderlic maternal 14/111.

mōd-ġeþanc, -ġidanc *m.* thought, conception 10/39; 31a/2.

mōd-ġeþōht *m.* mind, thought 22/8.

mōdiġ proud, arrogant 13/189; 15/16, 22; 23/26, 52; 30/27: brave 20/258, 393; 21/80, 147; 23/335; 25/41; 26/62; 30/58: noble 24/10.

‡**mōdiġlīce** *av.* bravely 21/200.

mōdor, -er *f.* (*d. sg.* **mēder**, *nom. a. pl.* **mōddru** 14/119) mother 5b/55, 70; 12b/9, 11; 14/29, &c.; 16/90; 20/8, 32, 288; 25/92; 28b/2; &c.

‡**mōd-sefa** *m.* mind, heart 25/124; 26/10, &c.; 27/59.

‡**mōd-swīþ** resolute 37/90.

‡**mōd-wlonc** proud 27/39.

molde *f.* earth, mould 15/187: world 23/344; 25/12, 82; 27/103: land 24/10, 66.

‡**mold-ern** *n.* tomb 25/65.

mon(-) *see also* man(-).

gemon *see* gemunan.

mōna *m.* moon 32c/24.

mōnaþ *m.* month 4/129; 5a/40; 6/22, 32; 8/112; 23/325; &c.

‡**mon-dryhten** *m.* lord 26/41.

gemong *see* -mang.

mōr *m.* moor, mountain 4/62, 63, &c.: fen 20/98, 155.

mōr-fæsten *n.* fen-fastness 7/6.

morgen (a), merigen *m.* (*d.* marne 32b/7, 10) morning 13/5, &c.; 15/19, 150; 32b/9: morrow, next day 1/24; 10/50, 62; 17/51.

‡morgen-colla *m.* terror in the morning 23/245.

morgen-tīd *f.* morning 23/236.

morþ-dǣd *f.* murder, deadly sin 16/131.

morþor *n.* murder 20/14: crime 23/90, 181: torment 22/52, 97.

‡morþor-hof *n.* place of torment 30/68.

morþor-wyrhta *m.* murderer 16/162.

mot *n.* mote 38l/3, 4, 5.

mōt *pres. sg. of prt.-pres. vb.* (*pl.* mōtan, *prt.* mōste) may, be allowed 3b/8, 42; 4/149; 5a/93; 12a/16; 13/30, 169; &c.: must 11/82; 14/138; 16/13, 16.

gemōt *n.* meeting 12b/8, &c.; 18/48, &c.; 21/199: encounter 21/301. [metan]

moþþe *f.* moth 28f/1.

gemun *w. g.* mindful 5a/79.

munan *prt.-pres. vb.* (*prt.* munde) consider 37/151.

gemunan *prt.-pres. vb.* (*pres.* -man, -mon, *sbj.* -mynen, *prt.* -munde) remember 2/30, &c.; 3b/16, 30; 13/219; 14/48; 20/9, 20; 21/196, 212; 25/28; &c.: commemorate 33a/45.

mund *f.* ‡hand 20/211; 23/229: protection 16/28.

mund-bora *m.* protector 20/230; 33b/50.

mund-byrd, -berd *f.* protection 23/3; 25/130; 37/109.

gemundbyrdan protect 3e/26.

‡mund-gripe *m.* grasp 20/284.

munt *m.* mountain, hill 3b/4; c/19, 20; e/12; 24/21; 32c/7, 13; d/48. [L. montem]

munuc-hād *m.* monastic orders 10/66. [L. monachus]

munuclic monastic 15/43.

munuclīce *av.* as a monk 15/63.

murnan III (*prt.* mearn, *pl.* murnon) mourn 20/135; 23/154: care about, reck 20/192, 287; 21/96, 259.

mūþ *m.* mouth 10/73; 14/149; 29/37; 32c/31; &c.

mūþa *m.* estuary 8/5, &c.

mycel *see* micel.

gemyltan melt 19b/19; 30/77. [meltan]

myltestre *f.* harlot 16/162. [L. meretrīx]

gemynd *nf.* memory 2/3; 3f/29; 10/48; 26/51; 32d/55: mind 30/12, 68. [gemunan]

gemyndig (i) *w. g.* mindful 13/134; 19a/10; 20/280; 23/74; 26/6; 32c/6; f/10; 37/148.

gemynegian mention 9/33: remember 10/70: remind 14/192.

gemynen *see* gemunan.

mynster *n.* monastery, church 2/81; 10/1, 67; 11/29; 12b/33; d/4; &c. [L. monastērium]

mynster-hām *m.* monastery 34/35.

mynster-hata *m.* persecutor of monasteries or churches 16/161.

mynsterlic monastic 15/68.

mynster-līf *n.* monastic life 33b/26.

mynster-mann *m.* monk 15/143, 150.

(ge)myntan intend 14/49, 64; 15/169: suppose 23/253. [gemunan]

(‡)myrce dark 20/155.

myrcels *m.* mark, trophy 15/131. [mearc 'mark']

mȳre *f.* mare 4/125. [mearh]

myrhþ, mergþ *f.* mirth, joy 3e/16; 16/200.

myrre *f.* myrrh 14/31. [L. myrrha]

N

nā, nō *av.* not, not at all, never 3d/8; e/8; 5b/49; 6/38; 8/107; &c.

nabban not to have 3c/16; d/7, 39; 4/48; 5a/81; b/41; 8/155; &c.; 36/6 (**nebbe**). *Cf.* **habban**.

‡**naca** *m.* boat 27/7.

næfre *av.* never 1/33; 3e/46; f/1, 26; 10/15, 19; 19a/9; b/22; 23/91; &c.

‡**næġan** accost, address 20/68. [nēah]

‡**genæġan** assail 20/189.

næġl *m.* nail 25/46.

næġlian nail 14/94.

næht *see* **niht**.

næniġ *pron.* no one, none 1/21; 9/44; 10/11; 11/9, 62; 23/51; 27/25; 31b/1: *aj.* no 1/32; 4/127; 10/19, 112; 20/264.

næs *prt. sg.* (*pl.* **næron**, *prt. sbj.* **nære(n)**) was not 1/33; 2/19, 35; 3c/2, 4; 5b/7; 8/172; &c. *See* **nis**, **wesan**.

næs *av.* not at all 19b/17. [= nalles]

næss *m.* headland, cliff 20/108, 110, &c.; 23/113.

‡**næs-hliþ** *n.* (*d. pl.* -**hleoþum**) slope of the headland 20/177.

nāgan *prt.-pres. vb.* (*pres.* **nāh**, *sbj.* **nāge**, *prt.* **nāhte**) not to possess 11/28; 23/91; 25/131. *See* **āgan**.

nāht *see* **nān(w)uht**.

nal(l)es, nalas *av.* not at all 3c/8; 5a/103; b/49; 10/12; 11/77; 20/192, 243; &c.

nama (o) *m.* name 2/27, 79; 3a/10; d/2, 4; 4/119; 10/29; &c.

genamian nominate 14/174.

nān (*a. sg. m.* **nænne**) *pron. w. g.* no one, none 8/187; 23/68, 233, 257; 26/9: *aj.* no 2/44, 63, 80; 3b/29; c/5, 12; &c. *See* **ān**.

nān(w)uht, nāht, nōht *av.* not

(at all) 2/18; 3c/5; 14/68: *pron. w. g.* nothing 2/34; 5b/41; 10/15, &c.

nar(u)u *see* **nearu**.

nāt *see* **nytan**.

nātes-hwōn *av.* not at all, by no means 13/160; 14/18.

‡**nāt-hwylc** *indef. aj.* (= I know not which): some 20/263.

nā(w)þer, nāþor, nōhwæþer *cj.* neither: '~ ne . . . ne' neither . . . nor 2/26; 8/172; 16/62.

Nazarēnisc Nazarene 14/196.

ne (**ni** 31c/3) *av.* not *passim*: *cj.* nor 23/234; 24/14, 15; 27/40, 41: **ne** . . . **ne** neither . . . nor 16/59, 60; 27/95.

nēadian compel 14/172. [nēad 'necessity']

nēah, nēh *aj.* near, nigh 10/102; 21/103; 32d/71: *av.* near 23/287; 26/26: nearly 4/34; 9/47: *prp. w. d.* near (*place*) 5a/25; 8/124: (*time*) 10/108, 119; 18/26: *cp.* **nēar** *av.* nearer 23/53: *sp.* **nīehst** (**ī, ē**), **nēxt** *aj.* nearest 8/23; 34/19: last 23/73: 'his nēxtan' his neighbour 13/205: *av.* nearest 7/13: *prp. w. d.* nearest 4/141, 148: **æt nȳhstan, æt nēxtan** (**ot nēstan** 32d/41) finally 13/ 13, 68; 14/178; 16/178.

geneahhe *av.* often 21/269; 23/ 26; 26/56; 28d/8.

nēah-stōw *f.* neighbouring place 3c/20.

neaht *see* **niht**.

nēah-þēod *f.* neighbouring nation 5a/60.

(**ge**)**nēalǣcan, -lēcan** approach 10/22, 92; 13/100; 14/96, &c.; 15/126; 16/2; 23/34, 261.

nēalǣcung *f.* approach 14/179.

nēar *see* **nēah**.

nearaness *f.* distress, misfortune 3b/27.

nearon *see* **nis**.

nearu (nar(u)u 38/14) narrow
20/159; 38/13, 14: anxious
27/7.
‡**nearu-sorg** f. anxiety 30/25.
nearwe av. closely 30/4, 40.
nearwian approach, press hard
20/188.
nēasan see **nēosan.**
nēat n. beast, animal 3e/15;
10/25; 37/125.
ge**nēat** m. companion 22/39:
follower (usually below thegnly
rank) 8/192; 21/310.
nēawest (ēo) fm. neighbourhood
5a/33; 8/135; 14/191; 32c/26.
[nēah, wesan]
nēdan see **nīedan.**
‡**nēd-cleofa** m. prison 30/40.
nēdre, nēdrie (38l/10) f. adder
32d/68; 38r/10.
nefne, nemne cj. unless, except
9/40; 20/103, 302; 27/46.
nēh, nēhst see **nēah.**
‡**neid-fær** n. compulsory jour-
ney 31b/1. [nīed]
nellan see **nyllan.**
nemnan name, call 2/70; 8/165;
9/25, 31; 10/29; 20/104; 23/81;
28g/6. [nama]
nemþe see **nymþe.**
nēod see **nīed.**
‡**nēod-laþu** f. urgent summons?
20/70.
neorxena-wang m. paradise
13/136, 145.
nēosan (ēa) w. a. or g. visit
23/63; 32e/1, 16.
nēotan (īo) II w. g. use 21/308:
enjoy 22/156.
neoþan, neoþone av. below,
down 22/66, 130.
nēowest see **nēawest.**
neowol (i) steep 20/161; 23/113:
prostrate 3b/30.
(ge)**nerian, -nergan** save, pre-
serve 1/42; 8/100; 17/20; 29/
63; 32b/18; d/81; 37/150.
Neriend, Nergend m. Saviour
23/45, &c.; 37/16, &c.

ge**nesan** v survive 19b/5.
nest n. provisions 23/128.
nest n. nest 32d/21.
nēst see **nēah.**
netele f. nettle 19b/1.
nēten see **nīeten.**
(ge)**nēþan** venture, risk 5a/63;
23/277: w. inst. 20/219.
nēxt(-) see **nēah.**
ni see **ne.**
nicor m. water-monster 20/177.
‡**nicor-hūs** n. abode of water-
monsters 20/161.
nīed, (ȳ, ēo) f. necessity 14/121;
16/173; 23/277: compulsion,
force 5b/53; 32b/13: inst. **nȳde**
of necessity, needs 16/3, 18.
(ge)**nīedan (ē)** compel 5a/17;
32d/43.
nīed-beþearf necessary: sp. 2/
57. [þurfan]
‡**nīed-ġefēra (nīed** expressed by
rune) m. necessary companion?
30/25.
nīehst, nīhst see **nēah.**
nīeten (ē, ȳ) n. beast, animal
10/71; 15/26; 32c/3. [nēat]
nigon nine 5b/13; 8/177; 9/1.
nigoþa ninth 13/73: 15/119.
niht (ea, æ) f. night 4/104; 6/18;
7/19; 10/26, 99; 14/53, 80;
15/30; 23/34, 64: w. numbers
= day 6/2, 4; 7/22, 29; 11/16;
18/61: ~es by night 3e/13;
5a/66; 8/105; 14/38; 23/45.
‡**niht-helm** m. cover of night
26/96.
nihtlic nightly 14/154.
‡**niht-scūa** m. shade of night
26/104; 27/31.
‡**niht-waco** f. night-watch 27/7.
nille see **nyllan.**
(ge)**niman (io)** IV (prt. **nam,**
nōm, pl. **nāmon,** ptc. **genu-**
men) take 4/147, 155; 5a/31;
b/60; 19a/1; 23/314; 25/30;
30/44; 33b/16: receive 21/71:
carry off, seize 8/61, 109, &c.;
15/78; 20/52, 231, 362; &c.:

'sige ~' be victorious 6/3, 21:
'friþ ~' make peace 5a/39;
6/40; 17/13; 21/39.

‡nīo-bedd *n.* bed of death 22/98.

nīolnis *f.* abyss 32c/22. [neowol]

nīotan *see* nēotan.

genip *n.* mist 20/110.

‡(ge)nīpan 1 (*prt.* -nāp) grow
dark 26/96, 104; 27/31.

nis (y) *anom. vb.* (*pl.* nearon)
is not 10/120; 14/82; 15/216;
16/127; 20/111, 122: 22/33;
&c. *See* eom, næs.

nīþ *m.* malice, enmity, violence
19b/5; 20/189; 23/34, &c.;
27/75.

‡niþ(þ)as *mpl.* men 28d/27; g/6.

niþer (y) *av.* down 13/145;
14/29; 17/49; 20/110; 22/98.

(‡)niþ-heard brave in battle
23/277.

‡nīþ-hycgende evil-scheming
23/233.

‡nīþ-sele *m.* hostile hall 20/263.

‡nīþ-wundor *n.* dire wonder
20/115.

nīudlīce *av.* eagerly 31c/14.

nīwe new 5a/78; 8/177; 14/206.

(ge)nīwian (īo) renew 20/53, 72;
23/98; 25/148; 26/50, 55;
37/94.

niwol *see* neowol.

nō *see* nā.

genōg (-h) abundant, enough
3c/2; 4/127; 25/33: *av.* suffi-
ciently, enough 5a/94; 16/114.

nōht *see* nān(w)uht.

nōhwæþer *see* nā(w)þer.

nolde *see* nyllan.

noma *see* nama.

nōn *m.* ninth hour 13/13, 63;
20/350. [L. nōna (hōra)]

nōn-tīd *f.* ninth hour 13/12, 52,
&c.

norþ *av.* north, northwards 4/4,
&c.; 8/48; 22/30: *cp.* further
north 4/64.

norþan *av.* from the north 4/15;
9/10; 18/40; 26/104; 27/31:

be ~ *w. d.* north of 4/8, 81;
8/87; 18/50.

norþ-dǣl *m.* northern part 5a/5.

Norþ-hymbre *aj.* Northum-
brian 15/9.

Norþ-hymbrisc Northumbrian
language 15/55.

norþmest *av.* furthest north
4/2.

norþ-ryhte *av.* due north 4/7,
&c.

norþ(e)weard northward, north
4/3, &c.: *av.* 4/66.

norþ-weardes *av.* northwards
8/35.

notian use up 8/41.

notu *f.* use, employment 2/63;
5a/95. [nēotan]

nū *av.* now 2/13, 21, &c.; 3a/2,
10; b/33; 20/88; &c.: ~ gīet
still 5b/51; 32b/7: *cj.* now that,
since 5b/40; 21/57, 222, &c.;
22/159; 37/32: *correl.* nū . . .
nū now that . . . (now) 15/197 f.

nȳd *see* nīed.

nȳd-gyld *n.* tribute 16/104.

nȳd-mǣge *f.* close kinswoman
16/113.

nȳd-þearf *f.* necessity 16/20.
[þurfan]

nȳhst *see* nēah.

genyhtsumian *w. d.* suffice 32d/
18. [genyht 'abundance']

nyllan (e, i) *anom. vb.* (*prt.*
nolde) will not 1/21, 32, 34;
2/41, 45; 5a/97; 11/82; &c.:
'nellað' do not 38l/1, 6. *See*
willan.

nymþe, nybþe, nemþe *cj.*
unless 23/52; 26/113; 32d/56,
62.

nyrwan narrow, restrict 16/44.
[nearu]

nytan *prt.-pres. vb.* (*pres.* nāt,
pl. nyton, *prt.* nysse, nyste)
not to know 3d/13; e/15, 30;
4/14, 18, 32; 11/40; &c. *See*
witan.

nȳten *see* nīeten.

nytt *f.* profit, advantage 28d/27. [nēotan]

nytt useful, profitable 33a/31; b/11, 48.

nytt-wyrþe useful: *sp.* 8/174.

nyþer *see* **niþer.**

nyþerian bring down, abase 23/113.

O

ō *see* **ā.**

of (ob 31c/2; 33c/2) *prp. w. d.* from 2/17, 72; 3a/1, 8; 4/103, 116: 5a/3; &c.: of, out of 4/53, 57, 58; 5b/30: concerning 4/31, 32: *av.* off 5b/81; 8/180.

of-āslēan (*ptc.* -āslagen) strike off 15/130, 141.

of-dōn take out 38r/4.

of-dūne *av.* down 3b/30; 23/291; 29/30; 32b/21; d/47; f/8. [dūn]

ofen *m.* furnace 30/76.

ofer *prp. w. a.* over 4/75, 77; 5b/56; 15/147; 25/94: after 6/29, 7/1, 15; 10/105; 17/39: throughout 5b/33; 15/148; 25/12: contrary to 8/19; 25/35; 28e/10: *av.* across 4/90; 5b/15; 8/3: over 19a/7.

ōfer *m.* shore 20/121; 21/28.

ofer-cuman IV (*prt.* -cwōm) overcome 20/23; 23/235.

ofer-drencan inebriate 23/31.

ofer-ēca *m.* surplus 34/35. [ēaca]

ofer-færeld *n.* passage 5b/6, 57.

ofer-faran VI cross 5b/8.

ofer-fēran cross, traverse 4/69, 70.

ofer-frēosan II (*ptc.* -froren) freeze over 4/161.

ofer-fyll *f.* gluttony 16/185. [full]

ofer-gān *anom. vb.* (*prt.* -ēode) traverse 20/158: overrun 17/4: overspread 14/145, 147.

ofer-geotul forgetful 32d/37. [gietan]

†**ofer-helman** overshadow 20/114. [helm]

ofer-hergian devastate 5a/89.

ofer-hoga *m.* despiser 16/142: proud man 32f/7.

ofer-hygd *fn.* pride 22/83.

oferlīce *av.* excessively 16/177.

ofer-mēde *n.* pride 22/48. [mōd]

ofer-mētto *f.* pride 22/87, 92, 106. [mōd]

ofer-mōd *n.* pride 21/89; 22/27.

ofer-mōd arrogant 22/17, 93.

ofer-swīþan overcome 14/133; 32c/43; 37/59. [swīþ]

ofer-wadan VI wade across 5b/12.

ofer-weorpan III (*prt.* -wearp) throw 19a/1: ‡stumble 20/293.

ofer-winnan III (*prt.* -wann, *ptc.* -wunnen) defeat 15/33; 23/320; 37/156.

ofer-wlenced *ptc.* excessively wealthy 5a/10. [wlanc]

ofer-wrēon I, II (*prt.* -wrāh) cover 32c/7.

ofett *n.* fruit 24/77.

of-faran VI (*prt. pl.* -fōron) intercept: ‘∼ hindan’ overtake 8/89, 107.

‡**of-ferian** carry off 20/333.

of-gerād appropriate 3b/34.

of-giefan V (*prt. pl.* -gēafon) relinquish 20/350; 26/61: abandon 28b/1.

of-hrēowan II (*prt.* -hrēow) *w. g.* pity 15/207.

of-lætan VIIe (*prt.* -lēt) relinquish 20/372.

of-lyst *ptc., w. g.* entranced (by) 3e/28.

of-scēotan II (*prt.* -scēat) kill with a javelin 21/77.

of-sendan send for 18/19.

of-sittan V (*prt.* -sæt) press down 20/295.

of-slēan VI (*pres.* -slihþ, *prt.* -slōg (-h), *pl.* -slōgon, *ptc.* -slægen,-slagen) slay 1/3, 17, 40; 3b/12; 5a/28, 31, 54; &c.

ofst *f.* haste 16/1; 20/42; 23/10, &c.

of(o)stlīce *av.* hastily 21/143; 23/150, 169.

of-stingan III (*prt.* -stang) stab to death 1/5.

oft *av.* often 1/6, 42; 2/2; 3a/5; 6/38; &c.: *cp.* 8/31; 16/50; 20/329; 25/128: *sp.* 2/24; 15/92; 16/143.

of-tēon II (*prt.* -tēah) *w. inst.* withhold 20/270.

of-torfian pelt to death 17/47. [turf]

of-þyncan (*prt.* -þūhte) *impers. w. d. g.* be displeased with 14/154. [æfþonca]

ō-leccan *w. d.* flatter, charm 3e/19; 22/45.

oll *n.* contempt, scorn 16/149.

omber *see* amber.

on (an 3d/30; 5b/25; 33b/12; &c.) *prp. w. d.* in 1/11, 27, 46; 2/15, 49; 3a/5; &c.: consisting of 2/79; 4/51, 52: *prp. w. a.* into, in 1/4, 14; 2/2, 13, 58; 3a/2; &c.: on 1/15; 3b/30: *w. a. or d.* against 1/16, 17; 15/121: *av.* inside 8/11: on 16/113; 20/400: in 23/129.

on-bærnan kindle, incite 10/9, 90.

on-bindan III (*prt.* -band) unbind 30/14.

on-bryrdan inspire 23/95. [brord 'point']

on-bryrdnyss *f.* inspiration, ardour 15/94. [*cf.* in-bryrdnis]

on-byrigan taste 25/114.

on-cnāwan VIIe (*1 pers. pres.* on-cwāwe 37/43) recognize 5b/41; 21/9; 32c/3.

on-cunnan (*prt.* -cūþe) accuse, be indignant with 12a/19.

on-cweþan V (*prt.* -cwæþ) answer 21/245; 27/23.

on-cyrran *rfl.* change, turn 27/103.

‡on-cȳþ *f.* grief 20/170.

ond(-) *see also* and(-).

ondettan *see* and(h)ettan.

on-drǣdan (ē) VIIe (*prt.* -drēd, -dreord 32c/1, *pl.* -drēdon) fear 5a/85; 14/77; 27/106; 32f/6.

on-drǣdendlic fearful, terrifying 13/181.

ond-swarian (eo), and- answer 10/30, 107, &c.; 12b/11; 32b/13, 14.

ond-wyrde *n.* answer 5a/11. [word]

on-eardian inhabit 9/22.

on-emn *prp. w. d.* alongside of 21/184. [emn]

ōnettan hasten 23/139, 162; 28e/11: be quickened 27/49.

on-fægnian welcome, fawn on 3e/22. [gefægen]

on-fangenes *f.* reception, receiving 13/167.

on-findan (an-, in-) III (*prt.* -fand, -funde, *pl.* fundon, *ptc.* -funden) discover 1/12, 18; 20/43, &c.; 21/5; 37/25; 38l/7, &c.

on-fōn (an-) VIId (*2 pers. pres.* -fēhst, *3 pers.* -fœþ 32f/10; 38r/8, *prt.* -fēng, *pl.* -fēngon, *ptc.* -fangen (o)) receive 7/24; 9/3; 10/15, &c.; 13/22, 126; 21/110; &c.: stand sponsor to 7/27; 8/67.

on-foran *prp. w. a.* before (*time*) 8/103, 127.

‡on-ģeador *av.* together 20/345.

on-ģēan, -ģēn, -ģegn *prp. w. d. or a.* towards 3e/21, 34; 5b/55; 8/35; 23/165: *w. a.* against 8/169, 179; 13/24; 14/82; 21/100; 32a/8: *av.* opposite 4/91: in opposition 18/42; 22/19: again, back 14/47, 186; 18/17; 21/49, 137, 156.

on-ģemang (o) *prp. w. d.* among 2/69; 3e/11. [gemang]

on-ģietan (i, io, eo, ea), an- (20/41) V (*prt.* -ģeat, -ģet, *pl.* -ģēaton) perceive, understand 1/14; 2/34; 3a/12; 5b/41;

8/142; 20/181, 234; &c.: seize 20/41.

on-ginnan (an- 5b/22) III (*prt.* -ġan(n), -ġon, *pl.* -gunnon, *ptc.* -gunnen) began (*passing into aux. of the past*) 2/68; 3b/31; c/22; d/23, 28; 5a/64; 8/141; 10/11, 35; 20/355; 21/12, 17; &c.

on-ġyldan (i) III (*prt.* angeald 20/1) atone for 22/50; 29/56.

on-ġyrwan strip, undress 25/39.

on-hǣtan inflame 23/87. [hāt]

on-hebban VI exalt 13/173.

on-herġian ravage 9/10.

on-hlīdan I (*ptc.* -hliden) open 24/12, 49. [hlid 'cover']

on-hrēran stir 27/96.

on-hyldan incline 10/123.

on-innan (in- 28b/3; 38r/15) *prp. w. d. or a.* within 22/108; 23/313: *av.* within, inside 28b/3; 38r/15.

on-lǣtan VIIe release 20/359.

on-lēon I, II (*prt.* -lāh, -lāg, -lēah) *w. d. g.* lend 20/217: grant 22/113; 23/124; 30/10.

onlīcness *see* an-līcness.

on-lūcan II (*prt.* -lēac) unlock 30/15.

on-lūtan II bend down 2/41.

on-lȳsan redeem 25/147.

on-mēdla *m.* pomp 27/81; 30/30. [mōd]

on-munan *rfl. w. g.* care for 1/37.

onn *see* unnan.

on-rǣs *m.* attack 32c/18.

on-sǣġe assailing, attacking 16/51. [sīgan]

on-scunian fear, shun 3e/8, 14; 32d/33, 38 (*see note*).

on-scuning *f.* abomination 32d/33.

on-scyte *m.* attack, assault 16/67, 155.

on-secgan sacrifice 32d/34.

on-sēġ(e)dniss, -ness *f.* sacrifice 32d/76, 77; 37/121.

on-sendan (an- 37/16, in-32d/51) send 2/78; 20/233; 26/104; 32d/51; 37/16: send forth 25/49.

on-sīen, -sȳn, an-sīon *f.* face, countenance 27/91; 32c/11; d/40; e/13; 37/86, 96. [sēon]

on-slēpan sleep 10/27, 124.

on-springan III spring up 24/63.

on-stal *m.* supply 2/21.

on-stellan (*prt.* -stealde) establish 10/41.

on-styrian move 32c/12, 30.

onsund *see* an-sund.

on-sȳn face *see* on-sīen.

‡on-sȳn *f.* lack 24/55.

on-tȳnan (ē) disclose, reveal 30/13; 37/28, 72: open 32c/31; 37/78, 117; 38r/7, 8. [tūn]

on-ufan *av.* above 23/252.

on-wǣcan soften 22/158. [wāc]

on-wæcnan VI (*prt.* -wōc) awake 23/77; 26/45.

on-w(e)ald (an-) *m.* dominion, power 2/5, 8; 3b/5, 20; f/2, 6, &c.; 5a/38, 91; b/52.

on-weġ *see* weġ.

on-wendan change, subvert 3d/44; 5a/79; 22/160; 24/82; 26/107: overthrow, remove 32d/61: [OS.] *w. d. g.* deprive 22/155, 186.

(‡)on-windan III (*prt.* -wand) unwind 20/360; 30/14.

on-wrēon I, II (*imp.* -wrēoh, *prt.* -wrēah, *ptc.* -wrigen) uncover, reveal 25/97; 30/7, 18.

on-wrīþan I unwrap 23/173.

open open 24/11; 25/47.

ġeopenian open 13/146; 14/30.

openlīce *av.* openly, plainly 9/40.

‡ōr *n.* beginning 10/41; 31a/4.

orc *m.* flagon, cup 23/18. [L. orca]

ord *m.* point 20/299: van, front line 21/273: array, best warriors 21/69: spear 21/47, &c.

or-eald very old 3e/25.

‡ōret-mæcg *m.* warrior 23/232.
‡ōretta *m.* warrior 20/282.
orf-cwealm *m.* murrain 16/53.
‡or-feorme *w. inst.* destitute of,
  lacking 23/271. [feorm]
organan *pl.* musical instrument
  32a/3. [L.]
‡or-lege *n.* battle 20/76.
or-mǣte immense 14/176. [me-
  tan]
or-mōd despairing 3b/31.
or-sāwle lifeless 23/108.
or-truwian despair 13/205.
or-þanc cunning, skilful 29/2.
orþian breathe 14/144.
or-wēna *indecl. aj. w. g.* despair-
  ing 20/315. [wēn 'hope']
or-wēne *w. g.* despairing 14/164.
ot *see* æt, oþ.
oþ (ot 32b/10) *prp. w. a.* until
  2/64; 3d/26; 4/73; 9/27; 17/33;
  30/21: as far as 7/21; 8/9;
  9/43: oþ þe, oþ þæt *cj.* until
  1/5, 17, 39; 8/53; 13/19; 20/4;
  25/26.
oþ *cj.* until 1/3, 15, 22; 3e/28, 50;
  5a/3; &c.
‡oþ-beran IV (*prt.* -bær) carry
  off 26/81.
oþ-ēawan (ot-) show 32c/4;
  d/40.
ōþer *pron. and aj.* other 2/27, 52,
  &c.; 3b/11; d/13, 21; &c.:
  second 4/139; 12c/18; 33b/16:
  next 4/13: one (*of two*) 4/161;
  5a/7, 20; 11/37: 'ōþer twēga'
  one of two things 21/207:
  ōþer . . . ōþer the one . . .
  the other 4/57 f.; 5a/48 f.; 8/66;
  20/99 *and* 101.
oþ-fæstan set (*to a task*) 2/63.
oþ-feallan VIIc fall off, decline
  2/15, 47.
oþ-rōwan VIIf (*prt. pl.* -rēo-
  won) row away 8/195.
oþ-standan VI (*prt.* -stōd) stand
  still 3e/37.
oþþe (aeththa 31b/4, oþþa
  33b/18) *cj.* or 2/17, 84; 3e/49;

4/14, 18; &c.: *correl.* either . . .
  or 8/20, 63.
oþþon *cj.* or 16/72, 194.
oþ-þringan III (*prt.* -þrong)
  w. d. a. deprive 23/185; 27/71.
oþ-wendan *w. d. a.* deprive
  22/158. [OS.]
oþ-windan III (*prt.* -wand)
  escape 8/182.
ōuana *av.* from anywhere, on
  any side 31c/8. [= āhwanon]
ō-westem *m.* shoot, branch 32d/
  65. [weaxan]
ōwiht *see* āwiht.
oxa *m.* (*pl.* œxen 32c/40) ox
  32d/27; 33b/14, 22.

P

palm-twig *n.* palm-branch 14/
  205. [L. palma]
pāpa *m.* pope 3b/11; 15/100. [L.]
paralisyn palsy 15/170. [L.
  paralysis]
passiōn *f.* gospel-narrative of
  Christ's passion 33a/41. [L.
  passiōnem]
pell *m.* costly robe 36/4. [L.
  pallium]
pening, pending (*pl.* penegas)
  m. penny 13/7, &c.; 33b/23,
  28; c/13; 34/25; &c.
pīnung *f.* torment 13/152.
plega *m.* play, sport 4/134, 137.
plegian play 3e/23.
port *m.* trading town 4/82, 94.
  [L. portum]
port *m.* door 38l/13, 14. [L.
  porta]
post *m.* post 15/180, &c. [L.
  postis]
prass *m.* proud array, pomp
  21/68.
prēost *m.* priest 12c/11; 15/192,
  &c. [L. presbyter]
prōfian assume to be 11/53.
  [L. probāre]
prȳte *f.* pride 16/157. [O. French
  prūte 'proud']

þund *n.* pound (*money*) 12a/4, &c.; c/6; 17/40: (*weight*) 33a/ 20. [L. ponda]

R

racente *f.* chain, fetter 3d/31; 22/127, 189.

racu *f.* narrative 13/35; 14/4, 201.

rād *f.* mounted expedition 6/38; ride 15/171. [rīdan]

*ge*rād *n.* condition, stipulation 35/10.

radost *see* **raþe.**

rǣcan offer, grant 38/9, 10.

(*ge*)**rǣcan** (*prt.* -rǣhte, -rāhte) reach, take 5b/19; 8/24, 120; 21/142, 226: obtain 16/16: pierce 21/158.

rǣd *m.* counsel, plan 14/82; 20/126; 22/41: advice 15/100; 18/33: council 18/58: sense, reason 23/68, 97: good fortune 22/179: benefit 33a/29.

rǣdan VIIe *or wk.* advise, direct 21/18: rule, govern 22/44 [OS.]: read 3a/11: ~ **on** take action against 18/42.

*ge*rǣdan agree, advise 18/44, 47; 21/36.

rǣd-bora *m.* counsellor 20/75.

*ge*rǣde *n.* trappings 21/190.

(‡)**Rǣdend** *m.* ruler 20/305.

rǣding *f.* reading 15/59, 61.

ræfnan perform 23/11.

rægl (12b/22) *see* **hrægl.**

rǣpling *m.* captive 17/29. [rǣpan 'bind', rāp]

rǣran raise, lift up 10/120; 35/9: begin 16/10. [rīsan]

rǣsan rush 1/16. [rǣs]

ræst *see* **rest.**

‡**rǣswa** *m.* leader 23/12, 178.

ranc proud, brave 16/114.

‡**rand** *m.* shield 21/20: shield-boss 29/37.

‡**rand-wiga** *m.* shield-armed warrior 20/48.

‡**rand-wiggend** (**rond-**) *m.*

shield-armed warrior 23/11, 20, 188.

rāp *m.* rope 32d/17.

raþe quick: *sp.* **radost** 1/20.

raþe *av.* quickly 18/52; 20/140; 21/164, 287. *See also* **hraþe.**

rēad red 19b/1; 23/339; 28d/15.

rēaf *n.* clothing 12b/22: armour 21/161.

rēafere *m.* robber, plunderer 16/165.

rēafian rob, plunder 16/124.

rēaf-lāc *n.* robbery 12a/43; 16/54, 180.

rēc *m.* smoke 22/80. [rēocan]

reccan (*prt.* rōhte) *w. g.* care 16/128; 21/260.

(*ge*)**reccan** (*prt.* re(a)hte) translate, explain 3a/4: relate 10/58; 15/26, 51, 171: rule 3f/6, 8, 21: decree 12a/43, 44: direct, instruct 12a/13: account, reckon 3f/26: subdue 3b/5. [racu]

recceléas careless 2/47.

‡**reced** *n.* building, hall 20/322; 29/37.

rēcels *m.* incense 14/31.

recene *see* **ricene.**

rēdenn *f.* condition 33b/48.

*ge*rēfa (œ) *m.* reeve, official in charge of an estate 8/191; 17/22; 33b/1.

regn, rēn *m.* rain 24/14; 32d/2.

regol *m.* rule (*of life*) 11/11. [L. regula]

regol-bryce *m.* breach of rule 16/180 n.

regollic of the rule, regular 10/88.

regollīce *av.* according to rule, canonically 16/61.

reht(-) *see* **riht(-).**

reht-mēodrencynn *n.* direct descent on the mother's side 34/47.

reliquias *mpl.* relics 15/204. [L.]

*ge*rēne *n.* ornament 28d/15.

*ge*rēnian adorn 21/161; 23/339.

rēocan II reek 23/314.

‡reodian sift?, arrange? 30/3.
reogol-w(e)ard *m.* provost of a
monastery 33a/29, 36.
reord *f.* voice 27/53.
*ge*reord *n.* language 15/52, 55:
voice 28c/16.
‡reord-berend *m.* (= speech-
bearer): human being 25/3, 89;
30/47.
‡rēotan II weep 20/126.
rest (æ) *f.* rest 12a/48; 13/214:
couch 10/27, 103; 20/48, 335;
23/54, 68; 25/3.
(*ge*)restan *int. and rfl.* rest
10/100; 13/183; 22/189; 23/
44; 25/64, 69; 32c/35: remain
23/322.
rēþe violent, fierce 5a/84; 14/32,
&c.; 15/17; 20/335; 23/349.
rīccetere *n.* violence, ambition
14/90.
rīce *n.* kingship, kingdom 1/1, 8;
2/20, 78; 3b/1, 4, &c.; e/2; f/3;
5a/70; 6/31; &c.
rīce powerful, mighty 15/46;
16/114, 180; 20/48; 23/11, 20;
25/44; &c.: *sp.* 4/124; 21/36.
rīcene (e, y) *av.* quickly 14/170;
21/93; 23/188; 26/112: 'swā
~ swā' as soon as 14/170.
rīcsian, rīxian rule, reign 1/43;
3f/11; 6/29; 13/229; 14/190,
207; 15/227: prevail 16/8.
[rīce]
rīdan I (*prt.* rād, *pl.* ridon) ride
1/25; 4/148; 6/2, 38; 7/21; &c.:
oppress 22/127.
*ge*rīdan I (*prt.* -rād, *pl.* -ridon)
ride 7/15; conquer, overrun
7/2, 4.
ridda *m.* rider 15/169, 176.
riht (y, e) *n.* right, justice 11/69;
16/150, 190; 22/115; 30/5, 47:
mid ~e rightly 12a/3; d/5;
16/21, 145; 22/179; 34/56: on
~ aright 11/13; 13/57; 20/305.
riht (y, e) right, just 9/47; 11/7;
13/10, 71; 21/190; 22/44; &c.
rihtan direct 25/131.

rihte (y) *av.* rightly 16/64:
precisely 5b/26: correctly 21/
20: *cp.* rihtur with greater
right 12a/40.
*ge*rihte *n.* right, law: *pl.* rights,
privileges, 16/37: 'Godes ~'
God's dues 16/21, &c.: on ~
straight on 23/202.
riht-fæderencyn *n.* direct pa-
ternal ancestry 1/44: *cf.* reht-
fæderen (cynne?) 34/18.
*ge*riht-lǣcan direct, correct 15/
110.
riht-lagu *f.* just law 16/142.
rihtlīce *av.* rightly 13/117, &c.;
14/199; 15/17; 16/195: *cp.*
3a/12.
riht-wīs (reht-) righteous 3b/
20; 13/38, 48; 32d/7: *sp.* 3b/14.
riht-wīsnyss, reht-wīsniss *f.*
righteousness 13/112; 32e/11.
rim *n.* number 32d/16.
rīman count 6/38.
‡rinc *m.* man, warrior 21/18;
22/41; 23/54, 339; 28c/16.
rip *n.* harvest 8/137.
*ge*rīpan I (*prt. pl.* -rypon) reap
8/136.
rīpian ripen 14/108.
rīsænde rapacious? 38r/15.
*ge*risene *n.* what is seemly 16/
27 n., 37. [rīsan 'befit']
*ge*risenlic proper, suitable 10/3.
*ge*risenlīce *av.* properly, suitably
3f/6.
rīxian *see* rīcsian.
rōd *f.* cross, crucifix 15/13, &c.;
25/44, 119, &c.; 30/5.
rōde-hengen *f.* cross 13/132;
14/94. [hangian]
rōde-tācn *n.* sign of the cross
10/123.
rodor *m.* sky 20/126, 305, 322;
23/5, 349; 24/14; 37/93.
‡rōf brave 22/41; 23/20, 53.
rōhte *see* reccan.
Rōmānisc Roman 3b/15; 14/43:
'þā Rōmāniscan' the Romans
15/33.

rōmigan w. g. strive after 22/
  115. [OS.]
romm m. ram 32d/28.
‡rōþ liberal 28g/3.
rōtlīce av. cheerfully 10/108.
rūm m. opportunity, scope 23/
  314.
rūm spacious 23/349; 24/14;
  29/37; 38r/13: cp. 30/5.
rūme av. spaciously, without
  anxiety: 'wearþ hyre rūme on
  mōde' she was relieved at heart
  23/97.
rūm-welle spacious 38l/13.
rūn f. secret 30/26: counsel 23/
  54: secret meditation 26/111.
‡rūn-wita m. confidant 20/75.
rycene see ricene.
ryht(-) see riht(-).
ryht-ġelēafful orthodox 3b/19.
ryht-norþan-wind m. direct
  north wind 4/17.
ryht-reġol m. right rule of con-
  duct 11/12.
gerȳman extend, amplify 2/8;
  15/84; 30/13: clear (a way)
  21/93; 25/89. [rūm]
rȳmet n. space 8/23. [rūm]
rȳn (prt. rȳdon) roar 3d/32.
ryne mn. orbit 13/96. [irnan]
rȳpan plunder 16/124; 17/16.
rȳpere m. plunderer 16/54, 164.
gerypon see -rīpan.

S

sacan VI strive, contend 29/53.
sācerd m. priest 9/50.
sācerd-bana m. slayer of a priest
  16/161 n.
sacu f. (d. sg. sæcce) battle,
  strife 20/368; 23/289; 24/54:
  lawsuit: 'mid sace and mid
  sōcne' with a right to hold a
  court 12d/6. [sacan]
sǣ fm. sea 4/6, 14, &c.; 7/3, 18;
  8/113, &c.; 9/57; 11/46; &c.
sǣ-dēor n. sea-beast 20/260.
sǣ-draca m. sea-dragon 20/176.
‡sǣ-fōr f. sea-voyage 27/42.

sǣgan lay low 23/294. [sīgan]
sǣgon see sēon.
sǣl mf. time 25/80: occasion,
  season 15/70; 20/361: oppor-
  tunity 12a/28: happiness 20/72.
‡sǣ-lāc n. sea-booty 20/374.
‡sǣlan fetter 23/114; 26/21. [sāl]
(ge)sǣlan w. d. happen 33b/42,
  &c.
‡sǣld n. hall 20/30. [sele]
‡sǣ-lida m. seafarer 21/45, 286.
gesǣliġ happy, blessed 3b/40,
  41; c/1; 14/104, 109; 15/42,
  111; 22/166. [sǣl]
gesǣliġlic happy 2/4; 22/7.
gesǣliġlīce av. happily 14/108.
gesǣlþ f. (usually pl.) happiness
  3b/41.
sǣ-mann m. seaman, Viking
  16/118; 21/29, &c.
sǣne w. g. slow: cp. 20/186.
gesǣne see -sīene.
sǣ-rima m. coast 8/176.
‡sǣ-rinc m. sea-warrior, Viking
  21/134.
Sæternes-dæġ m. Saturday 17/
  40. [L. Saturnī diēs]
sāl m. rope 22/127, 133.
‡salowiġ-pād dark-coated 23/
  211. [salu 'dark']
‡salu-pād dark-coated 28g/3.
sam cj.: correl. whether . . . or
  4/161 f.
same (o) av.: 'swā ~' similarly,
  likewise 2/53; 22/154; 30/43,
  49: 'swā ~ swā' in the same
  way as 5b/76.
gesamnian (o) collect, assemble
  4/142; 8/33; 10/53; 14/14;
  32d/48, 68.
samod (o) av. together, as well
  4/117; 9/49; 14/39, 141; 15/5,
  180; 20/364; &c.: '~ mid'
  together with 14/13; 32d/89:
  prp. w. d. together with 20/61.
sām-worht half-built 8/12.
sanct m. saint 15/144. [L. sanctus]
sancte indecl. aj. saint 126/33;
  &c.

sand *f.* course of food, repast 15/76. [sendan]
sang *see* song.
sangere *m.* singer 37/6.
sār grievous, sad 22/180; 23/182; 25/80; 26/50.
sār *n.* pain, grief 3d/34; 27/95.
sāre *av.* grievously, sorely 16/40, 159; 20/1; 25/59.
sārgian wound 8/196: grieve 32c/21.
sārig sad 3e/11; 5a/29.
sārlic sad 15/197.
‡sār-wracu *f.* misery, tribulation 24/54.
sāwol, -el, -al *f.* soul 3e/10; 11/7; 12a/48; c/2; 13/115; &c.
sāwollēas lifeless 20/156.
gescādan VIIa (*prt.* -scēd) decide 20/305.
scāgþ-man *m.* shipman, seaman 12b/15. [ON. skeið 'warship']
scafan VI (*prt,* scōf) shave, scrape 15/207.
scamian *impers. w. a. g.* be ashamed 16/146, 154, &c.
sc(e)amu (o) *f.* shame 10/23; 15/9; 16/97; 37/64.
sc(e)andlic (o) shameful, disgraceful 5a/72; 16/66, 81, 104. [sc(e)and 'disgrace']
sceacan VI hasten 23/292.
sceadu *f.* shadow 3c/11; 25/54.
gesceādwīslīce *av.* prudently, wisely 5a/8. [sc(e)ādan 'separate']
gesceādwīsnes, -nyss *f.* reason 3f/1: discretion 15/64.
sceaft *m.* shaft 21/136.
gesceaft *f.* creature, created being 16/87: creation 20/372; 25/12, 55, 82: condition 29/65: decree 26/107. [scieppan]
sceal *pres. sg. of prt.-pres. vb.* (*pl.* sculon, sceolon, scyle(n), -un 31a/1, *prt.* sc(e)olde) shall, must 2/12, 14; 3a/13; b/33; e/48; 4/17; &c.: *to ex-*

press *future* 16/13, 19; 21/220: ought to 8/31, 72; 12b/11, 12: '*gnomic*' *use* 29/1 (*see note*): sceolde *in reported speech or thought* was supposed to 3d/11, 19; e/9, 10: was said to 3d/15, 18; e/10, 20, &c.
(‡)scealc *m.* man, warrior 21/181; 23/230.
scēap (ē, ī 38l/15) *n.* sheep 4/49; 32a/2, 6; c/40; d/27; 33a/19; b/34; 38/15.
gescēap *n.* creation 10/75: *pl.* fate, nature 28b/7: members 14/145. [scieppan]
scearp sharp 23/78.
scēat *m.* surface, corner 24/3; 25/8, 37, 43; 27/61, 105: garment, covering 28b/7.
sceatt (e) *m.* money 12a/8; 21/40, 56: payment 14/174.
scēaþ (ē) *f.* sheath 21/162; 23/79, 230.
sceaþa *m.* criminal, thief 13/128, &c.; 23/193. [sceþþan]
scēawian look at, examine 13/107; 20/141, 163, 190; 25/137; 32c/2: appoint 12b/13; 18/61.
scēawung *f.* survey 4/35: showing, regard 9/51.
sced *n.* shadow 32e/17.
scedeht shady 32c/7.
sceld(-) *see* scyld(-).
scelfan III shake 31c/7.
scendan insult 16/112, 122. [sc(e)and]
scēne *see* scȳne.
sceolde, sceolon *see* sceal.
sceolu *f.* band 30/66.
sceort short 13/35.
scēot *m.* quick motion, darting 29/40 (*see note*).
scēotan II (*prt.* scēat, *ptc.* scoten) shoot 19b/20, &c.; 21/143, 270; contribute 16/83.
‡scēotend *m.* shooter, warrior 23/305.
scēp *see* scēap.

Scepen, Sceppend *see* Scyp-
pend.
*ge*scerian *see* scyrian.
scett, scēþ *see* sceatt, scēaþ.
(*ge*)sceþþan VI (*prt.* -scōd, *or*
wk. sceþede 20/264) w. d.
injure, harm 20/252, 264, 274,
337; 24/39; 25/47.
(*ge*)scieppan VI (*prt.* sc(e)ōp,
ptc. -scæpen) create ·10/42;
13/40; 22/6; 23/348; &c.: make
8/173: give (*a name*) 22/98.
(*ge*)scieran IV (*prt.* scær, *pl.*
scæron) cut, sheer 20/37, 276;
23/305.
scild(-) *see* scyld(-).
scildan (y) shield, protect 5b/51;
19b/5; 32d/92. [scyld]
*ge*scildend *m.* protector 32d/78.
scilling (y) *m.* shilling 11/17,
&c.; 14/174.
scīma *m.* light, radiance 25/54.
[scīnan]
scīnan I shine 20/267, 321;
25/15; 29/49; 30/84; 37/76:
be conspicuous 37/46.
scin-hīow *n.* phantom, illusion
32c/23.
scip (y) *n.* ship 3d/5; 4/77; 5a/64;
b/6; &c.
scīp (38l/15) = scēap.
scipen *f.* cowshed 10/25.
scip-here *m.* naval force 3c/13;
8/92; 9/13.
scipian provide with ships 8/3.
scip-rāp *m.* cable 4/38, &c.
scīr bright, pure 3c/8; 21/98;
23/193; 25/54.
scīr *f.* district 4/80; 15/149:
division (*of the army*) 8/42.
scīr-gemōt *n.* shire-meeting
12b/1.
scīr-gerēfa *m.* sheriff 12b/6;
c/12.
‡scīr-mæled brightly adorned
23/230.
scolde *see* sceal.
scomu, scond- *see* sc(e)amu,
sc(e)and-.

scop-gereord *n.* poetic language
10/6. [scop 'poet']
*ge*scot *n.* shot 19b/23, &c.
[scēotan]
scotung *f.* shooting, dart 32c/24.
scrēadian prune, lop 13/57, 59:
peel 14/179.
scrifan I have regard to, care
about 16/86. [L. scrībere]
scrīn *n.* shrine 15/138, 153.
[L. scrīnium]
scrīþan go, wander 29/13, 40.
scrūtnian examine 13/203. [L.
scrūtāri]
scrȳdan clothe 17/59.
scūfan II (*prt.* scēaf, *pl.* scufon)
launch 18/63: thrust, push
21/136.
sculon *see* sceal.
scūr *m.* shower 23/79, 221;
27/17; 29/40; 32d/3.
scyld (e) *f.* guilt, sin 3e/37;
30/78; 37/46, 64. [sculan]
scyld (i) *m.* shield 19b/7; 21/98,
136; 23/204; 29/37.
scyldan *see* scildan.
‡scyld-burh (scild-) *f.* phalanx
21/242; 23/305.
scyldig (e) guilty 11/46: liable
to forfeit 11/27; 37/20: liable to
receive 13/131: having for-
feited 20/88.
*ge*scyldru *pl.* shoulders 32d/23.
scyle(n) *see* sceal.
scylling *see* scilling.
‡scȳne (ē) beautiful 22/20;
23/317: *sp.* 22/93.
Scyppend (Scepen 31a/6,
Sceppen(d) 31a (ii)/6; 37/8,
46) Creator 10/36, 43, 129;
13/40; 15/194; 23/78; 26/85.
(*ge*)scyrian (e) ordain 22/13,
179.
scyte *m.* shot, shooting 5a/45.
[scēotan]
Scyttysc the Scottish language
15/54.
sē (se), sēo (sīo), þæt (*a. sg. m.*
þone, þæne, *a. sg. f.* þā, *g. sg.*

mn. þæs, *g. d. sg. f.* þǽre, *d. sg. mn.* þǽm, þám, þan, *inst. sg. mn.* þon, þan, þȳ, *nom. a. pl.* þá, *g. pl.* þára, þǽra, *d. pl.* þǽm, þám) *pron.* he, she, it 1/3, 23, 31; 2/23, 33, 56; 3a/11; b/14; &c.: *demon. aj. and def. art.* that, the 1/3, 6, 12; 2/5, 47, 60; 3a/4; b/4, 6; &c.: *rel. pron.* who, which 1/8, 31, 41; 2/36, 78; 3a/14; &c.: 'þæt wǽron' those were 4/26. *See also* æfter, for, mid, tō, þæs, þon, þȳ, wiþ.

sē *see* eom.

*ge*sealla (38l/11) = -sellan.

sealm (a) *m.* psalm 15/61; 32b/24. [L. psalmus]

sealm-sceop *m.* psalmist 13/208, 223.

sealm-wyrhta *m.* psalmist 13/210.

sealt *n.* salt 29/45.

‡**sealt-ȳþ** *f.* salt-wave 27/35.

seara-cræft *m.* fraud 16/134.

searian wither 27/89.

‡**searo-cȳne** bold in arms 37/10.

‡**searo-fāh** cunningly adorned 20/194.

‡**searo-þoncol** wise 23/145, 331.

searu *n.* artifice, cunning 5a/28: armour? 20/307: **searwum** skilfully 28e/6.

sēaþ *m.* pit 25/75; 32b/21.

seax *n.* knife 14/179; 19b/13, 29; 20/295; 28d/6.

(*ge*)**sēcan (ǣ)** (*prt.* sōhte) seek 2/13; 8/24, 27; 9/39; 13/111; 20/129; &c.: invent 22/18: visit 3e/18; 4/45; 12a/28; 15/188; 20/119, 200; &c.: attack 5a/86; b/61: -sēcan attain 25/119.

‡**secg** *m.* man 20/61, 129, 319; 21/159, 298; 23/201; 25/59; &c.

secgan (*prt.* sægde, sǽde) say 3b/40; d/18, 29; e/4, 47; &c.: mention 5b/1: ascribe 23/342.

*ge*secgan say: 'þanc gesǽde' gave thanks 21/120.

sēd *n.* seed 32f/12. [sāwan 'sow']

sefa *m.* heart 20/92; 26/57; 27/51.

*ge*sēfte mild: *sp.* 30/60. [sōfte]

‡*sēft-ēadiġ happy in luxury 27/56.

*ge*segen *see* sēon.

segl *mn.* sail 4/105.

segl-gyrd *f.* sail-yard 29/25.

(*ge*)**seglian** sail 4/83, &c.

‡**segl-rād** *f.* sail-road, sea 20/179.

(*ge*)**segnian** cross (oneself) 10/122, 130. [segen, L. signum]

sehþe (i) *av.* behold! 32b/17; f/3; 38r/4. [sēon]

seld *n.* seat 32f/8. [setl]

‡*ge*selda *m.* companion 26/53.

seld-cūþ rare 3e/28.

seldon *av.* rarely 15/62.

seld-sīene rare 5b/61.

(‡)**sele** *m.* hall 20/390; 26/25. [sæl 'hall']

‡**sele-drēam** *m.* joy in the hall 26/93.

‡**sele-gyst** *m.* stranger in the hall 20/295.

‡**sele-rǣdend** *m.* counsellor in the hall 20/96.

‡**sele-secg** *m.* hall man, retainer 26/34.

sēlest *see* sēlra.

self (eo, io, y) *pron.* (*strong and weak*) self 2/26, 46; 3b/18, 31; 4/33, 109; 5a/91; &c.: *aj.* same, very 9/35; 10/73.

(*ge*)**sellan (y)** (*prt.* s(e)alde) give 2/24; 7/22; 8/18, 68; 9/15, 53; &c.: give up 21/184; 32d/63: sell 16/41, 80: 'wiδ weorδe ~' sell 16/86, 89.

sellic (y) rare, wondrous 20/176; 25/13: *cp.* 25/4. [= seld-lic]

sēlra *cp.* better 20/134, 218: *sp.* **sēlest (ǣ)** best 8/158; 20/139, 156; 25/27, 118; 33a/30: *av.* most readily 34/4.

*ge*sēman reconcile 21/60.

semninga *av.* presently, forthwith 20/390; 30/39. [gesamnian]

sendan send 3b/20; 5a/19, 53; 9/10, 12; 13/65; &c.: *absolute* 17/1; 18/57: cast 38l/6.

*ge*sēne *see ge*sīene.

senn *see* synn.

sēo *see* sē; sēo(n) *see* eom.

sēoc sick 20/353.

seofian (io) sigh, lament 3d/34; 27/10.

seofoþa, -eþa seventh 5b/29; 7/15.

seolf *see* self.

seolfor (y) *n.* silver 5a/100; 15/139; 18/69; 25/77; 28c/2.

seolh (io) *m.* seal 4/54, 58.

seolocen of silk 3c/9. [seoloc 'silk']

‡seomian rest, abide 24/19; 29/25.

sēon v (*prt. pl.* sǣgon, *ptc.* gesegen, -sewen) see 4/90; 20/172: visit 20/25: foresee, decree 35/12: *in passive* seem 10/56, 132.

*ge*sēon v (*3 pers. pres.* -sihþ, *prt.* -seah, *pl.* -sāwon) see 2/30; 3c/5; d/22; 4/33; 10/22; 20/97; &c.

seondan *see* eom.

set *n.* encampment 8/31, 33. [sittan]

*ge*set *n.* seat, dwelling 26/93; 29/66.

setl *n.* bench 20/39: throne 22/166. [sittan]

setlung *f.* setting 13/100.

*ge*setnyss, -ness *f.* foundation 15/68: settlement 33a/46.

settan set, put 3a/2; 10/18; 12b/34; 15/131; 22/67; 28d/4; &c.: establish 5a/77; 22/7. [sittan]

*ge*settan set, put 10/27; 25/67: establish 24/10; 32c/10, 43: conclude, settle 12a/34: settle,

people 22/119, 151: compose 3b/34; 10/139.

*ge*sewen *see* sēon.

sex *see* syx.

sīa *f.* pupil of the eye 32d/21. [sēon]

sibb (y) *f.* peace 2/7; 5a/102; 9/15; 30/80; 32b/17; e/18; 37/77, 110.

*ge*sibb related, akin 28d/22: *cp.* more closely akin 34/52: *as sb.* kinsman 16/58.

*ge*sibbsum peaceful 5a/92, 104.

sib-leger *n.* incest 16/136, 162 n.

sibling *m.* relation 14/172.

*ge*sīcan (*prt. pl.* -sīhton) suckle 14/119. [sūcan]

sīcclian sicken 15/163. [sēoc]

sīcettung *f.* sighing 14/143.

sīd wide, spacious 20/41, 194; 23/338; 30/54.

sīde *av.* widely 16/146; 25/81.

sīde *f.* side 25/49.

‡sīd-rand *m.* broad shield 20/39.

sīe(n) *see* eom.

*ge*sīene (ǣ, ē, ȳ) visible, evident 16/49, 95, &c.; 20/5, 153; 25/46; 29/1. [sēon]

sīgan ɪ (*prt. pl.* sigon) fall, sink 19a/8; 20/1.

sige *m.* victory 6/3, &c.; 8/96; 9/10; 15/20.

sige-bēacen. *n.* sign of victory 30/21.

‡sige-bēam *m.* tree of victory, cross 25/13, 127.

‡sige-cempa *m.* victorious warrior 37/10.

‡Sige-dryhten *m.* victorious Lord 37/120.

‡sige-ēadig victorious 20/307.

sige-fæst (syge-) victorious 14/133; 37/133: *cp.* 28d/19.

‡sige-folc *n.* victorious people 23/152; 29/66.

‡sige-hrēþig exulting in victory 20/347.

sige-lēas defeated 16/108; 22/67.

(‡)sige-rōf victorious 23/177.

‡sige-þūf *m.* triumphant banner 23/201.

‡sige-wíf *n.* victorious woman 19a/8.

‡sige-wong *m.* field of victory 23/295; 24/33.

(ge)siglan sail 4/13, &c. [segl]

sigor *m.* victory 23/89, 124, 299; 25/67; 30/73. [sige]

‡sigor-ēadig blest with victory 20/61.

sigor-fæst victorious 25/150.

‡sigor-lēan *n.* reward for victory 23/345.

gesíhton *see* -sícan.

gesihþ *f.* sight, vision 10/128; 18/37; 25/21, 41, &c. [sēon]

sihþe *see* sehþe.

simle *see* sym(b)le.

sín *rfl. pron.* his, her 20/257; 22/50, 155; 23/29, 99, 132; 37/7.

‡sinc *n.* treasure 20/200, &c.; 21/59; 23/30, 340; 25/23; 26/25; 29/10.

‡sin-caldu *f.* perpetual cold 24/17.

‡sinc-fāg adorned with treasure 28c/15.

‡sinc-gyfa *m.* giver of treasure 20/92; 21/278.

‡sinc-þegu *f.* receiving of treasure 26/34. [þicgan]

sind(on), sint *see* eom.

sindre *n.* impurity, dross 28d/6.

sin-gāl continuous 14/152; 15/90; 25/141.

sin-gāllíce *av.* continuously, incessantly 14/146; 16/123.

(ge)singan III (*prt.* sang (o)) *tr. and int.* sing, compose (*poetry*) 3b/32, 33; 10/17, &c.; 13/209; 14/206; 23/211; 27/22, 54; &c.: resound, ring out 20/173; 21/284.

sinnig sinful 20/129. [synn]

sío *see* eom, sē.

siodu *m.* morality 2/7.

siofian *see* seofian.

siolf *see* self.

siolh *see* seolh.

siondan *see* eom.

sioþþan *see* siþþan.

sittan v (*prt.* sæt, *pl.* sǣton (ē)) sit 15/70; 19b/13, 16; 22/15; &c.: stay 3e/12; 7/21; 8/11, &c.; 20/352; 23/141: take place 12b/1; be present 12b/2, 21: settle 19a/8: '~ on' weigh on, oppress 16/15, 95; 23/252.

gesittan v (*prt.* -sæt, *pl.* -sǣton, *ptc.* -seten) occupy 7/3: halt 20/174: complete 8/40: possess 32d/11: *w. rfl. d.* sit 26/111.

síþ *m.* journey 8/3; 20/28, 179, 225; 23/145; 27/2, 51; 28b/11; e/14: power of movement 22/133: time 20/213, 277, 329; 22/74; 23/73, 109; 24/69: 'ōþre ~e' a second time 8/73; 18/48: 'ōþre ~e ... ōþre ~e' once ... once 8/32 f.

síþ *av.* late 23/275. [cf. siþþan]

gesíþ *m.* companion 20/47, 63; 23/201; 29/14.

síþ-fæt, -fet *m.* journey 23/336; 25/150; 32c/14, 22.

síþian travel 15/5, &c.; 21/177, 251; 25/68; 28d/11.

siþþan (io, y) *av.* afterwards 2/65; 3d/30; 4/68; 5a/4; 8/25; 22/100; 25/142; &c.: when, after 2/53, 75; 3e/46; 20/3, 11; 25/3, 49; 26/22. [siþ = *síþ 'since']

sixta *see* syxta.

slæd *n.* valley 5b/79.

slǣp *m.* sleep 10/47; 14/153; 15/30; 20/1; 23/247; 24/56; 26/39.

slǣpan (ē) VIIe (*prt. pl.* slēpon) sleep 3c/10; 10/47; 20/331.

slǣplēast *f.* sleeplessness 14/152.

sleac lazy, lax 13/121.

slēan VI (*prt.* slōh, *pl.* slōgon, *ptc.* geslægen (e)) strike 17/48; 20/315; 21/117, 163; 23/103, 108; 32d/80: forge

19b/13; 22/138: slay 5a/38, 43;
8/99; 9/43, 50; 11/53; 15/8;
17/16; 20/331.

ge**slēan** (*prt. pl.* -**slōgon**, *ptc.*
-**slǣgen**) gain, win 9/10: strike
down 23/31: make (*a slaughter*)
6/6.

slege *m.* slaying 5b/73; 14/103,
&c.; 15/13, &c.

‡**slege-fǣge** doomed to perish
23/247.

slītan 1 (*prt.* **slāt**) tear 3e/40;
27/11.

slīþen cruel, dire 26/30.

‡**slīþ-heard** cruel, severe 22/133.

smæl narrow 4/60: *cp.* 4/65:
sp. 4/67.

smǣte refined 30/74.

smēa(ga)n (**ē**) consider, deliber-
ate 3b/18; 11/6; 13/107, 111;
14/37, 199; 15/36; 16/9, 171;
32b/11.

smēa-þancelnyss *f.* subtlety,
exactness 13/177.

smeoru *n.* fat 32d/27, 28, 76.

smireniss *f.* unction, anointing
32a/7. [smeoru]

smirwan anoint 32a/6.

smiþ *m.* smith 19b/13, 16;
20/202; 28d/14.

smolt gentle, mild 10/111.

smylte gentle, mild 10/126, 127;
24/33.

snǣdan take a meal 18/4.
[snǣd 'morsel': snīþan]

snāw *m.* snow 24/14; 26/48;
32d/4; 37/76.

snell bold, keen 21/29; 23/199.

snettru *f.* wisdom 37/72.
[= snyttru: snot(t)or]

snīþan 1 (*prt.* **snāþ**) cut 28d/6.

snīwan snow 27/31. [snāw]

snoternyss *f.* wisdom 14/125.

snot(t)or, -**ur** wise, prudent
20/63, 134, &c.; 23/55, 125;
26/111; 29/54; 32d/10: *sp.*
snoterost 29/11.

snotor-wyrde eloquent, plaus-
ible 14/46. [word]

snūde *av.* quickly 23/55, 125,
199.

sōcn *f.* right to hold a court
12d/6. *See* sacu. [sēcan]

sōfte *av.* easily 21/59: comfort-
ably 22/188.

ge**somnian** *see* -samnian.

ge**somnung** *f.* assembly 10/68:
community 33a/4.

somod *see* samod.

sōn *m.* sound 3e/16, 28. [L.
sonus]

sōna *av.* at once, immediately
2/45; 3e/53; f/23; 5a/13; 8/13;
&c.: ~ swā as soon as 3d/22;
8/70; 15/37.

song (a) *m.* song, poem 10/49,
72; 27/19; 28g/3. [singan]

song-cræft *m.* art of singing
10/14.

sorg (-**h**) *f.* sorrow 20/72;
22/119; 23/88, 182; 24/56; &c.:
anxiety 27/42.

sorgian sorrow, grieve 3d/41;
9/57, 59; 20/134; 22/102.

sorh-ful sorrowful 20/28, 179:
lamentable 37/142.

‡**sorh-lēoþ** *n.* dirge 25/67.

sōþ true 3e/54; 13/114; 14/75;
15/64; 20/361; 23/89; &c.

sōþ *n.* truth 4/33; 13/135; 16/1,
33: 29/10; &c.: 'tō ~e' in truth
26/11.

sōþ-fæst pious, righteous 30/54:
sp. 37/6.   [34/50.

sōþ-fæstlīce *av.* truly, faithfully

sōþ-fæstnys *f.* truth 32b/21, 23;
37/116: Truth, God 13/174.

‡**sōþ-gied** *n.* true lay 27/1.

sōþlīce *av.* truly 13/29, 43;
14/11, 16; 32a/10, &c.

spǣc *see* sprǣc.

spanan VI, VIId (*prt. sbj.* **spēone**)
incite, urge 22/29.

sparian spare 13/216; 23/233.

spearca *m.* spark 15/182.

specan *see* sprecan.

spēd *f.* wealth, means 2/62; 4/43,
131, 153. [spōwan]

spēdan be wealthy 21/34.

‡spēd-dropa *m.* useful drop 28d/8.

spēdig prosperous 4/43; 24/10: successful 25/151.

spell *n.* story 3d/28; e/53; 4/31; 10/58, &c.: message 21/50: speech 3a/9.

spere *n.* spear 19b/6, &c.; 21/108, 137.

spic (e) *n.* lard 33b/33; c/5.

spillan destroy 21/34.

‡*ge*spong *n.* clasp, bond 22/132.

spor *n.* track, footprint 2/41.

sporettan kick 32d/30.

*ge*spōwan VII*f* (*prt.* spēow) *impers. w. d.* succeed 2/9; 23/175, 274.

sprǣc, spǣc *f.* speech 14/25; 15/54: suit 12a/34.

*ge*sprec *n.* speech 32d/2.

(*ge*)sprecan (eo), -specan v (*prt.* sp(r)æc, *pl.* sp(r)ǣcon) speak 3a/14; c/13; d/17; 4/34; 8/2; &c.; 32d/1, &c.: bring a lawsuit against 12b/9: lay claim to 12a/12; b/17.

sprengan break, shiver 21/137. [springan]

springan III (*prt.* sprong (a)) spring 20/338: spring away 21/137.

spryttan bring forth 13/48.

spyrigean follow a track 2/39: make a track 28d/8. [spor]

staca *m.* stake, post 15/134.

stæf *m.* letter: *pl.* letters, literature 10/4.

stǣl *n.* stead, place 20/229.

stǣlan institute, avenge? 20/90; 29/54.

*ge*stǣlan *w. d.* accuse of 22/146.

‡stæl-giest *m.* thieving stranger 28f/5. [stelan]

stæl-here *m.* predatory army 8/168.

stæl-hrān *m.* decoy-reindeer 4/46.

stæl-wyrþe serviceable 8/147.

stǣnan stone 13/198, 199. [stān]

stǣnen of stone 5b/34.

stǣr *n.* history 10/69, 75. [L. historia]

stæþ *n.* shore 4/117; 8/90; 21/25.

stalian steal 11/40, 42. [stelan]

stalu *f.* stealing 11/39; 16/53, 132.

stān *m.* stone 3e/6; 7/16; 20/165; 25/66; 32d/26; 38/9.

stān-clif *n.* rocky cliff 24/22; 27/23.

standan (o) VI (*3 pers. pres.* stent, *prt.* stōd, *pl.* stōdon) stand 2/32; 8/179; 13/9; 14/204; &c.: be situated 4/94, 117; 20/112, 166; 25/7; 26/115; 34/49: stand still 3e/7, 14: arise 14/149; 15/147: be valid 36/6: endure, last 27/67; 35/17: ∼ 'ongēan' oppose 18/43: 'stōd him . . . æt' appeared to him 10/27 f.: 'lēoht stōd' a light shone 20/320.

*ge*standan VI (*prt.* -stōd, *pl.* -stōdon) stand 25/63: stand still 14/26: *tr.* assail 3d/8.

‡stān-hliþ *n.* rocky slope 20/159: wall of a ruin 26/101.

starian stare 20/235, 353; 23/179.

*ge*staþelian make firm, establish 27/104, 108.

staþol (ea) *m.* stability 11/7: foundation 25/71; 28f/5; 32d/48.

‡*ge*steal *n.* foundation, structure 26/110. [steall 'place']

stēam *m.* vapour, breath 14/149: moisture 25/62.

stēap steep 20/159; 24/22; 29/23: deep 23/17.

stearn *m.* tern 27/23.

steaþulfest firm, steadfast 32d/54.

stede (y) *m.* place 15/188; 21/19; 22/111. [standan]

stedefæst (stæde-) steadfast 21/127, 249.

‡stede-heard very hard? 23/223.

stefn, stemn *f.* voice 3d/40; 14/55; 15/197; 25/71; 28c/18; 32c/23, 33.

stefn *m.* stem, root 25/30.

‡stefna *m.* prow 27/7.

stefnian *w. d.* summon 18/51, 53.

stemn *m.* term of service 8/40.

stemn *f. see* stefn.

‡stemnettan stand firm 21/122.

stenc *m.* odour, fragrance 24/8, 81. [stincan]

stēoran (īo) steer 3f/6, 8.

stēor-bord *n.* starboard 4/10, &c.

steorfa *m.* pestilence 16/53. [steorfan 'die']

steorra *m.* star 14/11, &c.; 22/11.

steort *m.* tail 3e/22.

steppan VI (*prt.* stōp, *pl.* stōpon) step, advance 20/151; 21/8, 78, 131; 23/39, 69; 28d/10.

‡sterced-ferhþ stout-hearted, resolute 23/55, 227. [stearc 'strong']

stician stab, kill 9/55.

stig *f.* path 20/159. [stīgan]

(*ge*)stīgan I (*prt.* -stāh, *pl.* -steogun 32b/21) ascend 13/96; 25/34, 40: 'ofdūne ~' descend 32b/21.

stihtan incite 21/127.

*ge*stillan cease, rest 3e/39, 42; 32b/4.

stille still, quiet 3e/7.

stilness *f.* peace, quiet 2/60; 10/124.

stincan III (*prt.* stonc) stink 14/146, 149: ‡rise (*of dust*) 28e/12.

stingan III (*prt.* stang) stab 21/138: interfere, exercise control 12c/16.

stīþ strong, firm 20/283; 21/301; 27/104.

‡stīþ-hicgende resolute 21/122.

stīþlice *av.* stoutly, sternly 21/25.

stīþ-mōd stern-hearted, resolute 23/25; 25/40.

stocc *m.* stake, post 15/205.

stōl *m.* seat, throne 22/15, &c.

stondan *see* standan.

storm *m.* storm 26/101; 27/23.

storm-sǣ *mf.* stormy sea 3d/9.

stōw *f.* place 4/5, 61; 5b/63; 10/100; 13/182; 15/32, 168; 20/122; &c.: religious foundation 2/36, 83; 12d/9; 16/77; 35/13; 36/20.

strǣl (ē) *m.* arrow 23/223; 25/62; 32d/49, 86.

strǣt *f.* street, road 13/9; 15/74; 20/384. [L. strāta]

strand *m.* shore 15/140.

strang (o) strong, grave 5b/42; 16/109; 22/39; 25/30, 40; 28f/5: *cp.* strengra 5a/45; 9/13: *sp.* strengest 20/293, strangest 9/19.

strē(u) *n.* straw 38l/3, 4; 1/3, 4, 5.

strēam *m.* stream 5b/9, 32; 20/11; 21/68; 23/349; &c.: *pl.* 'hēan strēamas' ocean 27/34.

(‡)strēgan strew 27/97.

stregdan III scatter, sprinkle 32c/22.

strencgþ *f.* strength 13/97.

‡strenglic strong: *cp.* 22/28.

strengra, strengest *see* strang.

strenġu *f.* strength 20/20, 283; 28a/5; 32c/10; d/25.

*ge*strēon *n.* treasure, gain 4/151; 13/111.

strīc *n.* sedition?, plague? 16/53.

(*ge*)strīenan (ȳ, īo) *w. g. or a.* gain, acquire 13/115: beget 5a/41; 33b/40, 41. [gestrēon]

strīþ *m.* strife 22/39. [OS.]

strong *see* strang.

stronglic strong 22/121.

strūdung *f.* robbery, spoliation 16/132.

strynd *f.* lineage, stock 9/31.

stund *f.* time 21/271: ~um at intervals 20/173.

stycce-mǣlum *av.* here and there 4/5.

styde *see* **stede.**

‡**stȳl-ecg** steel-edged 20/283.

*ge*st**ȳran** *w. d. g.* restrain 23/60. [stēor 'steering']

styrian move, stir up 3e/6; 20/124.

styrman storm, rage 23/25, 223. [storm]

‡**styrn-mōd** stern-hearted 23/227.

sūcan II (*prt. pl.* **sucun**) suck 32d/26.

sufl *n.* something to eat with bread, relish 33a/34.

*ge*s**ufl-** provided with a relish 33a/26; c/10.

sulung, swulun(c)g *n.* a plough-land, a Kentish measure of land 12a/25; 33a/3; b/12; c/13. [sulh 'plough']

sum *pron.* one, a certain one, some 8/159; 20/1, 16; 26/80, &c.; 27/68; 28c/15; d/1: 'syxa ∼' with five others 4/42; *cf.* 7/25 f.; 12a/32: 'þā sume' those (*people*) 27/56: 'sum . . . sum' one part . . . another part 8/152 f.: *aj.* a certain, some 2/55, 57; 3b/12; d/5, 6; 4/7; 8/47, 108; &c.

sumor *m.* summer 4/6, 162; 8/131, 200; 24/37; 27/54; 29/7.

sumor-lida *m.* an army which does not winter in the country 6/28.

‡**sun-bearo** *m.* sunny grove 24/33.

sund *n.* swimming 5b/8; 20/186: ‡sound, sea 20/176, 194, &c. [swimman]

*ge*s**und** unharmed, safe 1/35; 3e/27; 20/378: *cp.* 28d/19.

sunder-sprǣc *f.* private conversation 14/20, 76.

*ge*s**undful** whole, uncorrupt 15/82.

*ge*s**undfulnyss** *f.* good health 14/136.

‡**sund-gebland** *n.* surging water 20/200.

sundor *av.* apart 26/111.

sundor-yrfe *n.* private inheritance 23/340.

Sunnan-ǣfen *m.* eve of Sunday 17/45.

Sunnan-dæg, -deg *m.* Sunday 11/19, 20; 33c/10.

sunn-bēam *m.* sunbeam 15/148.

sunne *f.* sun 13/94, &c.; 15/93; 24/17; 28d/4; 32c/24.

sunu *m.* son 1/50; 3d/11; 5b/73; 8/65; 9/29; &c.: Christ 25/150; 30/83.

‡**sun-wlitig** sun-bright: *sp.* 29/7.

sūpan II sup, drink 15/209.

sūsl *fn.* torment 13/131; 14/138; 23/114.

sutelian *see* **swutelian.**

sutulung *f.* evidence, manifestation 12c/4 n. [sweotol]

sūþ *av.* south, southwards 8/47, &c.; 15/191; 33b/19.

sūþan *av.* from the south 4/118; 17/44: be ∼an *prp. w. d.* south of 2/20; 6/36; 17/8; 18/49: wiþ ∼an *prp. w. a.* south of 4/89.

sūþ-dǣl *m.* southern part, south 5a/3.

sūþerne southern: of southern workmanship 21/134.

sūþeweard southern 4/72, 82.

sūþ-rima *m.* south coast 8/202.

sūþ-ryhte *av.* due south 4/18, 19.

sūþ-stæþ *n.* south coast 8/167.

swā, swǣ *av. and cj.* so 2/14, 19, 47; &c.: as 2/22, 23; 3a/2; d/22; &c.: as if 23/68: although 22/146: swā swā just as 2/72, 75; 3a/3, 10; 4/16; &c.: swā . . . swā *correl.* so . . . as 3b/27 f.; c/18; e/56; &c.: whether . . . or 33b/24: either . . . or 34/31: *w. cp.* swā . . .

swā the . . . the 4/64; 16/2 f.:
swā hwā swā *see* hwā.

(‡)swǣs beloved, own 26/50;
28b/11; d/22.

swǣsendu *npl.* feast 23/9: food
for a feast 33a/16, 28.

swǣstar- (33ʇ/44) *see* swustur-.

‡swǣtan bleed 25/20. [swāt]

swæþ *n.* track, footprints 2/38.
[swaþu]

swalwe *f.* swallow 32b/11.

swān *m.* swineherd 1/5.

swār heavy, grievous 24/56.

(‡)swāt *m.* blood 20/36; 25/23.

‡swātig bloody 20/319; 23/338.

swā-þēah *av.* however, never-
theless 13/125, &c.; 14/65.

swaþu *f.* track: 'on swaþe' be-
hind 23/322.

sweart dark, black 22/67, 100,
146; 28g/3.

‡sweart-lāst leaving a black
track 28d/11.

(‡)swefan v (*prt. pl.* swǣfun)
sleep 20/30.

swēfel *m.* sulphur 3c/20.

swefn *n.* dream 10/28, 54; 14/31,
35, &c.; 25/1. [swefan]

swēg *m.* sound, music 3e/6;
27/21.

‡swegel *n.* heaven 23/80, &c.:
sun 29/7.

swelc (i, y) *pron. and aj.* such
3c/17; d/46; 5a/72; b/21;
11/69; 16/187; 20/97, 22/38,
41; &c.: 'ōþer swylc' an
equal number 20/333: 'swelc
. . . hwelc' *correl.* such . . . as
5a/72 f.

swelce (i, y) *av.* likewise 13/153;
20/177, 232; 22/80; 23/18;
25/8; 27/53: like, as if 13/93;
15/148: *cj. w. sbj.* as if 2/36;
3e/7; 5b/39, 78; 13/50; 23/31:
as 11/69: *cj. w. ind.* as 5b/21;
27/83: ēac ∼ *see* ēac.

swelgan III (*prt.* swealg) *w. inst.*
swallow 28c/15; d/9; f/6.

sweltan III (*prt.* swealt, *pl.*

swulton) die 11/48; 14/109,
161; 15/128; 20/367; 21/293.

(*ge*)swencan afflict, harass 14/
149; 20/118, 260; 32d/74.
[swincan]

*ge*swencedniss *f.* tribulation
32c/36.

sweng *m.* stroke, blow 20/270;
21/118. [swingan 'swing']

(‡)sweofot *m. or n.* sleep 20/331.
[swefan]

swēora *m.* neck 23/106.

sweorcan III darken, become
clouded 26/59.

sweorcend-ferhþ gloomy of
spirit 23/269.

sweord (u, y) *n.* sword 14/120;
20/36, &c.; 21/47, &c.; 23/89;
&c.

‡sweord-freca *m.* warrior 20/
218.

*ge*sweoster (u) *fpl.* sisters 5a/
69; 36/17.

‡swēot *n.* troop 23/299.

sweotol (u) clear 16/49, 126: *sp.*
3a/3; 29/10.

sweotole *av.* clearly 23/177;
26/11.

sweotollīce (swutol-) *av.* clear-
ly 13/122; 14/4; 23/136.

swerian, swergan VI (*prt.*
swōr) swear 32d/82; e/8.

swēte sweet 5b/64: *sp.* 10/71: *as
sb.* sweetness 27/95.

swētness, -niss *f.* sweetness
10/6, 82.

(*ge*)swīcan I (*prt.* swāc, *pl.*
swicon) fail 20/210, 274;
22/39: cease from 13/89; 17/3;
18/45.

swic-dōm *m.* betrayal, fraud
5b/66; 14/69; 16/133; 18/38.

swician fail, deceive 16/65.

swicol deceitful 14/84.

swift (y) swift 4/150: *cp.* 8/171:
sp. 4/143, 145; 29/3.

(*ge*)swigian (u) *w. g.* be silent
16/183; 28a/1.

swīge silent, still 30/39.

swilc *see* swelc.
swīma *m.* swoon 23/30, 106.
swimman (y) III swim 20/374;
  26/53.
swīn *n.* hog 4/50; 33b/23; 34/12,
  &c.; 38r/6: ‡boar image 20/36.
*ge*swinc *n.* toil 13/160, &c.
swincan III (*prt.* swanc, *pl.*
  swuncon) toil, labour 13/70,
  &c.; 15/89.
‡*ge*swinc-dagas *mpl.* days of
  toil *or* hardship 27/2.
‡swīn-līc *n.* boar-image 20/203.
swinsian sound melodiously
  28a/7.
swinsung *f.* harmony 10/60.
swīr-bān *n.* neck bone 32c/29.
  [swēora]
swirman swarm 19a/7.
swīþ (ȳ) strong 22/7: *cp.* right
  (*hand, side*) 5a/44; 15/79, &c.;
  19a/1, 2; 23/80; 25/20; &c.:
  sp. strongest 29/5.
swīþe (ȳ) *av.* strongly, very
  passim: *cp.* more 3b/28; 5b/64;
  8/156; 14/63; &c.: *sp.* most,
  especially 4/34, 152; 8/157,
  168; 16/144, 149; 22/92, 106.
swīþlic (ȳ) strong, intense 14/
  155; 15/79, 94; 23/240.
swīþlice *av.* severely, violently
  5a/29; 32c/13.
‡swīþ-mōd stout-hearted 20/
  374: arrogant 23/30, 340.
swīþrian diminish, destroy 23/
  266; 30/28.
(‡)swōgan VIIf sound, make
  music 28a/7. [swēg]
swōt-mettas *mpl.* delicacies
  3c/3. [swēte]
*ge*swugian *see* -swigian.
swulun(c)g *see* sulung.
swurd *see* sweord.
swuster (y) *f.* sister 14/166;
  18/70; 36/12, &c.
*ge*swuster *see* -sweoster.
swustur-sunu (swæstar-) *m.*
  sister's son 21/115; 33b/44.
swutol(-) *see* sweotol(-).

(*ge*)swutelian (sut-) make
  known, manifest 12b/1; 13/44;
  14/138, 198; 15/146, 225; 17/
  54; 23/285.
swyft *see* swift.
swyftnyss *f.* swiftness 13/195.
swylc *see* swelc.
‡swylt *m.* death 20/5, 186.
  [sweltan]
swyrd *see* sweord.
‡swyrd-geswing *n.* sword-
  brandishing 23/240.
sybb *see* sibb.
syfan seven 4/39, 104.
*ge*syhþ *see* -sihþ.
syl- *see also* sel-.
sylfor *see* seolfor.
sylfren of silver 15/72, 76.
sylf-willes *av.* voluntarily 14/96;
  15/212.
symbel *n.* banquet, feast 10/23;
  23/15; 25/141; 26/93.
symbel continuous: *as n. sb.* on
  ~ always 23/44.
sym(b)le (i) *av.* always, con-
  tinuously 1/22; 3c/20; 4/64;
  8/29; 9/59; 13/55; 15/58; 22/71;
  24/76; 27/68; &c.
syn(don) *see* eom.
syn-dæd *f.* sinful deed 16/150 n.
syndrig private 15/93. [sundor]
syndriglice *av.* especially 10/1.
*ge*sȳne *see* -sīene.
syn-full sinful 30/60; 37/56.
syngian sin 16/154; 32d/8;
  37/48.
syn-lēaw *f.* injury of sin 16/
  159.
synn(e) *f.* sin 9/46; 13/129, &c.;
  16/3, &c.; 20/5; 22/146; &c.:
  strife, hostility 24/54; 29/54.
*ge*synto *f.* salvation 23/90 (*pl.*).
  [gesund]
syrewung *f.* plotting 14/69, 87,
  94. [searu]
syru-wrenc *m.* treachery 17/19.
syrwan plot 14/89, 182, &c.:
  arm 21/159. [searu]
syþþan *see* siþþan.

syx (e) six 4/42, &c.; 8/175;
19b/16.
syxta (i) sixth 9/3; 12a/11;
13/73.
syxtiġ sixty 4/42, &c.

T

getācnian betoken, symbolize
13/38, 74; 14/130: show, mark
23/197, 286; 32d/69.
tǣcan (prt. tǣhte) teach 16/156,
167; 21/18.
getæl n. narrative 10/69: number
12c/6. [tellan]
tǣlan (ē) blame, reproach 16/
149; 32c/27; d/52.
tǣsan rive, tear 21/270.
getǣse pleasant 20/70.
tæt (1/35) = þæt.
talu f. suit, defence 12b/12, &c.
[tellan]
tam tame 3e/7; 4/45.
tawian harass, insult 16/112 n.
teala av. well! good! 10/121.
[til]
tealt tottering, unstable 16/57.
geteld n. tent 15/145, 147; 32b/5;
c/15, 16.
telġ m. dye 28d/15.
telga m. branch 24/76.
tēn see tŷn.
getenge resting on 28a/8.
teohhian (prt. pl. tihodon 3d/27)
assign, appoint 20/50: purpose
3d/27.
teolian (i, y) provide, gain 13/
109, &c.; 23/208.
teolung f. work, husbandry
13/76, &c.
(ge)tēon (io) II (prt. tēah, pl.
tugon, ptc. togen) draw, pull
14/144; 20/38, 189, 295; 23/99:
attract 3d/48, 50; 14/91: take
(a journey) 20/82: int. with-
draw, go 3e/12: draw out,
extend 14/201: educate 15/60:
row 8/9, 128.
tēon (prt. tēode, tīadæ 31a/8)

adorn 10/45; 20/202; 31a/8:
ordain 34/51.
tēona m. injury, wrong 13/28.
teran IV tear 23/281.
tīd f. time 2/4; 3b/1; c/17; 5a/23;
9/26; &c.: hour 13/13, 25, &c.;
22/124; 23/286, 307: anniver-
sary 33a/9, &c.: d. pl. ~um
at times 30/13.
‡*tīd-deġ m. span of life 27/69.
tīen-wintre (xwintre) ten-
year-old 11/43.
tiġe m. inference 13/35. [tēon]
tiġele f. tile, brick 5b/30.
tiġris tiger 3d/36. [L.]
(‡)til good 20/54; 26/112; 28d/23:
as sb. good man 29/20.
til prp. w. d. for, as 31a/6.
tilia m. husbandman 13/72.
[teolian]
tilian see teolian.
tīma m. time 3d/14; 13/141;
14/21, &c.; 15/97; 17/12, 34.
(ge)timbr(i)an build 5a/1, 51,
78; b/22, 25; 8/169.
getimbro npl. buildings 9/45, 49;
22/31.
getīmian happen 14/199; 15/171.
[tīma]
tintreġlic full of torment, in-
fernal 10/82.
tintrian torment 5a/82.
‡tīon-lēġ m. destroying flame
30/44. [tēona]
‡tīr (ȳ) m. glory 21/104; 23/93,
&c.; 28d/23.
‡tīr-fæst glorious 24/69; 29/32.
tīþ f. boon 23/6.
getīþian w. g. d. grant 15/40, 41.
tō prp. w. d., motion to 1/45, 48;
2/41; &c.: rest at 8/79; 12a/7;
18/70: purpose for 3f/15; 4/38:
as 5b/38; 10/43; 15/85: of time
at 9/37: against 1/29: towards
10/111, 112, 116: with the
gerund in -enne (-anne) 2/58;
3e/54; f/5; &c.: 'ernian tō'
deserve of 16/13: 'wēnan tō'
expect of 20/146: 'weorþan tō'

become 16/99; 22/60: 'wyrcan tō' make into 16/62, 116: *w. g.* at (*of time*) 3c/7; 14/21: tō þǣm, tō þon, tō þæs so, to such an extent 2/23; 9/34; 10/94; 14/46; 15/87; 20/366; 21/34; 23/275: tō þǣm þæt, tō þon þæt, tō þȳ þæt in order that 5a/31, 93; 14/11, 91: tō þon þæt until 9/32: tō þæs þe when 20/335: tō hwon, tō hwī why 3b/39; 13/78, 122: tō . . . weard = tō-weard 18/13 f.

tō *av.* thither 8/60, 177; 12d/5: thereat 20/172: too, excessively 13/36; 14/97; 16/6, &c.; 20/86; 26/66, &c.

tō-berstan III (*prt.* -bærst, *ptc.* -borsten) *int.* break 15/27; 21/136, 144: break out in sores 14/141.

tō-blāwennyss *f.* inflation 14/148.

tō-brecan IV (*prt. pl.* -brǣcon, *ptc.* -brocen) break up 8/63, 147; 21/242; 32c/13: violate 16/94.

tō-brēdan III *w. inst.* shake off 23/247.

tō-bringan produce 32c/37.

tō-ceorfan III cut in pieces 15/76.

tō-cuman IV (*pres.* -cymeþ) arrive 32c/4.

tō-cyme *m.* coming 13/63, &c.; 14/75, &c.; 16/4.

tō-dæg (e) *av.* today 9/27; 13/135, &c.; 14/1.

tō-dǣlan divide 4/136; 5a/48; b/75; 13/92; 32d/14.

tō-ēacan *prp. w. d.* besides 3b/10; 4/35; 5a/56; 14/177. [ēac]

tō-emnes *prp. w. d.* alongside 4/72, 73. [emn]

tō-faran VI (*prt.* -fōr) *int.* disperse 8/152.

tō-fēran *int.* disperse 17/56.

tō-flōwan VIIf (*prt. pl.* -flēo-wun) flow away 32c/13, 14.

tō-foran *prp. w. d.* before (*time*) 17/37.

tō-gædere *av.* together 5a/36; 9/14; 16/84, 120; 18/30; 21/67.

tō-gēanes *prp. w. d.* towards 20/292, 376; 23/149; 24/11: against 19b/11; 27/76: *av.* in someone's direction 20/251.

tō-gelǣdan conduct 32d/24.

tō-glīdan I glide away 30/33.

‡getoht *n.* battle 21/104. [tēon]

‡tohte *f.* battle 23/197.

tōl *n.* tool 3f/4, 8, &c.

tō-lēsan dissolve, destroy 32d/74.

tō-licgan V (*pres.* -līþ) separate 4/113.

to-middes *prp. w. d.* in the midst of 15/181; 22/79.

tō-niman IV (*ptc.* -numen) divide 8/29.

tō-nīolǣcan approach 32c/3.

(‡)torht bright 23/43; 24/28.

‡torht *n.* brightness, glory 30/13.

‡torhte *av.* brightly, clearly 28a/8.

‡torhtlic glorious 23/157.

‡torht-mōd glorious, noble 23/6, 93.

‡torn *n.* grief, anger 23/272; 26/112.

‡torne *av.* grievously 23/93.

‡torn-genīþla *m.* fierce enemy 30/71.

tō-slītan I (*ptc.* -sliten) tear open 32c/21; tear to bits 38/6.

tō-slūpan II (*ptc.* -slopen) relax 14/160.

tō-somne *av.* together 5a/41. [samnian]

tō-standan VI fail to take place 11/55.

tō-stregdan III (*prt.* -stregd) disperse, scatter 32d/15, 54; f/7.

tō-swellan III (*ptc.* -swollen) swell 14/147.

tō-twǣman divide 21/241. [twā]

tōþ *m.* (*pl.* tēþ, tœ̄þ) tooth, tusk 4/36, 37; 23/272; 32d/51.

‡tōþ-mægen *n.* strength of tusk 29/20.

tō-w(e)ard, -word impending, future 10/81; 13/56, 195; 14/37; 23/157, 286; 32d/60; 34/58.

tō-weard *prp. w. d.* towards 4/145; *cf.* tō . . . weard 18/13 f.

tō-weorpan III (*prt. pl.* -wurpon) overthrow 5a/76.

tō-wyrd *f.* occasion, opportunity 9/39.

‡træf *n.* pavilion 23/43, &c.

trahtnere *m.* expositor, commentator 13/34, 185. [L. tractāre]

trahtnung *f.* exposition, commentary 13/35, 186.

(*ge*)tredan v (*prt.* træd) tread 20/102, 393; 28a/1; g/5: trample 38/6.

getremman *see* -trymman.

trēow *n.* tree 3c/7, 11; 11/74, 75; 24/76; 25/4, 14, &c.; 30/16: wood 15/208.

trēow *f.* pledge, faith, loyalty 8/19; 26/112; 29/32.

getrēowe faithful 28d/23; 32d/7.

getrēowan trust 32d/75.

getrēowþ (ȳ) *f.* loyalty 16/7, 57, 197.

trīow-fest faithful 37/115.

getrīwlīce (ȳ) *av.* faithfully, loyally 12a/26; 16/64.

Trōiānisc Trojan 5a/71.

trum strong, firm 20/119; 23/6; 29/20; 32c/10; d/26.

(‡)getrum *n.* troop 29/32.

getruma *m.* troop 6/13, 15.

getruwian trust 3b/38; 13/204; 20/283; 22/3: believe 5b/58. [trēow]

‡trym *n.* step, pace 21/247.

(*ge*)trymman, trymian (e, i) strengthen, confirm 10/117; 11/8; 15/12; 18/42; 32c/9;

d/90; 37/103, 134: encourage, exhort 21/305: array 21/17, 22: establish 22/3: build 22/31. [trum]

getrȳwþ *see* -trēowþ.

tū *see* twēgen.

tūcian ill-treat 15/9.

tūn *m.* enclosure, village 4/139, &c.

tunge *f.* tongue 10/17, 128; 19a/6; 37/115.

tungel-wītega *m.* astrologer 14/9, &c.

tūn-ġerēfa *m.* reeve of an estate 10/50.

tungol *n.* star 29/48.

turf *f.* turf 24/66.

tuwwa *av.* twice 8/32.

twā *see* twēgen.

‡getwǣfan *w. g.* separate from 20/183. [twi-]

twēgen (ǣ) *m.*, twā *fn.*, tū *n.* (*g.* twēga (œ̄), twēgea, twēgra, *d.* twām, twǣm) two 3d/2; 4/57; 5a/23, 47; b/9, 33, 75; &c.: tū twice 8/170.

twelf twelve 5a/40; 8/16, 112; 12a/32; &c.

twelfta twelfth 7/1; 14/58.

twentig twenty 4/49.

twēo *m.* doubt 22/31; 27/69.

twēo(ga)n *w. g.* doubt 23/1, 346. [twi-]

twēonum *see* be-twēonum.

twȳnung *f.* doubt, uncertainty 13/141. [twēon]

twȳ-scyldig liable to a double fine 11/25 n.

twȳ-wintre two-year-old 14/52, 79.

getȳdran, -tȳddrian produce, propagate 13/50; 29/48. [tūddor 'progeny']

tylian *see* teolian.

tȳman bring forth, produce 29/48. [tēam 'progeny']

tȳn (ē), tȳne ten 3d/6; 4/56; 16/110, 111; 22/3; &c.

tȳnan enclose 11/65, 68. [tūn]

tyncan *n.* bladder? 5b/9. [tunne 'cask']

tӯr *see* tīr.

þ

þā *av.* then 1/4, 10, &c.; 2/4, 9, &c.; 3a/3, 9; &c.: *cj.* when 2/30, 42, &c.; 3a/8; &c.: 'þā ... þā' *correl.* when ... then 2/30, 42; 3a/8 f.; b/24 f.; d/4 f.; &c.

þā, þǣm, þǣne *see* sē.

þænne *av.* (16/4) *see* þonne.

þǣr (ā) *av.* there 1/4, 11; 2/81; 3d/10, 21; &c.; *cj.* where 1/28; 3b/21; 4/29; 15/133; 16/113; 20/144; &c.: if 22/143: 'þǣr þǣr' there where 2/24 f.; 8/22; 12b/14.

þǣra, þǣre *see* sē.

þǣr-æt *av.* for it 33b/38.

þǣr-binnan *av.* therein 15/109.

þǣr-inne *av.* therein 1/39; 3b/26; 20/367; 23/50.

þǣr-intō *av.* into it 17/19.

þǣr-on, þēr-an *av.* inside 4/28; 25/67: of it (*the price*) 33b/39.

þǣr-rihte *av.* straightway 13/147, 162; 14/112, 153.

þǣr-tō (ē) *av.* thither 1/29; 8/56, 77: for that purpose 8/141; 12d/9: in addition 34/28, 33.

þǣr-tō-ēacan *av.* in addition 13/221.

þǣr-ūtan *av.* outside 8/39.

þǣr-ymbūtan *av.* round about 3c/21.

þæs *g. of* þæt (*see* sē) *av.* after, from that time 6/1, &c.; 7/19, 25; 12a/14: thence, therefore 16/45: so, in that degree 20/116, 258, 259; 27/39, 40: þæs þe since, after 1/8; 8/16, 112; 23/13: because 20/378; 22/58; 23/345: according as 16/180; 20/91, 100: tō þæs so 20/366; 27/40, 41: tō þæs þe when 20/335.

þæt *pron. see* sē.

þæt *cj.* that 1/25, 32, &c.; 2/2, 15, &c.: so that 5a/44; b/51, 64; 8/22; 14/180: because 5a/97.

þæt-te *cj.* that 2/18, 21, &c.; 3e/1; 24/69; 33a/9.

geþafa consenting, agreeing 22/169.

geþafian (ea) consent, agree 10/67; 23/60; 32d/57.

þafung *f.* permission, consent 16/109.

þām *see* sē; þan *see* sē, þon, þonne.

þanc (o) *m.* thanks 2/21, 82; 21/120, 147: grace, mercy 8/155.

geþanc (o) *mn.* thought, mind, intention 16/153; 21/13; 23/13; 30/3, 51; 37/90.

(ge)þancian thank 12a/32; 20/147, 376; 21/173; 22/12.

geþancol thoughtful: desirous 37/6.

‡þancol-mōd thoughtful, attentive 23/172.

þanne, þanon *see* þonne, þonan.

þār, þāra *see* þǣr, sē.

þarf *see* þearf.

þē *see* þū, þȳ.

þe (þi 31c/10, þy 37/66) *rel. particle* who, which, that *nom. or a.* 1/3, 12; 2/5, 16; *and passim: rare in other cases, d. (inst.)* 9/44; 20/84: *governed by prp.* 3e/36, 41; 4/80; 6/36; 15/29, 50; &c.: *w. preceding pron. sē, sēo, &c.* 1/32; 2/36; 3b/41; 12d/8; 13/4, 40, 107, &c.: *w. pers. pron.* 'þe him' to whom 25/86; 26/10; 27/13: *after nouns denoting time* on (in, at) which, when 2/64; 4/134; 5b/43; 9/26; 10/18, 99; &c.: *cj.* than 1/37; 16/59: because 20/84; 23/6: or 11/28.

geþeafian *see* -þafian.

þēah (ē) *av.* yet, however 1/42;

2/68; 3a/8; d/8, 40; f/4; &c.:
þēah, þēah þe *cj.* although
3b/7, 34; e/8; 4/160; 26/2; &c.:
'þēh . . . eal' although 16/158.
geþeaht (e) *fn.* counsel 11/1;
30/5; 32d/59: design 14/99.
[þencan]
þearf (a) *f.* need, necessity
5a/99; 10/107; 15/194; 16/33,
186; 20/206, &c.; 21/175, &c.;
31b/2: benefit 15/49. [þurfan]
þearfa *m.* poor man 15/47, &c.;
32c/31.
þearfende in need 9/58; 23/85.
þearflēas without need 14/88.
þearle *av.* terribly, severely
14/50; 16/55; 21/158; 23/86,
262; 25/52: greatly 13/179;
14/28; 23/74, &c.
‡þearl-mōd severe, cruel 23/66,
91.
þēaw *m.* custom 4/128, 155;
5a/40; 10/96; 26/12: *pl.* morals,
virtues 2/29; 13/68, &c.; 15/67,
200; 16/143; 23/129.
þec *see* þū.
þeccan (*prt.* þeahte) cover
24/42; 28b/4; c/1; 32d/21. [þæc
'thatch']
þegen, þegn, þeng, þēn *m.*
thane, nobleman (*often in the
king's service*) 1/19, 24; 3d/21,
26; 5b/8, 10; 6/38; 8/85, &c.;
12b/7; c/14; d/2; 16/101, 112;
20/91, &c.; 21/151; &c.: ser-
vant 10/98, 101; 16/29.
þegen-gilde *n.* a thane's wergild
(*1200 shillings*) 16/103.
þegnian *w. d.* serve, minister to
10/98. [þegn]
þegnlīce *av.* in thanely fashion,
nobly 12b/24; 21/294.
þegnscipe *m.* service, allegiance
22/81. [OS.]
þēgon *see* þicgean.
þēh *see* þēah.
geþeht *see* -þeaht.
(ge)þenc(e)an (*prt.* þōhte) think,
consider 2/20, 25; 3e/18, 59;

5a/32, 97; 20/224, 285; 22/27,
156; &c.: purpose, intend
16/64; 21/258, 316; 23/58, 208;
25/121; 27/51: devise 22/41.
[þanc]
þenden *cj.* whilst 22/165; 23/66;
27/102.
‡þengel *m.* prince 20/257. [þēon]
þenian, þennan stretch out
25/52; 32c/19. [þynne 'thin']
þēning, -ung *f.* service, benefit
14/113: service of food 15/72:
divine service, office 2/16.
[þegnian]
þēod (īo), (þīed 32d/16) *f.* peo-
ple, nation 2/55; 3d/2; e/1; 5a/6,
&c.; 11/5; 13/47; 15/85; 16/6,
&c.; 21/90, 173; 32c/27; d/14, 16.
(ge)þēodan join, unite 9/14;
10/68: add 10/49.
þēode (10/126) *see* þēowian.
geþēode (īo) *n.* language 2/35,
45, &c.; 4/34: race 4/156.
[þēod]
(‡)þēoden *m.* lord 20/275, &c.;
21/120, &c.; 22/23; 23/11, &c.;
26/95: the Lord 21/178; 23/3;
24/68; 25/69. [þēod]
‡þēoden-māþm *m.* lordly
treasure 22/164.
‡þēod-guma *m.* warrior 23/208,
332.
geþēodniss *f.* association 10/9.
þēod-scaþa *m.* enemy of the
people 16/165 n.
þēodscipe *m.* nation 16/129;
18/35.
þēodscipe (īo) *m.* discipline
10/88; 32d/59.
þēod-wita *m.* sage, historian
16/176.
þēof *m.* thief 11/47, &c.; 16/165
n.; 28f/4; 29/42.
geþēon I, II increase 13/56, 97:
thrive 29/44.
þēostru *see* þȳstro.
þēotan II (*prt. pl.* þuton) howl
3d/35.
þēow (īo) *m.* slave, servant

32d/73: Godes ~ priest, monk
2/33; 10/68; 11/6, 11; 16/27,
30; 33a/7; &c.
þēow aj. bond 11/45.
þēowa (īo) m. slave 4/125; 11/22:
servant 37/9.
þēow-dōm m. servitude, slavery
5a/103, 104; 9/56: service
13/174.
þēowen f. handmaiden 23/74.
þēowian (prt. þēowode, þēode
10/126) w. d. serve 13/128;
22/19, 23, 37: enslave 16/42.
þēow-mon m. slave 11/20.
þēowot n. slavery 11/43.
þēow-wealh m. Welsh slave
11/78, 79. [wealh 'Briton'; cf.
L. Volcae]
þer(i)h (31c/4; 38l/13) see þurh.
þes m., þēos (þīus 38l/12) f. þis
n., demon. aj. and pron. (a. sg. m.
þisne (y), a. sg. f. þās, g. sg.
mn. þis(s)es (y), g. d. sg. f.
þisse, þissere (y), d. sg. mn.
þis(s)um, þiosan, inst. sg.
mn. þīs (ȳ), nom. a. pl. þās,
g. pl. þissa (y), þissera (y),
d. pl. þis(s)um (y)) this,
passim: 'ǣr þissum (þiosan)'
previously 2/67; 5a/94; 16/49:
'oð þis' until now 15/82.
þi, þī see þe, þȳ.
geþian receive 33b/44.
þicce thick, dense 32c/7.
(ge)þicgean v (prt. pl. þēgon)
accept, partake of 1/21; 15/161;
23/19; 30/23.
þider (y) av. thither 1/19, 26;
3e/20; 4/35, 83; &c.: whither
15/169.
þider-weard av. thither 4/95.
þider-weardes av. thither 8/41,
43.
þīeda (32d/16) see þēod.
þiefþ (ȳ) f. theft 11/43; 16/43.
[þēof]
þīn thy 5b/84; 10/108; 13/31;
&c.: thine 13/29.
þīn g. of þū.

þincan see þyncan.
geþincþu f. dignity 14/70; 15/91.
[geþungen]
þīnenn f. handmaid 23/172.
[þegn]
þing n. thing 3e/17; f/19;
10/104; 12d/5; &c.: deed
23/60: 'nān ~' nothing 12b/27;
15/45; 17/42: '~a gehwylce'
in all circumstances 27/68.
geþinge n. agreement 33c/1.
(ge)þingian w. d. intercede (for)
12a/29; 15/202; 37/7, 26: make
intercession (to) 16/189;
37/147.
þingung f. intercession, media-
tion 14/202.
þīod(-) see þēod(-).
þiosan see þes.
þiostru see þȳstro.
þīow(-) see þēow(-).
þīowot-dōm m. service 2/11.
þis(-), þīs see þes.
þīu (38l/13) = sēo.
þīwian w. d. serve 32e/10. [cf.
þēowian]
geþōht m. thought 27/34; 37/15,
&c. [þencan]
þōhte see þencan.
þolian suffer 16/122; 22/78, 122,
144; 23/215, 272; 25/149: en-
dure 20/275; 37/91: int. hold out
21/201, 307: forfeit 11/23, 25.
geþolian endure 20/169; 21/6;
30/57.
þon (a) inst. of þæt (see sē) with
cp. the: 'þon mā (māran)' the
more 1/37; 23/92: tō þon to
that (time) 10/121: so 10/94.
See also ǣr, for, tō, wiþ.
þonan, þanon(e) av. thence
3e/27; 4/4, 19; 9/27; 20/15,
&c.; 23/132; 26/23; &c.:
whence 17/31.
þonanweard av. on the way
thence 3e/47.
þonc see þanc.
‡þonc-snottur wise: cp. 31b/2.
[þanc]

þoncung *f.* gratitude 35/8.
þonc-wyrþe memorable 23/153.
þone *see* sē.
þonne (a, æ), (than 31b/2) *av.*
and cj. then 1/19; 3e/58, 59;
f/10; &c.: when 3d/32, 33;
5a/41, 106; &c.: *w. cp.* than
1/33; 3a/12; d/8; 4/38; &c.
þorh (32d/82; e/3) *see* þurh.
þoterung *f.* wailing 14/55.
geþræc (e) *n.* violence, pressure
31c/6; 37/45.
‡þrǣgan gallop 30/27.
þrǣl *m.* thrall, slave 16/99, &c.
[ON.]
þrǣl-riht *n.* rights of a slave
16/43.
þrāg *f.* time 20/7; 23/237;
26/95: ∼um at times 24/68;
29/4; 30/3.
‡geþrang *n.* throng 21/299.
[þringan]
þrēa *f.* punishment, affliction
22/144: violence? 30/41.
(ge)þrēa(ga)n rebuke, reprove
13/117; 32b/16: torment 30/61.
þrēat *m.* troop 23/62, 164:
violence? 31c/6.
þreodian deliberate 30/3.
þrēotēne thirteen 33b/39.
þre-rēþre having three banks
of oars, trireme 3d/8. [rōþor
'rudder']
þrēt *m.* thread 31c/6. [= þrǣd]
þridde third 4/140; 5b/71;
12c/19; 13/73, 94; 30/63.
þrīe (ȳ), þrēo (īo) (*g.* þrēora,
d. þrim) three 3e/22; f/15, 18;
4/10, &c.; 8/179, &c.; 16/118;
22/62; &c.
þringan III (*prt. pl.* þrungon,
ptc. geþrungen) throng, press
forward 23/164, 249, 287:
oppress, afflict 27/8.
þrīste bold, presumptuous
30/51.
þrīt(t)ig thirty 4/66; 7/25; 8/8;
11/16; 15/120.
þrosm *m.* vapour 22/81; 30/63.

þrōwian suffer 13/129; 14/96,
&c.; 20/339; 25/84, &c.; 27/3;
32b/13.
þrōwung *f.* suffering, passion
10/79; 14/123; 35/8.
þrȳ *see* þrīe.
þryccan oppress 10/94.
‡þrymfæst glorious 25/84; 28f/4.
‡þrymful glorious 23/74.
þrymlic glorious 23/8.
þrymlīce *av.* gloriously 24/68.
þrymm *m.* glory 23/60, 86;
26/95: might 23/332; 29/4:
force, torrent 24/41: crowd
23/164.
þrym-setl *n.* throne 14/204.
þrȳness *f.* Trinity 23/86.
‡þrȳþ *f.* might 26/99.
‡þrȳþlic mighty, noble 20/377.
þū *pron.* (*a.* þec, þē, *g.* þīn,
d. þē) thou 2/2, &c.; 3d/46;
10/33, 107; 13/19, 28; 19b/24,
26; 32b/21; c/21; &c.
geþungen distinguished, noble
11/31; 13/148; 23/129: full-
grown, advanced 13/103: *sp.*
most distinguished 8/165. [ge-
þingan 'thrive': geþēon]
þunar *m.* thunder 29/4.
geþuren, *ptc. of* þweran: ‡ham-
mered, forged 20/35.
þurfan *prt.-pres. vb.* (*pres.* þearf,
pl. þurfon, *sbj.* þyrfen) need
11/75; 21/34, 249; 22/45; 23/
117, 153; 25/117.
þurh (þuruh 17/19, þorh 32d/
82, þer(i)h 31c/4, 6; 38l/13)
prp. w. a. through; 5b/16;
&c.: throughout 11/8: by, by
means of 2/37, 54; 5a/28;
9/7, 38; 10/5, 12; &c.: þurh
þæt þe because 16/78, 151:
þurh þæt therefore 16/152.
þurh-drīfan I (*prt. pl.* -drīfan)
pierce 25/46.
‡þurh-dūfan II (*prt.* -dēaf) dive
through 20/369.
‡þurh-fōn VIId penetrate 20/
254.

þurh-iernan III (*prt.* -arn) pierce, penetrate 14/120.

þurh-wacol sleepless 14/152.

‡þurh-wadan VI (*prt.* -wōd) pass through 20/317; 21/296.

þurh-wunian continue, persist 3b/7, 41; 5b/42.

þurst *m.* thirst 32d/19.

þus (þuss 5b/40) *av.* thus 3b/32; 4/151; 10/108; 21/57; 23/93; &c.

þūsend *n.* thousand 5a/65; b/80; 6/18; 17/40; 32d/61; &c.

þūsend-mǣlum *av.* in thousands 23/165.

þuton *see* þēotan.

geþwǣrian *w. d.* consent 18/23.

þwēan VI (*prt.* þwōh) wash 15/152.

þweorh perverse 32d/9, 41.

*geþwing *n.* torment 22/72. [OS.]

þȳ, þī, þē *inst. of* þæt (*see* sē) by which, whereby 37/24, 54: for that reason, therefore 4/158; 14/98; 16/2, 50, &c.; 20/23: because 28b/12; f/6: *w. cp.* the 5a/45; 26/49; 28b/11; d/19, &c.; f/6; 33b/13: þȳ . . . þȳ, þē . . . þē the . . . the 2/48 f.; 21/312, &c.: þȳ lǣs þe lest (*see* lǣs). *See also* for, mid, tō.

þyder *see* þider.

þȳfþ *see* þīefþ.

‡þyhtig strong 20/308.

geþyld *f.* patience 11/38; 20/145. [þolian]

geþyldig patient 26/65.

þyle *m.* orator, sage 20/206.

þȳles (38r/1, 6) *see* lǣs.

þyllic such 13/125; 14/181.

þȳn (*prt.* þȳde) stab 14/180.

þyncan (i) (*prt.* þūhte) *impers. w. d.* appear, seem 2/56; 3c/2; e/17; 4/34; 8/173; 16/57; 20/91; 21/55; &c. [þencan]

geþynnian make thin 32b/12. [þynne 'thin']

þyrfen *see* þurfan.

þyrs *m.* giant 29/42.

þyrstan *w. g.* thirst 5b/83. [þurst]

þȳstre dark 23/34; 29/42.

þys-, þȳs *see* þes.

þȳstro (ēo, īo) *f.* darkness 3e/51, 54; 22/81; 23/118; 25/52; 28f/4; 29/51; 32e/17.

U

uard (31a/1, 7) = weard.

ufan, -on *av.* from above 20/250; 22/61: above 22/130.

ufan-cumende coming from above 32e/16.

ufemest uppermost 13/96.

ufenan *prp. w. a.* besides 12a/32.

uferian delay 14/63.

ufeweard further up 8/179.

ūhte *f.* daybreak 22/70; 26/8.

ūht-song, -sang *m.* matins 10/120; 15/92.

ultor *m.* vulture 3e/40. [L. vultur]

un-āberendlic intolerable 14/147.

un-āgifen, *ptc.* unpaid 12a/8.

un-ārīmed innumerable 3b/11.

un-āsecgendlic indescribable 14/139; 17/25.

un-beboht *ptc.* unsold 4/45.

un-befliten *ptc.* uncontested 34/16, 46. [flitan 'dispute']

‡un-befohten *ptc.* unopposed 21/57.

unc belonging to us both 33a/9; 34/10.

unc *a. and d. of* wit.

uncer belonging to us both 33a/5, 6; 34/5, 13; 35/3, 4.

un-coþu *f.* disease 16/54. [un-intensive, coþu]

un-cræft *m.* evil practice, deceit 16/197.

un-cūþ unknown 2/81; 5b/62; 13/206; 20/160; 37/71.

un-dǣd *f.* wicked act, crime 16/153.

under *prp. w. d. and a.* under
3b/17; 19a/2; 25/55: subordi-
nate to 3d/2: during 5a/39: *av.*
beneath 20/166: ~ bæc *see*
bæc.
under-fōn VIId (*3 pers. pres.*
-fēhþ, *prt.* -fēng, *pl.* -fēngon,
ptc. -fangen) receive 13/20,
147, &c.; 15/49, 85, &c.;
16/194; 17/52.
undern *m.* the third hour, morn-
ing 13/7, &c.
undern-mǣl *n.* morning time
20/178.
undern-tīd *f.* the third hour,
morning 13/93.
under-standen (o) VI (*prt.*
-stōd) understand, consider
2/16; 13/81, 157, 211; 16/5, 91,
&c.
under-þēodan (īo, īe) subject,
subdue 5a/3, 101; 10/89; 11/9;
32d/62.
un-dierne clear, manifest 11/75.
un-earh brave 21/206.
un-ēaþe *av.* with difficulty 3e/
49.
un-forbærned *ptc.* unburnt
4/129, &c.
un-forcūþ noble, excellent
21/51.
un-forht unafraid 21/79; 25/110.
un-forworht *ptc.* innocent, un-
condemned 16/41.
un-fracodlice *av.* honourably
3f/5.
un-friþ *m.* hostility 4/22; 18/20.
un-gearu unready: 'on un-
gearwe' unawares 5a/66.
un-geboren *ptc.* unborn 12a/33.
un-gefēalice miserably 1/48.
un-gefōge *av.* excessively 4/150.
un-gefōglic immense: *sp.* 5b/32.
un-gefrǣglīce *av.* incredibly
3e/3.
un-gefullod *ptc.* unbaptised 15/
123.
un-gehǣle(n)dlic incurable 32
d/51, 68.

un-gelēaffulnyss *f* unbelief 14/
117.
un-gelīc *w. d.* unlike 9/44;
22/111.
un-gelīce *av.* differently 30/72.
un-gelīefedlic incredible 5b/20,
27.
un-gelimp *n.* misfortune 16/105.
un-gelȳfendlic incredible 14/
148.
un-gemet *av.* immensely, exces-
sively 22/68.
un-gemetlīce *av.* immensely,
excessively 3d/24; e/38; 5a/86.
un-gemyndiġ *w. g.* unmindful
14/81.
un-gerād discordant 3b/34.
un-gerīm *n.* a countless number
16/166.
un-gesǣlþ *f.* disaster, misfor-
tune 17/11.
un-gesibb unrelated 28b/8.
un-getrēowe faithless, treacher-
ous 3b/36.
un-getrȳwþ *f.* disloyalty,
treachery 16/68.
un-gewittiġ unreasoning 14/123.
un-ġylde *n.* excessive tax 16/55.
un-hēanlīce *av.* nobly 1/15.
un-īeþelīce (ē) *av.* with diffi-
culty 7/5: awkwardly 8/185.
un-lǣd miserable, wicked
23/102.
un-lagu *f.* violation of law, in-
justice 16/10, 42, 181. [ON.
úlög]
un-lifiende *ptc.* lifeless 20/58,
139; 23/180, 316.
un-lȳtel much 16/19.
(ge)unnan *prt.-pres. vb.* (*pres.*
ann, onn, *prt.* ūþe, *ptc.*
ġeunnen) *w. d. g.* grant, allow
1/31; 12b/21, 26; c/1; 15/21;
23/90, &c.; 33b/26; &c.: 'un-
nendre handa' voluntarily
12a/31.
un-oferswīþendlic invincible
9/13.
un-ondgetfull senseless 32d/64.

un-orne plain, simple 21/256.
un-rǣd m. bad policy 17/11.
un-rehtwīsnis f. iniquity 32d/7.
un-riht (y) n. wrong, sin, injustice 13/112; 16/8, &c.; 20/4; 37/37, &c.: 'on unriht' wrongfully 16/38.
un-riht (y, e) wrong, wicked 1/2; 32c/28.
un-rihtlīce av. wrongly 16/66.
un-rīm n. a countless number 22/90.
un-rōt sad, dejected 3b/31; 23/284.
unryhtlic wrong 5a/10.
un-ryhtwīs unrighteous 3b/19.
un-scæþþig innocent 14/183, 202. [sceaþa]
un-scyldig innocent 16/77 n.
un-scynde honourable, noble 30/11. [scendan]
un-sidu m. vice, abuse 16/133.
un-smēþe rough 24/26.
un-snotornes f. folly 16/182 n.
‡un-snyttro f. folly 30/50.
un-sōfte av. harshly 23/228.
un-spēdig poor 4/125.
un-stille moving, restless 3e/36.
un-stilnes f. disturbance, uproar 1/19.
‡un-swǣslic cruel 23/65.
un-swicen ptc. unbetrayed, safe 18/54.
un-sȳfre impure 23/76.
un-trum weak, infirm, ill 10/96, 97; 15/25.
ɡeun-trumian weaken, make ill 15/195.
un-trumnyss, -trymness f. weakness, illness 10/94; 15/216.
un-twēoɡendlīce av. unhesitatingly, unequivocably 5a/6.
un-twȳlīce av. undoubtedly 13/72. [twēo]
un-tȳnan open 38l/7, 8.
un-þanc (o) m. displeasure: 'ēoweres (his) ~es' against your (his) will 5a/91; 18/9.
un-þēaw m. vice 3d/48.

un-þegenlīce av. dishonourably 16/66 n.
un-þinged ptc. unexpected 27/106.
‡un-wāclīce av. strongly 21/308.
un-wæstm m. failure of crops 16/56.
un-wealt steady: cp. 8/171.
‡un-wearnum av. irresistibly 27/63. [wearn 'resistance']
‡un-weaxen ptc. not grown up 21/152.
un-weder n. storm, bad season 16/55.
un-wemme undefiled 24/46; 32d/8. [womm]
un-wīs unwise 32d/45.
un-wurþlīce av. unworthily 22/195.
up, upp av. up 3b/2; 4/20; 5b/14; 8/4: inland 6/2.
up-āspringan III spring up 14/116.
up-āstigness f. ascension 10/80.
up-āwend ptc. upturned 15/95.
up-ɡang m. rising (of the sun) 15/93.
up-ɡanga m. passage, landing 21/87.
up-hebban VI lift up, raise 22/14.
uppe av. up, above 8/180; 25/9; 29/38.
upplic heavenly 13/178.
uppon prp. w. d. upon 18/11, 12: 'wið ~' av. above 4/62.
‡up-rodor m. heavens 27/105.
ūre (ūr 32d/63) our 2/36, 41; 3c/17; 5b/48; &c.
ūre g. of wē.
‡ūriɡ-feþere dewy-feathered 23/210; 27/25.
urnon see irnan.
ūs, ūsic see wē.
ūt av. out 1/16; 3d/10; 4/115; 5a/49; 8/8; &c.: (get) out! 19b/6, &c.: outside, abroad 2/8.
ūtan av. from outside 32d/52:

outside 20/253; 22/109: 'ymb
. . . ūtan' around 4/32: '∼
besittan, began' surround, be-
siege 1/12; 8/90, 108.
ūtan-bordes *av.* abroad 2/12.
ūte *av.* outside, out 2/14; 3c/11;
8/31; 16/25, 27; &c.: out on
service 8/30.
ūter-mere *m.* open sea 8/178.
ūte-weard external, outer 8/10,
182.
ūt-gān *anom. vb. (prt.* -ēode) go
out 32a/8.
ūt-gong *m.* departure, exodus
10/76.
geūtian alienate 12d/9.
ūt-lah *m.* outlaw 18/51. [ON.
ūtlagi]
uton, -an, wuton *interj.* let us
3e/44; 10/121; 13/219, 222;
15/15; 16/173, &c.; 20/140;
22/158. [*Originally sbj. of*
gewitan = 'let us go']
ūþe *see* **unnan.**

W

wāc slender 21/43: weak 26/67:
cp. weaker 27/87: *sp.* meanest
14/18.
wācian weaken, prove weak
21/10.
wacol awake, vigilant 13/114.
(ge)wadan VI *(prt.* wōd, *pl.*
wōdon) go, advance 21/96,
&c.; 26/24: *tr.* tread 26/5.
wæccan watch 20/18; 23/142.
‡**wæcnan** VI *(prt.* wōc) originate
20/15.
‡**wæd** *n. (pl.* wado) water, sea
28a/2.
wǣd (ē) *f.* apparel, dress 28b/4;
38l/15: streamers? 25/15, 22.
gewǣde (ē) (giuǣde 31c/12);
n. dress 38r/15.
wǣdl *f.* poverty 24/55.
wǣdla *m.* poor man 15/47.
wæfer-sȳn *f.* spectacle 25/31.
‡**wǣfre** wandering 20/81.

(‡)**wǣg (ē)** *m.* wave 24/45; 26/46;
27/19. [wegan]
wǣgan oppress 8/93.
‡**wǣg-bora** *m.* wave-traverser
or wave-bearer 20/190.
wǣge (ē, ǣ) *f.* a weight 33a/22;
b/33; c/5: scales 38l/2.
‡**wǣg-sweord** *n.* sword with a
wavy pattern 20/239.
wæl *n.* slaughter 6/6: the slain
21/126, 279, &c.
wæl *n.* pool 29/39.
wælan afflict 30/8.
wæl-cyrie *f.* witch, sorceress
16/164. [*Literally* 'chooser of
the slain': *see note*].
‡**wæl-drēor** *n.* blood of battle
20/381.
‡**wæl-gǣst** *m.* slaughterous
spirit 20/81.
‡**wæl-gīfre** bloodthirsty 23/207,
296; 26/100.
wæl-hrēow cruel, savage 3b/25;
14/2, 67, 94; 15/34; 16/42.
‡**wæl-ræst** *f.* bed of slaughter,
death in battle 21/113.
‡**wæl-rāp** *m.* fetter of the pool
20/360.
‡**wæl-scel** *n.?* carnage 23/313.
wæl-sliht, -sleaht *m.* slaughter
6/25; 26/7, 91. [slēan]
‡**wæl-spere** *n.* slaughterous
spear 19b/16; 21/322.
‡**wæl-steng** *m.* spear-shaft 20/
388. [stingan]
wæl-stōw *f.* battle-field 6/8, &c.;
21/95, 293.
‡**wæl-wulf** *m.* slaughterous wolf,
warrior 21/96.
wǣpen (ē) *n.* weapon 4/152;
5a/31; 20/202, &c.; 21/10, &c.;
23/291; &c.
‡**wǣpen-wiga** *m.* armed warrior
28c/1.
wǣpned-man *m.* male, man
5a/33, &c.; 5b/75, 76; 20/34.
wǣpn-gewrixl *n.* hostile en-
counter 16/100.
wǣrlīce *av.* carefully 16/196.

wǽr-loga *m.* treaty-breaker, traitor 16/165 n.; 23/71. [lēo-gan]

wæstm (e) *mn.* growth, stature 13/94, 96, 103; 14/124: form 20/102 (*pl.*); 22/10: fruit, produce 3c/2, 7; 13/47, 118; 24/34, 72; 32c/38. [weaxan]

wæstm-bǽre fruitful 13/58, 60.

wæstm-bǽrnyss *f.* fertility 9/11.

wǽta *m.* moisture, liquid 3c/9; 19b/29; 25/22.

wǣtan wet 28d/2.

wǽter (c) *n.* water 3c/11; 4/161; 5b/7; 8/187; &c.

‡wǽter-egesa *m.* water-terror, dreadful water 20/10.

wǽter-fæstenn *n.* fort by the water *or* protection afforded by water 8/23 (*see note*).

wǽter-sēocnyss *f.* dropsy 14/144.

wǽþan hunt 30/38. [wāþ 'hunting', 'wandering']

wāg *m.* wall 28c/12.

wagian *int.* move 3e/5.

wālā *interj. w. g.* alas! 16/116, 117; 22/123.

(*ge*)wald(-) *see* (-)weald(-).

walde *see* willan.

*ge*walden inconsiderable 8/52. [wealdan]

‡wald-swaþu *f.* forest track 20/153.

wamm *see* womm.

wandian hesitate 21/258, 268. [wendan]

wan(n)-hāl sick 15/161, 218.

wan-hoga *m.* thoughtless man 37/106.

‡wan-hȳdig rash 26/67.

(*ge*)wanian (o) *tr.* diminish, curtail 12a/50; 16/25, 44; 20/87; 32c/26; 34/59: *int.* wane, dwindle 13/99; 16/34; 20/357; 24/72.

wann *see* wonn.

ward *see* weard.

‡warian inhabit 20/3, 15, 108: hold 26/32. [wær 'careful']

(*ge*)warnian warn 14/31: *rfl.* take warning 16/186.

warp *m.* warp 31c/5. [weorpan]

waru *f.* defence 15/119. [wær]

wāst, wāt *see* witan.

‡waþum *m.* wave 26/24, 57.

wē (wǣ 9/33) *pron.* (*a.* ūs, ūsic 32e/5, &c., *g.* ūre, *d.* ūs) we 2/13, 25; 3a/6; 4/108; 8/6; 13/15; &c.

wēa *m.* grief, woe 20/146; 29/13.

weada (33c/6) *see* wudu.

wēa-gesīþ *m.* companion in distress 23/16.

(‡)*ge*wealc *n.* rolling 27/6, 46.

weald (a) *m.* wood 23/206; 24/13: the Weald 8/9, 25.

*ge*weald (a) *n.* control, power 5b/68, 6/8, 26; 16/41, 87; 20/360; 21/178; 22/35; 25/107. (*ge*)wealdan (a) vɪɪc (*3 pers. pres.* -wylt, *prt.* -wēold) *w. g. inst. or a.* rule, control 3e/31; 13/40; 14/19, 44; 15/37, 119; 20/304; 21/95; &c.: wield 20/259; 21/83, &c.: cause 16/56.

wealdend (a) (walden 37/31) *m.* lord, ruler 26/78: the Lord 21/173; 22/15, &c.; 23/5; 25/17, &c.; 37/19; &c.

‡weal-geat *n.* wall-gate 23/141.

wealh-stod *m.* interpreter 15/53: translator 2/54; 3a/1. [wealh 'Briton', 'foreigner': *cf.* L. Volcae]

weall *m.* wall 5b/27, 31; 9/45; 15/33; 20/323; 23/137; &c. [L. vallum]

weallan vɪɪc (*prt.* wēol(l), *pl.* wēollon) boil, surge 16/199; 20/172; 22/108; 29/45: swarm 14/146.

‡weall-stān *m.* wall-stone: *pl.* masonry 29/3.

‡weal-steal *m.* foundation, ruin 26/88.

wealwian *int.* roll 15/164, 165.

weard (a) *m.* guardian 10/38, 44; 20/140; 23/80; 25/91; 27/54; &c.

weard *f.* watch 23/142.

weard *av.* towards: 'tō, wiþ . . . weard' towards 15/95 f.; 18/ 13 f.; 23/99.

wearh, werg *m.* criminal 25/31; 29/55.

wearm warm 24/18.

‡**wēa-spell** *n.* tidings of distress 20/65.

‡**wēa-tācen** *n.* sign of grief 24/51.

weax *n.* wax 33a/30.

weaxan VIIc grow, increase 5a/44; 9/34.

wed *n.* pledge 16/94, 196; 30/49.

wēd, *ge*wēde *see* wǣd, *ge*wǣde.

wēdan (œ) rage 30/38; 38r/15. [wōd]

wed-bryce *m.* violation of a pledge 16/138.

weder *n.* weather 3d/9; 24/18, 57; 29/42.

wed-loga *m.* breaker of a pledge 16/165 n. [lēogan]

wefan (eo) v (*prt.* wæf) weave 30/2; 32b/6.

wefl *f.* weft, woof 31c/5.

weg (weig 13/87, **woeg** 38l/14), *m.* way, course 4/154; 11/50; 13/124; 14/33; 15/169; 22/136; 25/88; &c.: 'hys weges' on his way 4/149: **ealne weg, ealneg** *av.* always 2/83; 3c/6, 10; 4/9, &c.: **on weg** *av.* away 8/184; 20/132, 180; 26/53; 27/74; &c.: *cf.* āweg.

wēg, wēge *see* wǣg, wǣge.

wegan (œ) v (*prt. pl.* wǣgon (ē)) carry 21/98; 23/326; 28c/ 14: weigh 38l/2.

weg-brāde *f.* plantain 19b/2.

weg-farende *ptc.* wayfaring 15/ 162.

weg-nest *n.* food for a journey, viaticum 10/117.

wei lā wei *interj.* alas! 3e/49.

wel *av.* well 2/64; 4/27; 8/69; &c.: indeed 10/121: very 28b/4.

wela *m.* (*often pl.*) prosperity, riches 2/38, 40; 13/207; 22/175, 186; 24/55; 26/74.

wel-ġelīcian please well 32a/8.

(*ge*)**wel-hwǣr** *av.* nearly every-where 2/82; 8/176; 16/28.

(*ge*)**wel-hwylc, -hwilc** nearly every 16/52, 107; 20/94.

weliġ (eo) wealthy, rich 3c/3; 32f/9: *cp.* weleġre 5b/5. [wela]

wēlisc (ǣ), Wīlisc (ē) foreign 18/27, 35: Welsh, British 11/59, 60; 33a/23. [wealh 'Briton', 'foreigner']

welle *see* wylle, willan.

welm *see* wylm.

welwan roll, huddle 16/119. [wealwian]

wel-willende benevolent 15/47.

(*ge*)**wēman** attract, entice 15/41; 26/29.

*ge***wemmednyss** *f.* stain, defile-ment 14/205. [womm]

wēnan *w. g.* think 2/18, 46; 5a/105; b/65; 15/22; 16/47; 21/239: expect 13/22; 20/146, 346, 354; 23/20: hope 25/135.

*ge***wendan** *tr.* turn 3b/38; e/57; 15/50: change 22/14, 183: trans-late 2/45, &c.; 3a/2, 9: *int., rfl.* turn, go 5a/16; 8/50, 75; 14/44, 60; 15/210; &c.: alter, vary 14/160; 25/22.

wenian accustom: '~ tō wiste' feast, entertain 26/36. [*ge*-wuna]

wenn *see* wynn.

weofan *see* wefan.

weoler *m.* lip 32b/16; c/34; 37/117.

weolie *see* weliġ.

weora *see* wer.

weorc (e, o) *n.* work 3f/4; 10/40; 11/19; 13/11, 118; 28d/14: deed 3f/29; 13/60, &c.; 15/58, 195; 16/195; 25/79; 30/7;

31a/3; 32c/2, &c.: fortification
5b/37: trouble, distress 20/168;
22/51: ~um with difficulty
20/388.
geweorc *n.* work 19b/19; 20/312;
26/87; 29/3: fortress 7/12, 21;
8/11, 14, &c.
weorc-man *m.* workman,
labourer 3f/13.
weorld-ār *f.* worldly possessions
34/59.
weorod *see* werod.
(ge)weorpan (o 38l/4, 5, ea
38r/6) III (*prt.* wearp, *pl.*
wurpon, *ptc.* worpen) throw
8/197; 20/281; 22/55, &c.;
23/291; 30/69; 38l/4, 5; r/6:
surrender, hand over 11/80:
'~ an' change into 3d/30.
weorþ *n.* price 16/87, 89; 34/23.
weorþan (u) III (*3 pers. pres.*
wyrþ, *prt.* wearþ, *pl.* wur-
don, *ptc.* geworden) become,
be 1/20; 2/47; 3c/17; d/34;
e/11; &c.: *aux. of passive* 3d/9,
20, 36; f/21; 5a/3; &c: 'on
fylle wearþ' fell 20/294.
geweorþan (u) III become 5a/71;
30/39: happen 5a/97; 10/125;
15/120; 16/73; &c.: *impers.*
agree: *w. a. g.* 20/348, *w. a. and*
ymb 22/142, *w. a. and* wiþ
23/260, *w. d. and* wiþ 13/6,
w. d. and tō 13/28.
weorþe, wyrþe *w. g.* worthy
10/49; 12c/17; 15/201; 33b/7,
&c.; 37/151: entitled to 3b/9:
cp. dearer 22/177: *sp.* most
important 7/26.
weorþ-fullīce *av.* worthily,
honourably 3f/27.
(ge)weorþian (u) honour 3d/14;
7/30; 10/2; 13/75; 15/88, 95;
20/395; 22/65, 84; 25/81,
90; &c.: adorn 20/200; 25/15:
celebrate 33a/10, 14. [weorþe]
weorþlīce (u) *av.* worthily,
nobly 21/279; 25/17.
weorþmynd, -mynt (u) *fm.*

honour 14/47, 206; 15/13, 24;
20/309; 23/343.
weorþscipe *m.* honour 3c/16;
16/122.
weorþung *f.* honour, worship
16/23; 35/7.
weoruld *see* woruld.
weoruld-bisgu *f.* worldly oc-
cupation 3a/5.
weota *see* wita.
wēpan VII*f* (*prt.* wēop) weep
3b/35; e/13, 33; 25/55: bewail
3b/32. [wōp]
wēpen *see* wǣpen.
wer *m.* (*g. pl.* weora 37/55) man
3b/27; 5a/105; 15/162; 17/24;
20/6, 18; 23/71, 142; &c.:
husband 5a/21, 32, 36; 14/167.
wer *m.* wergild 11/46, &c.
werc *see* weorc.
wergas *see* wearh.
werg-cweodelian curse 32a/9.
[wearh]
wer-geld (wær-) *n.* wergild, the
price payable to the kin for
slaying a man, varying accord-
ing to his class 33b/37; 34/15.
werian defend 1/15; 20/77, 198;
21/82, 283. [waru]
gewerian agree by treaty 9/37.
wērig weary 21/303; 26/57;
27/29.
‡wērig-ferhþ weary-hearted 23/
249, 291.
‡wērig-mōd weary-hearted 20/
293; 26/15.
werod (eo) *n.* troop, host 1/10;
3d/21; 6/33; 7/5, 11; 9/14, 33;
13/186; 15/11, 22; 21/51, 64;
22/10, 107; &c.
weroþ *n.* shore 3c/12.
wesan V (*imp.* wes, westū 19b/
28, *prt.* wæs (e), *pl.* wǣron
(ē)) be 1/9, 22, 36; 2/15; &c.:
happen 10/105; 18/67. *See
also* nǣs.
west *av.* westwards, west 4/120;
8/51, &c.; 18/65; 21/97; 22/30;
28e/10: in the west 8/78, 92.

westan *av.* from the west 4/15; 8/54: **be** ~ west of 5a/16; 8/86, 87.

wēstan ravage, waste 5a/18.

west-dǣl *m.* the west 5b/2; 13/183.

wēste deserted, waste 4/4, &c.; 5a/94; 8/105; 9/27; 26/74: *sp.* 5b/36.

wēsten(n) (œ) *n.* waste, wilderness 4/8; 9/54, 59; 20/15; 32d/19.

west-lang *av.* extending west 8/7.

west-sǣ *f.* west sea 4/3; 9/43.

westū (= **wes þū**) *see* **wesan**.

west-weard *av.* westwards 8/2.

wēt wet 31c/1.

weþer *m.* wether 33c/5.

wīc *n.* (*often pl.*) dwelling 20/54, 362; 28a/2: camp 7/19. [L. vicus]

wicca *m. or* **wicce** *f.* wizard or witch 16/164.

(‡)wicg (y) *n.* horse 20/150; 21/240; 28c/5, 14.

wīc-ġerēfa *m.* town-reeve 8/163.

(ġe)wīcian camp 4/5, 29, 84; 8/22, &c.: lodge, stay 18/9.

wīcing *m.* Viking, pirate 16/99; 21/26, &c.

wīcnere *m.* steward 13/17.

wīc-stōw *f.* camp 5b/60, 63.

wīd wide 38/13: 'tō ~an aldre' for ever *see* **ealdor**: 'on ~an fēore' ever *see* **feorh**.

wīd-cūþ widely known 20/6, 239.

wīde *av.* widely 15/190; 16/5, &c.; 17/56; 20/153, 338; 23/156; &c.: *cp.* **wīddor** 28b/10: *sp.* 27/57.

ġewidre *n.* tempest 20/125. [weder]

wīd-ġille extensive 15/165.

wīdl *n.?* defilement 23/59.

wīd-sǣ *f.* open sea 4/10, &c.

wiecu *see* **wucu**.

wīf *n.* woman 1/18; 8/61, 103;

17/24; 19b/8; 20/34; &c.: wife 3e/4, &c.; 5a/19, 29, &c.; 8/64, 70; 11/40, 54, 56; 12b/20; &c.

wīf-cȳþþ(u) *f.* company of a woman 1/11.

wīf-monn *m.* woman 5a/59, 81; b/12, &c.

wīg *n.* war, battle 2/9; 12a/7; 20/18, 87; 21/10, &c.; 26/80; 37/9.

wīga *m.* warrior 9/13; 20/293, 309; 21/75, &c.; 23/49; 26/67.

wīgbed (wībed) *n.* altar 9/50; 37/139. [wēoh, wīg 'idol'+ bēod 'table']

‡wīg-bil *n.* sword 20/357.

‡wīgend, wiggend *m.* warrior 21/302; 23/69, 141, &c.

‡wīg-gryre *n.* war-terror 20/34.

(‡)wīg-heard brave in war 21/75.

‡wīg-hryre *m.* fall in battle 20/369.

wīg-hūs *n.* turret 5b/34.

‡wīg-plega *m.* battle 21/268, 316.

‡wīg-sigor *m.* victory in war 20/304.

‡wī-haga *m.* phalanx 21/102. [wīg+haga 'hedge']

wiht *f.* creature 19a/4; 28e/1, &c.; g/1: anything, aught *w. g.* 22/149; 24/26: *av.* at all 23/274: ~e at all 20/264; 22/33, 155; 24/19; 28f/6: 'mid ~e' by any means 22/136, 183.

wilde wild 3e/6; 4/47, 62; 19a/9; 29/18.

wild(d)ēor, wildor *n.* wild animal 3d/30; 20/180; 32d/51: deer, reindeer 4/44.

‡wil-ġehlēþa *m.* beloved companion 28c/5. [hlōþ]

Wīlisc *see* **wēlisc**.

ġewill *n.* will 5a/79.

willa *m.* will 3e/57; 13/227, &c.; 15/36, &c.; 16/201; 20/94; 22/5; &c.: desire 25/129: pleasure 22/155; 23/296: 'Dryhtne tō willan' to please the Lord 37/125: **willum** joyfully 30/16: willingly 37/139: 'hiere willum' of its own accord 5a/98.

willan (y, e 38l/12) *anom. vb.* (*prt.* **wolde, walde** 28e/5) wish, be willing, intend 1/8; 2/23, 48, &c.; 3e/18; &c.: be in the habit of 3e/7; 15/92. *See also* **nyllan.**

willian desire 34/49.

(*ge*)**wilnian** *w. g. or a.* desire 3d/39; e/54; f/4, &c.; 14/155; 15/45; 37/55; 38l/10.

wilnung *f.* desire 2/48.

wilsumness *f.* devotion 10/126.

wīn *n.* wine 3c/8; 5b/62; 17/44; 20/217; 23/29, 67; 28c/17; 32d/29, &c.; 33a/25. [L. vīnum]

wīn-berge *f.* grape 32d/29, 66.

wīn-bōg *m.* vine-shoot 13/50.

wind *m.* wind 4/15, 85; 20/124; 22/70; 23/348; 26/76; &c.

windan III (*prt.* **wand,** *pl.* **wundon,** *ptc.* **wunden**) *tr.* wind, twist 20/132; 26/32: brandish 21/43: *int.* fly 15/182; 21/106, 322; 22/173: roll 23/110.

windig windy 20/108: winddriven 24/61.

(‡)**wine** *m.* friend 20/168; 21/228: lord 21/250.

‡**wine-drihten** *m.* lord 20/354; 21/248, 263; 23/274; 26/37.

‡**winelēas** friendless 26/45.

‡**wine-mǣg** *m.* dear kinsman 21/306; 26/7; 27/16.

‡**wīn-gāl** flushed with wine 27/29.

wīn-geard *m.* vineyard 13/5, &c.; 32c/38; d/65.

(‡)**wīn-gedrync** *n.* wine-drinking 23/16.

‡**wīn-hāte** *f.* invitation to wine 23/8.

winn *n.* strife 22/14.

ɡewinn *n.* strife, battle 3b/2; d/1, 6; 4/126; 5a/39; 9/18; 15/14;

21/214, 248; &c.: tumult 20/219: labour, trouble 24/55; 32c/15.

ɡewinna *m.* enemy 9/9.

winnan III (*prt.* **wann** (o), *pl.* **wunnon**) fight 5a/2, &c.; b/2; 7/12; 9/16; 15/17, 121; 22/53, 58, 101: toil 22/33.

ɡewinnan III (*prt. pl.* **-wunnon,** *ptc.* **-wunnen**) win, gain 3d/7; 15/20; 16/179; 21/125; 22/56, 192: bring about 22/157.

‡**ɡewinn-dagas** *mpl.* time of war 37/12.

‡**win-sǣd** satiated with wine 23/71.

‡**wīn-sæl** *n.* banqueting hall 26/78.

winter *m.* winter 4/6, 162; 7/1, 7; 8/103, &c.; 18/65; 24/37; 26/103; 27/15; 29/5: year 1/7, 43, 49; 5a/1, 79; b/83; 9/1; 12a/6; 21/210; 26/65.

‡**winter-cearig** with wintry heart? 26/24.

‡**winter-ɡeweorp** *n.* winter storm 24/57.

‡**winter-scūr** *m.* winter shower 24/18.

‡**winter-stund** *f.* winter hour 22/125.

wīn-trēo *n.* vine 32d/65.

wiota(n), wiotud- *see* **wita(n), witod-.**

‡**wīr** *m.* wire, filigree work 28d/14; 30/28.

‡**wīr-boga** *m.* bent wire 28c/3.

wīs wise 20/68, 150, 163; 21/219; 26/64: learned 2/54. [witan]

ɡewis *w. g.* aware 10/132. [witan]

wīs-dōm *m.* wisdom, learning 2/9, 13, &c.; 3f/23, 25; 14/82; 24/30; 29/33; 30/7; 32e/14.

wīse *f.* way, manner 10/89; 16/29, 69: matter 10/61.

wīse *av.* wisely 26/88.

wīsian guide 21/141.

ɡewislīce *av.* certainly 13/42: *sp.* 20/100.

*ge*wissian guide 14/19.

wist *f.* feast 26/36. [wesan]

wit *pron.* (*a. and d.* unc) we two 13/28; 20/226; 22/142; 25/48; 33a/6; 35/4, 5.

*ge*wit *n.* reason, intelligence 3d/40, 41; 22/5. [witan]

wita (eo, io, y) *m.* wise man, counsellor 2/3, 43; 11/5, 31; 15/52; 26/65: *pl.* body of counsellors, council 1/2; 12a/12, &c.; 17/1, 36; 18/25, &c.; 34/2.

*ge*wita (eo) *m.* councillor 18/48; 34/2: witness 14/107: accessory 11/43.

witan (io) *prt.-pres. vb.* (*1, 3 pers. pres.* wāt, *2 pers.* wāst, *pl.* witon, wutas 38l/11, *prt.* wisse, wiste (y)) know 2/34, 58; 3d/40; f/1; *and passim*: take care 3e/46: feel (*affection, grudge*) 10/113; 26/27: 'mǣþe ∼' show respect 16/79. *See also* nytan.

*ge*witan *prt.-pres. vb.* know, ascertain 20/100; 28e/14.

wītan I blame 3a/12; 28d/17?: render account 12d/8. [wīte]

*ge*witan I (*prt.* -wāt, *pl.* -witon, *ptc.* -witen) depart, go 3b/39; 9/27; 10/31; 13/127; 14/127; 20/13, &c.; 21/72, 150; &c.: die 12a/27; 14/40, 170.

wīte *n.* punishment 2/25; 13/131; 22/51, 73; 25/87: torment 3e/42; 10/82; 16/199; 22/90, &c.; 23/115; 25/61: fine 11/21, &c.

wītegung *f.* prophecy 14/40, 54, 195.

*ge*witeness *f.* departure, death 10/92.

wīt(e)ga *m.* prophet 13/43, &c.; 14/17; 32e/4, 12; 38/15: wise man, sage 24/30. [witig]

wīt(e)gian prophesy 14/54; 37/17.

(‡)witig wise 20/304.

*ge*wit-loca *m.* mind 23/69.

*ge*witness, -nyss *f.* witness, cognizance 11/22, 42; 12a/15, &c.; b/28, 34; c/7; 33c/15; 36/6. [witan]

wītnian torment 3e/41. [wīte]

witodlīce (io, u) *av.* truly, certainly 13/17, &c.; 14/119; 15/99; 38r/2, &c.; l/15.

wiþ *prp. w. a., d. or g.*: *w. a. or d.* against 1/7; 3b/15; e/8; 6/3, 5, &c.: along with 3c/9; 5a/39; 6/40; 23/260; &c.: *w. a.* along, by 4/3, 61; 15/163; 22/193: *w. d.* by, near 7/27; 12a/35; 15/32: in exchange for 11/80; 17/43; 21/31, 35: 'geweorðan wiþ' agree at 13/6: *w. g.* towards 3e/52; 8/51; 14/61: wiþ þon þe, wiþ þām þe on condition that 9/56; 17/3.

wiþ-bregdan III (*prt. pl.* -brūdon) withhold, draw back 14/175.

wiþer-broca *m.* adversary 32d/57. [brocian]

wiþer-dūne uphill, steep 38r/14. [dūn]

‡wiþer-lēan *n.* requital 21/116.

wiþer-saca *m.* adversary 16/140 n. [sacan]

wiþer-sæc *n.* apostasy 15/50. [sacu]

‡wiþer-trod *n.* retreat 23/313. [trod 'path': tredan]

wiþ-innan *prp. w. d.* inside 18/14.

wiþ-lǣdan take away 32b/4.

wiþ-lǣdniss *f.* abduction 32d/74.

wiþ-standan (o) VI (*prt.* -stōd) *w. d.* withstand, resist 5a/61; 9/44; 15/23; 26/15.

wiþ-ūtan *prp. w. d.* outside 5b/32: *av.* 14/140; 18/14.

wlæc lukewarm 14/158.

wlanc (o) *w. inst.* proud, exulting 20/82; 21/139, &c.; 23/16, 326; 26/80; 27/29; 28c/1, 17; 29/27.

*ge*wlencan adorn 30/28. [wlanc]
‡wlītan I (*prt.* wlāt, *pl.* wliton)
   look 20/322, 342; 21/172; 23/
   49.
wlite *m.* beauty 24/75; 30/84.
‡wlite-sēon *f.* spectacle 20/400.
wlitiᵹ beautiful 23/137, 255;
   24/7, 72; 28c/12.
wlitiᵹian make beautiful 27/49.
wōc *see* wæcnan.
wōd mad 15/164.
wōdnyss *f.* madness 15/159.
wœn *fm.* hope, expectation
   38l/11. [wēnan]
wōh crooked 28c/3.
wōh-dōm *m.* unjust sentence
   16/181.
wōh-ᵹestrēon *n.* ill-gotten gains
   16/181.
wolcen *n.* cloud 20/124, 38l;
   22/173; 23/67; 24/27, 61; 25/53,
   55; 28a/5; &c.
wōma *m.* terror, alarm 26/103.
womb *f.* stomach 32c/33.
‡wom-dēd *f.* sin 37/19.
‡wom-full defiled, impure 23/
   77.
womm (a) *m.* defilement 23/59;
   25/14; 30/75; 37/39.
‡wom-sceaþa *m.* sinner 30/64.
wonian *see* wanian.
wonn (a) dark 20/124; 23/206;
   25/55; 26/103.
(‡)wong *m.* plain 20/163; 24/7,
   &c.; 27/49; 31c/1.
wōp *m.* lamentation 14/55; 24/51.
worc *see* weorc.
word *n.* word 2/1, 71; 3a/2;
   b/34; 10/36, 48; 13/133; &c.:
   command 25/35.
‡word-cræft *m.* skill in words,
   eloquence 30/2.
(‡)word-cwide *m.* saying 37/54.
word-ᵹecwide *n.* (*pl.* -ᵹe-
   cweodu) verbal agreement 34/
   14.
worhte, ᵹeworht *see* wyrcan.
wōrian wander: ‡crumble 26/
   78.

worn *m.* multitude 23/163; 26/91.
worold-scamu *f.* great *or* public
   disgrace 16/117, 120.
worol-strūdere *m.* spoliator,
   robber 16/165.
worpe(n) *see* weorpan.
woruld, weorold, world *f.*
   world 2/26; 3e/18, 38; 5a/78;
   10/8, 99; 13/49; &c.: 'symle on
   ~e' for ever 13/230: 'ā tō ~e'
   for ever 15/227: 'for ~e' in
   secular affairs15/117; 16/68;
   17/32. [wer + *ald 'age']
‡worold-būend *m.* world-dwel-
   ler, man 23/82.
woruld-caru *f.* worldly care
   15/44.
w(e)oruld-cund worldly, secular
   2/4; 33a/43.
‡woruld-ᵹesælig prosperous
   21/219.
w(e)oruld-hād *m.* secular life
   10/18, 65.
woruldlic worldly, temporal 14/
   132.
woruld-rīce *n.* world 26/65.
woruld-sælþa *fpl.* earthly bles-
   sings 3b/29, 36.
‡woruld-strengu *f.* bodily
   strength 28d/2.
woruld-þēawas *mpl.* conduct
   of life 3b/13.
woruld-þing *n.* worldly affair
   2/23.
wracu *f.* (*g.* wrece 32d/70)
   misery 3d/27; 24/51: ven-
   geance 14/137; 22/148; 32d/70.
   [wrecan]
wræcc *n.* vengeance 9/44.
wræcca (e) *m.* wretch, exile
   3b/32; 27/15.
wræcfull wretched 14/104.
‡wræc-lāst *m.* path of exile
   20/102; 26/5, 32; 27/57.
‡wrætt *f.* ornament 20/281.
(‡)wrætlic splendid, wondrous
   20/239, 400; 24/63; 28d/14;
   f/2; 29/3.
‡wrætlīce *av.* splendidly 24/75.

wrāh *see* wrēon.

wrāþ angry, hostile 20/369; 22/160: cruel 25/51; 26/7.

wrāþe *av.* wickedly 3b/10.

‡wrāþlic grievous, severe 22/110.

wrāþum *av.* fiercely 28c/17.

(*ge*)wrecan (eo) v (*prt.* wræc, *pl.* wræcon) avenge 1/6; 5a/32, 36; b/10, 74; 20/28, &c.; 21/208, &c.; 23/92; 32d/38: utter, recite 27/1. [wracu]

wrecca *see* wræcca.

wreccan (*prt. pl.* wrehton) awake, arouse 23/228, 243.

wrecend *m.* avenger 20/6.

wrēgan accuse 14/43.

wreocan *see* wrecan.

wrēon I, II (*prt.* wrāh) cover 28b/5; d/11.

‡wrīdian flourish 24/27.

*ge*writ *n.* writings 2/64, 68; 24/30; 30/20: document 12b/1; c/1, 18; 34/2: 'þæs hālgan gewrites' of Scripture 10/78; 14/81 f.: *pl.* ġewriotu written statements 34/49, 56.

wrītan I (*prt. pl.* wreoton 10/74, *ptc.* ġewriten) write 10/74; 33b/1; 34/1, 46: 'bī ∼' copy 2/85.

wrixendlīce *av.* in their turn 10/114.

*ge*wrixlan get in exchange 22/90.

*ge*wrixle *n.* exchange 20/54.

*ge*wroht *see* -wyrcan.

wrōht-lāc *n.* wrongful accusation 16/67 n.

wucu (ie) *f.* week 4/69; 7/15, 25; 8/91.

wudu (weada 33c/6) *m.* wood, forest 3e/5, 12; 7/6; 8/6; 9/58; 11/52, 70, &c.; 20/114, 166; 21/193; 25/27; &c.

‡wudu-bēam *m.* forest-tree 24/75.

wudu-fæstenn *n.* fort in the wood *or* protection afforded by woodland 8/23.

‡wudu-holt *n.* wood, forest 24/34.

wuldor *n.* glory 15/223, 226; 23/59, &c.; 25/14, &c.; 30/16; 32c/10; 35/7.

wuldor-bēagian crown with glory 14/134.

‡wuldor-blǣd *m.* glorious success 23/156.

‡Wuldor-cyning *m.* King of Glory 30/69, 86.

‡Wuldor-fæder *m.* glorious Father 10/40; 31a/3.

wuldorfullīce *av.* gloriously 14/65.

‡wuldor-gesteald *n.* glorious possessions 28d/16.

wuldrian glory 32c/41.

wulf *m.* wolf 3d/34; 23/206, 296; 26/82; 29/18; 38/15.

‡wulf-hliþ *n.* (*pl.* -hleoþu) wolf-infested slope 20/108.

wulle *f.* wool 31c/3.

*ge*wuna *m.* custom, practice 16/146.

wund *f.* wound 21/139, &c.; 37/52, &c.

wund wounded 19b/14; 21/113, 144.

‡wunden-feax with braided mane 20/150. [windan]

‡wunden-locc with braided locks 23/77, &c.

‡wunden-mǣl *n.* sword with curved decoration 20/281.

*ge*wundian wound 1/16, &c.; 3c/15; 8/45; 18/10, 16; 21/135; 32d/87.

wundor *n.* wonder, marvel 10/40; 15/216; 16/127; 20/357; 22/35; 28f/2; 30/18: miracle 15/212, 226: monster 20/259: wundrum wondrously 20/202; 23/8; 24/63; 26/98; 29/13; 30/2; 31c/1.

wundorlic wonderful, wondrous 20/190; 28e/7: *sp.* wunderlecast 5b/37.

wundorlīce *av.* wondrously 28e/1.

wundrian *w. g.* wonder 2/42; 10/101; 15/149, 186.

wunian *int.* remain, stay, dwell 3d/19; 5b/71; 9/27; 13/153; 15/35; 18/64; 24/82; 25/121, 135; &c.: *w. d.* remain with 1/3: be in the habit of 10/2: *tr.* inhabit, remain on 20/10; 25/3; 27/15.

*ge*wunian remain 3d/27; 29/18.

*ge*wunod *ptc.* accustomed 3b/29.

wunung *f.* dwelling 13/152.

wur- *see also* **weor-**.

wutas (38l/11) *see* **witan**.

wuton *see* **uton**.

wycg *see* **wicg**.

wyduwe *f.* widow 16/38.

wylla (e) *m. or* **wylle** *f.* well 3c/11; 24/63. [weallan]

wyllan *see* **willan**.

wyllan *tr.* boil 19b/2. [weallan]

wylm (e) *m.* surge, fire 10/90; 30/62, &c. [weallan]

gewylt *see* **-wealdan**.

‡**wynfæst** pleasant 37/134.

‡**wynlēas** joyless 20/166.

wynlic pleasant, joyous 22/10; 24/34.

‡**wyn-lond** *n.* blissful land 24/82.

wynn (e) *f.* joy 21/174; 22/122; 29/7, &c.; 26/29, 36; 27/27, 45; 37/81, 158: 'fugles ∼' quill 28d/7; **wynnum** beautifully 25/15.

wynsum pleasant, delightful 10/72; 24/13, 65.

*ge*wyrcan (*prt.* -worhte, *pl.* -wrohten 18/28, *ptc.* -worht, -wroht 18/27) make, produce, do 3f/10, 19; 4/53, 58, 160; 5b/30; 13/47; 19b/16; 21/102; 22/5; &c.: work, toil 11/20, &c.; 13/25; 23/65: compose 3a/9; d/28; 10/3, 17, &c.: build 5b/21; 7/11; 8/14, 17, &c.; 15/33; 18/27; 22/30: achieve, bring about 20/241; 21/264; 27/74: *w. g.* achieve 20/137;

29/21: 'flēam ∼' flee 21/81. [weorc]

wyrd *f.* fate 3e/32; 26/5, 15, 100, 107; 29/5: event, experience 25/51, 74; 28f/2; 30/20. [weor-þan]

(*ge*)**wyrdan** injure 20/87; 24/19.

wyrd-wrītere *m.* historian 14/42.

*ge*wyrht *fn.* deed, desert 3e/31; 16/98. [weorc]

wyrhta *m.* workman, labourer 13/5, &c.: maker, creator 24/9. [wyrcan]

wyrm *m.* serpent 20/180; 23/115: (book)worm 28f/3: (silk)worm 31c/9.

wyrm-cynn *n.* serpent kind 20/175.

‡**wyrm-līc** *n.* serpent form 26/98.

‡**wyrm-sele** *m.* hall of serpents, hell 23/119.

wyrnan *w. d. g.* refuse, withhold 12a/11; 18/60; 21/118. [wearn 'refusal']

wyrp *f.* change, recovery 20/65. [weorpan]

*ge*wyrpan recover 15/209.

wyrs *av.* worse 5a/87.

wyrsa worse 5a/96; 16/3, 187; 22/14, 65.

wyrsian deteriorate 16/35.

wyrt *f.* herb, vegetable 3c/8: root 20/114.

wyrþe *see* **weorþe**.

wȳscan wish 20/354; 32a/3.

wyta *see* **wita**.

Y

ȳcan *see* **īcan**.

ȳdel *see* **īdel**.

yfel *n.* evil, wickedness, vice 3b/11, 14; e/39, 55; 16/10; 29/50; 32d/49; 37/49: injury, harm 5a/106; 8/175; 17/13; 18/45; 21/133.

yfel evil, bad 13/31, 172; 16/146, 153; 38/11: *cp. see* **wyrsa**.

yfele *av.* evilly, badly 3b/9; 22/142: *cp. see* wyrs.

yfelian grow worse 16/4.

yfelnyss *f.* wickedness 13/130, 215; 15/10.

yfel-willende ill-disposed 3c/15.

yfemest uppermost 30/55.

yferra later 33b/25.

ylca *see* ilca.

yld(u) (æ, e) *f.* age, old age 3c/1; 10/19; 13/91, &c.; 14/106, 125; 15/120; 24/52; 27/70, 91; 29/50; 37/143. [eald]

ylding *f.* delay 9/32; 13/164; 14/136. [eald]

yldra, yldesta *see* eald.

yldran *see* ieldran.

ylf *mf.* elf 19b/23, 25.

ylfetu *f.* swan 27/19.

ymb(e), emb(e) *prp. w. a.* about (*time*) 12a/6: about, round (*place*) 1/39; 21/249: after 1/7; 5a/40; 7/19; 8/16, 112, &c.; 9/1: concerning 2/11; 3c/13; d/17, 23; 5a/72, 96; b/73; 8/1, 8; 12b/17; &c.: *av.* 'hū hē ∼ wolde' how he would act 14/87.

‡ymb-beorgan III (*prt.* -bearh) protect 20/253.

ymb-clyppan embrace 25/42.

ymbe *n.* swarm of bees 19a/1.

ymb-gong *m.* circuit 5b/29, 34.

ymb-hwyrft *m.* circuit, world 14/1; 24/43: cultivation 13/57.

‡ymb-hycgan consider 31b/3.

ymb-lædan lead around 32d/19.

ymb-ryne *m.* course 14/66. [irnan]

ymb-sittan v (*prt. pl.* -sǣton) besiege 8/48, 50; 17/18.

ymb-ūtan *prp. w. a.* around 5b/31: *cf.* 'ymb hīe ūtan' around them 4/32: *av.* round 8/47, &c.

yppe revealed, evident 11/72. [upp]

ȳr *n.* blunt end, back (*of an axe*) 17/48.

yrfan inherit 12c/17. [ierfe]

yrfe *see* ierfe.

yrgan dishearten 16/108. [earh]

yrgþo (-hþ-) *f.* cowardice 9/12; 16/182; 21/6. [earh]

yrmþ(u) (e) *f.* misery 3d/42; 14/133, 137; 16/15, 116; 17/30; 20/9; 24/52: miserable deed, crime 16/83, 89. [earm]

yrnan *see* irnan.

yrre (eo, ea) *n.* anger 16/46, &c.; 32c/5, 17; d/39, &c.; 37/24.

yrre angry, fierce 20/282, 325; 21/44, 253; 22/97; 23/225: *as sb.* the angry one 20/197.

yrringa *av.* angrily 20/315.

ysope *f.* hyssop 37/74. [L. hyssōpus]

yteren of otter skin 4/56. [otor]

ȳtmæst last 10/130. [ūte]

ȳþ *f.* wave 20/187, 219; 27/6, 46; 29/23.

ȳþan lay waste, desolate 26/85.

‡ȳþ-faru *f.* flood 24/44.

‡ȳþ-gebland, -geblond *n.* surging water 20/123, 343, 370.

‡ȳþ-gewinn *n.* conflict with the waves 20/184.

ȳþelīce *av.* easily 20/306. [ēaþe]

ADDENDA

fēolan (*see above*) (*pres.* fylþ 4/89?).

gylp-word *n.* boast 21/274.

nīowinga *av.* recently 32d/35.

wēpnedhād *m.* male sex 34/53.

INDEX OF NAMES OF PLACES
AND PEOPLES

Place-names are given in the nominative case when this is the basis of the modern form; otherwise the dative of the text is retained. For adjectives formed from the names of peoples see Glossary.

ADDENDUM